"十二五"国家重点图书出版规划项目·新世纪法学教育丛书

房地产法学

李东方 著

（第二版）

中国政法大学出版社

2020·北京

图书在版编目（ＣＩＰ）数据

房地产法学/李东方著.—2版.—北京：中国政法大学出版社,2020.8

ISBN 978-7-5620-9571-2

Ⅰ.①房…　Ⅱ.①李…　Ⅲ.①房地产－法学－中国　Ⅳ.①D922.181.1

中国版本图书馆CIP数据核字(2020)第139998号

出　版　者	中国政法大学出版社
地　　　址	北京市海淀区西土城路 25 号
邮　　　箱	fadapress@163.com
网　　　址	http://www.cuplpress.com (网络实名：中国政法大学出版社)
电　　　话	010-58908435(第一编辑部) 58908334(邮购部)
承　　　印	保定市中画美凯印刷有限公司
开　　　本	720mm×960mm　1/16
印　　　张	24.5
字　　　数	453 千字
版　　　次	2020 年 8 月第 2 版
印　　　次	2020 年 8 月第 1 次印刷
印　　　数	1～5000 册
定　　　价	65.00 元

李东方 男，西南政法大学首届经济法博士，北京大学法学院经济法专业金融证券法方向博士后，美国哥伦比亚大学高级研究学者，中央党校哲学社会科学骨干研修班学员。现为中国政法大学教授，博士生导师，中国政法大学法商大数据研究中心主任，原中国政法大学经济法研究所所长，院学术委员会委员，经济法研究生导师组组长。主要社会兼职：中国法学会经济法学研究会常务理事，中国证券法学研究会常务理事、副会长，中证中小投资者服务中心调解员，全国律协环境与资源法律委员会委员，中国侨联法律顾问委员会委员，国家法律资格考试命题专家组成员，北京市经济法学会常务理事，北京市金融服务法学研究会常务理事，北京市律师协会资本与证券市场专业委员会委员，成都市委、市政府法律顾问，广州、重庆、成都、南京仲裁委员会仲裁员，中豪（北京）律师事务所主任，股份有限公司、上市公司独立董事，曾任北京房地集团有限责任公司外部董事，现任中国北京同仁堂（集团）有限责任公司、北京市政路桥集团有限责任公司外部董事。

长期以来从事经济法、民商法和文化遗产保护法的实践与理论研究。代表性的学术著作有：《证券监管法论》（独著，国家社科基金后期资助项目）、《上市公司监管法论》（独著）、《证券监管法律制度研究》（独著）、《公民的物权》（合著）、《社会保障法律制度研究》（合著，中华社科基金项目成果，获部级三等奖）、《公司法》（独著，普通高等教育"十二五"规划教材）、《公司法学》（独著，"十二五"国家重点图书出版规划项目）、《经济法学》（主编，"十二五"国家重点图书出版规划项目）、《市场管理法教程》（主编）、《经济法案例教程》（主编）、《证券法学》（主编，高等政法院校规划教材)、《证券法》(主编)、《人文资源法律保护论》(领著,国家重点课题《西部人文资源的开发、利用与保护》的成果之一)、《从遗产到资源——西部人文资源研究报告》(副主编,西部人文资源研究丛书)等。

出版说明

　　"十二五"国家重点图书出版规划项目是由国家新闻出版总署组织出版的国家级重点图书。列入该规划项目的各类选题，是经严格审查选定的，代表了当今中国图书出版的最高水平。

　　中国政法大学出版社作为国家良好出版社，有幸入选承担规划项目中系列法学教材的出版，这是一项光荣而艰巨的时代任务。

　　本系列教材的出版，凝结了众多知名法学家多年来的理论研究成果，全面而系统地反映了现今法学教学研究的最高水准。它以法学"基本概念、基本原理、基本知识"为主要内容，既注重本学科领域的基础理论和发展动态，又注重理论联系实际以满足读者对象的多层次需要；既追求教材的理论深度与学术价值，又追求教材在体系、风格、逻辑上的一致性。它以灵活多样的体例形式阐释教材内容，既推动了法学教材的多样化发展，又加强了教材对读者学习方法与兴趣的正确引导。它的出版也是中国政法大学出版社多年来对法学教材深入研究与探索的职业体现。

　　中国政法大学出版社长期以来始终以法学教材的品质建设为首任，我们坚信，"十二五"国家重点图书出版规划项目定能以其独具特色的高文化含量与创新性意识，成为集权威性和品牌价值于一身的优秀法学教材。

中国政法大学出版社

第二版前言

本书自 2014 年出版以来，得到高校教师和学生的认可与欢迎，不仅为全国高校所广泛采用，也为社会上广大关注房地产市场的一般读者提供了很好的蓝本。遵中国政法大学出版社之嘱，对本书进行再版修订。

本次修订，除了保留第一版的三大基本特点之外，就是针对 2018 年以来新修订或新颁布的《农村土地承包法》《城市房地产管理法》《土地管理法》《城乡规划法》《耕地占用税法》五部法律和 2019 年新修订的《不动产登记暂行条例》和《不动产登记暂行条例实施细则》在书中一一作出回应和修改。另外，由于本书第一版面世之后《不动产登记暂行条例》才颁布实施，并且取代了《房屋登记办法》和《土地登记办法》，制度体系变化较大，故在此次修订过程中增加一章"不动产登记法律制度"作为全书第三章。

本书再版除了回应法律法规的新变化，还吸取了使用本教材的学生们反馈的意见。笔者所任教的中国政法大学（简称"法大"）的本科生和研究生均使用或者参考本教材。在这个过程中我提倡学生对所使用的教材进行纠错和提出不同意见。学生不论发现了字词句的错误，还是提出了值得改进的学术意见，我均在平时成绩中给其加分。通过这种方式，获得同学们对教材使用的反馈意见，许多宝贵意见在这次修订中都得到了体现。

本书再版后，不仅希望继续得到法大同学们的宝贵意见，同样希望得到所有读者和学者同仁们的批评意见！因此，特留下意见箱：fangdichanfaldf@163.com，谢谢！

李东方（字修远，号德元）
于蓟门烟树-修远居
2019 年岁末落笔

前　言

　　房地产法就其学科属性而言，具有横跨民法学、经济法学、行政法学等多门学科的特征。由于国家对房地产市场的干预性较强，房地产法的经济法属性更为突出，因此，在我国高等院校本科生和研究生的教学中，房地产法这门课程大多是作为经济法专业的课程开设的。笔者所任教的中国政法大学也是如此，房地产法课程一直是本校经济法研究所承担教学课程。笔者自2002年开始即承担房地产法课程的教学和科研任务。在长期的一线教学和研究中积累了一些教学经验和研究心得，本书也算是这些年来自己在房地产法教学与研究方面的一个总结。

　　本书的主要特点如下：

　　1. 在指导思想上，以经济法学、行政法学、民法学的理论基础作为贯穿全书的指导思想，并以国家宏观调控房地产产业发展、中观规制房地产市场秩序、微观保护房地产权利人的权益为三条主线，在力求全面准确阐述房地产法的基本知识、基本理论和基本法则的前提下，吸纳该领域立法和学术前沿信息，并在学术上予以深化，以便读者全面、系统地学习房地产法理论，理解并掌握房地产法律、法规的立法精神。同时，在理论深度上也有所拓展。

　　2. 在内容安排上，考虑到房地产法是一门综合性很强的学科，涉及经济法学、行政法学、民法学的有关理论及相关法律规范，为了避免学科内容的重复，对法学本科以上学生在其他法学学科应当已经学习和掌握了的与房地产法有关的法律知识和法学理论，本书尽量避免赘述。

　　本书以房地产、房地产市场和房地产业为研究的起点，重点论述了房地产法的基本理论、房地产权属制度、土地使用权法律制度、房地产开发法律制度、房地产交易法律制度、房地产金融法律制度、住房保障法律制度、物业管理法律制度、房地产税费法律制度、房地产法律责任等共十个专题。

3. 本书注重对法律、法规和规章的解读。房地产法的一个重要特点就是应用性强，而应用的手段就是对法律、法规以及规章的理解和运用。书中所引用的法条均注明了出处，便于读者结合整部法律、法规或者规章体会个别法条。对法条的重视至少有两个积极作用：一是提高学生的实际应用能力。根据笔者从 1994 年开始至今从事房地产律师和仲裁实务的工作体会，要提高对房地产法的应用能力，一个很重要的方面就是对法条的理解和熟练掌握。不仅要熟悉房地产基本法，而且要对相关的"条例""办法"了然于心。二是便于本科生、研究生应对司法考试。《城市房地产管理法》《土地管理法》和《城乡规划法》等都是司法考试大纲指定的重点法律，本书结合司法考试对这些法律作了必要的解读和分析。

由于个人水平有限，上述三点与其说是这本书的特点，不如说是笔者个人力求本书所要实现的目标。所以，对于本书的不足之处，欢迎各位读者批评指正。

李东方（字修远，号德元）

于蓟门烟树-修远居

2013 年中秋节落笔

目 录

第一章　房地产法概述 ……………………………………………… 1

第一节　房地产、房地产市场和房地产业 …………………… 1

第二节　房地产法的定义、调整对象及其特征 …………… 12

第三节　房地产法的渊源、体系及其基本原则 …………… 16

第二章　房地产权属制度 …………………………………………… 30

第一节　房地产权利与权属概述 ………………………………… 30

第二节　土地权属制度 ……………………………………………… 34

第三节　房屋权属制度 ……………………………………………… 55

第三章　不动产登记法律制度 …………………………………… 71

第一节　不动产登记概述 …………………………………………… 71

第二节　不动产权利登记 …………………………………………… 81

第三节　不动产登记程序 …………………………………………… 90

第四节　不动产登记信息的共享与查询 …………………… 92

第四章　土地使用权流转法律制度 …………………………… 95

第一节　土地使用权及其流转概述 …………………………… 95

第二节　建设用地使用权的出让 ……………………………… 98

第三节　建设用地使用权的划拨 …………………………… 109

第四节　国有土地租赁法律制度 …………………………… 114

第五节　建设用地使用权的转让、出租和抵押 ……… 117

第六节　土地征收法律制度 ……………………………………… 124

　　第七节　国有土地上房屋征收与补偿 ……………………………………… 130

第五章　房地产开发法律制度 …………………………………………………… 143
　　第一节　房地产开发概述 …………………………………………………… 143
　　第二节　房地产开发企业 …………………………………………………… 147
　　第三节　房地产开发的规划行政许可 ……………………………………… 152
　　第四节　建设工程的施工管理与监理法律制度 …………………………… 155
　　第五节　建设工程合同 ……………………………………………………… 164

第六章　房地产交易法律制度 …………………………………………………… 173
　　第一节　房地产交易概述 …………………………………………………… 173
　　第二节　房地产转让 ………………………………………………………… 180
　　第三节　商品房销售法律制度 ……………………………………………… 185
　　第四节　房地产抵押法律制度 ……………………………………………… 199
　　第五节　房地产按揭制度 …………………………………………………… 219
　　第六节　房屋租赁法律制度 ………………………………………………… 224
　　第七节　房地产中介服务 …………………………………………………… 236

第七章　房地产金融法律制度 …………………………………………………… 250
　　第一节　房地产金融法律制度概述 ………………………………………… 250
　　第二节　住房公积金制度 …………………………………………………… 255
　　第三节　住房信贷制度 ……………………………………………………… 262
　　第四节　房地产开发融资 …………………………………………………… 268
　　第五节　房地产保险 ………………………………………………………… 272
　　第六节　房地产资产证券化 ………………………………………………… 279

第八章　住房保障法律制度 ……………………………………………………… 284
　　第一节　住房保障制度概述 ………………………………………………… 284
　　第二节　经济适用住房制度 ………………………………………………… 287
　　第三节　廉租住房制度 ……………………………………………………… 293

第九章　物业管理法律制度 ……………………………………………………… 299
　　第一节　物业管理概述 ……………………………………………………… 299
　　第二节　业主自治 …………………………………………………………… 307

第三节　物业服务企业 ……………………………………………… 316

第四节　物业管理服务 ……………………………………………… 318

第五节　物业的使用与维护 ………………………………………… 327

第十章　房地产税费法律制度 ………………………………………… 335

第一节　房地产税概述 ……………………………………………… 335

第二节　土地税法律制度 …………………………………………… 341

第三节　房产税法律制度 …………………………………………… 349

第四节　房地产费法律制度 ………………………………………… 354

第十一章　房地产法律责任 …………………………………………… 359

第一节　房地产法律责任概述 ……………………………………… 359

第二节　土地管理法律责任 ………………………………………… 363

第三节　城市房地产管理法律责任 ………………………………… 368

第四节　国有土地上房屋征收与补偿法律责任 …………………… 372

第五节　物业管理法律责任 ………………………………………… 373

第一章
房地产法概述

第一节　房地产、房地产市场和房地产业

一、房地产

（一）房地产的概念和特征

1. 房地产的概念。房地产是房屋财产与土地财产的合称。房屋是指建筑于土地之上，供人居住或从事各类社会活动的建筑物。房屋不仅包括居民的住宅，还包括一切有四壁的建筑物，如办公楼、饭店、剧院、体育馆、仓库、地下室。而地面上的公路、桥梁、城墙、纪念碑等习惯上不称房屋而称之为构筑物。当然，就广义而言，构筑物包括在房屋的概念之中。例如，我国《城市房地产管理法》第 2 条第 2 款规定："本法所称房屋，是指土地上的房屋等建筑物及构筑物。"可见，其将房屋扩展至任何占有地面的建筑物及构筑物，该法律采广义的房屋概念，涵盖了地面上所有的人工设施。

房屋并非都属于房地产法所规范的房产，房地产法所规范的房产只是房屋中的特定部分。作为房产的房屋必须具有商品属性，如一些军事建筑、古迹建筑，即我国房地产政策法规中的"军产""庙产"等，就不能成为房产，主要是因为其不具有房产的商品属性，法律禁止其进入房地产交易市场。这类房屋在法律性质上属于资产，有价值，但不得流通，因而不属于房地产业的范畴，亦不属于狭义房地产法的调整对象。这类房屋主要受政策和特别法的调整，由此形成的法律关系基本属于公法关系，主要由行政法、军事法等法律部门进行调整。

土地是财富之母、民生之本，是生产和社会生活得以开展的基础条件。然而对于土地的界定，各国（地区）法律却有不同的规定，大致有以下两类：

（1）以地表伸展所包括的范围予以确定。如我国台湾地区"土地法"第 1 条规定："本法所称土地，谓水陆及天然富源。"第 2 条则将土地具体分为四类，即建筑用地（如住宅、官署、机关、学校、工厂、仓库、公园、娱乐场、会所、寺庙、教堂、城堞、军营、炮台、船埠、码头、飞机场地、坟场等）；直接生产用地（如农地、林地、渔地、牧地、狩猎地、矿地、盐地、水源地、池塘等）；

交通水利用地（如道路、沟渠、水道、湖泊、港湾、海岸、堤堰等）和其他土地（如沙漠、雪山等）。[1] 再如《朝鲜民主主义人民共和国土地法》第 7 条规定，"国家根据土地的用途，把土地分为农业土地，居民区土地，山林土地，工业土地，水域土地和特殊土地进行管理"。

（2）以地表及其上下空间扩展的范围对土地进行界定。如《法国民法典》第 552 条规定，土地包括地表及地上、地下的空间。"所有人得在地面上进行其认为适当的种植及建筑"；"所有人得在地下进行其认为适当的建筑及采掘，并可获取采掘的产品"。《印度尼西亚土地基本法令》第 10 条规定，土地包括领陆、领水或领空，其中"领陆的含义，除地表面外，还包括地层内部和领水的底土；领空指领陆和领水之上的空间"。

我国土地管理法未对"土地"的法律含义作出明确规定。

本书认为，土地所有权的行使应当包括地表、地上和地下一定的空间。因为土地所有权人或使用人取得土地的目的，是利用土地从事某项活动。如从事房地产开发活动，建筑物自身需要有一定的高度；从事种植活动也需要一定的空间，包括地表之上植物的生长空间和地表之下植物根系的生长空间。当然，这里的地上和地下延伸的空间不是无限的，早期美国法律[2]曾经规定土地所有权的行使是下至地心、上至无限的空间。随着社会经济和科学技术的发展与提高，人们开发利用土地的广度和深度不断扩展，航空航天事业日新月异，各种地下钻探技术不断创新。因此，各种地上物和地下设施迅速增多，传统的土地所有权行使必须予以限制和重新设置。各国的土地立法逐步将土地立体空间各部分的所有权分离开来，如《德国民法典》第 905 条规定："土地所有人的权利，及于地表上的空间和地表下的地壳。但所有人不得禁止在高到或深到所有人对排除干涉无利益的地方所进行的干涉。"[3]《日本民法典》第 207 条规定："土地所有权于法令限制的范围内，及于土地的上下。"[4] 土地的所有权仅与地表直接相联系，而地上物、上空、地下物、下空等部分的权利则不同程度地从土地所有权中分离出来。

土地并非都属于房地产法所规范的地产，房地产法所规范的地产是土地中的特定部分。我国不存在"无主土地"的法律规定，即一切土地都有所有权，

---

[1] 林纪东、郑玉波等编纂：《新编基本六法参照法令判解全书》，五南图书出版股份有限公司 2006 年版，第 8-2-42 页。

[2] 在法律传统上美国法属于普通法系，但其财产法，包括土地法，却在很大程度上受到罗马法的影响，强调土地所有权范围"上达天宇，下及地心"的绝对性。

[3] 《德国民法典》，陈卫佐译注，法律出版社 2006 年版，第 329 页。

[4] 《日本民法典》，王书江译，中国法制出版社 2000 年版，第 40 页。

但只有那些与土地使用权相联系，而且发生了使用权移转的土地才具有地产的意义。因而一切作为资源特别是予以保留资源的土地，或者是法律禁止其发生土地使用权流转关系的土地，实际上并不具有地产的价值。如用于防洪、防沙、军事国防、国家森林公园和文化古迹等用途的土地，甚至包括耕地在内，这些土地基本上是绝对禁止或严格限制进入房地产市场的。在这类土地上产生的社会关系基本上是公法关系，其主要由经济法、行政法等法律部门进行调整。

2. 房产与地产的关系。房产与地产既相互联系又相互区别，具体来讲，二者的联系表现如下：

（1）在物理形态上，房屋建造在土地之上，有房必有地，地产是房产的依托和基础，房产是地产的目标和用途。从房地产的形成过程看，土地开发与房屋建设总是一个并行或相继发生的完整过程，没有土地开发，房屋建筑就无法进行，而只有土地开发没有后续的房屋建设，土地开发也会失去意义。

（2）在价值形态上，房产价格通常包含土地价格，即房价中包含地租，地租隐藏其中。地租是指土地所有者依靠土地所有权从使用其土地者那里获得的收入，是土地所有权借以实现的一种经济形式。[1]

（3）在权属管理上，房产与地产的权利要求并行一致。在我国，要保证房屋所有权和房屋所用土地使用权的一致性，违法用地所建房屋，不能产生合法的房屋所有权。正是由于房产与地产权属管理上的一致性，才会产生《城市房地产管理法》这种调整整体意义上的城市房地产关系的法律。

房产和地产的区别则表现如下：

（1）一般而言，房产不能脱离地产而单独存在，但地产可以脱离房产而单独存在，如土地承包经营权属于地产的范围而不涉及房产。

（2）就房产而言，房屋有一定的物理使用年限，会不断损耗直至最终灭失，因而需要折旧。而地产可永续利用，无需折旧，相反，随着社会经济的发展，土地还会不断增值。

（3）房产价格与地产价格的影响因素不尽相同。房价主要取决于建筑成本和地价，而地价则受到级差地租规律的支配。

在处理房产与地产二者的关系上，各国或地区根据自身的立法传统和经济基础分别采取了结合主义与分别主义两种立法模式。结合主义是将房产与地产结合作为一个不动产，房屋只是土地的附着物，不是独立的不动产，即"地上

---

[1]　辞海编辑委员会编：《辞海》，上海辞书出版社 1999 年版，第 328 页。

物从土地"。这种立法模式最早产生于罗马法，德国民法典承袭了这一模式。[1]
第二种是以法国民法和日本民法为代表的具体区分建筑物物权关系与土地物权
关系的分别主义模式。作为复兴罗马法的法国民法典，却并未采纳罗马法的
"添附"理论来解释土地与建筑物的关系，而是将不动产中的土地与建筑物区分
开来，各自作为不动产区别对待。日本的做法与法国大致相同，其不动产登记
法还规定土地和建筑物分别登记，使建筑物可以与土地相分离而成为独立的不
动产。旧中国民法典包括我国台湾地区的现行"民法典"受日本民法影响较大，
因而采取分别主义模式。[2]

在当代中国，法律对房产与地产的关系采取的是分别主义的立法模式，这
体现在以下两个方面：一方面，房屋所有权与土地所有权可以分离。在我国，
土地所有权由国家或集体享有，而房屋所有权则可以由任何民事主体所享有，
房屋所有权人不能拥有土地所有权。另一方面，房屋所有权与建设用地使用权、
宅基地使用权可以分离。在我国，由于土地所有权不能流转，因此，房产与地
产的关系主要体现在房屋所有权与建设用地使用权、宅基地使用权的关系上。
对此，我国法亦采取了分别主义。例如，我国《物权法》第142条规定："建设
用地使用权人建造的建筑物、构筑物及其附属设施的所有权属于建设用地使用
权人，但有相反证据证明的除外。"第200条规定，"建设用地使用权抵押后，该
土地上新增的建筑物不属于抵押财产……"这些规定都表明，在房产与地产的
关系上，我国法采取了分别主义。[3]

由于房产与地产在物理形态上具有不可分性。因此，为了实现房地产的价
值，在具体处分时，应当采取一体处分的原则进行。一体处分原则主要表现在
两个方面：[4] 一方面，建设用地使用权处分时，附着于该土地上的房屋一并处
分。对此，我国《物权法》第146条规定："建设用地使用权转让、互换、出资
或者赠与的，附着于该土地上的建筑物、构筑物及其附属设施一并处分。"这就
是通常所说的"房随地走"原则。此外，我国《城镇国有土地使用权出让和转
让暂行条例》第23条也规定："土地使用权转让时，其地上建筑物、其他附着
物所有权随之转让。"另一方面，房屋处分时，其占用范围内的建设用地使用权
一并处分。《物权法》第147条规定："建筑物、构筑物及其附属设施转让、互

---

[1]《德国民法典》第94条第1项规定："定着于土地和地面的物，特别是建筑物，以及与地面连在一
起的土地出产物，属于土地的重要成分。"见《德国民法典》，陈卫佐译注，法律出版社2006年版，
第29页。

[2] 李延荣、周珂：《房地产法》，中国人民大学出版社2008年版，第14页。

[3] 房绍坤主编：《房地产法》，北京大学出版社2011年版，第5页。

[4] 房绍坤主编：《房地产法》，北京大学出版社2011年版，第6页。

换、出资或者赠与的，该建筑物、构筑物及其附属设施占用范围内的建设用地使用权一并处分。"这就是通常所称的"地随房走"原则。此外，《城镇国有土地使用权出让和转让暂行条例》第 24 条规定："地上建筑物、其他附着物的所有人或者共有人，享有该建筑物、附着物使用范围内的土地使用权。土地使用者转让地上建筑物、其他附着物所有权时，其使用范围内的土地使用权随之转让，但地上建筑物、其他附着物作为动产转让的除外。"《城市房地产管理法》第 32 条规定："房地产转让、抵押时，房屋的所有权和该房屋占用范围内的土地使用权同时转让、抵押。"这些规定均体现了"地随房走"的原则。

3. 房地产的特征。房地产作为不动产的一种，其具有如下主要特征：

（1）固定性。房地产包括地产和房产两部分，而两者的基础都是土地。所有的房地产在位置上都是固定的，其开发、使用、租赁和转让都是在固定的地域上进行和完成的。土地和房屋是最典型的不动产，虽然房地产可以进入市场流转，房地产的权利主体会不断发生变化，但房地产本身的空间位置却不会移动。房地产的流转交易是权利的转移，而不是物质实体的变动，土地及固定于其上的房屋不能像其他商品一样，通过产品移动去满足异地需要。因而在房地产投资开发和置业消费时，空间位置的选择十分重要。

（2）耐久性。房地产的耐久性，是指房地产及其使用价值不会因其利用而被消耗殆尽，它是使用期限长久的耐用财产。就地产而言，土地能一次又一次地被反复使用，虽然一些自然灾害可能会给土地造成一定的毁坏，但土地仍然能够修复或改为其他用途。就房产而言，房屋虽然有一定物理使用年限，终究会灭失，但一经建造其使用年限少则几十年，多则上百年。耐久性特征决定了房地产的所有权和用益物权可以适当分离，即在一项房地产上可同时设定不同的权益。

（3）特定性。房产与地产，均为特定物。就房产而言，即使外型、风格、建造标准完全相同的两幢房屋，因其处在不同的地理位置和环境，其价值就有差异；同一幢房屋，由于不同房间所处的单元、楼层、朝向不同，其价值也会相去甚远。就地产而言，土地因其位置固定不变，其价值受自然环境、社会条件的影响相当大，不同地理位置的土地在价值上会有很大差别。可见，房地产是典型的特定物。

（4）稀缺性。土地是自然生成物，一般不可能通过人的劳动而获得，填海造田也只是土地用途形式的变化而已，土地具有不可再生性，属于不可再生的稀缺资源。房地产的稀缺性，导致其交易价格昂贵，特别是人口密集的中心城市，房地产价格更是居高不下。

（5）保值增值与投资性。土地的稀缺性，决定了房地产供给的有限性，这就使得房地产具有保值增值和投资性。房地产投资不仅能够像其他投资那样带来收益，而且它的资产价值基本能够保持稳中有升，投资风险较小。同时，由于房地产是大宗财产，价值较大，无论是投资开发，还是购买消费，都需耗费大量资金，这又使房地产具有较强的聚财和蓄财功能。

（二）房地产与物及物权

为了深刻理解房地产的含义，有必要了解房地产与"物"及"物权"的关系。我国《物权法》第2条第2、3款规定："本法所称物，包括不动产和动产。法律规定权利作为物权客体的，依照其规定。本法所称物权，是指权利人依法对特定的物享有直接支配和排他的权利，包括所有权、用益物权和担保物权。"其中，所有权包含占有、使用、收益、处分等四项权能；用益物权则是指建立在所有权基础之上、由所有权派生出来的使用权、经营权、土地承包经营权等；而担保物权可分为抵押权、质权、留置权。上述与物权相关的法律概念和原理都可用来表述和处理因房地产而发生的社会关系。可见，物的概念大于房地产的概念，物权的范围大于房地产权。

（三）房地产与不动产

不动产，是指不可移动或移动后将会减损其使用价值或价值的财产。与不动产相对应的称谓是动产，它是指可随意移动而不损害其使用价值或价值的财产。区分不动产和动产具有重要意义，主要表现在以下两点：一是法律规定不动产和动产分别可负载的物权类型不同，如质权的客体只能是动产，不动产只能是抵押权的客体，这影响到当事人对担保物权的选择；二是二者的公示方式不同，不动产物权以登记为其公示方式，而动产物权则以占有及交付为其公示方式。

房地产与不动产的关系，从某种程度上讲是局部与整体的关系，甚至可以认为，房地产即狭义的不动产。其中，土地是最典型的不动产，并且，土地所有权在我国不得转让、不得抵押，作为转让、抵押的标的物仅限于土地使用权。土地上的定着物，如房屋、树木、庄稼、地上或地下矿藏等均因固定于或附着于土地之上，因此也变得不可移动而成为不动产。在这些定着物中，房屋等建筑物是定着于土地之上的最重要的不动产。可见，不动产包括土地本身及其土地之上附着的或内含的物质。

土地和房屋是最重要的不动产，甚至可以认为，不动产的基本规则都是以土地、房屋为基础而建立起来的，并准用于其他不动产。[1]

---

〔1〕　高富平、黄武双：《房地产法学》，高等教育出版社2010年版，第2页。

二、房地产市场

(一) 房地产市场的概念及其分类

1. 房地产市场的概念。房地产市场是指房地产交易和流通的场所。就我国的房地产市场而言，是指国有土地使用权出让、转让、出租、抵押和城市房地产转让、房地产抵押、房屋租赁等交易活动场所的总称。在房地产市场上，参与市场活动的不仅有直接从事土地、房屋交易的双方，还有大量的诸如房地产经纪人、信息与法律咨询机构、评估及代理机构、信托租赁机构以及抵押和保险机构等。多种经济利益主体的参与，保证了房地产市场价格机制和竞争机制的形成。

2. 房地产市场的分类。[1]

(1) 按交易的对象划分，房地产市场可分为土地市场和房产市场。土地市场是地产商品交换的市场，房产市场是房屋买卖和租赁的市场。

(2) 按商品交换的形式划分，房地产市场又可分为一级、二级和三级市场。土地的一级市场是土地所有者以协议、招标、拍卖等方式转让、出让土地使用权的市场。按我国现行的法律，城市市区的土地全部归国家所有，农村的土地归农民集体所有，因此，我国的土地一级市场就是土地使用权的出让市场。土地使用权的出让必须符合国家土地利用的总体规划，按其用途符合土地出让的最高年限。土地的二级市场是土地的使用者在出让合同规定的期限内，将已开发好的土地按合同规定的用途和使用要求，有偿转让或转租给其他土地使用者的交易行为。土地的三级市场是土地使用者在有限的土地租赁期限内，将租赁的土地再转租或抵押的交易行为。

房产市场也有一级、二级和三级市场之分。房产一级市场主要是房地产开发商将修建的房屋进行交易而形成的市场，在此基础之上可形成房产的二级、三级市场。

(二) 房地产市场的特征

房地产市场作为市场体系的一个有机组成部分，[2] 自然具有一般市场的共性，如受价值规律、竞争规律、供求规律等的制约，在法律上要求贯彻公开、公平、平等、自愿和诚实信用的原则。但由于房地产商品本身具有区别于其他商品的独特属性，因而房地产市场又具有如下特征。

---

[1] 参见刘树成主编：《现代经济辞典》，凤凰出版社、江苏人民出版社 2005 年版，第 224 页。

[2] 一个完整的市场体系除了房地产市场之外，主要还包括商品市场（主要由日用消费品市场和生产资料市场构成）、劳务市场、技术市场、信息市场、企业产权转让市场、金融市场、证券市场以及期货市场等。

1. 房地产市场具有不完全竞争性。房地产市场的不完全竞争性主要由以下三个因素所决定：①房地产的异质性（或非同质性）使房地产市场中的商品具有差异性，即房地产在地理位置、环境、数量、档次等方面的差异，这使得各项房地产商品各不相同，并且不同房地产之间又不能相互替代；②房地产商品的供给在短期内很难有较大的增减，因此市场供给缺乏弹性；③土地的有限和不可再生性，以及房地产投资规模巨大，使房地产市场具有高度的垄断性，从而导致房地产市场供给主体间的竞争不充分。

2. 房地产市场具有区域性。由于房地产的不可移动性，房地产生产和消费都只能在特定的地点进行，从而使得房地产交易具有明显的区域性。

3. 房地产市场是权益交易市场。由于房地产这一商品具有不可移动性，其交易的对象实际上是房地产产权的流转及其再界定，或者说其交易的对象是附着在每一宗房地产实物上的权益，交易的对象可以是房地产的所有权（包括占有权、使用权、收益权和处分权），也可以是部分所有权，不同权益的交易形成市场上不同性质的交易行为。

4. 房地产市场交易的法定性。房地产属于不动产，通过登记发证确认其所有权和使用权，因而房地产交易活动属于严格的要式法律行为。凡土地使用权和房屋所有权的转移，都必须依照法律规定到当地房地产行政主管部门办理登记手续。

5. 房地产市场交易的中介性。房地产交易通常需要经过复杂和严密的法律程序，专业性强，加之市场信息的不对称，市场交易通常需要经纪人、估价师或物业代理等中介机构提供服务。

三、房地产业

（一）房地产业的概念

房地产业是指从事土地的开发、经营，房屋的建设、买卖、租赁、信托、维修、综合服务，以及以房地产为依托进行多种经营的企业群体组成的行业。房地产业属第三产业，主要为城市社会经济活动和人们的生活提供载体与空间，可分为房地产开发业、房地产金融业、房地产服务业等。[1] 上述房地产市场可视为房地产业的有机组成部分。1987年原城乡建设环境保护部《关于发展城市房地产业的报告》对房地产业的范围作出如下规定："土地的开发，房屋的建设、维修、管理，土地使用权的出让、转让，房屋所有权的买卖、租赁，房地产的抵押，以及由此而形成的房地产市场。"

房地产业与建筑业不同。建筑业是指从事建造工业、民用建筑物的行业，

---

[1] 辞海编辑委员会编：《辞海》，上海辞书出版社1999年版，第434页。

是建筑产品的生产部门，属于国民经济的第二产业；房地产业则是从事房地产开发、经营、管理和服务的行业，主要存在于流通领域，属第三产业。在联合国制定的《国际标准行业分类》中，建筑业和房地产业分别是十大经济行业的第 F 类和第 L 类。1997 年，我国国家统计局编制的《中国国民经济循环账户编制方法》将国民经济行业分为 15 个产业部门，建筑业和房地产业分别被列为第 3 类和第 9 类。[1]

房地产业作为国民经济中一个独立的产业，其运行过程由以下三个环节组成：[2] ①开发或生产环节。这是指以土地和房屋为对象的投资建设活动，涉及土地开发、房屋开发，反映房地产商品的使用价值形成过程，也可称为生产过程。②流通环节。这是指作为商品的房地产进入市场，进行交易活动，实现其使用价值和价值的过程，包括房地产转让、租赁和抵押三种流通方式。③消费与服务和管理环节。这是指房地产这种商品具有固定性、长久性和增值性的特征，因此在长期的消费过程中，就涉及维修服务和各种管理，如物业管理、产权产籍管理等。总之，房地产业的运行过程包括生产、流通、消费三个环节。这三个环节周而复始的循环过程，就是房地产业的生产和再生产过程。

（二）房地产业的特征

房地产业的基本特征如下：

1. 房地产业属第三产业，但同时与第一、二产业联系紧密。第三产业又称"三次产业""第三次产业"。20 世纪 20 年代，西方经济学家在对国民经济按产业分类时，按产品的生产和流通过程所处的阶段不同，把第一产业和第二产业以外的产业称为"第三产业"。第一次产业取自于自然的生产物，第二次产业则是加工取自于自然的生产物。第一次产业和第二次产业都是有形的物质生产部门，第三次产业则被解释为繁衍于有形物质财富生产活动之上的无形财富的生产部门，即广义的服务业。第三产业可分为传统第三产业和现代第三产业。传统第三产业又称"传统服务业"，主要是指传统商业、饮食业、居民生活服务业等。现代第三产业又称"现代服务业"，主要是指金融业，房地产业，具有现代流通方式的商业，由市场中介组织承担的会计、信息、法律、咨询等社会服务业。在我国，第三产业包括交通运输、仓储和邮政业，信息传输、计算机服务和软件业，批发和零售业，住宿和餐饮业，金融业，房地产业，租赁和商务服务业，科学研究、技术服务和地质勘查业，水利、环境和公共设施管理业，居民服务和其他服务业，教育、卫生、社会保障和社会福利业，文化、体育和娱

---

〔1〕　刘树成主编：《现代经济辞典》，凤凰出版社、江苏人民出版社 2005 年版，第 225 页。

〔2〕　参见黄河编著：《房地产法》，中国政法大学出版社 2008 年版，第 5 页。

乐业，公共管理和社会组织，国际组织等。[1] 房地产业的第三产业性质或服务业性质决定了它的基本功能应当是：以社会公众最迫切需要的住房利益的实现为首要宗旨，保证房地产商品全面、优质、公正地在社会生活中实现其价值和使用价值。[2]

房地产业虽然属于第三产业，但是它与第一、二产业的联系十分紧密。

（1）房地产业与作为第二产业的建筑业有着密切关系，建筑业是房地产业存在和发展的前提，与此同时，房地产业的发展，又必然带动建筑业的繁荣。

（2）房地产业与第一产业的密切联系主要表现在，房地产建设用地与作为第一产业的农业密切相关并相互制约。扩大再生产需要的建设用地往往直接取自于农业用地，也可能取自于自然的荒地，这些都与第一产业直接相关。在我国，土地征用制度既是为了保证建设用地，也是为了"保护、开发土地资源，合理利用土地，切实保护耕地，促进社会经济的可持续发展"。[3] 我国房地产业的发展必须遵循的保护耕地这一基本国策，表明了房地产业与农业不可分割的联系，这也是我国房地产业的一个重要特征。

2. 房地产业对国家经济的总体运行具有较强的导向性。房地产商品在生产、流通和消费过程中需要大量的资金，联系着第一、二、三产业中的一系列相关企业。在社会经济活动向城市化和集约化发展过程中，房地产业已逐步成为现代社会经济系统的有机组成部分，直接影响社会消费、社会就业，以及金融、信贷和多种相关产业发展的社会经济活动。房地产业所创造的财富能够通过与其他部门的联系得到扩大，因而房地产业的发展对国民经济总体运行具有明显的促进和导向作用。

3. 房地产业既具有投机性又具有泡沫性。房地产投机是指购买房屋、土地（或土地使用权），不以自行使用或者出租供他人使用为目的，而是预期房地产价格在短期内会高涨来买卖房地产而赚取利润的行为。它是一种赚取资本利得，且风险较大的短期投资行为。房地产投机既具有积极功能，也具有消极功能。其积极功能主要是指该产业投资巨大、投资周期较长、投资风险较大，如果没有较强的投机魅力，很难吸引投资，也很难活跃房地产市场；从其消极功能来看，它是泡沫经济（Foam Economy）的重要根源。

房地产泡沫的产生主要是由投机行为导致货币供应量在房地产经济系统中短期内急剧增加而造成的。美国著名经济学家和经济历史学家查尔斯·P. 金德

伯格认为，所谓房地产泡沫，是指房地产价格在一段时期持续上涨，这种价格的持续上涨使人们产生价格会进一步上涨的预期，并不断吸引新的买者，随着价格的不断上涨与投机资本的持续增加，房地产的价格远远高于与之相对应的实际价值的现象。泡沫过度膨胀的后果是预期的逆转、房地产的高空置率和价格的暴跌，即泡沫破裂。

（三）房地产业的作用

在许多发达的市场经济国家，房地产业在国民经济中占有重要的位置。我国对房地产业也进行了定位："房地产业在我国是一个新兴产业，是第三产业的重要组成部分，随着城镇国有土地有偿使用和房屋商品化的推进，将成为国民经济发展的支柱产业之一。"[1] 即国务院是将我国的房地产业放置于"支柱产业"的高度，来认识和处理房地产业的发展问题。房地产业的作用具体表现如下：

1. 房地产业为人类提供生存、发展的基础性物质条件。衣、食、住、行等需要是人们从事生产活动和社会活动的起点，民以食为天，家以居为先。房地产业的发展直接服务于解决"居者有其屋"的基本要求，关系到提高人民群众的生活质量。住房是人类最基本的生活需要，而房地产业的发展可以满足这一需求。我国这方面一向欠账较多，导致城市居民居住拥挤，交通不便，社会分配不公，消费结构很不合理。我国住房消费与发达国家相比差距甚大。[2]

2. 房地产业在国民经济的发展中能起到先导性作用。如上所述，房地产业与相关产业的联系十分广泛，它的发展，能够带动和促进其他产业的发展，其先导作用表现在以下几个方面：①带动建筑业、建材工业、建筑设备工业、建筑机械工业以及冶金、化工、木材、仪表等行业的发展。②促进金融业的发展。房地产业是资金需求量最大的产业，甚至是银行的最大客户。同时，房地产的保值、增值性，决定了房地产投资领域的高回报率，是个有吸引力的投资行业，各行各业的资金都投向房地产业。与房地产业的发展相适应，不动产抵押、不动产信托、不动产按揭、不动产保险等业务也与日俱增。③房地产业的发展，能带动第三产业的繁荣和发展。房地产业的发展，能促进旅游、园林、运输业、商业和其他服务业的发展，房地产业的发展，能带动会计、律师、经纪人等行

---

〔1〕　1992 年 11 月 4 日《国务院关于发展房地产业若干问题的通知》（现已失效）。

〔2〕　我国居民的住宅消费在中华人民共和国成立前占到全部消费比重的 4%～10%，成立初期仍为 3%～5%，以后逐渐降至只占家庭收入的 1.5%～3%，比重甚低，而发达国家如美国、法国、意大利、澳大利亚等国，住房支出占家庭收入高达 25%～30%（包括租金、水电、煤气、清洁和管理费用）。我国确定到 21 世纪末使职工住房支出占工资收入的 15% 左右。资料来源，见符启林：《房地产法》，法律出版社 2009 年版，第 5 页。

业的发展。[1] 然而，房地产业的上述重要作用，并不意味着房地产业发展得越快越好，规模越大越好。中外房地产实践经验证明，房地产业必须在整个国民经济中占适当比例，保持适度发展。过热过快发展，将会导致固定资产投资规模拉大，过多资金的涌入会造成经济结构失衡而影响工农业的发展，进而引发通货膨胀。[2]

3. 房地产业是国民经济的支柱性产业。房地产业可以创造巨大的经济效益，是各国国民财富积累的重要来源。[3] 在我国，房地产在整个国民财富中的比例虽然并未确定，但现有资料表明，房地产业的发展，确实给我国创造了巨大的财富。近几年，我国房地产业的迅速发展，也说明房地产业正在成为我国国民经济的支柱产业。

第二节　房地产法的定义、调整对象及其特征

一、房地产法的定义及其调整对象

对某一部门法的定义总是离不开对其调整对象的认识，所以，这里将房地产法的定义与其调整对象放在一起进行论述。对于如何认识房地产法的定义及其调整对象，我国法学界主要有"房地产关系说"和"房地产经济关系说"两种不同的观点。

1. "房地产关系说"。该说代表性的观点如下：

第一种观点认为房地产法是调整房地产关系的法律规范的总称。房地产关系可分为民事（商品）性质的关系和行政管理性质的关系，在许多情况下这两种关系结合为一体，但在实际运用和处理时要将它们区分开来。房地产关系的核心内容是经济关系，但房地产关系除了经济关系之外，还应包括与之相联的、并直接为之服务的行政管理关系。具体包括：①土地、房屋财产关系；②土地利用和管理关系；③城市房屋开发经营关系；④城市房地产管理关系；⑤城市

---

[1]　符启林：《房地产法》，法律出版社 2009 年版，第 4 页。

[2]　吴春岐等：《房地产法新论》，中国政法大学出版社 2008 年版，第 12 页。

[3]　据联合国统计，从 1976 年以来，用于建造房屋的投资占国民生产总值的比重一般为 6%～12%（新加坡高达 12%～26%），所形成的固定资产占同期形成的固定资产总值的 50% 以上，其中用于住宅建设的投资一般占国民生产总值的 3%～8%，占固定资产形成总值的 20%～30%。从积累财富方面看，英国的房地产价值占该国总财富的 73.2%；美国房地产的价值约占其整个国家资产总值的 75%。资料来源，见符启林：《房地产法》，法律出版社 2009 年版，第 4 页。

物业服务关系。[1]

第二种观点认为房地产法是调整房地产开发、房地产交易、房地产管理等房地产关系的法律规范的总称。房地产法的调整对象是房地产关系，包括房地产开发关系、房地产交易关系、房地产管理关系等。[2]

第三种观点认为房地产法以房地产关系为调整对象，房地产关系是指以房地产为客体或联结因素的各类社会关系的总和，可以归纳为房地产权属关系、房地产异动关系、房地产管理关系和房地产争讼关系四个方面。[3]

2. "房地产经济关系说"。该说代表性的观点如下：

第一种观点认为房地产法是调整房地产经济关系的法律规范的总称。对房地产经济关系的理解主要有广义和狭义两种：广义上的房地产经济关系包括房地产产权、开发、经营、使用、交易、服务、管理及其他与房地产相关的各种社会关系；以狭义上的房地产经济关系作为调整对象的，可以理解为房地产业法，是指在中华人民共和国城市规划区国有土地范围内取得房地产开发用地的土地使用权，从事房地产开发、房地产交易、实施房地产管理过程中所发生的经济关系。房地产法的调整对象是指房地产法所调整的特定领域的房地产社会经济关系。从广义上理解，房地产法调整对象按照法律关系所主要涉及的法律部门可分为以下三类：①房地产民事关系；②房地产行政关系；③房地产社会保障关系，具体内容包括：住宅社会保障关系，公有房屋的使用、转让和管理关系，单位与其职工的房屋产权和使用关系，房地产消费者保护关系等。[4]

第二种观点认为房地产"经济关系"包括经济管理关系和经济协作关系，这两者之间是相互联结为一体的。具体而言，房地产调整的对象主要有以下几类重要的经济关系：①土地利用管理关系；②土地财产关系：一是土地所有权关系，二是土地使用权关系；③土地利用规划关系；④城市房屋管理关系：这类关系包括房地产产权、产籍管理关系，房屋拆迁管理关系，房地产交易管理关系，房地产评估及鉴定等管理关系，物业服务管理关系等；⑤房屋财产关系：包括房屋买卖关系、房屋交换关系、房屋租赁关系、房屋继承关系、房屋抵押关系、房屋典当关系、房屋相邻关系、房屋共有关系等；⑥涉外房地产管理关系和协作关系。[5]

〔1〕 程信和、刘国臻：《房地产法》，北京大学出版社 2010 年版，第 13~14 页。
〔2〕 赵勇山主编：《房地产法论》，法律出版社 2002 年版，第 1~2 页。
〔3〕 温世扬、宁立志主编：《房地产法教程》，武汉大学出版社 1996 年版，第 12 页。
〔4〕 李延荣、周珂：《房地产法》，中国人民大学出版社 2008 年版，第 37~38 页。
〔5〕 符启林：《房地产法》，法律出版社 2009 年版，第 6 页。

本书认为某一部门法调整的对象是某一类社会关系，房地产法调整的对象就是房地产领域的社会关系。从广义的角度来看，房地产领域的社会关系包括三类：一是平等主体之间的财产关系，二是非平等主体之间的房地产管理关系，三是既不完全是平等主体间的关系，也不完全是体现国家权力的管理和服从关系的房地产社会保障关系。狭义的房地产社会关系仅指上述前两项。上述三类关系的具体内容如下：

（1）平等主体之间的房地产财产关系。主要包括：①房地产产权关系，又分为房地产所有权（自物权）关系和房地产他物权关系；②房地产投资开发关系，涉及工程招标投标、房地产融资、合资合作开发等方面；③房地产交易关系，涉及房地产转让、抵押、租赁等方面；④房地产征收和拆迁利益关系，涉及因集体土地征收和城市房屋拆迁而发生的补偿安置关系；⑤房地产中介服务关系，涉及房地产咨询、经纪、估价等方面；⑥物业管理与服务关系，这是一种具有综合性的有偿服务。

（2）非平等主体之间的房地产管理关系。主要是指房地产行政管理关系，该关系包含地政管理和房政管理两方面，涉及房地产开发的用地管理与项目管理、房地产权属管理、房地产市场管理（如房地产开发企业或中介服务机构的资质管理、房地产价格管理、房地产合同管理等）等。此外，房地产的税费管理、国有资产管理也属房地产行政管理的范畴，这类关系一般由房地产法与税法、国有资产管理法等相关法律共同调整，其所产生的管理关系具有物质利益内容和国家宏观调控的性质。

（3）房地产社会保障关系。社会保障是指国家和社会通过立法对国民收入进行分配和再分配，对社会成员特别是生活有特殊困难的人群的基本生活权利给予保障的社会安全制度。社会保障的本质是维护社会公平进而促进社会稳定发展。房地产社会保障关系的具体内容主要包括：住宅社会保障关系，公有房屋的使用、转让和管理关系，单位与其职工的房屋产权和使用关系，房地产消费者保护关系等。这类房地产关系虽然具有一定的财产内容，但与平等主体之间的民事关系有着本质上的区别，它具有较强的体现国家意志的公法属性。但与前述房地产行政管理关系又有很大区别，其兼具公法和私法的双重属性，属于经济法的范畴。在市场经济条件下房地产社会保障关系是房地产法的重要调整对象。

作为房地产法调整对象的上述三类关系，只是在学理上将其抽象出来，而在实际运行中它们是紧密结合在一起的，三者的关系往往是你中有我，我中有你。一方面，房地产财产关系必须要通过一定的公权管理关系来确认、实现，房地产财产关系的调整有利于房地产社会保障关系的和谐；另一方面，房地产管理关系则以一定的财产关系和房地产社会保障关系为其存在的条件和存在的目的。

可见，房地产法就是调整上述三类社会关系的全部法律规范。

基于上述分析，本书认为，房地产法是指调整房地产社会关系的法律规范的总称。这是从广义上对房地产法的定义，即它是调整所有房地产社会关系的法律规范；而狭义的房地产法是指调整城市房地产关系的法律规范，不包括调整农村房地产关系和房地产社会保障关系的法律规范。我国的《城市房地产管理法》是狭义的房地产法。本书是从广义的角度来研究房地产法的。

另外，房地产法还有形式意义上与实质意义上的房地产法之分。形式意义上的房地产法是指以"房地产法"命名的法律，例如，我国的《城市房地产管理法》；实质意义上的房地产法则是指所有调整房地产关系的法律规范，包括宪法、法律、行政法规、地方性法规、部门规章以及国家政策、司法解释中调整房地产关系的法律规范。房地产法的研究，通常是以实质意义上的房地产法为对象，包含形式意义上的房地产法。

二、房地产法的特征

从实质意义和广义的角度来考察，房地产法具有如下特征：

（一）**房地产法兼具私法与公法属性，属于横跨多学科的法律规范**

尽管从某一具体的法律关系来看，房地产法律关系可以归属于某一特定性质的法律关系，例如，平等主体之间的房地产交易关系属于民事法律关系，房地产税收关系则属于经济法律关系，而房地产开发用地管理关系又属于行政法律关系。但是，从整体上看，房地产法律关系既不是单纯的民事法律关系，也不是单纯的经济法律关系或行政法律关系，而是具有综合性质的法律关系。就法律属性而言，房地产法既不单纯属于私法，也不单纯属于公法，而是兼具私法与公法双重属性。就法律规范而言，房地产法律规范既包括单纯的民事法律规范（如物权法、合同法）、经济法律规范（如房地产税法）、行政法律规范（如城乡规划法），还包括综合性的法律规范，而且这种法律规范在房地产法中占有核心的地位，如城市房地产管理法、土地管理法等。因此，房地产法属于横跨民法、经济法、行政法等诸多学科的法律规范。我们应当从民法、经济法、行政法等多学科的角度理解和掌握房地产法。

（二）**房地产权利变动以登记为要件**

动产的权利变动以标的物的移转占有为原则，不动产的权利变动，则以当事人在政府有关管理部门办理变动登记为公示的原则，未经政府有关管理部门办理变动登记，其权利不发生转移。由此也可以看出，不动产的转移并非实际物体发生位移，而是通过登记的方式而发生权利主体的变动，房地产交易实际上是权利的交易。因此，房地产法是一个以权属为基础的法，只要权属存在，就可以不断地交易下去。

（三）房地产法的调整手段具有国家干预性

房地产对国家、企事业单位和个人来说都是必不可少的物质资料，是人们从事各种活动的物质基础条件，它对社会经济生活和社会秩序的稳定影响巨大，因而国家对房地产关系进行严格监督，从而体现了房地产法在调整手段上的国家干预性。为此，国家设置了专门的房地产管理部门，行使对房地产关系的监管职能。国家对房地产关系的干预体现在房地产关系的各个方面、各个领域。例如，非平等主体之间的房地产税收关系、房地产规划关系、房地产市场管理关系以及房地产社会保障关系等，本身就体现了管理与被管理的关系，而国家干预性体现得最为明显和直接。而对于平等主体之间的房地产转让关系、房地产租赁关系、房地产抵押关系等，国家虽然不进行直接干预，但国家通过房地产权利变动的登记制度，同样实现了对这类房地产关系的干预。国家对房地产关系进行干预的意义在于：宏观上有利于调控房地产市场；微观上有利于维护房地产权利人的利益，满足人们的基本生活需求。[1]

第三节　房地产法的渊源、体系及其基本原则

一、房地产法的渊源

房地产法的渊源，是指房地产法律规范的表现形式。由于房地产法律的调整范围较为复杂，房地产法律的渊源也很多，包括宪法、法律、行政法规和行政规章、地方性法规、国家政策、司法解释以及当地习惯等多种表现形式。

（一）宪法

宪法是国家的根本大法，具有最高法律效力，也是房地产立法和司法必须遵循的基本依据。我国《宪法》对房地产制度的直接规定如下：

1. 关于土地所有权的规定。《宪法》第 9 条第 1 款规定："矿藏、水流、森林、山岭、草原、荒地、滩涂等自然资源，都属于国家所有，即全民所有；由法律规定属于集体所有的森林和山岭、草原、荒地、滩涂除外。"第 10 条第 1、2 款规定："城市的土地属于国家所有。农村和城市郊区的土地，除由法律规定属于国家所有的以外，属于集体所有；宅基地和自留地、自留山，也属于集体所有。"

---

[1] 房绍坤主编：《房地产法》，北京大学出版社 2011 年版，第 8 页。

2. 关于土地使用权的规定。《宪法》第 10 条第 4、5 款规定："任何组织或者个人不得侵占、买卖或者以其他形式非法转让土地。土地的使用权可以依照法律的规定转让。一切使用土地的组织和个人必须合理地利用土地。"

3. 关于保护公民房屋所有权的规定。《宪法》第 13 条第 1、2 款规定："公民的合法的私有财产不受侵犯。国家依照法律规定保护公民的私有财产权和继承权。"

4. 关于公民居住权的规定。《宪法》第 39 条规定："中华人民共和国公民的住宅不受侵犯。禁止非法搜查或者非法侵入公民的住宅。"

5. 关于土地和房产征收或征用的规定。《宪法》第 10 条第 3 款规定："国家为了公共利益的需要，可以依照法律规定对土地实行征收或者征用并给予补偿。"第 13 条第 3 款规定："国家为了公共利益的需要，可以依照法律规定对公民的私有财产实行征收或者征用并给予补偿。"

房地产法中宪法规范的价值主要体现为严格保护土地公有制，保护作为公民基本权利重要组成部分的房屋所有权和居住权。

（二）法律

这里的法律是狭义上的法律，是指由全国人民代表大会及其常务委员会制定的规范性文件。它包含了调整房地产社会关系的专门法律和相关法律两大部分。

调整房地产社会关系的专门性法律有：《城市房地产管理法》《土地管理法》《城乡规划法》《物权法》和《农村土地承包法》等。其中，《城市房地产管理法》是我国第一部对房地产开发用地、房地产开发、房地产交易、房地产权属登记管理等问题作出系统规定的法律；《土地管理法》是规定土地权属、耕地保护、土地资源利用等制度的法律；《城乡规划法》是在城乡一体规划原则的指导下，对我国城乡规划的制定、管理、规划的实施等问题作出的规定，是房地产开发的重要法律依据；《物权法》是我国房地产法的基础性规范，特别是其中有关不动产登记（第二章第一节）、业主的建筑物区分所有权（第六章）、相邻关系（第七章）、建设用地使用权（第十二章）等规定，都是房地产法的专门性规定，其他各章节也大都与房地产法有紧密关联；《农村土地承包法》是为稳定和完善以家庭承包经营为基础、统分结合的双层经营体制，赋予农民长期而有保障的土地使用权，维护农村土地承包当事人的合法权益，促进农业、农村经济发展和农村社会稳定，根据宪法而制定的法律。

调整房地产社会关系的相关性法律则更多，如《民法通则》《担保法》《合同法》《建筑法》《森林法》《草原法》《矿产资源法》《环境保护法》《水土保持法》《节约能源法》《农业法》《继承法》《招标投标法》《消费者权益保护法》《刑法》等。

（三）行政法规和行政规章

1. 行政法规。行政法规是由国务院制定的有关行政管理事项的规范性文件的总称。它以"条例"和"规定"的形式出现，其效力低于法律，高于地方性法规和部门规章，范围及于全国。目前我国的房地产行政法规主要有：《土地管理法实施条例》《城镇国有土地使用权出让和转让暂行条例》《城市房地产开发经营管理条例》《住房公积金管理条例》《国有土地上房屋征收与补偿条例》《房产税暂行条例》《城镇土地使用税暂行条例》《土地复垦条例》《大中型水利水电工程建设征地补偿和移民安置条例》《土地增值税暂行条例》《建设项目环境保护管理条例》《基本农田保护条例》《建设工程质量管理条例》《物业管理条例》和《不动产登记暂行条例》等。

2. 行政规章。行政规章是有关行政机关依法制定的关于行政管理的规范性文件的总称，分为部门规章和地方政府规章。部门规章是国务院所属部委根据宪法、法律和国务院行政法规，在本部门的权限内，发布的各种行政性的规范性文件，多以"办法""意见""细则"等形式出现。有关房地产的行政规章相当多，主要有：《建设项目用地预审管理办法》《规范国有土地租赁若干意见》《闲置土地处置办法》《协议出让国有土地使用权规定》《关于变更土地登记的若干规定》《城市房地产抵押管理办法》《城市房地产转让管理规定》《商品房销售管理办法》《城市商品房预售管理办法》《关于处理原去台人员房产问题的实施细则》《农村土地承包经营权流转管理办法》《物业服务收费管理办法》《住宅专项维修资金管理办法》以及《城镇住宅合作社管理暂行办法》《经济适用住房管理办法》《廉租住房保障办法》等。

地方政府规章，是指省、自治区、直辖市和设区的市、自治州的人民政府根据法律、行政法规和本省、自治区、直辖市的地方性法规，依照《规章制定程序条例》制定的规章。地方政府规章与行政规章一样，也是房地产法的渊源。

（四）地方性法规

地方性法规是指省、自治区和直辖市的人民代表大会及其常委会等地方国家权力机关为保证宪法、法律和行政法规的遵守和执行，结合本行政区内的具体情况和实际需要，依照法律规定的权限通过和发布的规范性法律文件。经济特区所在地的省、市人民代表大会及其常委会，按照全国人民代表大会的授权，可以制定调整房地产法律关系的法规，在经济特区范围内实施。

有关房地产社会关系的地方性法规是房地产法律渊源中数量最大的一种表现形式，这与房地产作为不动产的属地性是相吻合的。

（五）国家政策

政策是国家或者政党为实现一定历史时期的任务和执行其路线而制定的活动准则和行为规范。政策包括国家政策和政党政策，但只有国家政策才可以作为法律的渊源。《民法通则》第 6 条规定："民事活动必须遵守法律，法律没有规定的，应当遵守国家政策。"国务院发布过很多具有重大指导意义和现实针对性的政策文件，虽然这些文件不是正式的法律，但它们可以作为处理房地产纠纷的参考，因此，具有规范性文件的性质。政策具有适应性和针对性强的特点，而法律规范则可能滞后或落后，在政策经过一段时间实施后，又可以转化为具有规范性和稳定性的法律。例如，2013 年 2 月 20 日国务院常务会议制定的"五项加强房地产市场调控的政策措施"（简称"新国五条"），就是为适应当前房地产市场的特殊情况而发布的政策性文件。针对房地产市场的政策性文件还有：《中共中央、国务院关于加强土地管理、制止乱占耕地的通知》《国务院关于深化改革严格土地管理的决定》《中共中央、国务院关于进一步加强土地管理切实保护耕地的通知》《中共中央办公厅、国务院办公厅关于继续冻结非农业建设项目占用耕地的通知》《国务院办公厅关于继续冻结各项建设工程征占用林地的通知》《建设部关于处理原去台人员房产中若干具体问题的补充意见》《国务院关于进一步深化城镇住房制度改革加快住房建设的通知》《中共中央、国务院关于促进小城镇健康发展的若干意见》《国务院关于进一步加强住房公积金管理的通知》以及《国务院关于解决城市低收入家庭住房困难的若干意见》等。在法律没有规定时，政策也是房地产法的法律渊源之一。

（六）司法解释

司法解释是由国家最高司法机关在适用法律过程中对具体应用法律问题所作的解释，包括最高人民法院所作的审判解释和最高人民检察院所作的检察解释。其中，最高人民法院的司法解释对于房地产案件纠纷的解决发挥着重要的作用。最高人民法院关于房地产法的司法解释主要有两类：一类是专门性的司法解释，如目前我国关于房地产方面的司法解释主要有：《最高人民法院关于审理商品房买卖合同纠纷案件适用法律若干问题的解释》《最高人民法院关于审理涉及国有土地使用权合同纠纷案件适用法律问题的解释》《最高人民法院、国务院宗教事务局关于寺庙、道观房屋产权归属问题的复函》等。另一类是综合性的司法解释，目前与房地产相关的主要有：《最高人民法院关于贯彻执行〈中华人民共和国民法通则〉若干问题的意见（试行）》《最高人民法院关于适用〈中华人民共和国合同法〉若干问题的解释（一）》《最高人民法院关于适用〈中华人民共和国担保法〉若干问题的解释》等。

（七）当地习惯

我国《物权法》第 85 条规定："法律、法规对处理相邻关系有规定的，依照其规定；法律、法规没有规定的，可以按照当地习惯。"这里所谓的当地习惯，是指一定地域内的多数人长期形成并习惯遵守的行为规范。一般说来，在涉及相关房地产社会关系的事项没有法律、法规规定，也没有国家政策可资遵守的情形下，可以依照当地习惯来处理。此时，当地习惯也就成为房地产法的渊源。

二、房地产法的体系

（一）外国（地区）房地产立法体系的模式

在世界各国和地区，由于法律传统和社会背景的不同，房地产立法体系的模式各异，下面主要介绍三种模式。[1]

1. 英美模式。英美国家的房地产立法不刻意追求建立完备、系统的房地产法律体系，而是针对房地产某一领域的社会关系制定单项法律，来反映国家意志，以达到对房地产业某一领域调控管理的目的。对于未曾立法的房地产其他方面，则运用现有的民商法、经济法和行政法及一些惯例、判例和规则来调整和规范。例如，为了加强国家对于土地利用和城市规划的干预和控制，英国早在 1946 年就制定了《新城法》，1947 年制定了《城市计划法》，这是国家干预土地利用的开端，之后英国又相继颁布了《房屋法》《住宅法》；美国则在 1934年颁布了《土壤保护法》，1961 年颁布了《住宅法》，1972 年颁布了《统一管理法》，1976 年颁布了《土地政策管理法》；加拿大在 1938 年制定了《加拿大不动产法》和《加拿大抵押和房地产公司法》，1953 年颁布施行了《国家住宅法》；新西兰在 1955 年颁发了《住宅法》；澳大利亚在 1970 年颁布了《首都区房地产（单元住宅所有权）条例》；等等。

2. 新加坡和中国香港特别行政区的模式。新加坡和中国香港特别行政区的房地产立法与上述英美模式比较接近，只是它们更加采取一事一法的原则来制定详细完备的房地产法例、法令，而没有制定房地产方面的基本法。新加坡现已先后制定了 20 多个与房地产有关的法令，如《土地征用法》《土地改良法》《土地局授权法》《联邦土地局法》《土地地契法》《土地地号法》《地契注册法》《侵犯国家公地法》《转移土地法》《海岸线法》《产业转让法》《特别物产法》等。

我国香港特别行政区颁布的相关条例主要包括：《城市规划设计条例》《建筑物条例》《田土注册条例》《官地条例》《官地租借条例》《政府土地权（收回

---

〔1〕　相关材料参见董娟：《房地产法学》，天津大学出版社 2010 年版，第 38~40 页。

及授权管理辅助办法）条例》《收回官地条例》《征用土地（占用权）条例》《新界条例》《土地拍卖条例》《物业转让条例》《物业法（履行契约）条例》《物业法修订条例》《地产转让及物业条例》《业主与住客（综合）条例》《土地审裁处条例》《差饷条例》《地税及补价（摊分）条例》《建筑物（新界适用）条例》《香港工业公司条例》《拆卸楼宇（遗址重建发展）条例》《房产转让及业权条例》《新界租约（拓展）条例》等。

上述房地产法令、条例调整的房地产社会关系虽然各不相同，但彼此衔接，分别构成了新加坡和中国香港特别行政区较为完备的房地产法律体系。

3. 日本、韩国模式。日本、韩国两个国家在法律传统上属于大陆法系，比较注重建立完备、系统的房地产法律体系。就日本而言，其重要的房地产法律如下：《土地基本法》《地上权法》《土地征用法》《农地法》《农用地利用增进法》《国土综合开发法》《城市绿地保护法》《土地租用法》《房屋租用法》《不动产行政法》《不动产登记法》《建筑标准法》《建设业法》等。

在韩国，有关房地产的立法更显全面、系统，主要有：《国土建设综合计划法》《国土利用管理法》《产业基地开发促进法》《地籍法》《土地征用法》《公共用地取得及损失补偿特例法》《共有土地分割特例法》《土地开发公社法》《国有财产法》《外国人土地法》《农地改良法》《建设业法》《土地区划整理事业法》《住宅建设促进法》《宅地开发促进法》《租赁住宅建设促进法》《建筑法》《建筑师法》等。

日本、韩国房地产立法的主要特点如下：[1] 一是从立法的数量上看，法律、法规量多面广，周详完备。据日本20世纪70年代末统计，仅关于土地的基本法就达40多个，加上细则、命令、决定共有500多个。二是从立法内容上看，主要包括：物权法；土地法及其配套法；不动产行政法及其配套法律、法规。这三大基本法及其配套法律、法规共同调整有关房地产各个领域的法律关系。三是从体例和效力上看，这种立法模式各层次法律、法规界定清晰，有机衔接，除三大基本法外，每一基本法下及各个基本法交叉之间都有一些专项法律、规则和办法。

（二）我国房地产法的体系

房地产法既可以表现为一部完整的法律，即房地产法典；也可以由众多的房地产法律规范组成为一个体系。目前我国同其他许多国家和地区一样，采取后一种立法模式。关于我国房地产的立法体系，不同学者提出了不同的主张，

---

〔1〕 董娟：《房地产法学》，天津大学出版社2010年版，第40页。

主要有两分法和三分法等。[1] 两分法认为：房地产法体系以城市房地产法和住宅法为主干。建设部曾在1990年通过了《房地产法律法规体系规划方案》，将房地产法律法规体系分为城市房地产法体系和住宅法体系。其中城市房地产法应主要包括：城市房地产开发、城镇房地产经营管理、城市房屋拆迁管理、城市房地产纠纷仲裁等方面的内容。住宅法应主要包括：城市住宅建设管理、城镇个人投资建房管理、住宅基金管理以及公房出售和出租的管理规定等。三分法认为：房地产法由城市房地产管理法、住宅法、相关法律法规作为主干而构成。其中第一部分包括宪法、民法通则、民法总则、城乡规划法、土地管理法、环境保护法、物权法等；第二部分应包括现有的城市房屋管理法规及待制定的城市房地产综合开发条例、城市国有土地经营管理条例、房地产交易市场管理条例、涉外房地产开发经营管理规定等；第三部分应包括现有的城市房屋拆迁管理条例、城镇个人建造住宅管理办法，及待制定的城镇住宅建设管理条例、住房基金管理条例、公房出售和出租管理规定、公民住宅储蓄及社会保险储蓄条例等。还有人提出：房地产法在体系上应分为基本法律和配套法律，其中基本法律包括《城市房地产管理法》《土地管理法》和《城乡规划法》三个主干法律，配套法律包括开发法、交易法、管理法等。

从实证的角度来看，我国现行房地产法律体系按其内容划分为三部分：一是综合法，主要包括：《宪法》《物权法》《民法通则》等法律中的有关规定。二是专门法，主要包括：《城市房地产管理法》《城乡规划法》《土地管理法》《农村土地承包法》《建筑法》以及它们的实施条例、细则、办法之类。三是相关法，主要包括：《合同法》《担保法》《商业银行法》《农业法》《森林法》《草原法》《渔业法》《矿产资源法》《海域使用管理法》《环境保护法》以及《婚姻法》和《继承法》等法律中的有关规定。

从发展的角度来看，在进一步完善上述房地产法律体系的基础之上，应当将《住宅法》纳入立法规划。该法应当以宪法中公民休息权和居住权为依据，将公民的居住权不受侵犯、自有住房财产不受侵犯作为立法目的。调整的基本范围应当包括：保障性住宅（城镇和农村保障性住宅）、商品住宅、城市住宅所有权、住宅建设、住宅资金与融通、住宅买卖与租赁、住宅管理与维修等。它涉及民事、经济、行政等各种法律关系。该法的根本宗旨是保障公民的住房权利，改善居住条件和居住环境。

---

[1]　这些主张参见李延荣、周珂：《房地产法》，中国人民大学出版社2008年版，第50~52页；吴春岐等：《房地产法新论》，中国政法大学出版社2008年版，第35页。

（三）我国《城市房地产管理法》的主要内容及其特点

《城市房地产管理法》是我国房地产管理方面的基本法，该法于1994年7月5日通过，并分别于2007年、2009年和2019年进行了三次修正。该法共7章73条，其规范的主要内容包括：房地产开发用地的取得；房地产开发的基本原则、开发土地期限、开发项目设计和施工；房地产价格、房地产转让及其方式；商品房预售及其条件；房地产抵押及抵押登记、抵押物范围；房地产租赁以及房屋租赁的特别规定；房地产中介服务机构的设立；房地产权属登记和房地产权属证书；房地产违法行为及其相应处罚以及商品房买卖合同和国有土地使用权合同等。[1]

《城市房地产管理法》的基本特点如下：

1. 建立了系统的房地产管理制度。《城市房地产管理法》在总结和借鉴国内外经验的基础上，建立了我国对房地产管理的五项基本制度：①国有土地有偿、有限期使用制度；②房地产价格评估制度；③房地产成交价格申报制度；④房地产评估人员资格认证制度；⑤土地使用权和房屋所有权登记发证制度。

为配合这些制度的贯彻实施，该法又具体规定了加强房地产管理的其他制度和措施，即五种合同、五种登记备案制度和五种证书。

五种合同是指：①土地使用权出让合同；②房地产转让合同；③商品房预售合同；④房地产抵押合同；⑤房屋租赁合同。通过这五种合同加强对房地产合同的管理。

---

[1]《城市房地产管理法》具体章节内容的解读如下：第一章，总则。阐明该法的立法目的、适用范围、调整对象和一般原则，规定国务院建设行政主管部门和土地管理部门依照国务院规定的职权划分，各司其职，密切配合，管理全国房地产工作。地方的管理机构设置及其职权，由省、自治区、直辖市人民政府确定。第二章，房地产开发用地。其中，第一节对土地使用权的出让的方式、程序、土地用途及使用年限的确定与改变，土地使用权出让金的收缴与用途，土地使用权的终止与收回等分别作了规定，并明确规定城市规划区内集体所有的土地，经依法征用转为国有土地后，该幅土地的使用权方可有偿出让。第二节则对土地使用权的划拨原则以及对象作了规定。第三章，房地产开发。对房地产开发必须遵守的方针、原则、时间要求，房地产开发企业的设立程序以及必须具备的条件等作了规定。第四章，房地产交易。对房地产的转让、抵押，房地产价格评估和成交价格申报，商品房预售和房屋租赁，中介服务机构的开业条件等作了规定。与此相关联的实用核心法规有《城市房地产转让管理规定》《城市商品房预售管理办法》《城市房地产抵押管理办法》等，这些法规与《城市房地产管理法》相配合，对房地产交易行为的规范起着不可或缺的作用。第五章，房地产权属登记管理。规定对土地使用权和房屋所有权实行登记发证制度。《不动产登记暂行条例》对此也进行了更有可操作性的规定，并且使房地产的登记管理制度与《物权法》的相关规定协调一致。第六章，法律责任。规定了违反该法相关法条的法律责任，以及非法向房地产开发企业收费，管理部门玩忽职守、滥用职权、索贿、受贿的法律责任。第七章，附则。规定在城市规划区外的国有土地范围内取得房地产开发用地的土地使用权，从事房地产开发、交易活动以及实施房地产管理，参照该法执行。

五种登记备案制度是指：①房地产开发企业及房地产中介服务机构的设立登记备案制度；②商品房预售合同的登记备案制度；③房地产转让、抵押或变更时的房地产权属登记制度；④房屋租赁合同的登记备案制度；⑤土地使用权、房屋所有权的取得登记制度。通过这五种备案制度加强对房地产登记的管理。

五种证书是指：①土地使用权证书；②房屋所有权证书；③房地合一的房地产权证书；④房地产估价资格证书；⑤商品房预售许可证书。通过这五种证书加强对房地产权证的管理。

上述五项房地产管理制度、五种合同、五种登记备案制度、五种证书的建立，标志着我国房地产管理在法治化方面达到了一个新的高度。

2. 体现了维护国有房地产权的价值取向。这一价值取向具体体现在以下几个方面：①国家垄断土地出让市场，即一级市场，起开源节流作用。具体要求是国有土地使用权必须根据省级以上人民政府下达的控制指标拟订年度出让土地使用权总面积方案，报国务院或者省级人民政府批准后方可出让；县级以上人民政府出让国有土地使用权必须根据省级以上人民政府下达的控制指标拟订年度出让土地使用权总面积方案，报国务院或者省级人民政府批准后方可出让。②国家对国有土地实行有偿、有限期使用制度，对土地使用权出让规定最高年限的限制。③国家对国有土地的使用范围和用途实行限制，国家出让土地使用权，受让方获得的只是地上的开发权，对于地下的自然资源、矿藏等，土地使用者无权开发或占为己有。同时，土地使用者必须按出让合同规定的用途使用土地，如需变更土地用途，须经出让方和城市规划部门同意，并调整土地使用权出让金。④国有土地的出让、转让由国家土地管理部门统一管理，不管是土地的出让还是转让，土地使用者都必须到土地管理部门申请登记，领取土地使用权证书。⑤国家拥有对国有土地的最后处分权，国家在特殊情况下，根据社会公共利益的需要，可以在对土地使用者作相应补偿后提前收回土地使用权。

3. 对房地产过度投机行为设定了限制。《城市房地产管理法》借鉴国外以及我国港澳台地区限制房地产过度投机行为的经验，结合我国的具体情况，制定了六项抑制房地产过度投机行为的制度：①对土地使用权的出让行为加强管理，规定土地使用权出让必须由市、县人民政府有计划、有步骤地进行，必须符合土地利用的总体规划、城市规划和年度建设用地规划。②对土地使用权出让价格进行管理。为避免低价出让、造成国有资产的流失，规定了房地产价格评估制度，确定基准地价，要求不论通过拍卖、招标或协议出让土地使用权，均不得低于国家规定的基准地价。③加强对以划拨方式取得土地使用权交易行为的管理。以划拨方式取得的土地使用权，一般不得自发进入房地产交易市场。这类土地使用权要进行交易，一是经批准后办理土地使用权出让手续，缴纳土地使用权出让金；二是经批准后也可以不办理土地使用权出让手续，但转让房地产所获收益中的土地收益上缴国家或作其他处理。这种规定，有效地制止了土地市场的隐形交易行为。④对已受让的土地必须按合同期限抓紧开发利用。该法规定，以出让方式取得土地使用权进行房地产开发的，必须按照土地使用权开发合同规定的土地用途动工开发，期满 1 年未动工开发的，可以征收相当于土地使用权出让金 20% 以下的土地闲置费；期满 2 年未动工开发的，可以无偿收回土地使用权。⑤对房地产的转让必须达到一定的投资额或符合一定的条件，否则其转让行为无效。即以出让方式取得土地使用权的，转让房地产除按约已支付全部土地使用权出让金并取得土地使用权证书外，还需按出让合同的约定进行投资，属于房屋建设工程的，完成开发投资总额的 25% 以上；属于成片开发土地的，须符合工业用地或者其他建设用地条件。⑥为抑制所谓的"炒楼花"，该法对商品房预售的条件作出如下规定：其一，已交付全部土地使用权出让金，取得土地使用权证书；其二，持有建设工程规划许可证；其三，按提供预售的商品房计算，投入开发建设的资金达到工程建设总投资的 25% 以上，并已经确定施工进度和竣工交付日期；其四，向房管部门办理预售登记，并取得商品房预售许可证明。

4. 确立了房地产市场调节机制。《城市房地产管理法》确立了我国的房地产市场调节机制，具体表现如下：①在房地产开发企业的登记设立方面，将审核制改为登记制。建立房地产开发企业，无须像过去那样先资质审查再登记，而直接可以向工商行政管理部门申请设立登记，限期到建设部门备案，从而大大简化了房地产开发企业设立的程序，提高了办事效率，有利于市场主体的高效设立。②在房地产价格管理方面，确立了以市场调节价格为主的价格原则，即政府应将房地产的基准地价、标定地价和各类房屋的重置价格定期确定并公开，从而使这三种对房地产有标志性、基础性、控制性作用的价格能经常显现，有利于房地产开发、交易、中介、评估等事业的进行。③在土地使用权取得的方式上，该法尽管保留了出让与划拨双轨制形式，但对划拨土地使用权的范围作了严格的限制，而是以出让方式为主。对除以划拨形式取得土地使用权的以外，其余一律采用有偿出让的方式。④在土地使用权出让的方式上，规定了拍卖、招标和双方协议三种方式。对于那些明显具有经营目的、回报率高、投资回收期较短的商业、旅游娱乐和豪华住宅用地，则规定只要有条件，必须采取拍卖、招标方式，从而引进公平竞争的机制，充分发挥市场机制对土地资源的合理配置作用。

三、房地产法的基本原则

房地产法的基本原则是由房地产法所调整的社会关系的基本性质所决定的，

是公共意志在房地产法上的体现。房地产法的基本原则是房地产立法、司法、守法全过程的基本准则和基本指导思想。

（一）土地公有原则

我国社会主义经济是建立在公有制基础上的，公有制经济占主导地位，多种所有制经济共同发展，因而土地公有是我国公有制经济的重要组成部分。土地不仅是资源，而且是资产。土地所有权只能归国家和集体所有，对此，我国宪法和法律都有明文规定。我国《宪法》第 10 条第 1、2、3 款规定：“城市的土地属于国家所有。农村和城市郊区的土地，除由法律规定属于国家所有的以外，属于集体所有；宅基地和自留地、自留山，也属于集体所有。国家为了公共利益的需要，可以依照法律规定对土地实行征收或者征用并给予补偿。”《物权法》第 47 条规定：“城市的土地，属于国家所有。法律规定属于国家所有的农村和城市郊区的土地，属于国家所有。”据此，我国境内的土地，除由法律规定属于国家所有的外，属于劳动群众集体所有。国家可以依法征收集体土地，一经征收即转化为全民所有。目前我国内地和香港特别行政区已不存在土地私有制。[1]

（二）土地所有权与土地使用权相分离和土地有偿使用原则

在我国，土地所有权虽然归国家与集体所有，但在土地利用上，则实行土地所有权与土地使用权相分离的原则，与此同时，除划拨土地使用权外，实行土地有偿使用原则。

根据我国目前的法律规定，土地使用权的种类主要包括：建设用地使用权、土地承包经营权和宅基地使用权。这三种土地使用权在《物权法》中都有规定，属于用益物权的范畴。其中，建设用地使用权主要是设立于国有土地上的用益物权（我国也存在着设立于集体土地上的建设用地使用权），土地承包经营权则是设立于集体所有土地或者国家所有由集体使用的土地上的用益物权，而宅基地使用权是设立于集体土地上的用益物权。这三类用益物权，都是土地所有权与土地使用权相分离的结果。

---

[1] 《中华人民共和国香港特别行政区基本法》第 7 条规定：“香港特别行政区境内的土地和自然资源属于国家所有，由香港特别行政区政府负责管理、使用、开发、出租或批给个人、法人或团体使用或开发，其收入全归香港特别行政区政府支配。”《中华人民共和国澳门特别行政区基本法》第 7 条规定：“澳门特别行政区境内的土地和自然资源，除在澳门特别行政区成立前已依法确认的私有土地外，属于国家所有，由澳门特别行政区政府负责管理、使用、开发、出租或批给个人、法人使用或开发，其收入全部归澳门特别行政区政府支配。”可见，澳门特别行政区境内的土地和自然资源，除了在澳门特别行政区成立前已依法确认的私有土地外，属于国家所有。这是从澳门实际出发、实施“50 年不变”政策的重要体现。

在计划经济时期，我国用行政手段无偿、无期限划拨和调剂土地，排除了市场机制的作用，这导致两个方面的不利后果：一方面是土地使用价值的商品化未能得到发挥，使政府捧着土地这个"金饭碗"讨饭，缺少土地这部分的财政收入；另一方面是土地利用率低，浪费严重，并且非法占地、变相买卖土地等现象严重。现在国家依法实行城镇国有土地有偿使用制度。有偿使用制度包括有期限使用的内容。农村集体经济组织经过批准，可以采用土地使用权入股、联营等形式与其他单位、个人共同举办企业。农民集体土地的使用权不得出让、转让或者出租用于非农业建设；但是，符合土地利用总体规划并依法取得建设用地的企业，因破产、兼并等情形致使土地使用权依法发生转移的除外。

（三）合理利用土地与保护耕地原则

合理利用土地与保护耕地既是房地产法的基本原则，也是我国的一项基本国策。

1. 关于合理利用土地。《宪法》第 10 条第 5 款中规定："一切使用土地的组织和个人必须合理地利用土地。"《土地管理法》第 3 条规定："十分珍惜、合理利用土地和切实保护耕地是我国的基本国策……"为此，《土地管理法》主要规定了如下基本措施：①各级人民政府应当采取措施，全面规划，严格管理，保护、开发土地资源，制止非法占用土地的行为；②对保护和开发土地资源、合理利用土地以及进行有关的科学研究等方面成绩显著的单位和个人，由人民政府给予奖励；③对土地用途实施管制；④建立土地利用总体规划制度、土地调查制度、土地统计制度等。

2. 关于保护耕地。耕地是人类食物来源的所在，是我们的生命线。《土地管理法》第 4 条第 2 款明确规定，严格限制农用地转为建设用地，控制建设用地总量，对耕地实行特殊保护。为此我国主要采取了如下保护耕地的基本措施：①严格控制将耕地转为建设用地，对于必须转用的，要通过严格的审批程序；②国家实行占用耕地补偿制度，非农业占用耕地的，按照"占多少，垦多少"的原则，由用地单位负责开垦与所占用耕地的数量相当的耕地，无能力开垦或开垦不符合要求的，则要缴纳耕地开垦费；③国家实行基本农田保护制度，在全国各地划定基本农田保护区，实行特别保护；④国家鼓励单位和个人按照土地利用总体规划，在保护和改善生态环境、防止水土流失和土地荒漠化的前提下，开发未利用土地，适宜开发为农用地的，应优先开发成农用地。

（四）房地产综合开发原则

房地产开发经营应当按照经济效益、环境效益、社会效益相统一的原则，实行全面规划、合理布局、综合开发、配套建设。在现实中，三大效益之间有时会出现冲突，甚至处于两难的境地。然而，我们仍然要力求"三位一体"、互相促进，避免顾此失彼。

（五）扶持发展居民住宅建设与保障房地产权利人合法权益原则

1. 关于扶持发展居民住宅建设的原则。《城市房地产管理法》第 4 条规定："国家根据社会、经济发展水平，扶持发展居民住宅建设，逐步改善居民的居住条件。"这是国家对居民住宅扶持原则的规定。居民住宅是居民生活的基本保障，国家逐步推行城镇居民住房商品化，不断满足人民群众包括城市低收入家庭日益增长的住房需求。

2. 关于保障房地产权利人合法权益原则。《城市房地产管理法》第 5 条中明确规定："……房地产权利人的合法权益受法律保护，任何单位和个人不得侵犯。"这里的房地产权利人，是指依法对房地产享有某种利益的人，包括土地所有权人、房屋所有权人、土地使用权人、房地产抵押权人、房地产租赁权人等。他们所享有的权益受法律保护。在我国，将保障房地产权利人合法权益确立为房地产法的一项基本原则十分必要，其理由如下：①保障房地产权利人的合法权益，是实现房地产交易安全和人们正常生产、生活秩序的前提和基础。②我国房地产法律、法规多是管理型法律，内容上偏重于行政管理，虽然也包括私权内容，但私权保护内容相对较少，这对保护房地产权利人的权益是十分不利的。在这样的背景下，强调保护房地产权利人的利益具有特殊意义。③在计划经济时期，私权的保障被忽视，房地产权利有时根本得不到保护，这些习惯和做法对今天也会产生一些负面影响，因而在房地产立法、司法等各个环节上有必要强调保障房地产权利人的合法权益。[1]

（六）宏观调控与市场调节相结合的原则

一方面，市场经济离不开宏观调控，对国计民生影响重大的房地产市场更需要政府的宏观调控，这是市场经济国家普遍采取的措施。我国对房地产的管理和宏观调控措施主要有：①房地产开发用地调控。为此国家实行土地用途管制制度，控制用地总量，严格限制农用地转为建设用地。②房地产交易价格调控。为此国家实行房地产价格指导制度、房地产价格评估制度和房地产成交价格申报制度等。③房地产的项目调控。④房地产的税费调控。

另一方面，上述宏观调控是建立在市场调节基础之上的，即正确的方法是以宏观调控为指导，以市场调节为基础。因而必须培育健康的房地产市场。为培育房地产市场，我国政府主要采取了如下措施：①通过建立国有土地有偿使用制度和建设用地使用权出让、转让制度，初步建立起了土地供应市场。②土地供应市场主要限于国有土地，目前正尝试在农村集体所有土地上建立新型的

---

[1] 房绍坤主编：《房地产法》，北京大学出版社 2011 年版，第 12 页。

土地供应市场。③通过房屋制度改革，结束了住房的福利分配，以商品房为主要交易对象的房产市场已经逐步建立。④通过引入竞争机制，培育、健全了房地产开发市场，如招投标等形式在签订项目开发合同中的采用。⑤通过发展房地产抵押、租赁市场，建立起房地产市场的多种流通方式。

第二章

房地产权属制度

第一节　房地产权利与权属概述

房地产权利，是指以房地产为标的的民事财产权利。房地产权属，则是指房地产权利在主体上的归属状态。即房地产权利归属于谁，是将房地产权利与一定的权利主体相联系。例如，"土地所有权"表明的是房地产权利，"国家土地所有权"表明的则是房地产权属。房地产权利的存在是房地产权属的前提和基础。

一、房地产权利

房地产属于不动产，房地产权利属于不动产物权，是物权的一种类型。物权是大陆法系民法的概念，英美法系不使用这一用语，而将其包含于财产权（property）之中。物权是指权利人依法对特定的物享有直接支配、利用和收益的权利。[1] 其内容包括所有权、用益物权和担保物权。

物权的主要特征如下：①物权的权利主体是特定的人，而义务主体则是权利主体以外的不特定的任何人。因此，物权也称为对世权或绝对权。②物权的客体是物，而不包括行为和智力成果，但人力不能支配的物和物的成分不能成为物权的标的。③物权的内容是对物的直接支配和利用。即只要符合法律的规定，不需要他人积极行为的协助，就可以直接实现支配和利用的目的。④物权的效力具有排他性、优先性和追及性。首先，排他性是指在同一客体上不能同时设立两个内容完全相同的物权，并且除权利主体的特定人之外，其他任何人都不得侵犯或妨碍权利人行使其权利，可见，物权的行使是排他的。其次，优先性是指在同一物上如果有数种权利同时存在时，则物权具有较其他权利优先

---

〔1〕　参见许明月、李东方：《公民的物权》，中国社会科学出版社 1999 年版，第 3 页。《物权法》第 2 条则明确规定："因物的归属和利用而产生的民事关系，适用本法。本法所称物，包括不动产和动产。法律规定权利作为物权客体的，依照其规定。本法所称物权，是指权利人依法对特定的物享有直接支配和排他的权利，包括所有权、用益物权和担保物权。"

行使的效力。[1] 最后，追及性是指物权的标的物不论辗转流入到任何人手中，物权的权利人均可依法向物的不法占有人追索，请求其返还原物。[2] ⑤物权具有法定性。各国均采取物权法定主义，例如，我国《物权法》第 5 条就规定："物权的种类和内容，由法律规定。"据此，物权法定的内容有二：一是物权的种类或者类型必须由法律确认，即当事人不得在法律规定之外创设新的物权，此所谓"类型强制"；二是物权的内容必须由法律确认，当事人不得创设与物权法定内容相悖的物权，此所谓"内容固定"。[3]

在《物权法》出台之前，我国法律所创设的不动产物权存在于多部相关的部门法里面，具体如下：

1.《民法通则》，规定了土地所有权，包括国家土地所有权与农民集体土地所有权；房屋所有权；土地使用权；土地承包经营权；抵押权。

2.《土地管理法》，规定了土地所有权，包括国家土地所有权与农民集体土地所有权；土地使用权；宅基地使用权；土地承包经营权。

3.《城市房地产管理法》，规定了房屋所有权；土地使用权；房地产抵押权。

4.《农村土地承包法》，规定了土地承包经营权。

5.《担保法》，规定了抵押权。

上述关于不动产物权的法律规定，受争议最大的是关于土地用益物权的规定，其次是房屋所有权制度的欠缺。主要观点如下：[4] ①"土地使用权"的确切含义与具体外延不清晰，《民法通则》与《土地管理法》所规定的土地使用权，泛指对土地的使用与收益权利，实则包含了宅基地使用权与土地承包经营权，造成相关概念之间的混淆与实务适用上的混乱。②土地使用权种类繁多、

---

〔1〕 例如，物权的效力优于债权，当某一债务人宣告破产前，债权人对债务人的财产设有抵押权和留置权等担保物权的，可就该财产先于其他破产债权人受偿，即所谓行使别除权。

〔2〕 物权的追及效力不是绝对的，物权法为维护交易安全，保护善意第三人的利益，对物权的追及效力设有若干限制：①善意第三人对标的物的占有受即时取得制度和时效取得制度的保护，当善意第三人按即时取得制度或时效取得制度取得标的物所有权时，原所有人无权请求善意第三人返还原物，只能请求无权处分人赔偿损失。②物权如果未按法定方式公示，不具有对抗善意第三人的法律效力，即对善意第三人不具有追及效力。例如，未经登记的抵押权，如抵押人将抵押物擅自让与第三人，抵押权人不得追及至第三人行使抵押权。③物权登记错误时，与登记名义人进行交易的善意第三人受登记公信力的法律保护，真正权利人对善意第三人无追索力。

〔3〕 物权法定主义的意义在于：简化物权关系，强化对物的利用，促进物的流通，维护交易安全，实现社会财富分配的合理化等。详见许明月、李东方：《公民的物权》，中国社会科学出版社 1999 年版，第 8~13 页。

〔4〕 符启林：《房地产法》，法律出版社 2009 年版，第 41 页。

划分标准不统一，如以土地所有者的身份、土地使用者的身份、土地使用权的取得方式、土地用途、土地使用期限等进行划分，造成标准众多、适用混乱，管理机关与市场主体往往无所适从。③土地用益制度不完整，例如，如何处理相邻不动产之间的关系，我国虽有不动产相邻关系的规定，但相邻关系只是对不动产的利用作最低限度的规定，它不是一项独立的民事权利，更不是独立的物权，属于所有权的内容，而对于充分利用相邻不动产来获得更大效益的地役权制度，相关法律没有规定。④在已有的房屋所有权制度中欠缺对建筑物区分所有权的规定。各国为解决严重的居住危机，纷纷兴建高层建筑，由此产生一栋建筑物存在众多所有权人的情形，为此各国相应制定建筑物区分所有权的法律制度来调整不同所有权人之间的关系。我国同样面临着上述情况，相关法律制度理应跟上，以适应我国房地产市场的发展。

2007 年通过的《物权法》，认真梳理了我国不动产物权体系，对上述问题也作出了回应：

1. 关于土地承包经营权。《物权法》第 124 条规定："农村集体经济组织实行家庭承包经营为基础、统分结合的双层经营体制。农民集体所有和国家所有由农民集体使用的耕地、林地、草地以及其他用于农业的土地，依法实行土地承包经营制度。"第 125 条规定："土地承包经营权人依法对其承包经营的耕地、林地、草地等享有占有、使用和收益的权利，有权从事种植业、林业、畜牧业等农业生产。"

2. 关于建设用地使用权。《物权法》第 135 条规定："建设用地使用权人依法对国家所有的土地享有占有、使用和收益的权利，有权利用该土地建造建筑物、构筑物及其附属设施。"第 151 条规定："集体所有的土地作为建设用地的，应当依照土地管理法等法律规定办理。"

3. 关于宅基地使用权。《物权法》第 152 条规定："宅基地使用权人依法对集体所有的土地享有占有和使用的权利，有权依法利用该土地建造住宅及其附属设施。"

4. 关于地役权。《物权法》第 156 条规定："地役权人有权按照合同约定，利用他人的不动产，以提高自己的不动产的效益。前款所称他人的不动产为供役地，自己的不动产为需役地。"

5. 关于建筑物区分所有权。《物权法》第 70 条规定："业主对建筑物内的住宅、经营性用房等专有部分享有所有权，对专有部分以外的共有部分享有共有和共同管理的权利。"

总之，房地产权利属于不动产物权，我国不动产物权的内容包括：土地所有权、房屋所有权、不动产用益物权和担保物权。

二、房地产权属

房地产权属与上述房地产权利既互相联系，又有所区别。

二者的区别在于：房地产权利作为一种民事权利，强调当事人得在法律容许的范围内实现自己的利益，同时依据物权法定主义，房地产权利的种类和内容由法律统一规定。房地产权利本身与权利主体并无必然联系，也就是说，平等的民事主体都可以成为这些权利的享有者，房地产权利只是强调权利本身。房地产权属则关注在实践活动中法律创设的房地产权利在主体上的归属，即法律将一定的房地产权利赋予一定的主体，例如，划拨土地使用权一般只能给予非营利的主体；集体土地所有权和使用权只能给予从事农业生产经营活动的主体。

二者的联系在于：

1. 房地产权利为各方主体利益而创设。例如，法律创设土地所有权，但是，如果只有土地所有权尚不能定分止争，这就需要确定国家和集体土地所有权的权属。非土地所有人也会有开发利用土地的强烈愿望，法律便顺应社会的需要创设地上权，使土地所有权与土地使用权相分离，阻却土地所有人依据添附原则取得土地上之建筑物的所有权，使非土地所有人能够依托土地使用权而取得土地上建筑物的所有权，即房屋所有权，并有权将房屋及其所占用范围内的土地进行抵押，从而产生房地产抵押权，以获取信用，同时得为自己利用之便利享有房地产相邻关系利益。

2. 房地产权属为确定各方主体关系而设置。上述土地所有权、土地使用权、房屋所有权、房地产抵押权等房地产权利，均为一定的主体所享有。这有可能产生如下一些问题，例如：①各权利主体强弱不一，享有权利多寡不同，如果没有公权介入（如权属设置）势必导致社会财富占有和分配不均。②各主体行使权利的范围和途径等相互之间关系必须确定，否则权利关系和交易秩序将会发生紊乱。在此情形下，法律不得不对房地产权利的归属进行设置，规定相关房地产权利归属主体应具备的特定资格，并以此为出发点，规定相关权利的取得途径、行使方式，并要求权属变动时进行登记，从而保障房地产权利体系能够协调有序并有效率地运行。

房地产权属制度的意义在于：①能够明确房地产权利关系的主体。主体地位的明确是现代市场经济开展的前提，否则主体缺位，产权不清，将使经济活动陷于混乱。②通过权属设置能够均衡权利主体之间的利益关系。③通过权利归属的多元性设置,[1] 能够提高不动产物权的效用。

目前我国房地产权属制度的框架体系如下:

1. 土地所有权权属。包括:①国家土地所有权;②集体土地所有权。

2. 土地使用权权属。包括:①建设用地使用权;[2] ②土地承包经营权（国有土地与集体所有土地均可设定）;③宅基地使用权（只限集体所有土地设定）;④地役权（国有土地与集体所有土地均可设定）。

3. 房屋所有权权属。包括:①国家房产所有权;②集体房产所有权;③私人房产所有权;④业主建筑物区分所有权。

4. 房地产抵押权权属。抵押不动产的范围包括:①建筑物和其他土地附着物;②建设用地使用权。

第二节　土地权属制度

一、土地所有权概述

土地所有权是最为重要的房地产权利之一。土地所有权属于不动产所有权,是一种具体的所有权形式。根据《民法通则》第71条和《物权法》第39条的规定,所有权是指所有权人对自己的不动产或动产依法享有占有、使用、收益和处分的权利。因此,土地所有权,是指土地所有权人对自己的土地依法享有的占有、使用、收益和处分的权利。

土地所有权具有如下特征:

1. 主体的限制性。各国土地法一般都对土地所有权规定有主体上的限制,即哪些主体可以拥有土地,哪些主体不可以拥有土地,禁止某些土地为私有以及私人拥有土地的最高限额等。在我国,现行法规定土地实行公有制,土地所有权的主体只能是国家或农民集体,其他任何人或任何组织都不能成为土地所有权的主体。

我国的国家土地所有者,表现为国家主体的唯一性和统一性,县级以上各级政府并不是国有土地所有权独立的主体,这与美国等联邦制国家各州均为独立的土地所有权主体的"多元制国有土地所有权"不同;与我国台湾地区的公

---

[1]　例如,在设置国家土地所有权的同时,又在其上设置土地使用权属制度。从而实现土地使用权与土地所有权的分离,并使其能在市场自由流通,由多元主体利用,这不但提高了土地的效用,而且也成为我国发展房地产业的重要制度前提。

[2]　国有土地与集体所有土地均可设定,但集体所有土地的建设用地使用权只可用于兴办乡镇企业、乡（镇）村公共设施和公益事业。

有土地依行政设置分级所有的"一元多级制"也不相同。[1]

2. 客体的差异性。在我国，土地所有权客体的差异性体现在以下两个方面：

（1）地域的差异性。土地所有权在客体上大致划分为城市国有土地和农村农民集体土地。

（2）法律态度的差异性。国有土地和集体土地两种土地所有权的确权形式有别：集体土地所有权的范围经履行法定程序后个别确定，以土地所有权证书为确权形式；而国有土地所有权的范围是法律一般确定的，即凡未确权给集体的土地都属于国家所有，不必履行任何程序，也不必以土地所有权证书为确权形式。

确权形式的差异性，在本质上反映的是国家法律态度的差异性：未以土地所有权证书确权的土地归国家所有，突出的是国有土地所有权的优先性。法律态度的差异性还表现在：国家可以依法将集体所有的土地征收为国有，这也反映出国有土地所有权是绝对的和无条件的，而集体土地所有权则是相对的和受限制的。

3. 权利内容的限制性。土地是最为重要的自然资源，为了维护土地所有权的稳定，我国法律对两种土地所有权的权利内容均进行了严格的限制，即不允许以任何形式进行土地所有权的交易，如买卖、抵押、投资等，都属于非法行为，在民法上应视为无效。无论是两种所有制的不同主体之间，还是集体所有制的不同主体之间，均不得进行土地所有权的交易。土地所有权主体的变更，仅限于以下两种情况：一是国家对集体土地征收，使集体土地所有权变更为国家土地所有权；二是经政府有关部门审批在不同集体经济组织间进行有限的土地边界调整，这是集体土地所有权主体之间的变更。

可见，在我国，土地所有权的处分权能受到严格的限制，在土地所有权的处分权能上，土地所有权人只享有在土地所有权上设定负担的处分权能，即设定建设用地使用权、土地承包经营权、宅基地使用权等。

4. 权属的稳定性。由于主体和权利内容的限制性，我国土地所有权的权属处于高度稳定的状态。除了国家对集体土地实施征收以外，土地所有权的归属状态不能改变。

5. 权能的分离性。在我国，国家或集体经济组织作为土地的所有权人，一般并不直接行使土地所有权，而是将土地使用权从其所有权中分离出来：就国有土地所有权而言，国家为实现土地资源的有效利用，将土地使用权从土地所

---

[1] 李延荣、周珂：《房地产法》，中国人民大学出版社2008年版，第62页。

有权中分离出来，设立建设用地使用权制度，土地使用权成为一项独立的物权并且能够交易；就集体土地所有权而言，主要实行土地承包经营权制度以及自留地、自留山、宅基地等土地使用权制度。

二、国有土地所有权

(一) 国有土地所有权的概念及其特征

1. 国有土地所有权的概念。国有土地所有权，或称国家土地所有权，是指国家对其所有的土地依法享有占有、使用、收益和处分的权利。这是我国最为重要的土地所有权形式，在我国社会经济生活中占有重要的地位。土地所有权是由土地所有制决定的，是土地所有制在法律上的体现。我国实行土地的社会主义公有制，即全民所有制和劳动群众集体所有制，从而在土地所有权方面确立了国有土地所有权和劳动群众集体所有权。

这里需要强调的是国有土地所有权与国家领土主权的区别：国家土地所有权是国内法上的权利，是私法上的权利，是相对于其他民事主体的权利；而后者是国际法上的权利，是公法上的权利，它所对抗的是其他国家对领土主权的侵犯。

我国国有土地所有权的取得不是一蹴而就的，它经历了以下四个历史演变过程：①没收和接管。中华人民共和国成立初期，国家对帝国主义、官僚资本主义、国民党反动政府和反革命分子等占有的城市土地，通过没收与接管的形式，无偿地将其变为国有土地，这是我国城市国有土地的主要取得方式。②赎买。20世纪50年代，我国实行"一化三改"，其中包括对城市资本主义工商业、私营房地产公司和私有房地产业主所拥有的城市地产进行社会主义改造，用赎买的办法将其转变为国有土地。③征收。包括对城市原非国有土地的征收和对城市郊区非国有土地的征收，对被征收者予以适当补偿并将这部分土地变为国有土地。④收归国有。这是指根据1982年《宪法》的规定，全部城市土地属于国有。据此，当时城市中少数尚未属于国有的土地全部被收归国家所有。

2. 国有土地所有权的基本特征如下：

(1) 主体的唯一性。国有土地的所有权主体是国家，即中华人民共和国，国务院是国家所有权的唯一代表。其他任何社会团体和个人都不得作为国有土地的所有权人。地方县级以上人民政府虽然负责国有土地的具体管理工作，但地方人民政府并不是国有土地所有权的主体。

(2) 权能的完整性。与农民集体土地所有权相比较，国有土地所有权的四项权能较为完整。例如，国有土地可以由县级以上人民政府出让用于房地产开发并收取土地使用权出让金，而农民集体土地不能直接出让用于房地产开发。农民集体土地如要用于房地产开发，必须先通过征收转为国有土地，然后才能够出让用于房地产开发。

（3）流转中的单向流入性。流转中的单向流入性，是指在土地所有权的变更过程中，只存在农民集体土地被征收变更为国有土地，而不存在国有土地变更为集体土地的情形。其后果是，国有土地所有权的范围越来越大，农民集体土地所有权的范围越来越小。[1]

（4）国家土地所有权实行使用的有偿性。在我国，由于实行土地所有权与土地使用权相分离的制度，任何单位和个人如果需要使用国有土地，都须取得建设用地使用权，并且应当按照规定向国家支付建设用地使用权出让金。但是，基于公共利益，国家在法律规定的范围内划拨建设用地使用权的，使用权人无需支付出让金。

（二）国有土地所有权客体的范围

我国立法从不同层次规定了国有土地所有权客体的范围，具体如下：

1. 宪法。我国宪法对国有土地所有权客体的范围作了如下规定：矿藏、水流、森林、山岭、草原、荒地、滩涂等自然资源，都属于国家所有，即全民所有；由法律规定属于集体所有的森林和山岭、草原、荒地、滩涂除外（《宪法》第 9 条第 1 款）；城市的土地属于国家所有。农村和城市郊区的土地，除由法律规定属于国家所有的以外，属于集体所有（《宪法》第 10 条第 1、2 款）。

2. 法律。《土地管理法》第 9 条规定："城市市区的土地属于国家所有。农村和城市郊区的土地，除由法律规定属于国家所有的以外，属于农民集体所有……"《土地管理法》关于国有土地所有权范围的规定，与《宪法》的相关规定相比较，限定在城市市区。

《物权法》第 47 条规定："城市的土地，属于国家所有。法律规定属于国家所有的农村和城市郊区的土地，属于国家所有。"第 48 条规定："森林、山岭、草原、荒地、滩涂等自然资源，属于国家所有，但法律规定属于集体所有的除外。"同时，《物权法》第 42 条第 1、2 款规定："为了公共利益的需要，依照法律规定的权限和程序可以征收集体所有的土地和单位、个人的房屋及其他不动产。征收集体所有的土地，应当依法足额支付土地补偿费、安置补助费、地上附着物和青苗的补偿费等费用，安排被征地农民的社会保障费用，保障被征地农民的生活，维护被征地农民的合法权益。"因此，根据《物权法》第 47 条、第 48 条与第 42 条的规定，国有土地的范围包括：①城市市区的土地；②法律规定属于国家所有的农村和城市郊区的土地；③依法不属于集体所有的森林、山

---

[1]　"权能的完整性"与"流转中的单向流入性"，均参见程信和、刘国臻：《房地产法》，北京大学出版社 2010 年版，第 32~33 页。

岭、草原、荒地、滩涂及其他土地；④农村和城市市郊已被征收的土地。

3. 行政法规和规章。《土地管理法实施条例》第 2 条从以下方面规定了国有土地的范围：①城市市区的土地；②农村和城市郊区中已经依法没收、征收、征购为国有的土地；③国家依法征收的土地；④依法不属于集体所有的林地、草地、荒地、滩涂及其他土地；⑤农村集体经济组织全部成员转为城镇居民的，原属于其成员集体所有的土地；⑥因国家组织移民、自然灾害等原因，农民成建制地集体迁移后不再使用的原属于迁移农民集体所有的土地。其中的第④项乃所谓土地国家所有权的推定制度，即凡是不能证明为集体所有的土地都是国有土地，这符合国家主权原则。国有土地所有权在性质上虽然是一种民事权利，但国有土地所有权客体范围的划定，在很大程度上都是国家行使主权的结果。

土地国家所有权的推定制度还体现在国家土地管理局 1995 年发布的《确定土地所有权和使用权的若干规定》第 18 条的规定，土地所有权有争议，不能依法证明争议土地属于农民集体所有的，属于国家所有。

按照《不列颠百科全书》的解释："国家可以而且常常把主要财产宣布为国有，从而把许多财富排除出私人所有的范围。大陆法系及普通法系地区，国家一般宣布拥有海岸、大陆架、内河航道及其河床的所有权，这些通常叫做公共财产，国家受人民之托为人民的利益而掌管它们。此外，国家可以宣布许多矿藏的所有权（在有些地区还包括石油和天然气）属于国家，主张无主土地以及诸如水力等天然资源为国有。"由此可见，对于人为尚不能直接利用的国土，如沙漠、冰峰，以及江河、湖泊、海洋的水下地表，地下埋藏物、地下或地表的矿产等可利用资源都应作为国有土地的一部分，由国家享有所有权。[1]

（三）国有土地所有权的行使

如前所述，国有土地的所有权主体是国家，国务院是国家所有权的唯一代表。权利归属的单一性并不妨碍权利行使方式的多样性、灵活性。委托行使所有权是各国财产法普遍采用的一种方式，因此，地方政府经中央政府授权，可以代表国家行使国有土地所有权。我国实行的是"国家统一所有，政府分级管理"的一元所有、多级管理的模式，即国务院代表国家行使国有土地所有权，各省、市、县人民政府在其管辖区域内代表国家管理国有土地。地方政府的行使权不是以所有权代表的资格为基础，而是以所有权代表即中央政府的授权为基础，其应当向中央人民政府负责，并随时接受中央人民政府的监督和制约。地方政府依据法律或国务院授权进行有关土地所有权的取得及土地使用权的出让、划拨、投资、回收等所有者的行为。例如，我国《城市房地产管理法》第

---

[1]　符启林：《房地产法》，法律出版社 2009 年版，第 52 页。

15条第2款规定，"土地使用权出让合同由市、县人民政府土地管理部门与土地使用者签订"。

三、集体土地所有权

（一）集体土地所有权的概念和特征

1. 集体土地所有权的概念。集体土地所有权是农村农民集体所有权的一种，是我国土地公有制的另一种法律表现形式。集体土地所有权，是指农民集体依法对其所有的土地享有的占有、使用、收益和处分的权利。

关于集体土地所有权主体的用语，我国不同法律文件中的表述有所差别。《宪法》第10条第2款规定，"农村和城市郊区的土地，除由法律规定属于国家所有的以外，属于集体所有；宅基地和自留地、自留山，也属于集体所有"。《民法通则》第74条规定，法律规定为集体所有的土地和森林、山岭、草原、荒地、滩涂等为劳动群众组织的财产，属于劳动群众集体所有。已经属于乡（镇）农民集体经济组织所有的，可以属于乡（镇）农民集体所有。《土地管理法》第11条规定，村农民集体所有的土地已经分别属于村内两个以上农村集体经济组织的农民集体所有的，由村内各该农村集体经济组织或者村民小组经营、管理。从以上立法规定可以看出，关于集体土地所有权，《宪法》使用了"集体"，《民法通则》使用了"劳动群众集体"和"乡（镇）农民集体"，《土地管理法》使用了"农村集体经济组织"。

考察现状，我国集体土地所有权主体大致存在三种情况：①村农民集体，这在全国占绝大多数；②乡（镇）农民集体；③原生产队，现称为村内农业集体经济组织。

需要强调的是，农民集体土地所有权的主体只能是农民集体，不包括城镇集体，也不是村民委员会。农民集体土地所有权不属于按份共有，不适用《民法通则》《物权法》关于共有的规定，不能擅自将农民集体土地所有权分割归农民个人所有。[1]

2. 集体土地所有权的特征。与国有土地所有权相比较，集体土地所有权具有以下特殊性：

（1）所有权权能受到限制。集体土地所有权权能受到限制，主要指农民集体土地所有权在使用权、收益权等方面的权能受到限制。根据《土地管理法》的规定，我国土地分为农用地、建设用地和未利用土地。集体所有的土地大部分为农用地。为了加强对农用地的保护，禁止农用地非法转为建设用地。农民集体所有的土地主要用于农业生产，小部分可用于农民宅基地或者农民集体建

〔1〕　程信和、刘国臻：《房地产法》，北京大学出版社2010年版，第40页。

设用地。

而农民集体土地不能直接出让并获得土地使用权出让金。农民集体土地即使用于房地产开发等，也必须首先通过土地征收，变为国有土地，然后由当地政府作为土地出让主体，签订土地使用权出让合同，由此而获得的土地使用权出让金为政府所有，而非农民集体所有。政府征收集体土地，高价出让给商家，而农民只能得到少量的地力、地上损失费和失去土地的人口安置费，不包括土地的价值及其增值，这实际上是仅承认在集体土地上设定的用益物权，而无视集体土地所有权的存在。[1]

（2）主体地位的不平等性。如前所述，1995 年国家土地管理局发布的《确定土地所有权和使用权的若干规定》第 18 条规定了国家土地所有权推定制度，即土地所有权发生争议，凡不能依法证明争议土地属于农民集体所有的，属于国家所有。国家土地所有权推定制度显示，同为土地所有权人的国家和农民集体在法律地位上并不平等，对农民集体土地所有权只是相对保护，对此尚需进一步探讨。[2]

（3）流转中的单向流出性。流转中的单向流出性，是指农民集体所有的土地不得进行自主的买卖交易，但是，集体土地所有权可以因土地征收变更为国有土地所有权，而国有土地所有权不能转变为农民集体土地所有权。这一特征与前述国有土地所有权的单向流入性相反。这也是反映国家土地所有权较农民集体所有权居于优势地位的另一个侧面。

（4）权能的可分离性。这是指农民集体土地所有权占有、使用、收益和处分的四项权能中的一项或多项，可以与农民集体土地所有权分离而成为一项独立的民事权利。具体表现为农民集体土地所有权分离出以下三种土地使用权：①农村土地承包经营权；②农民宅基地使用权；③乡（镇）、村建设用地使用权。

（二）集体土地所有权的客体范围

我国法律从以下几个方面规定了农民集体土地所有权的客体范围：

1. 宪法。《宪法》第 10 条第 2 款规定，农村和城市郊区的土地，除由法律规定属于国家所有的以外，属于集体所有；宅基地和自留地、自留山，也属于集体所有。

2. 法律。《民法通则》第 74 条规定，法律规定为集体所有的土地和森林、山岭、草原、荒地、滩涂等属于劳动群众集体所有。《土地管理法》第 9 条第 2

---

〔1〕　吴春岐等：《房地产法新论》，中国政法大学出版社 2008 年版，第 63 页。

〔2〕　程信和、刘国臻：《房地产法》，北京大学出版社 2010 年版，第 41 页。

款与《宪法》上述规定相同。《物权法》第58条规定："集体所有的不动产和动产包括：①法律规定属于集体所有的土地和森林、山岭、草原、荒地、滩涂；②集体所有的建筑物、生产设施、农田水利设施；③集体所有的教育、科学、文化、卫生、体育等设施；④集体所有的其他不动产和动产。"该法第60条则规定："对于集体所有的土地和森林、山岭、草原、荒地、滩涂等，依照下列规定行使所有权：①属于村农民集体所有的，由村集体经济组织或者村民委员会代表集体行使所有权；②分别属于村内两个以上农民集体所有的，由村内各该集体经济组织或者村民小组代表集体行使所有权；③属于乡镇农民集体所有的，由乡镇集体经济组织代表集体行使所有权。"依据上述规定可知，集体所有土地的范围包括：耕地、宅基地、自留地和自留山。另外需要注意，集体土地的所有者只能是农民集体，城镇集体不享有土地所有权。

3. 规章。上述《确定土地所有权和使用权的若干规定》第三章规定了农民集体土地所有权客体的范围，具体内容如下：[1]

（1）土地改革时分给农民并颁发了土地所有证的土地，属于农民集体所有；实施《农村人民公社工作条例修正草案》时确定为集体所有的土地，属农民集体所有。属于国家所有的除外。

（2）村农民集体所有的土地，按目前该村农民集体实际使用的本集体土地所有权界线确定所有权。

根据《农村人民公社工作条例修正草案》确定的农民集体土地所有权，由于下列原因发生变更的，按变更后的现状确定集体土地所有权：①由于村、队、社、场合并或者分割等管理体制的变化引起土地所有权变更的；②由于土地开发、国家征地、集体兴办企事业或者自然灾害等原因进行过土地调整的；③由于农田基本建设和行政区划变动等原因重新划定土地所有权界线的。行政区划变动未涉及土地权属变更的，原土地权属不变。

（3）农民集体连续使用其他农民集体所有的土地已满20年的，应视为现使用者所有；连续使用不满20年，或者虽满20年但在20年期满之前所有者曾向现使用者或者有关部门提出归还的，由县级以上人民政府根据具体情况确定土地所有权。

（4）乡（镇）或者村在集体所有的土地上修建并管理的道路、水利设施用地，分别属于乡（镇）或者村农民集体所有。

（5）乡（镇）或者村办企事业单位使用的集体土地，《农村人民公社工作条例修正草案》公布以前使用的，分别属于该乡（镇）或者村农民集体所有；

---

[1]　参见1995年国家土地管理局发布的《确定土地所有权和使用权的若干规定》第19~25条。

《农村人民公社工作条例修正草案》公布时起至 1982 年国务院《村镇建房用地管理条例》发布时止使用的，有下列情况之一的，分别属于该乡（镇）或者村农民集体所有：①签订过用地协议的（不含租借）；②经县、乡（公社）、村（大队）批准或者同意，并进行了适当的土地调整或者经过一定补偿的；③通过购买房屋取得的；④原集体企事业单位体制经批准变更的。

　　1982 年国务院《村镇建房用地管理条例》发布时起至 1987 年《土地管理法》开始施行时止，乡（镇）、村办企事业单位违反规定使用的集体土地按照有关规定清查处理后，乡（镇）、村集体单位继续使用的，可确定为该乡（镇）或者村集体所有。

　　乡（镇）、村办企事业单位采用上述以外的方式占用的集体土地，或者虽采用上述方式，但目前土地利用不合理的，如荒废、闲置等，应将其全部或者部分土地退还原村或者乡农民集体，或者按有关规定进行处理。1987 年《土地管理法》施行后违法占用的土地，必须依法处理后再确定所有权。

　　（6）乡（镇）企业使用本乡（镇）、村集体所有的土地，依照有关规定进行补偿和安置的，土地所有权转为乡（镇）农民集体所有。经依法批准的乡（镇）、村公共设施、公益事业使用的农民集体土地，分别属于乡（镇）、村农民集体所有。

　　（7）农民集体经依法批准以土地使用权作为联营条件与其他单位或者个人举办联营企业的，或者农民集体经依法批准以集体所有的土地的使用权作价入股，举办外商投资企业和内联乡镇企业的，集体土地所有权不变。

　　（三）集体土地所有权的行使

　　集体土地所有权的行使应当依照我国相关法律的规定。《土地管理法》第 11 条规定：①农民集体所有的土地依法属于村农民集体所有的，由村集体经济组织或者村民委员会经营、管理；②已经分别属于村内两个以上农村集体经济组织的农民集体所有的，由村内各该农村集体经济组织或者村民小组经营、管理；③已经属于乡（镇）农民集体所有的，由乡（镇）农村集体经济组织经营、管理。对此，《物权法》第 60 条作了相似的规定：对于集体所有的土地和森林、山岭、草原、荒地、滩涂等，依照下列规定行使所有权：①属于村农民集体所有的，由村集体经济组织或者村民委员会代表集体行使所有权；②分别属于村内两个以上农民集体所有的，由村内各该集体经济组织或者村民小组代表集体行使所有权；③属于乡镇农民集体所有的，由乡镇集体经济组织代表集体行使所有权。

　　由于农民集体所有的土地属于本集体成员集体所有，因此，在行使集体土地所有权时，农民参与机制建设非常重要。《土地管理法》和《农村土地承包法》均明确规定，农村土地承包要经村民会议 2/3 以上成员或者 2/3 以上村民代表的同意。下列事项应当依照法定程序经本集体成员决定：①土地承包方案以及将土地发包给本集体以外的单位或者个人承包；②个别土地承包经营权人之间承包地的调整；③土地补偿费等费用的使用、分配办法。如果集体经济组织、村民委员会或者其负责人作出的决定侵害了集体成员的合法权益，受侵害的集体成员可以请求人民法院予以撤销。[1]

四、土地用益物权

（一）用益物权概述

我国《物权法》第三编（第 117~169 条共 53 条）是关于"用益物权"的规定：所谓用益物权，是指用益物权人对他人所有的不动产或者动产，依法享有占有、使用和收益的权利。国家所有或者国家所有由集体使用以及法律规定属于集体所有的自然资源，单位、个人依法可以占有、使用和收益。国家实行自然资源有偿使用制度，但法律另有规定的除外。用益物权人行使权利，应当遵守法律有关保护和合理开发利用资源的规定。所有权人不得干涉用益物权人行使权利。因不动产或者动产被征收、征用致使用益物权消灭或者影响用益物权行使的，用益物权人有权依照法律的规定获得相应补偿。

用益物权的客体范围，除了后面将详细论述的土地用益物权之外，还包括：海域使用权，探矿权，采矿权，取水权，使用水域、滩涂从事养殖、捕捞的权利。[2]

土地用益物权，是指用益物权人对国有土地或集体土地依法享有的占有、使用和收益的权利。我国的土地用益物权依土地所有权归属的不同可分为国有土地的使用权和集体土地的使用权。根据《物权法》的规定，我国的土地用益物权包括：土地承包经营权、建设用地使用权、宅基地使用权和地役权。广义房地产法涉及上述各类土地用益物权，而《城市房地产管理法》仅涉及建设用地使用权，即国有土地使用权。本书从广义的角度，按照《物权法》的范围和顺序来讨论土地用益物权。

（二）土地承包经营权

1. 土地承包经营权的概念及其分类。《物权法》第 125 条规定："土地承包经营权人依法对其承包经营的耕地、林地、草地等享有占有、使用和收益的权利，有权从事种植业、林业、畜牧业等农业生产。"因此，所谓土地承包经营权，是指土地承包经营权人依法对其承包经营的耕地、林地、草地等享有占有、

---

〔1〕　见《物权法》第 63 条第 2 款。
〔2〕　见《物权法》第 122、123 条。

使用和收益的权利，并且有权在其承包的土地上从事种植业、林业、畜牧业等农业生产。

依据不同的标准，土地承包经营权可以进行多种分类：

（1）依承包方式的不同，土地承包经营权可分为依家庭承包方式取得的土地承包经营权和依其他方式承包取得的土地承包经营权。《农村土地承包法》第3条第2款规定："农村土地承包采取农村集体经济组织内部的家庭承包方式，不宜采取家庭承包方式的荒山、荒沟、荒丘、荒滩等农村土地，可以采取招标、拍卖、公开协商等方式承包。"可见，依家庭承包方式取得的土地承包经营权，是指本集体经济组织成员采用家庭承包的方式所取得的土地承包经营权，简称为家庭承包经营权；依其他方式承包取得的土地承包经营权，是指对不宜采取家庭承包方式的"四荒"土地，通过采取招标、拍卖、公开协商等方式承包所取得的土地承包经营权。这种土地承包经营权，通常称为"四荒"承包经营权。

（2）依承包地性质的不同，土地承包经营权可分为集体土地承包经营权与国有土地承包经营权。土地承包经营权的客体为农村土地，而根据《农村土地承包法》第2条的规定："本法所称农村土地，是指农民集体所有和国家所有依法由农民集体使用的耕地、林地、草地，以及其他依法用于农业的土地。"可见，农村土地包括农民集体所有的土地和国家所有而由农民集体依法使用的土地。所以，以农民集体所有的土地为客体的，为集体土地承包经营权；以国家所有依法由农民集体经济组织使用的土地为客体的，为国有土地承包经营权。

（3）依承包土地性质的不同，土地承包经营权可分耕地承包经营权、林地承包经营权、草地承包经营权和"四荒"承包经营权等。

2. 土地承包经营权的基本特征。

（1）土地承包经营是农村集体经济组织经营体制的有机组成部分。《物权法》第124条规定："农村集体经济组织实行家庭承包经营为基础、统分结合的双层经营体制。农民集体所有和国家所有由农民集体使用的耕地、林地、草地以及其他用于农业的土地，依法实行土地承包经营制度。"农村集体经济组织实行家庭承包经营为基础、统分结合的双层经营体制，是我国法律确立的农村集体经济组织的经营体制。双层经营体制包括两个经营层次：一是家庭分散经营层次；二是集体统一经营层次。家庭承包经营是集体经济组织内部的一个经营层次，是双层经营体制的基础；而集体经营层次具有生产服务、组织协调、资产积累与实现规模经营的功能，有利于解决一家一户难以解决的困难，发展与壮大规模经济。

（2）土地承包经营权的主体是农业生产者。根据《物权法》第125条的规定，土地承包经营权的目的是在承包的土地上从事种植业、林业、畜牧业等农业生产活动。因此，土地承包经营权的主体只能是从事农业生产的单位或个人，即农业生产者，而其他非从事农业生产的单位或个人不能成为土地承包经营权的主体。

（3）土地承包经营权的客体是农村土地。在土地承包经营权中，只有农村土地才成为权利客体，非农村土地不能成为权利客体。作为土地承包经营权客体的农村土地主要包括：①集体所有的耕地、林地、草地；②国家所有依法由农民集体经济组织使用的耕地、林地、草地；③其他依法用于农业的土地，主要是指荒山、荒沟、荒丘、荒滩等"四荒"土地。

（4）土地承包经营权的取得具有严格的程序性。由于土地承包经营权涉及每个农户的切身利益，是其基本生活保障的来源，因此，为了保障土地承包经营权制度实施的有序性，法律对土地承包经营权的行使规定了严格的程序。例如，我国《农村土地承包法》第 20 条规定，土地承包应当按照以下程序进行：①本集体经济组织成员的村民会议选举产生承包工作小组；②承包工作小组依照法律、法规的规定拟订并公布承包方案；③依法召开本集体经济组织成员的村民会议，讨论通过承包方案；④公开组织实施承包方案；⑤签订承包合同。此外，《农村土地承包法》在其第三章对"其他方式的承包"形式，也作了较为严格的程序规定。

3. 土地承包经营权制度的主要内容。[1]

（1）承包期限。耕地的承包期为 30 年。草地的承包期为 30~50 年。林地的承包期为 30~70 年；特殊林木的林地承包期，经国务院林业行政主管部门批准可以延长。承包期届满，由土地承包经营权人按照国家有关规定继续承包。

（2）土地承包经营权的设立与登记。土地承包经营权自土地承包经营权合同生效时设立。由县级以上地方人民政府向土地承包经营权人发放土地承包经营权证、林权证、草原使用权证，并登记造册，确认土地承包经营权。

（3）土地承包经营权的流转。土地承包经营权人依照《农村土地承包法》的规定，有权将土地承包经营权采取转包、互换、转让等方式流转。但是，流转的期限不得超过承包期的剩余期限。未经依法批准，不得将承包地用于非农建设。

（4）互换、转让登记。土地承包经营权人将土地承包经营权互换、转让，当事人要求登记的，应当向县级以上地方人民政府申请土地承包经营权变更登记；未经登记，不得对抗善意第三人。

（5）承包地的调整与收回。承包期内发包人不得调整承包地。因自然灾害

---

〔1〕　参见《物权法》第 126~134 条。

严重毁损承包地等特殊情形，需要适当调整承包的耕地和草地的，应当依照《农村土地承包法》等法律规定办理。承包期内发包人不得收回承包地，《农村土地承包法》等法律另有规定的，依照其规定。

（6）承包地征收补偿。承包地被征收的，土地承包经营权人有权依照《物权法》第42条第2款的规定获得相应补偿。

（7）其他方式的承包。通过招标、拍卖、公开协商等方式承包荒地等农村土地，依照《农村土地承包法》等法律和国务院的有关规定，其土地承包经营权可以转让、入股、抵押或者以其他方式流转。

（8）国有农用地承包。国家所有的农用地实行承包经营的，参照《物权法》的有关规定。

4. 土地经营权。[1]

（1）土地经营权的立法背景及其内涵。土地经营权是2018年《农村土地承包法》修订后，对土地承包经营权人增加的一项新权利。它是在原土地承包经营权的基础上，将"经营权"分离出来，由原来的农村集体土地所有权与土地承包经营权的两权分置，到从"土地承包经营权"中分离出"土地经营权"。这种改革，称为农村集体土地"三权分置"改革。

根据修订后的《农村土地承包法》的规定，土地经营权的内涵是指，土地承包经营权的承包方可以自主决定依法采取出租（转包）、入股或者其他方式向他人流转土地经营权，并向发包方备案，而土地经营权人则有权在合同约定的期限内占有农村土地，自主开展农业生产经营并取得收益。[2]

（2）原则。土地经营权流转应当遵循以下原则：①依法、自愿、有偿，任何组织和个人不得强迫或者阻碍土地经营权流转；②不得改变土地所有权的性质和土地的农业用途，不得破坏农业综合生产能力和农业生态环境；③流转期限不得超过承包期的剩余期限；④受让方须有农业经营能力或者资质；⑤在同等条件下，本集体经济组织成员享有优先权。土地经营权流转的价款，应当由当事人双方协商确定。流转的收益归承包方所有，任何组织和个人不得擅自截留、扣缴。

（3）土地经营权流转合同及相关权利义务。土地经营权流转，当事人双方应当签订书面流转合同。土地经营权流转合同一般包括以下条款：①双方当事人的姓名、住所；②流转土地的名称、坐落、面积、质量等级；③流转期限和起止日期；④流转土地的用途；⑤双方当事人的权利和义务；⑥流转价款及支付方

---

〔1〕 参见《农村土地承包法》第二章第五节"土地经营权"。

〔2〕 参见《农村土地承包法》第36、37条。

式；⑦土地被依法征收、征用、占用时有关补偿费的归属；⑧违约责任。承包方将土地交由他人代耕不超过 1 年的，可以不签订书面合同。承包方流转土地经营权的，其与发包方的承包关系不变。

承包方不得单方解除土地经营权流转合同，但受让方有下列情形之一的除外：①擅自改变土地的农业用途；②弃耕抛荒连续 2 年以上；③给土地造成严重损害或者严重破坏土地生态环境；④其他严重违约行为。

土地经营权流转期限为 5 年以上的，当事人可以向登记机构申请土地经营权登记。未经登记，不得对抗善意第三人。

经承包方同意，受让方可以依法投资改良土壤，建设农业生产附属、配套设施，并按照合同约定对其投资部分获得合理补偿。

（4）土地经营权的再流转与融资担保。经承包方书面同意，并向本集体经济组织备案，受让方可以再流转土地经营权。

承包方可以用承包地的土地经营权向金融机构融资担保，并向发包方备案。受让方通过流转取得的土地经营权，经承包方书面同意并向发包方备案，可以向金融机构融资担保。担保物权自融资担保合同生效时设立。当事人可以向登记机构申请登记；未经登记，不得对抗善意第三人。实现担保物权时，担保物权人有权就土地经营权优先受偿。

（5）土地经营权的监管。县级以上地方人民政府应当建立工商企业等社会资本通过流转取得土地经营权的资格审查、项目审核和风险防范制度。工商企业等社会资本通过流转取得土地经营权的，本集体经济组织可以收取适量管理费用。具体办法由国务院农业农村、林业和草原主管部门规定。

（三）建设用地使用权

1. 建设用地使用权的概念与特征。所谓建设用地，是指国家或集体所有的建造建筑物、构筑物的土地，包括城乡住宅和公用设施用地、工矿用地、交通水利设施用地、旅游用地、军事设施用地等。建设用地使用权，是指建设用地使用权人为在土地上建造并经营建筑物、构筑物及其他附属设施而依法对国家或集体所有的土地享有占有、使用和收益的权利。[1]

建设用地使用权的基本特征如下：

（1）建设用地使用权的客体主要是城镇国有土地，集体土地经过征收之后也可以作为建设用地。

（2）设立建设用地使用权的目的是建设用地使用权人为在土地上建造并拥有建筑物或其他构筑物。

---

〔1〕 参见《物权法》第 135 条。

（3）建设用地使用权的取得方式主要有出让、划拨、租赁等。

（4）建设用地使用权具有商品性质，可以进入流通领域。

2. 建设用地使用权制度的主要内容。《物权法》规定了国有土地的建设用地使用权与集体所有土地的建设用地使用权，国有土地的建设用地使用权依照《物权法》的规定，集体所有土地的建设用地使用权依照《土地管理法》等的规定。[1]

（1）国有土地的建设用地使用权制度。[2]

第一，建设用地使用权的设立范围。建设用地使用权可以在土地的地表、地上或者地下分别设立。但是，新设立的建设用地使用权，不得损害已设立的用益物权。

第二，建设用地使用权的设立方式。设立建设用地使用权，可以采取出让或者划拨等方式。工业、商业、旅游、娱乐和商品住宅等经营性用地以及同一土地有两个以上意向用地者的，应当采取招标、拍卖等公开竞价的方式出让。严格限制以划拨方式设立建设用地使用权，采取划拨方式的，应当遵守法律。采取招标、拍卖、协议等出让方式设立建设用地使用权的，当事人应当采取书面形式订立建设用地使用权出让合同。[3] 建设用地使用权人应当依照法律规定以及合同约定支付出让金等费用。

第三，建设用地使用权的登记。建设用地使用权的登记制度由设立、变更和注销三种登记形式构成：[4] ①设立登记。设立建设用地使用权的，应当向登记机构申请建设用地使用权登记，建设用地使用权自登记时设立。登记机构应当向建设用地使用权人发放建设用地使用权证书。②变更登记。建设用地使用权转让、互换、出资或者赠与的，应当向登记机构申请变更登记。③注销登记。建设用地使用权消灭的，出让人应当及时办理注销登记，登记机构应当收回建设用地使用权证书。

第四，建设用地使用权的流转。建设用地使用权人有权将建设用地使用权转让、互换、出资、赠与或者抵押，但法律另有规定的除外。建设用地使用权转让、互换、出资、赠与或者抵押的，当事人应当采取书面形式订立相应的合同。使用期限由当事人约定，但不得超过建设用地使用权的剩余期限。

第五，建设用地使用权与地上物的关系。建设用地使用权与地上物的四类

---

〔1〕 参见《物权法》第151条。

〔2〕 参见《物权法》第136~150条。

〔3〕 建设用地使用权出让合同的主要条款，见本书第三章第二节"四、建设用地使用权出让合同"。

〔4〕 三种登记形式分别见《物权法》第139、145、150条。

关系应当依法正确处理：[1] ①建设用地使用权人建造的建筑物、构筑物及其附属设施的所有权属于建设用地使用权人，但有相反证据证明的除外。②建设用地使用权转让、互换、出资或者赠与的，附着于该土地上的建筑物、构筑物及其附属设施一并处分。③建筑物、构筑物及其附属设施转让、互换、出资或者赠与的，该建筑物、构筑物及其附属设施占用范围内的建设用地使用权一并处分。④住宅建设用地使用权期间届满的，自动续期。非住宅建设用地使用权期间届满后的续期，依照法律规定办理。该土地上的房屋及其他不动产的归属，有约定的，按照约定；没有约定或者约定不明确的，依照法律、行政法规的规定办理。

第六，建设用地提前收回（即征收）补偿制度。建设用地使用权期间届满前，因公共利益需要提前收回该土地的，应当依照《物权法》第42条的规定对该土地上的房屋及其他不动产给予补偿，并退还相应的出让金。

（2）集体所有土地的建设用地使用权制度。

第一，登记发证确认。[2] 农民集体所有的土地依法用于非农业建设的，由县级人民政府登记造册，核发证书，确认建设用地使用权。

第二，乡村企业建设用地审批。[3] 农村集体经济组织使用乡（镇）土地利用总体规划确定的建设用地兴办企业或者与其他单位、个人以土地使用权入股、联营等形式共同举办企业的，应当持有关批准文件，向县级以上地方人民政府自然资源主管部门提出申请，按照省、自治区、直辖市规定的批准权限，由县级以上地方人民政府批准；其中建设占用土地，涉及农用地转为建设用地的，应当按照农用地转用审批手续规定办理审批手续。

第三，乡村公共设施、公益事业建设用地审批。[4] 乡（镇）村公共设施、公益事业建设，需要使用土地的，经乡（镇）人民政府审核，向县级以上地方人民政府自然资源主管部门提出申请，按照省、自治区、直辖市规定的批准权限，由县级以上地方人民政府批准；其中建设占用土地，涉及农用地转为建设用地的，应当按照农用地转用审批手续规定办理审批手续。

（3）集体经营性建设用地入市制度。[5] 集体经营性建设用地入市制度是2019年《土地管理法》修订后出台的新制度。根据《土地管理法》第63条的

---

〔1〕　见《物权法》第142、146、147、149条。
〔2〕　《土地管理法》第12条第2款。
〔3〕　《土地管理法》第60条。
〔4〕　《土地管理法》第61条。
〔5〕　参见《土地管理法》第63、66、82条的相关规定。

规定，土地利用总体规划、城乡规划确定为工业、商业等经营性用途，并经依法登记的集体经营性建设用地，土地所有权人可以通过出让、出租等方式交由单位或者个人使用，并应当签订书面合同，载明土地界址、面积、动工期限、使用期限、土地用途、规划条件和双方其他权利义务。上述集体经营性建设用地出让、出租等，应当经本集体经济组织成员的村民会议 2/3 以上成员或者 2/3 以上村民代表的同意。

通过出让等方式取得的集体经营性建设用地使用权可以转让、互换、出资、赠与或者抵押，但法律、行政法规另有规定或者土地所有权人、土地使用权人签订的书面合同另有约定的除外。

集体经营性建设用地的出租，集体建设用地使用权的出让及其最高年限、转让、互换、出资、赠与、抵押等，参照同类用途的国有建设用地执行。具体办法由国务院制定。

收回集体经营性建设用地使用权，依照双方签订的书面合同办理，法律、行政法规另有规定的除外。

擅自将农民集体所有的土地通过出让、转让使用权或者出租等方式用于非农业建设，或者违反《土地管理法》规定，将集体经营性建设用地通过出让、出租等方式交由单位或者个人使用的，由县级以上人民政府自然资源主管部门责令限期改正，没收违法所得，并处罚款。

（四）宅基地使用权

1. 宅基地使用权的概念。《物权法》第 152 条规定："宅基地使用权人依法对集体所有的土地享有占有和使用的权利，有权依法利用该土地建造住宅及其附属设施。"所以，所谓宅基地使用权，是指宅基地使用权人，即农村村民依法享有的在集体所有的土地上建造住宅及其附属设施的权利。

2. 宅基地使用权的主要特征如下：[1]

（1）主体具有限定性。宅基地使用权的目的在于建造住宅及其他附属设施，以满足居住和生活之需，因此，只有自然人才能成为宅基地使用权的主体，其他民事主体不能成为宅基地使用权的主体。而自然人作为宅基地使用权的主体还有两项限制：①只有农村村民才能成为宅基地使用权的主体，城镇居民不能成为宅基地使用权的主体，而且只有本集体经济组织的成员才能取得本集体经济组织所有的土地上的宅基地使用权；②农村村民作为宅基地使用权的主体并不是以单个自然人的身份出现的，而是以"农户"的名义出现，并且实行"一户一宅"制。

---

〔1〕　参见房绍坤主编：《房地产法》，北京大学出版社 2011 年版，第 275～276 页。

（2）客体具有特定性。宅基地使用权客体的特定性是指，农村居民只能在自己所在的集体经济组织享有所有权的土地上行使宅基地使用权。

（3）权利的取得具有行政审批性和无偿性。首先，宅基地使用权的取得不能通过合同方式设立，只能通过行政审批程序设立，即经申请人提出申请、集体土地所有权人同意后，由国土资源管理部门审批。因此，宅基地使用权的取得具有行政审批性。其次，在宅基地使用权取得上，《物权法》没有明确规定是否为有偿，但因《物权法》第153条规定宅基地使用权的取得适用《土地管理法》等法律和国家有关规定，而按这些规定，宅基地使用权的取得是无偿的。因此，在我国现行法上，宅基地使用权的取得是无偿的。

（4）流转具有限制性。按照《土地管理法》等法律的规定，宅基地使用权的流转具有限制性：①宅基地使用权不得单独转让，只能附随房屋一同转让，且不得转让给城镇居民；②宅基地使用权不得单独抵押、继承；③宅基地使用权不得单独出租，只能附随住宅一同出租。关于农村宅基地使用权能否转让和抵押，目前争论颇大。总的看来，完全放开条件不成熟，绝对禁止也不尽切合实际。因而，《物权法》从实际出发，作出了暂不放开、但又不关门的规定。[1]当然，随着我国城乡统一土地市场的逐步建立，宅基地使用权流转的限制最终取消是可能的。

（5）宅基地使用权的存续无明确期限性。宅基地使用权是农村集体经济组织成员为生活需要而使用集体土地建造住宅的权利，且是以"农户"为权利主体的，因此，这种权利不应有期限的限制。当然，宅基地使用权没有期限的限制，并不等于说这种权利是可以永久存在的。例如，宅基地的所有权人有权基于特定事由而收回宅基地使用权。

3. 我国法律对宅基地使用权规定的主要内容。《物权法》第153条规定："宅基地使用权的取得、行使和转让，适用土地管理法等法律和国家有关规定。"《土地管理法》和《物权法》对宅基地使用权规定的主要内容如下：

（1）"一户一宅"制和村民住宅用地审批。[2]①农村村民一户只能拥有一处宅基地，其宅基地的面积不得超过省、自治区、直辖市规定的标准。人均土地少、不能保障一户拥有一处宅基地的地区，县级人民政府在充分尊重农村村民意愿的基础上，可以采取措施，按照省、自治区、直辖市规定的标准保障农村村民实现户有所居。②农村村民建住宅，应当符合乡（镇）土地利用总体规划、村庄规划，不得占用永久基本农田，并尽量使用原有的宅基地和村内空闲

---

〔1〕　程信和、刘国臻：《房地产法》，北京大学出版社2010年版，第51页。
〔2〕　参见《土地管理法》第62条。

地。编制乡（镇）土地利用总体规划、村庄规划应当统筹并合理安排宅基地用地，改善农村村民居住环境和条件。③农村村民住宅用地，经乡（镇）人民政府审核批准；其中，涉及占用农用地的，依照《土地管理法》第44条的规定办理审批手续。④农村村民出卖、出租、赠与住宅后，再申请宅基地的，不予批准。⑤国家允许进城落户的农村村民依法自愿有偿退出宅基地，鼓励农村集体经济组织及其成员盘活利用闲置宅基地和闲置住宅。⑥国务院农业农村主管部门负责全国农村宅基地改革和管理的有关工作。

（2）宅基地使用权因自然灾害等原因消灭。[1] 宅基地因自然灾害等原因灭失的，宅基地使用权消灭。对失去宅基地的村民，应当重新分配宅基地。

（3）变更或注销登记。[2] 已经登记的宅基地使用权转让或者消灭的，应当及时办理变更登记或者注销登记。

（五）地役权

1. 地役权的概念和种类。地役权概念源于罗马法，是最早的他物权制度之一。所谓地役权，是指因通行、取水、排水、通风、铺设管线等需要，通过签订合同而利用他人的不动产，以提高自己不动产效益的权利。在地役权关系中，为自己不动产的便利而使用他人不动产的一方称为地役权人，又称需役地人；将自己的不动产供他人使用的一方称为供役地权利人，简称供役地人；需要提供便利的不动产称为需役地，供他人使用的不动产称为供役地。

我国《物权法》规定的地役权特指通过合同约定的权利，而不包括相邻关系的法定权利。从房地产使用效益的提高来看，地役权的设立是非常有必要的，但是，这种权利由于与房地产开发行为关系不大，因而《物权法》颁布前的房地产法并未予以重视，现行《物权法》则以专章规定了"地役权"制度。

关于地役权的种类，各国法律的规定有所不同。如在罗马法上，根据需役地性质和用途的不同，将地役权分为田野地役权与城市地役权：前者系为土地耕作的便利而设定，故又称耕作地役权；后者系为房屋建筑和使用的便利而设定，故又称建筑地役权。在法国、意大利、西班牙等国的民法中，地役权有强制地役权（又称法定地役权，实际上属于相邻关系的内容）和任意地役权（即约定地役权）之分等。[3]

按照不同的划分标准，地役权可作如下分类：①以地役权的客体为标准，可分为地表地役权与空间地役权；②以权利内容为标准，可分为通行地役权、

---

〔1〕《物权法》第154条。

〔2〕《物权法》第155条。

〔3〕吴春岐等：《房地产法新论》，中国政法大学出版社2008年版，第57页。

引水地役权、排水地役权、眺望地役权、建筑地役权等；③以地役权行使的方法为标准，可分为继续性地役权与非继续性地役权；④以地役权行使的状态为标准，可分为表见地役权与不表见地役权等。我国《物权法》上对地役权的种类未作具体划分。

2. 地役权的基本特征。

（1）地役权是为需役地的便利而设立的他物权。设立地役权的目的在于为自己不动产的使用提供便利，从而提高自己不动产的效用和利用价值。就本质而言，地役权是对他人不动产所有权的一种限制，是存在于他人不动产之上的物权，其存在必须以供役地和需役地属于不同所有人（在我国主要为土地使用权人即地上权人）为要件，在自己的房地产上设立的地役权由于地役权与所有权混同而消灭。[1]

（2）地役权的主体具有多样性。《物权法》没有限定地役权的主体为房地产所有权人。因此，在法律解释上，地役权的主体可以包括土地所有权人、房屋所有权人、土地承包经营权人、建设用地使用权人、宅基地使用权人等多种。

（3）地役权的内容由当事人自由约定。地役权的设立目的在于以供役地为需役地提供便利，以提高需役地的价值。因此，当事人通过对地役权内容的自由约定，就可以更高效地利用不动产。当然，这里的"自由"必须以不违反法律和公序良俗为限。

（4）地役权具有从属性。地役权的从属性是指地役权不得与需役地权利相分离而单独存在，不得保留地役权而处分需役地权利。[2] 根据《物权法》的规定，地役权的从属性主要表现在：①需役地所有人或使用人不得自己保留土地所有权或使用权而将地役权单独转让；②不得自己保留地役权而将土地所有权或使用权转让；③不得将土地所有权或使用权与地役权分别转让于不同的人。

（5）地役权具有不可分性。地役权的不可分性，是指地役权存在于需役地和供役地的全部，不得分割为数部分或仅为一部分而存在。

3. 地役权制度的基本内容。

（1）地役权的取得。[3] 设立地役权，当事人应当采取书面形式订立地役权合同。[4] 地役权自地役权合同生效时设立。当事人要求登记的，可以向登记机构申请地役权登记；未经登记，不得对抗善意第三人。

---

〔1〕　吴春岐等：《房地产法新论》，中国政法大学出版社2008年版，第56页。

〔2〕　房绍坤主编：《房地产法》，北京大学出版社2011年版，第44页。

〔3〕　《物权法》第157、158条。

〔4〕　地役权合同一般包括下列条款：①当事人的姓名或者名称和住所；②供役地和需役地的位置；③利用目的和方法；④利用期限；⑤费用及其支付方式；⑥解决争议的方法。

（2）供役地权利人和地役权人的义务。[1] 供役地权利人应当按照合同约定，允许地役权人利用其土地，不得妨害地役权人行使权利。地役权人应当按照合同约定的利用目的和方法利用供役地，尽量减少对供役地权利人物权的限制。

（3）地役权期限。[2] 地役权的期限由当事人约定，但不得超过土地承包经营权、建设用地使用权等用益物权的剩余期限。

（4）地役权与其他物权的关系。地役权与其他物权的关系主要有以下五种情形：[3] ①土地上已设立土地承包经营权、建设用地使用权、宅基地使用权等权利的，未经用益物权人同意，土地所有权人不得设立地役权。②地役权不得单独转让。土地承包经营权、建设用地使用权等转让的，地役权一并转让，但合同另有约定的除外。③地役权不得单独抵押。土地承包经营权、建设用地使用权等抵押的，在实现抵押权时，地役权一并转让。④需役地以及需役地上的土地承包经营权、建设用地使用权部分转让时，转让部分涉及地役权的，受让人同时享有地役权。⑤供役地以及供役地上的土地承包经营权、建设用地使用权部分转让时，转让部分涉及地役权的，地役权对受让人具有约束力。

（5）地役权的解除与消灭。[4] 地役权人有下列情形之一的，供役地权利人有权解除地役权合同，地役权消灭：①违反法律规定或者合同约定，滥用地役权；②有偿利用供役地，约定的付款期间届满后在合理期限内经两次催告未支付费用。

（6）地役权的登记。[5] 地役权设立时可办理登记，未经登记，不得对抗善意第三人。已经登记的地役权变更、转让或者消灭的，应当及时办理变更登记或者注销登记。

---

[1] 《物权法》第 159、160 条。

[2] 《物权法》第 161 条。

[3] 《物权法》第 163~167 条。

[4] 《物权法》第 168 条。

[5] 《物权法》第 158、169 条。

第三节　房屋权属制度

一、房屋所有权

（一）房屋所有权的概念

房屋所有权，是指房屋所有权人对自己的房屋依法享有的占有、使用、收益和处分的权利。具体而言：①占有权，是指权利人对房屋实际控制的权利。房屋占有权可以由所有人直接行使，也可以由非所有人合法行使。有法定或者约定根据的非所有人的占有为合法占有，反之则为非法占有。②使用权，是指权利人对房屋加以利用的权利。房屋所有人可以直接使用房屋，也可以由非所有人根据法律规定或者约定使用。③收益权，是指房屋所有人获取房屋所产生的利益的权利。如将房屋出租收取租金或者将房屋投资入股而取得分红。收益可以由房屋所有人享有，也可以由合法的非所有人享有。④处分权，是指房屋所有人在事实上或者法律上依自己的意志对房屋进行处置的权利。事实上的处分有：用于生产消费或者改建、拆除等；法律上的处分有：出卖、互换、赠与、抵押等。

（二）房屋所有权的特征

从物权的角度来看房屋所有权，其有以下两个明显的特征：[1]

1. 房屋所有权是一种典型的物权，它具有所有权的完整权能。自古以来，房屋所有权最大限度地体现了物权的绝对性和排他性；近现代以来，虽然土地所有权的绝对性和排他性受到了很大限制，但房屋所有权因其与居住权、生存权联系紧密，从而提升到宪法保护的高度，其法律地位非但未受贬损，反而有所提升，甚至在一定程度上已突破了财产权的意义。

2. 房屋所有权是一种要式物权。与大多数国家一样，我国城市房地产管理法明确规定国家实行土地所有权和房屋所有权登记发证制度。除非有人民法院认定的相反证据，否则，政府房产管理部门核发的房屋所有权证就是房屋所有权的唯一合法证明。

（三）房屋所有权的种类

房屋所有权依据不同标准可作如下分类：

1. 根据房屋所处位置的不同，我国房屋所有权可分为城镇房屋所有权和农村房屋所有权。城镇房屋所有权是以城镇房屋为权利客体的所有权，农村房屋

---

〔1〕　李延荣、周珂：《房地产法》，中国人民大学出版社 2008 年版，第 69 页。

所有权是以农村房屋为客体的所有权。这两类房屋所有权在取得方式、交易原则、管理制度上存在着不同。例如，对于城镇房屋所有权，法律上一般没有主体资格的限制；但对于农村房屋所有权，法律上对其主体资格有一定的限制。例如，按现行法律的规定，一般不允许城市的单位和个人到农村购地建房或直接购房。当然，农村集体经济组织与其他经济组织通过联营、合资经营等形式而形成对农村房屋的共有则是被允许的。

2. 按照房屋所有权主体的不同进行划分，有以下种类：

（1）国有房屋所有权，是指国家对国有房产享有的所有权，也即全民所有制房屋的所有权。其所有权的行使，主要是根据统一领导、分级管理的原则，按国家有关规定授权房产行政管理部门或国家机关、人民团体、企事业单位和部队分别在授权范围内行使并承担相应的义务。但是在任何情况下，处分国有房屋所有权都必须经国家主管机关特别批准并征得当地房产管理部门的同意。这类房屋所有权根据管理者的不同又可分为直管公房所有权和自管公房所有权。前者是指由各级房产管理部门直接代表国家行使的国有房产所有权，房屋所有权的主体是国家，但由政府房产管理部门代表国家实施经营管理，房产管理部门因此而具有双重身份，既是房产行政管理部门，又是国家房产的代表；后者是指由机关、团体、企事业单位实行经营管理，在进行产权登记时，一般将管理经营者登记为产权人。[1] 国有房产由以下历史的和现实的途径而形成：接管原国民党旧政府房产，没收地主、官僚资本家所有的房产，收购私产，私房社会主义改造后归属于国家的房产，个人捐献私房，国家投资兴建的各类房产等。

（2）集体房屋所有权，是指由劳动群众集体所有制单位享有的房屋所有权。这种所有权是由集体企事业单位作为权利人，而其成员个人（即劳动群众）则不是所有权主体，亦不构成集体成员的共有。这种房产在登记的分类上归属于自管公房所有权，但与国有的自管公房所有权有着本质的区别。集体房产主要来自集体所有制单位购置、自筹资金建造或者联合建造以及少量受赠房屋。

（3）私人房产所有权，是指房屋是由私人个人、家庭、数人共有或私营企业拥有的房产所有权。私人房产大部分为住宅，也包括私营企业生产经营用房。私人房产所有权依取得方式的不同可分为以下四类：①一般城镇私房所有权，落实私房政策主要针对的是这类房产；②商品私房所有权，这是通过房地产市场购入的商品房而取得的房产所有权；③公房出售后转变为私房的所有权；④自建公助房屋的所有权等。其中，第③、④两类私房的所有权在流转或交易时会受到一定的限制。

---

〔1〕　李延荣、周珂：《房地产法》，中国人民大学出版社2008年版，第70页。

（4）外商投资企业房屋所有权。外商投资企业是指中外合资、中外合作和外商独资企业，其在我国境内合资、合作或者独资兴建或购买的房产的所有权受我国法律保护，享有外商投资企业房屋所有权。其中，中外合资企业和中外合作企业的房产为中外共有房产。

（5）外产房屋所有权，是指由外国政府、社会团体、国际性机构、企业和外国侨民在中国境内因购买或建造房屋而享有的房屋所有权。目前，外产房产和上述外商投资企业房产等这类具有涉外因素的房屋所有权作为专门的房产所有权进行登记注册。

（6）由其他主体享有的房产所有权，是指除上述五类主体房屋所有权以外的房屋所有权。例如，宗教团体等所享有的房屋所有权。

另外，根据权利主体享有房产的充分性，可将房屋所有权分为完全所有权和部分所有权；根据房屋所有权主体数量的不同，可将房屋所有权分为独有房屋所有权、共有房屋所有权和建筑物区分所有权等；其中，共同所有房屋又包括共同共有和按份共有。共同共有与按份共有的区别在于，各共有人对房屋的利益和负担是否存在份额。存在份额者为按份共有，不存在份额者则为共同共有。

实践中，房产管理部门和有关机关还将房屋所有权的"产别"分为11类，包括公产、代管产、托管产、拨用产、全民所有制单位自管公产、集体所有制自管公产、私有产、中外合资产、外产、军产和其他产。这实际上是兼顾所有权和实际使用者的管理上的划分，并不具有特别的所有权法律属性。其中公产、全民产、军产均为国有房屋所有权，托管产的一部分亦属国有，而代管产等则应属于私有房屋所有权之列。[1]

（四）房屋所有权的取得与消灭

1. 房屋所有权的取得。房屋所有权的取得，是指民事主体因法定事实的发生而取得对房屋的所有权。房屋所有权的取得方式包括原始取得与继受取得两种。

（1）原始取得。房屋所有权的原始取得又称固有取得，是指民事主体非依据他人的权利和意思表示而直接依据法律规定取得房屋所有权。主要方式如下：

第一，建造。这是原始取得的主要方式。但违法修建的房屋不能取得所有权。

第二，国家承继、没收以及行政征收、罚没等方式取得。例如，中华人民共和国成立后，承继国民党旧政府的一切国有房屋，并将地主、官僚资本家的

---

[1]　李延荣、周珂：《房地产法》，中国人民大学出版社2008年版，第71页。

房产收归国有；而行政征收、罚没是国家通过行政、司法手段取得房屋所有权。

第三，无主房屋取得。无主房屋可依民法占有取得时效制度为占有人取得。但我国传统上无主房屋收归国家所有，集体经济组织成员死亡后无继承人的房屋收归集体所有。

第四，添附取得。这是指添附人在办理合法手续的前提下，在自己原有房屋上扩建、加层，从而取得添附房屋的所有权。

第五，善意取得。善意取得是指在无权处分中，法律为保护善意第三人的合理信赖而令第三人取得所有权。[1] 善意取得既适用于动产，也适用于不动产。《物权法》第 106 条规定："无处分权人将不动产或者动产转让给受让人的，所有权人有权追回；除法律另有规定外，符合下列情形的，受让人取得该不动产或者动产的所有权：①受让人受让该不动产或者动产时是善意的；②以合理的价格转让；③转让的不动产或者动产依照法律规定应当登记的已经登记，不需要登记的已经交付给受让人。受让人依照前款规定取得不动产或者动产的所有权的，原所有权人有权向无处分权人请求赔偿损失。当事人善意取得其他物权的，参照前两款规定。"之所以将善意取得归入到原始取得，是因为善意第三人的取得是基于法律的直接规定，而非无处分权人的意思表示。

（2）继受取得。继受取得又称传来取得，是指通过一定法律行为基于他人的权利及意思而取得房屋所有权。房屋所有权的继受取得与原始取得的主要区别在于：继受取得中后手的权利直接来自于前手权利的转让；原始取得则不以他人所有权在先存在为前提。继受取得的主要方式如下：

第一，买卖、互易、赠与。买卖、互易、赠与都是通过交易的方式而取得房屋所有权。在房屋买卖中，买受人从出卖人处取得房屋所有权，而出卖人丧失房屋所有权并由此获得相应售房价款；在房屋互易中，互易双方均从对方处取得新的房屋所有权，而丧失对自己原房屋的所有权；在房屋赠与中，受赠人从赠与人处取得房屋所有权，赠与人丧失房屋所有权。因买卖、互易、赠与而取得房屋所有权的，应当依法办理过户登记手续。未经登记过户的，不发生房屋所有权变动的效力。

第二，继承、接受遗赠。继承、接受遗赠是继承人、受遗赠人从被继承人、遗赠人处取得房屋所有权。在继承法上，当被继承人死亡时，继承人有权依法定继承或遗嘱继承而取得房屋所有权，受遗赠人有权依遗嘱而取得遗赠房屋的所有权。关于其效力，《物权法》第 29 条规定："因继承或者受遗赠取得物权的，自继承或者受遗赠开始时发生效力。"同时该法第 31 条又规定："依照本法

---

[1]　王卫国主编：《民法》，中国政法大学出版社 2007 年版，第 248 页。

第 28~30 条规定享有不动产物权的，处分该物权时，依照法律规定需要办理登记的，未经登记，不发生物权效力。"所以，因继承、接受遗赠而取得房屋所有权的，自继承或受遗赠开始时发生效力，不以登记为房屋所有权的取得条件，但是，处分该物权时，未经登记，不发生物权效力。

2. 房屋所有权的消灭。房屋所有权的消灭，是指通过一定的法律行为或法律事实而使房屋所有权丧失或与原房屋所有人脱离的一种法律现象。[1] 房屋所有权消灭的原因如下：

（1）所有权主体的消灭。这是指自然人死亡或者法人解散后，以其为主体的房屋所有权即归消灭，通过继承或其他方式归新的所有权人所有。

（2）所有权客体的消灭。客体的消灭为房屋所有权的绝对消灭。房屋因拆除、倒塌或其他自然灾害而灭失将使房屋所有权不复存在。

（3）所有权的转让。房屋经出卖、互换、赠与等行为转让给他人的，原所有权消灭，由受让人取得所有权。

（4）所有权的抛弃。依法享有房屋所有权的人不愿意取得这项权利而予以放弃，如不愿接受赠与和继承，这是一种单方面消灭房屋所有权的行为。

（5）所有权因行政征收、罚没等强制手段而消灭。这是国家通过行政、司法手段取得房屋所有权，而原主体的所有权归于消灭。

二、房屋共有

（一）房屋共有的概念和特征

《民法通则》第 78 条第 1 款规定："财产可以由两个以上的公民、法人共有。"《物权法》第 93 条也规定，"不动产或者动产可以由两个以上单位、个人共有"。所以，房屋共有，是指两个以上主体对同一房屋共同享有所有权。共有与公有不同，房屋公有的主体是单一的，它只能是国家或者某一集体组织；而房屋共有的主体为两个或者两个以上。各共有人因房屋共有而形成的权利、义务关系，称为房屋共有关系。

房屋共有具有以下特征：

1. 房屋共有的主体具有多数性。主体有两个或者两个以上，单一主体不构成房屋共有。因此，房屋共有主体的多数性是其区别于单独房地产权利的重要属性。全民所有制单位和集体所有制单位之间可以发生共有关系，因它们是不同的主体。集体单位之间、公民之间、公民和社会组织之间也可能发生共有关系。

2. 房屋共有的客体具有同一性。即房屋客体是同一项房产。尽管房屋共有

---

〔1〕 温世扬、宁立志主编：《房地产法教程》，武汉大学出版社 1996 年版，第 65 页。

的主体具有多数性，但多数主体对同一项房屋共同享有所有权。如果某栋楼房已分属于不同的所有人，尽管位置相连并共同使用某些部分，如楼梯、通道、厕所等，也不能称为共有房产。这是因为它们的客体不是同一项房产，而属于异产毗连。

3. 房屋共有的内容具有双重性。即房屋共有存在着对内、对外双重关系。既存在共有人之间的对内关系，也存在共有人与第三人之间的对外关系。在对内关系中，各共有人作为相对独立的权利主体都是共有房屋的所有人，对共有房屋共同享有或者按份享有权利，共同承担或者按份承担义务。在对共有房屋进行处分时，如果某共有人违反其他共有人的意志，擅自处分共有房屋，则构成侵权行为；在对外关系中，全体共有人作为一个单一的权利主体与第三人发生民事关系。

4. 房屋共有的产生原因具有共同性。房屋共有，可能是权利主体根据自身的生产或生活需要而设定的，如家庭成员共有房产；也可能是法律为满足权利主体的共同需要而规定的，如夫妻共有房产等。

（二）房屋共有的形式

房屋共有分为按份共有和共同共有两种形式。

1. 按份共有。《物权法》第94条规定："按份共有人对共有的不动产或者动产按照其份额享有所有权。"据此，房屋按份共有，是指按份共有人对同一项房屋按照确定的份额享有所有权。其特征为：①共有人各有份额，即对同一房屋享有明确具体的份额；②各共有人均有权要求将自己的份额分出或者转让；③按份共有人的权利义务及于共有房产的全部。各共有人按照各自的份额，对共有房产分享权利，分担义务。但由于各自的份额只是房产权利的量的分割，而非房屋物体本身的量的分割，所以，按份共有人并不是就共有房屋的各特定部分享有权利，承担义务，而是就自己的份额比例对整个共有房产享有权利，承担义务。

处理房屋按份共有关系的基本规则有：

（1）份额的确定。按份共有首先要确定共有人各自的份额，对此，《物权法》第104条规定："按份共有人对共有的不动产或者动产享有的份额，没有约定或者约定不明确的，按照出资额确定；不能确定出资额的，视为等额享有。"

（2）共有关系性质不明时的推定。对此，《物权法》第103条规定："共有人对共有的不动产或者动产没有约定为按份共有或者共同共有，或者约定不明确的，除共有人具有家庭关系等外，视为按份共有。"

（3）一个或数个共有人要求将自己的份额分出或者转让时，其他共有人不得妨碍其行使权利。并且，共有人出售自己的份额时，其他共有人在同等条件下，有优先购买的权利。

2. 共同共有。《物权法》第95条规定："共同共有人对共有的不动产或者动产共同享有所有权。"据此，房屋共同共有，是指共同共有人对其共有的某项房屋平等地、不分份额地享有所有权。其特征为：①共有人之间不分份额地对整个共有房屋享有所有权；②共有人对共有房屋享有同等的权利，并承担同等的义务；③共有房屋在共同共有关系存续期间不分份额，只有在共同共有关系消灭时方能分清份额。

处理房屋共同共有关系的基本规则有：

（1）不得擅自处分共有房产。在共同共有关系存续期间，部分共有人擅自处分共有房产的，一般认定为无效。但第三人善意、有偿取得该房产的，应当维护第三人的合法权益；对其他共有人的损失，由擅自处分共有房产的人赔偿。

（2）分割共有房产。在共同共有关系终止时，对共有房产的分割，有协议的，按协议处理；没有协议的，应当根据等分原则处理，并要考虑共有人对共有房屋实际贡献的大小，适当照顾共有人生产、生活的实际需要等情况。分割夫妻共有房产，应当按婚姻法的有关规定处理。

3. 处理按份共有和共同共有房产的共同规则。

（1）对共有房屋的管理。对此，《物权法》第96条规定："共有人按照约定管理共有的不动产或者动产；没有约定或者约定不明确的，各共有人都有管理的权利和义务。"

（2）对共有房屋的处分。对此，《物权法》第97条规定："处分共有的不动产或者动产以及对共有的不动产或者动产作重大修缮的，应当经占份额2/3以上的按份共有人或者全体共同共有人同意，但共有人之间另有约定的除外。"

（3）对共有房屋管理费用等的负担。对此，《物权法》第98条规定："对共有物的管理费用以及其他负担，有约定的，按照约定；没有约定或者约定不明确的，按份共有人按照其份额负担，共同共有人共同负担。"

（4）对共有房屋的分割。对此，《物权法》第99～100条作了规定，即共有人约定不得分割共有的不动产或者动产，以维持共有关系的，应当按照约定，但共有人有重大理由需要分割的，可以请求分割；没有约定或者约定不明确的，按份共有人可以随时请求分割，共同共有人在共有的基础丧失或者有重大理由需要分割时可以请求分割。因分割对其他共有人造成损害的，应当给予赔偿。

关于分割的方式，共有人可以协商确定。达不成协议，共有的不动产或者动产可以分割并且不会因分割减损价值的，应当对实物予以分割；难以分割或者因分割会减损价值的，应当对折价或者拍卖、变卖取得的价款予以分割。共有人分割所得的不动产或者动产有瑕疵的，其他共有人应当分担损失。

（5）房屋共有人的优先购买权。房屋共有人的优先购买权，是指房屋共有人的房屋有偿转让给第三人时，其他共有人在同等条件下享有优先购买的权利。国外对房屋共有人的优先购买权没有划分按份共有和共同共有。我国《物权法》第 101 条规定："按份共有人可以转让其享有的共有的不动产或者动产份额。其他共有人在同等条件下享有优先购买的权利。"《最高人民法院关于贯彻执行〈中华人民共和国民法通则〉若干问题的意见（试行）》第 92 条规定："共同共有财产分割后，一个或者数个原共有人出卖自己分得的财产时，如果出卖的财产与其他原共有人分得的财产属于一个整体或者配套使用，其他原共有人主张优先购买权的，应当予以支持。"当数个共有人都同时主张优先购买权时，有约定的，按照约定；没有约定的，按照各自在共有财产中所占的比例处理。

（6）共有房屋上的债权债务处理。对此，《物权法》第 102 条规定："因共有的不动产或者动产产生的债权债务，在对外关系上，共有人享有连带债权、承担连带债务，但法律另有规定或者第三人知道共有人不具有连带债权债务关系的除外；在共有人内部关系上，除共有人另有约定外，按份共有人按照份额享有债权、承担债务，共同共有人共同享有债权、承担债务。偿还债务超过自己应当承担份额的按份共有人，有权向其他共有人追偿。"

三、建筑物区分所有权

（一）建筑物区分所有权的概念、性质和特征

建筑物区分所有权是当代民法发展起来的一种特殊的共有形式，也是现代民法形成的一项重要的不动产所有权形式。现代社会，伴随着工商业的发展和经济的繁荣，城市人口的不断增长，土地的稀缺性日益显现，加之现代建筑技术的提高，建筑不断向高空发展。一栋高楼的可居住面积空前扩大，通常不能仅仅为一人所有或者数人共有，只能分割为不同部分而为众多的住户所有，这种共同所有的现象和状态即是建筑物区分所有。[1]

《物权法》第 70 条规定："业主对建筑物内的住宅、经营性用房等专有部分享有所有权，对专有部分以外的共有部分享有共有和共同管理的权利。"据此，建筑物区分所有权，是指多个业主（即区分所有权人）共同拥有一栋区分所有建筑物时，业主所享有的对其专有部分的专有权和对共用部分的共有权和管理权的总称。

对于建筑物区分所有权的性质，有一元说、二元说和三元说之分，德国《住宅所有权法》和我国台湾地区"建筑物区分所有权法"采用三元说，即包括专有所有权、共用部分持分权及成员权三位一体的复合性物权，而专有所有权

---

[1]　王利明：《物权法论》，中国政法大学出版社 1998 年版，第 357 页。

处于主导地位。[1] 本书赞成三元说，其中，共用部分持分权也即建筑物区分所有权中的共有权；而成员权行使的实际上是建筑物区分所有权中的管理权。

建筑物区分所有权具如下特征：

1. 主体身份的多重性。建筑物区分所有权是由专有权、共有部分持分权（即共有权）和成员权构成的，由此建筑物区分所有权的主体至少具有如下三重身份：一是区分所有权人对专有部分享有专有所有权，为专有所有权人；二是区分所有权人对共有部分享有共有所有权，为共有所有权人；三是在对该区分建筑的物业管理活动中，业主具有成员权人的身份。

2. 客体结构的区分性。建筑物区分所有权的客体在结构上能够于三维空间区分为若干独立部分，而且建筑物的区分各部分能够单独使用并能为不同的区分所有权人所专用。如果一个建筑物不能区分为若干个独立部分，或即使能够区分但不能为不同的区分所有权人所专用，则不能形成建筑物区分所有权，而只能算普通建筑物所有权。

3. 内容构成的复合性与一体性。一方面，建筑物区分所有权是由专有权、共有部分持分权（共有权）、成员权复合而构成的多重权利；另一方面，专有权、共有权和成员权又具有一体性，它们是不可分离的权利。作为相对独立的权利，区分所有权人可以分别行使之。对专有部分行使专用的权利，对共有部分行使共有和共同管理的权利；作为不可分离的权利，专有权和共有权、成员权结为一体，区分所有权人不得将其分离，必须一并转让。失去专有权和共有权、成员权中的任何一项，则建筑物区分所有权就将不复存在。[2] 因此，《物权法》第72条第2款规定："业主转让建筑物内的住宅、经营性用房，其对共有部分享有的共有和共同管理的权利一并转让。"

（二）专有所有权、共有所有权、成员权

1. 专有所有权。《物权法》第71条规定："业主对其建筑物专有部分享有占有、使用、收益和处分的权利……"故所谓专有所有权，是指建筑物区分所有权人对专有部分享有的占有、使用、收益和处分的权利。

专有所有权的客体即建筑物的专有部分是指建筑物中具有构造上和使用上的独立性的部分，由一定平面的长度和宽度与一定立体的高度构成，与其他专有部分或共有部分以墙壁、天花板、地板相间隔。根据2009年通过的《最高人民法院关于审理建筑物区分所有权纠纷案件具体应用法律若干问题的解释》（以下简称《建筑物区分所有权的解释》）第2条，建筑区划内符合下列条件的房

---

〔1〕 李延荣、周珂：《房地产法》，中国人民大学出版社2008年版，第73~74页。

〔2〕 房绍坤主编：《房地产法》，北京大学出版社2011年版，第33页。

屋（包括整栋建筑物），以及车位、摊位等特定空间，应当认定为专有部分：①具有构造上的独立性，能够明确区分；②具有利用上的独立性，可以排他使用；③能够登记成为特定业主所有权的客体。规划上专属于特定房屋，且建设单位销售时已经根据规划列入该特定房屋买卖合同中的露台等，应当认定为专有部分的组成部分。与普通建筑物所有权不同，建筑物区分所有权中的专有权不是指对有体物加以管领支配，而是指对由建筑材料所组成的"空间"加以管领支配。因此，建筑物区分所有权中的专有权又被称为空间所有权。[1]

专有所有权对于区分所有权中的共有所有权和成员权具有主导作用：①《物权法》第72条第2款规定："业主转让建筑物内的住宅、经营性用房，其对共有部分享有的共有和共同管理的权利一并转让。"可见，区分所有权人取得专有所有权即取得共有部分持分权及成员权。反之，区分所有权人转让专有所有权也就同时转让了共有部分持分权和成员权。②根据份额多数决原则，专有所有权的份额比例决定区分所有权人共有所有权及成员权（如表决权）份额的多寡。

区分所有权人对专有所有权得在法律规定范围内自由行使，如自己为居住、经营目的而占有使用，将其出租他人或设定抵押，或将专有部分让与他人。但专有所有权由于其物理上的特性，受到法律及规约的诸多限制。《物权法》第71条规定："……业主行使权利不得危及建筑物的安全，不得损害其他业主的合法权益。"《建筑物区分所有权的解释》第4条则规定，业主基于对住宅、经营性用房等专有部分特定使用功能的合理需要，无偿利用屋顶以及与其专有部分相对应的外墙面等共有部分的，不应认定为侵权。但违反法律、法规、管理规约，损害他人合法权益的除外。

2. 共有所有权。又称"共有部分持分权"，指区分所有权人对建筑物共有部分享有的占有、使用、收益的权利。《物权法》第72条第1款规定："业主对建筑物专有部分以外的共有部分，享有权利，承担义务；但不得以放弃权利不履行义务。"《建筑物区分所有权的解释》第14条规定："建设单位或者其他行为人擅自占用、处分业主共有部分、改变其使用功能或者进行经营性活动，权利人请求排除妨害、恢复原状、确认处分行为无效或者赔偿损失的，人民法院应予支持。属于前款所称擅自进行经营性活动的情形，权利人请求行为人将扣除合理成本之后的收益用于补充专项维修资金或者业主共同决定的其他用途的，人民法院应予支持。行为人对成本的支出及其合理性承担举证责任。"

共有所有权的特征有：①从属性。共有部分视为专有部分的从物，区分所

〔1〕　房绍坤主编：《房地产法》，北京大学出版社2011年版，第34页。

有人取得专有所有权的同时，即附带取得对共有部分的共有权。将专有部分出让或抵押时，其效力均涉及共有部分。②不可分割性。共有部分的共有权作为区分所有权的三要素（即专有所有权、共有所有权、成员权）之一，由区分所有权人一并占有、处分，其不得与专有所有权、成员权分割。

共有所有权的客体，是指共有部分的范围，包括建筑物不属专有的部分及其他附属物。前者如电梯、过道、屋顶、地下室，后者如排水设备、照明设备、消防设备等。对于共有部分的范围及其维护，相关法律都有明确的规定：

（1）关于共有部分范围的规定。

第一，建筑区划内共有的范围。《物权法》第73条规定："建筑区划内的道路，属于业主共有，但属于城镇公共道路的除外。建筑区划内的绿地，属于业主共有，但属于城镇公共绿地或者明示属于个人的除外。建筑区划内的其他公共场所、公用设施和物业服务用房，属于业主共有。"

第二，车位、车库的归属与使用。《物权法》第74条规定："建筑区划内，规划用于停放汽车的车位、车库应当首先满足业主的需要。建筑区划内，规划用于停放汽车的车位、车库的归属，由当事人通过出售、附赠或者出租等方式约定。占用业主共有的道路或者其他场地用于停放汽车的车位，属于业主共有。"《建筑物区分所有权的解释》第5条规定，建设单位按照配置比例将车位、车库，以出售、附赠或者出租等方式处分给业主的，应当认定其行为符合《物权法》第74条第1款有关"应当首先满足业主的需要"的规定。前款所称配置比例是指规划确定的建筑区划内规划用于停放汽车的车位、车库与房屋套数的比例。该司法解释第6条进一步解释，建筑区划内在规划用于停放汽车的车位之外，占用业主共有道路或者其他场地增设的车位，应当认定为《物权法》第74条第3款所称的车位。

第三，按司法解释认定的共有部分。所谓司法解释认定的共有部分，是指除法律、行政法规规定的共有部分外，由司法解释认定的共有部分。对此，《建筑物区分所有权的解释》第3条规定，除法律、行政法规规定的共有部分外，建筑区划内的以下部分，也应当认定为《物权法》第六章所称的共有部分：①建筑物的基础、承重结构、外墙、屋顶等基本结构部分，通道、楼梯、大堂等公共通行部分，消防、公共照明等附属设施、设备，避难层、设备层或者设备间等结构部分；②其他不属于业主专有部分，也不属于市政公用部分或者其他权利人所有的场所及设施等。建筑区划内的土地，依法由业主共同享有建设用地使用权，但属于业主专有的整栋建筑物的规划占地或者城镇公共道路、绿地占地除外。

（2）关于共有部分维护的规定。对共有部分的修缮、管理、维护、改良、拆除等重大使用处分行为一般须经由区分所有权人会议决议或管理委员会、管理负责人决定，不得擅自进行。另外，由于共有部分的利用不仅关系到建筑物的整体效能，还涉及公共安全与城市的美观，因此受到行政法规以及规划、建筑等主管部门的规制。例如，《物权法》第 79 条规定："建筑物及其附属设施的维修资金，属于业主共有。经业主共同决定，可以用于电梯、水箱等共有部分的维修。维修资金的筹集、使用情况应当公布。"该法第 80 条则规定："建筑物及其附属设施的费用分摊、收益分配等事项，有约定的，按照约定；没有约定或者约定不明确的，按照业主专有部分占建筑物总面积的比例确定。"

3. 成员权。该权利又称为社员权，是指建筑物区分所有权人基于在一栋建筑物之构造、权利归属及使用上的不可分离的共同关系而产生的，作为建筑物的一个团体组织的成员而享有的权利与承担的义务。[1]

成员权的基本特征是"人法"与"财法"的结合。成员权的内容是对全体区分所有权人的共同事务（或者财产）所享有的权利和承担的义务，它是"管理关系"与"财产关系"的结合，正是这一结合使成员权具备了"人法"与"财法"的复合性。该项权利是业主自治制度的主要依据。建筑物区分所有权是物业管理权的权利基础，亦即业主在物业管理中的权利来源于其对物业的区分所有权。国内外立法均明确规定了建筑物区分所有权人的物业管理权利内容。[2]

如上所述，成员权实际上是建筑物区分所有权中的管理权。该管理权的内容如下：

（1）设立管理机构及其决定的效力。《物权法》第 75 条规定："业主可以设立业主大会，选举业主委员会。地方人民政府有关部门应当对设立业主大会和选举业主委员会给予指导和协助。"而关于管理机构决定的效力，该法第 78 条规定："业主大会或者业主委员会的决定，对业主具有约束力。业主大会或者业主委员会作出的决定侵害业主合法权益的，受侵害的业主可以请求人民法院予以撤销。"另外，根据《建筑物区分所有权的解释》第 12 条的规定，业主以业主大会或者业主委员会作出的决定侵害其合法权益或者违反了法律规定的程序为由，请求人民法院撤销该决定的，应当在知道或者应当知道业主大会或者业主委员会作出决定之日起 1 年内行使。

（2）业主共同决定的事项及其议事规则。对此，《物权法》第 76 条规定："下列事项由业主共同决定：①制定和修改业主大会议事规则；②制定和修改建

---

〔1〕 陈华彬：《现代建筑物区分所有权制度研究》，法律出版社 1995 年版，第 196 页。
〔2〕 李延荣、周珂：《房地产法》，中国人民大学出版社 2008 年版，第 74 页。

筑物及其附属设施的管理规约；③选举业主委员会或者更换业主委员会成员；④选聘和解聘物业服务企业或者其他管理人；⑤筹集和使用建筑物及其附属设施的维修资金；⑥改建、重建建筑物及其附属设施；⑦有关共有和共同管理权利的其他重大事项。决定前款第⑤项和第⑥项规定的事项，应当经专有部分占建筑物总面积2/3以上的业主且占总人数2/3以上的业主同意。决定前款其他事项，应当经专有部分占建筑物总面积过半数的业主且占总人数过半数的业主同意。"《建筑物区分所有权的解释》第8条和第9条对上述相关内容进行了进一步的规定，即专有部分面积和建筑物总面积，可以按照下列方法认定：专有部分面积，按照不动产登记簿记载的面积计算；尚未进行物权登记的，暂按测绘机构的实测面积计算；尚未进行实测的，暂按房屋买卖合同记载的面积计算。建筑物总面积，按照前项的统计总和计算。而业主人数和总人数可以按照下列方法认定：业主人数，按照专有部分的数量计算，一个专有部分按一人计算。但建设单位尚未出售和虽已出售但尚未交付的部分，以及同一买受人拥有一个以上专有部分的，按一人计算；总人数，按照前项的统计总和计算。

（3）将住宅改为经营性用房的主观条件。《物权法》第77条规定："业主不得违反法律、法规以及管理规约，将住宅改变为经营性用房。业主将住宅改变为经营性用房的，除遵守法律、法规以及管理规约外，应当经有利害关系的业主同意。"对此，《建筑物区分所有权的解释》第10~11条进一步规定，业主将住宅改变为经营性用房，未经有利害关系的业主同意，有利害关系的业主请求排除妨害、消除危险、恢复原状或者赔偿损失的，人民法院应予支持。将住宅改变为经营性用房的业主以多数有利害关系的业主同意其行为进行抗辩的，人民法院不予支持。业主将住宅改变为经营性用房的，本栋建筑物内的其他业主，应当认定为"有利害关系的业主"；建筑区划内，本栋建筑物之外的业主，主张与自己有利害关系的，应证明其房屋价值、生活质量受到或者可能受到不利影响。

（4）建筑物及其附属设施的维修资金的使用。《物权法》第79条规定："建筑物及其附属设施的维修资金，属于业主共有。经业主共同决定，可以用于电梯、水箱等共有部分的维修。维修资金的筹集、使用情况应当公布。"对于包括上述"维修资金的筹集、使用情况应当公布"等信息的披露规范，《建筑物区分所有权的解释》第13条作了具体规定，即业主请求公布、查阅下列应当向业主公开的情况和资料的，人民法院应予支持：①建筑物及其附属设施的维修资金的筹集、使用情况；②管理规约、业主大会议事规则，以及业主大会或者业主委员会的决定及会议记录；③物业服务合同、共有部分的使用和收益情况；④建筑区划内规划用于停放汽车的车位、车库的处分情况；⑤其他应当向业主公开的情况和资料。

（5）费用分摊及收益分配。对此，《物权法》第80条规定："建筑物及其附属设施的费用分摊、收益分配等事项，有约定的，按照约定；没有约定或者约定不明确的，按照业主专有部分占建筑物总面积的比例确定。"

（6）建筑物及其附属设施的管理。对此，《物权法》第81条和第82条规定，业主可以自行管理建筑物及其附属设施，也可以委托物业服务企业或者其他管理人管理。对建设单位聘请的物业服务企业或者其他管理人，业主有权依法更换。物业服务企业或者其他管理人根据业主的委托，管理建筑区划内的建筑物及其附属设施，并接受业主的监督。

（7）业主义务及其权益维护。对此，《物权法》第83条规定："业主应当遵守法律、法规以及管理规约。业主大会和业主委员会，对任意弃置垃圾、排放污染物或者噪声、违反规定饲养动物、违章搭建、侵占通道、拒付物业费等损害他人合法权益的行为，有权依照法律、法规以及管理规约，要求行为人停止侵害、消除危险、排除妨害、赔偿损失。业主对侵害自己合法权益的行为，可以依法向人民法院提起诉讼。"而《建筑物区分所有权的解释》第15条则对上述法条的相关内容作了进一步的解释：业主或者其他行为人违反法律、法规、国家相关强制性标准、管理规约，或者违反业主大会、业主委员会依法作出的决定，实施下列行为的，可以认定为其他"损害他人合法权益的行为"：①损害房屋承重结构，损害或者违章使用电力、燃气、消防设施，在建筑物内放置危险、放射性物品等危及建筑物安全或者妨碍建筑物正常使用；②违反规定破坏、改变建筑物外墙面的形状、颜色等损害建筑物外观；③违反规定进行房屋装饰装修；④违章加建、改建，侵占、挖掘公共通道、道路、场地或者其他共有部分。

四、房地产相邻关系

（一）房地产相邻关系的概念和特征

1. 概念。房地产相邻关系，又称房地产相邻权，是指两个或两个以上相互毗邻的房地产所有人或者使用人在行使所有权或使用权时，因相互间给予便利或接受限制所发生的权利义务关系。其实质是房地产权利内容的扩张和限制。

2. 特征。房地产相邻关系具有以下特征：

（1）相邻关系标的物的地理位置毗邻。房地产的毗邻不仅包括房地产相互连接，也包括房地产相互邻近；既可以是平面相邻也可以是垂直相邻和包容相邻。相邻关系只能产生在相邻的房地产之间，如果房地产不相邻，则所有权人或使用权人之间不会发生权利行使的扩张或限制等问题，自然也就不会发生相邻关系。

（2）主体为两个或者两个以上。相邻关系作为房地产权利的一种扩张或限制，只能发生在两个以上的民事主体之间，单一的民事主体不可能发生相邻关系问题。即相邻的房地产由同一主体所有和使用的，不能发生相邻关系。

（3）相邻关系的产生具有法定性。相邻关系是法律为协调房地产所有权人或使用权人之间的利益冲突而对房地产权利作出的限制。即相邻关系是由法律直接规定，这与地役权是按照当事人之间的合同约定而产生不同。

（二）相邻关系的处理原则

《民法通则》第83条规定："不动产的相邻各方，应当按照有利生产、方便生活、团结互助、公平合理的精神，正确处理截水、排水、通行、通风、采光等方面的相邻关系。给相邻方造成妨碍或者损失的，应当停止侵害，排除妨碍，赔偿损失。"《物权法》第84条也规定："不动产的相邻权利人应当按照有利生产、方便生活、团结互助、公平合理的原则，正确处理相邻关系。"该法第85条则规定："法律、法规对处理相邻关系有规定的，依照其规定；法律、法规没有规定的，可以按照当地习惯。"上述规定，表明处理相邻关系时应当遵循的原则如下：

1. 有利生产和方便生活的原则。相邻关系是人们在生产、生活中，因行使房地产权利而产生的，与人们的生产、生活直接相关。因此，在处理相邻关系时，既要注意保护相邻各方的合法权益，又要有利于生产的发展。同时，在涉及人们住房、生活设施等方面的相邻关系时，更要从有利于生活、方便群众的角度出发。

2. 团结互助和公平合理的原则。在处理相邻关系时，相邻各方应当依法给予对方方便，或者接受必要的限制；如果相邻各方只要求他人给予便利，而自己却不为他人提供便利，就不可能处理好相邻关系。在发生矛盾时，要从大局出发，做到团结互助，协商解决。人民法院在处理相邻关系纠纷时，亦应当从有利于团结互助的原则出发，着重调解解决纠纷。

由于相邻关系涉及多方利益，相邻各方在处理相邻关系时，不得只顾自己的利益而妨碍或者损害对方的利益。相邻关系中受益的一方，应当对承担义务或遭受损失的另一方给予适当补偿，做到公平合理。

3. 尊重历史和当地习惯的原则。不动产相邻关系的形成，往往时间较长。因此，在处理相邻关系时，就必须尊重历史和当地习惯。在法律、法规没有规定的情况下，应当按照当地习惯处理相邻关系。

（三）房地产相邻关系的内容

根据《物权法》的规定，相邻关系的主要内容如下：

1. 用水、排水关系。不动产权利人应当为相邻权利人用水、排水提供必要的便利。对自然流水的利用，应当在不动产的相邻权利人之间合理分配。对自然流水的排放，应当尊重自然流向（《物权法》第 86 条）。

2. 土地通行关系。相邻权利人因通行等必须利用其土地的，不动产权利人应当提供必要的便利（《物权法》第 87 条）。

3. 相邻土地、建筑物的利用关系。不动产权利人因建造、修缮建筑物以及铺设电线、电缆、水管、暖气和燃气管线等必须利用相邻土地、建筑物的，该土地、建筑物的权利人应当提供必要的便利（《物权法》第 88 条）。

4. 相邻通风、采光和日照关系。建造建筑物不得违反国家有关工程建设标准，妨碍相邻建筑物的通风、采光和日照（《物权法》第 89 条）。

5. 相邻环境保护关系。不动产权利人不得违反国家规定弃置固体废物，排放大气污染物、水污染物、噪声、光、电磁波辐射等有害物质（《物权法》第 90 条）。

6. 维护相邻不动产安全关系。不动产权利人挖掘土地、建造建筑物、铺设管线以及安装设备等，不得危及相邻不动产的安全（《物权法》第 91 条）。

7. 相邻权行使时的义务。不动产权利人因用水、排水、通行、铺设管线等利用相邻不动产的，应当尽量避免对相邻的不动产权利人造成损害；造成损害的，应当给予赔偿（《物权法》第 92 条）。

第三章
不动产登记法律制度

2014 年以前，我国根据《房屋登记办法》（现已失效）和《土地登记办法》（现已失效），对房产和地产分别登记，分别由不同登记机构管理，分别颁发不同的证件。2014 年 11 月国务院颁布《不动产登记暂行条例》之后，对房产和地产的登记机构进行了调整，并且房产和地产统一登记为不动产。因此，房产和地产的登记，依《不动产登记暂行条例》统一为不动产登记。与此同时，《房屋登记办法》和《土地登记办法》予以废止。2016 年国土资源部颁布《不动产登记暂行条例实施细则》，对我国不动产登记制度进行了进一步规范。

第一节　不动产登记概述

一、不动产登记的概念及其功能

（一）概念

不动产登记，是指不动产登记机构依法将不动产权利归属和其他法定事项记载于不动产登记簿的行为。不动产，一般是指土地、海域以及房屋、林木等定着物。除我国法律、行政法规规定的外，不动产登记应当依照当事人的申请进行。不动产权利登记的具体内容包括：①集体土地所有权；②房屋等建筑物、构筑物所有权；③森林、林木所有权；④耕地、林地、草地等土地承包经营权；⑤建设用地使用权；⑥海域使用权；⑦宅基地使用权；⑧地役权；⑨抵押权；⑩法律规定需要登记的其他不动产权利。

关于不动产登记机构，我国《不动产暂行条例》规定，县级以上地方人民政府应当确定一个部门为本行政区域的不动产登记机构，负责不动产登记工作，并接受上级人民政府不动产登记主管部门的指导、监督。不动产登记由不动产所在地的县级人民政府不动产登记机构办理；直辖市、设区的市人民政府可以确定本级不动产登记机构统一办理所属各区的不动产登记。跨县级行政区域的不动产登记，由所跨县级行政区域的不动产登记机构分别办理。不能分别办理的，由所跨县级行政区域的不动产登记机构协商办理；协商不成的，由共同的上一级人民政府不动产登记主管部门指定办理。国务院国土资源主管部门负责指导、监督全国不动产登记工作。

国务院确定的重点国有林区的森林、林木和林地，国务院批准项目用海、用岛，中央国家机关使用的国有土地等不动产登记，由国务院国土资源主管部门会同有关部门规定。

（二）功能

不动产登记具有如下功能：

1. 权利确认功能。这是指不动产权属登记具有确认不动产的权属状态，赋予不动产的权属以法律效力，建立权利人对其不动产的支配关系的功能。权利确认功能必须具备两个条件：一是房屋登记机关为法律规定的机关，登记程序由法律设定，登记的簿、册、证、状采用法定的形式；二是房屋登记机关对房产的权属状态进行实质性的审查。经登记的不动产权利受国家强制力的保护，可以对抗权利人以外的任何人。

当然，未经登记的不动产权利并非绝对不受法律保护，只是不发生物权效力。特别是《物权法》第二章第三节规定的三种情形：[1] ①因法律文书、征收导致的物权变动。即因人民法院、仲裁委员会的法律文书或者人民政府的征收决定等，导致物权设立、变更、转让或者消灭的，自法律文书或者人民政府的征收决定等生效时发生效力。②因继承、受遗赠取得物权。即因继承或者受遗赠取得物权的，自继承或者受遗赠开始时发生效力。③因合法的事实行为导致物权变动。即因合法建造、拆除房屋等事实行为设立或者消灭物权的，自事实行为成就时发生效力。在上述情况下，无须不动产权属登记，就可以取得不动产权利。但是，在处分这类不动产权利时，依照法律规定需要办理登记的，因未经登记，故不发生物权效力。[2]

2. 权利公示功能。这是指不动产权属登记具有将不动产权利变动的事实向社会公开，用以标示不动产流转之后的归属的功能。各国普遍以登记作为不动产物权的变动公示方法，以交付（移转占有）作为动产物权的公示方法。不动产登记的任务就是记载不动产权利的详细信息，并在法律许可的范围内将其提供给社会，这是为维护不动产交易安全的需要。一方面可以防止不具有支配权或者不再具有支配权的人进行欺诈；另一方面也可以防止隐瞒权利瑕疵进行交易。

登记的公示公信效力，源于国家的信誉和行为。不动产权利乃涉及国计民生的重要权利，通过国家出面登记，以国家的信誉和行为作保障，才能使社会

---

〔1〕　《物权法》第 28~30 条。

〔2〕　参见《物权法》第 31 条。

成员对其产生一致的信赖。

3. 管理功能。这是指不动产登记具有实现国家管理目标的功能。它主要通过两种方式去实现：一是产籍管理，即通过不动产权属登记建立产籍资料，为不动产税收、社会发展规划和国家的宏观经济提供依据。同时，防止不动产资源的浪费和滥用；二是审查监督，即通过房屋权属登记的审查程序，对房屋的真实情况进行调查，核实房屋及其权属。同时，对房屋权利的设立、变更、终止的合法性进行审查，取缔违反法律、政策和社会公共利益的行为。

二、不动产登记的性质

关于不动产登记的性质，理论上存在着不同的看法，主要有行政行为说、民事行为说和折中说三种观点。

1. 行政行为说认为，不动产登记是不动产管理部门依职权实施的行政行为，它体现了不动产管理部门与登记申请人之间管理与被管理的关系。在登记法律关系中，一方面，不动产管理部门行使审查登记申请，作出登记与否的决定，对不履行登记义务的不动产权利人进行处罚等职权；另一方面，不动产权利人负有及时向不动产管理部门申请不动产登记及服从其管理的义务。

2. 民事行为说认为，不动产登记是一种民事行为，理由是：①登记行为发端于不动产权利人为登记申请的意思表示，该申请及所为的意思表示当为民事领域范围。②登记的功能主要表现为权利确认功能和公示功能，其本质是为了确保不动产权利人的合法物权，承认并保障权利人对不动产的法律支配关系，以及保护交易的安全和稳定。③从世界范围来看，诸多登记行为产生的诉讼，如因预告登记、异议登记、撤销登记等行为产生的纠纷，当事人向法院提起的是民事赔偿之诉，而非国家赔偿之诉。登记机关所承担的赔偿责任为民事赔偿责任，而非国家赔偿责任。④登记与交付是物权变动的公示方法，也是物权法中的重要内容，动产的交付为典型的民事行为，与之并列的在物权法中规定的不动产登记如果定性为行政行为，则不伦不类。⑤在国际上，很多国家将不动产登记的性质界定为民事行为，登记是民法中不可缺少的组成部分。

3. 折中说则认为，行政行为说与民事行为说各有其道理，但均失之偏颇。行政行为说过分强调行政管理，使不动产登记完全成为一种行政职责，忽视了不动产登记所具有的确认和公示不动产物权的作用。民事行为说强调了不动产登记所具有的确认与公示不动产物权的功能，但是，由此而认为不动产登记就是一种民事行为，其理由并不充分，因为不动产登记也体现了国家对不动产物权取得、交易关系的干预。于是折中说认为，不动产登记是兼具民事行为和行政行为双重性质，而以民事行为为主的一种行为。[1]

本书认为，折中说更具辩证思维。不动产登记本质上是国家公权力介入到本属私法的民事法律关系之中，从而产生出一种新型的法律关系，即经济法法律关系，体现出公法与私法的融合。这也正反映出房地产法所具有的经济法属性。

三、不动产登记的效力

（一）不动产登记效力的立法模式

综观各国法律，关于不动产登记的效力大致有如下三种立法模式：

1. 登记对抗主义。这是指不动产权利变动因当事人意思表示一致即生效力；登记仅为对抗第三人的要件，而非生效要件。换言之，在登记前，不动产变动不具有对抗力，不得对抗第三人。登记对抗主义认为，不动产权利的变动应当与债权的成立同步，即在登记之前权利就已经转移或者设立，登记只是对抗第三人的要件。

2. 登记生效主义。这是指不动产变动以登记作为生效要件，即不动产变动未经登记，不发生物权变动的效力。登记生效主义认为，不动产权利的转移和设定在登记之前只以债权的形式而存在，在登记之后才被视为完成产权的转移或者权利的设立；未经登记，对不动产交易权利的受让方而言，只能得到债权的保护，而不能得到物权的保护。

3. 登记折中主义。这是指根据具体情况兼采对抗和生效主义，但对这二者的态度往往有主次之分。

（二）我国不动产登记的效力

从我国《物权法》的规定来看，不动产登记采取的是登记折中主义，但以登记生效主义为原则、以登记对抗主义为例外。这体现在《物权法》第9条第1款的规定，即"不动产物权的设立、变更、转让和消灭，经依法登记，发生效力；未经登记，不发生效力，但法律另有规定的除外"。

关于例外情况下采取登记对抗主义，《物权法》主要规定了三种例外情形。一种是关于特定动产采取登记对抗主义，[2]另外两种就是关于不动产登记采取登记对抗主义：①土地承包经营权人将土地承包经营权互换、转让，当事人要求登记的，应当向县级以上地方人民政府申请土地承包经营权变更登记；未经登记，不得对抗善意第三人（《物权法》第129条）。②地役权自地役权合同生

---

[1] 上述三种观点，参见房绍坤主编：《房地产法》，北京大学出版社2011年版，第52~53页。

[2] 对特定动产采取登记对抗主义，体现在《物权法》第24条的规定，即船舶、航空器和机动车等物权的设立、变更、转让和消灭，未经登记，不得对抗善意第三人。

效时设立。当事人要求登记的，可以向登记机构申请地役权登记；未经登记，不得对抗善意第三人（《物权法》第 158 条）。

需要注意的是，不动产登记的效力与有关不动产民事合同的效力是两个不同的问题。前者是关于物权变动的效力；后者是关于债权债务形成的效力。对此，《物权法》第 15 条规定："当事人之间订立有关设立、变更、转让和消灭不动产物权的合同，除法律另有规定或者合同另有约定外，自合同成立时生效；未办理物权登记的，不影响合同效力。"所以，未经登记，对不动产交易权利的受让方而言，只是不能得到物权的保护，但是其债权应当得到保护。

（三）登记与公信力

不动产登记的效力取决于登记所产生的公信力。所谓公信力，是指在登记为不动产权利变动的公示方法的情况下，即使登记簿的记载与实质的房屋权利不符，但对相信记载内容的善意第三人也予以保护。也就是说，在法律上推定登记记载的权利人为真正的权利人，即使登记所表现出来的不动产权属状态与真实权属状态不符，在没有依照法定程序更正之前，法律依然承认该登记具有与真实权利相同的法律效力。善意第三人从登记权利人处所受让的该权利，受法律保护，可以对抗真实权利人的追夺。承认登记具有公信效力，目的在于保护交易活动中的善意受让人，使不动产市场的交易活动具有安全性和秩序性。

四、不动产登记簿[1]

不动产登记簿，是指不动产登记机构对不动产权利人合法的不动产权利以及由不动产权利而产生的不动产其他权利的事项依法进行登记，从而确认不动产归属关系的簿册。不动产登记机构应当按照国务院国土资源主管部门的规定设立统一的不动产登记簿。

不动产以不动产单元为基本单位进行登记。不动产单元，是指权属界线封闭且具有独立使用价值的空间。不动产单元具有唯一编码。

没有房屋等建筑物、构筑物以及森林、林木定着物的，以土地、海域权属界线封闭的空间为不动产单元。有房屋等建筑物、构筑物以及森林、林木定着物的，以该房屋等建筑物、构筑物以及森林、林木定着物与土地、海域权属界线封闭的空间为不动产单元。这里所称房屋，包括独立成幢、权属界线封闭的空间，以及区分套、层、间等可以独立使用、权属界线封闭的空间。

不动产登记簿以宗地或者宗海为单位编成。宗地或宗海是地籍的最小单元，即一宗地或一宗海为一个权属单位，它是指土地、海域权属界线封闭的地块或

---

〔1〕　参见《不动产登记暂行条例》第二章"不动产登记簿"和《不动产登记暂行条例实施细则》的相关条款。

者空间。一宗地或者一宗海范围内的全部不动产单元编入一个不动产登记簿。

不动产登记簿应当记载以下事项：①不动产的坐落、界址、空间界限、面积、用途等自然状况；②不动产权利的主体、类型、内容、来源、期限、权利变化等权属状况；③涉及不动产权利限制、提示的事项；④其他相关事项。

不动产登记簿应当采用电子介质，暂不具备条件的，可以采用纸质介质。不动产登记机构应当明确不动产登记簿唯一、合法的介质形式。不动产登记簿采用电子介质的，应当定期进行异地备份，并具有唯一、确定的纸质转化形式。

不动产登记机构应当依法将各类登记事项准确、完整、清晰地记载于不动产登记簿。任何人不得损毁不动产登记簿，除依法予以更正外不得修改登记事项。

不动产登记工作人员应当具备与不动产登记工作相适应的专业知识和业务能力。不动产登记机构应当加强对不动产登记工作人员的管理和专业技术培训。

不动产登记机构应当指定专人负责不动产登记簿的保管，并建立健全相应的安全责任制度。采用纸质介质不动产登记簿的，应当配备必要的防盗、防火、防渍、防有害生物等安全保护设施。采用电子介质不动产登记簿的，应当配备专门的存储设施，并采取信息网络安全防护措施。

不动产登记簿由不动产登记机构永久保存。不动产登记簿损毁、灭失的，不动产登记机构应当依据原有登记资料予以重建。行政区域变更或者不动产登记机构职能调整的，应当及时将不动产登记簿移交相应的不动产登记机构。

五、不动产特殊登记制度[1]

为适应我国不动产交易的市场需要，解决不动产登记过程中可能出现的争议，《物权法》在立法中完善和发展了一些新的登记制度，这些制度主要存在于某些特定的情况之下，因此又称特殊登记，主要包括：更正登记、异议登记和预告登记等。[2]

（一）更正登记

不动产登记机构在进行登记过程中，不可避免地会出现登记错误或者遗漏的事情，为了能够及时消除因登记错误或遗漏而造成的登记权利与真正权利不一致的情形，有效地保护真正权利人的合法权益，《物权法》第19条第1款规定了更正登记制度。所谓更正登记，是指不动产物权人或登记机构发现登记出现错误或者遗漏而予以更正所进行的登记。与异议登记不同的是，更正登记彻底消除了登记权利与真实权利不一致的状态，避免了第三人依据不动产登记簿

---

〔1〕　参见《不动产登记暂行条例实施细则》第五章"其他登记"的相关内容。

〔2〕　参见《物权法》第19、20条。

取得不动产登记簿上记载的物权。因此，更正登记可以彻底终止现实登记权利的推定效力，是对原登记权利的涂销登记，对于真正权利而言，属于初始登记。

更正登记可分为两种情形：一种是权利人或利害关系人认为不动产登记簿记载的事项错误，申请进行更正登记。在这种情形下，不动产登记机构认为不动产登记簿记载确有错误的，应当予以更正；但在错误登记之后已经办理了涉及不动产权利处分的登记、预告登记和查封登记的除外。另一种是登记机构自己发现登记错误或遗漏的，应当依职权进行更正登记。我国《物权法》只认可第一种更正登记的情形，对于第二种登记机构依职权自行更正登记的情形没有明确规定，但是晚于《物权法》出台的《不动产登记暂行条例实施细则》第81条对登记机构依职权自行更正登记进行了规范，即不动产登记机构发现不动产登记簿记载的事项错误，应当通知当事人在30个工作日内办理更正登记。当事人逾期不办理的，不动产登记机构应当在公告15个工作日后，依法予以更正；但在错误登记之后已经办理了涉及不动产权利处分的登记、预告登记和查封登记的除外。

权利人、利害关系人申请更正登记，必须满足下列条件之一，登记机构才予以更正：①不动产登记簿记载的权利人书面同意更正；②有证据证明登记确有错误。当不动产登记簿记载的权利人不同意更正时，利害关系人可以向登记机构申请异议登记。

（二）异议登记

异议登记具有暂时中断登记簿的公信力的效力。所谓异议登记，是指利害关系人认为不动产登记簿记载的事项错误，而权利人又不同意更正，利害关系人可以申请异议登记。不动产登记机构经过对相关证据材料的审核，而受理异议登记申请的，应当将异议事项记载于不动产登记簿，并向申请人出具异议登记证明。法律之所以规定异议登记制度，是因为更正登记的程序较长，申请人不仅需要得到登记簿记载的权利人的书面同意，必要时还要进行举证。而在这一段时间内，登记簿记载的权利人有可能对不动产进行处分，而第三人基于登记簿的公信力将受到保护。因此，为了能够暂时中断登记簿的公信力，维护真实权利人的合法权益，各国的物权法一般都规定了异议登记制度。

虽然异议登记可以对真正权利人提供保护，但这种保护是临时性的，因为它同时也给不动产交易造成了一种不稳定的状态。为使不动产的不稳定状态早日恢复正常，法律必须对异议登记的有效期间作出限制。所以，《物权法》规定，异议登记的有效期为15天，自异议登记之日起算。在这段时间里，登记簿记载的权利人处分名下不动产的权利受到限制，异议登记申请人则应在这段时间里提交人民法院受理通知书、仲裁委员会受理通知书等提起诉讼、申请仲裁的材料；逾期不提交的，异议登记失效。登记簿记载的权利人恢复对名下不动产的处分权。异议登记失效后，申请人就同一事项以同一理由再次申请异议登记的，不动产登记机构不予受理。

另外，异议登记期间，不动产登记簿上记载的权利人以及第三人因处分权利申请登记的，不动产登记机构应当书面告知申请人该权利已经存在异议登记的有关事项。申请人申请继续办理的，应当予以办理，但申请人应当提供知悉异议登记存在并自担风险的书面承诺。一旦异议登记人的异议得到裁判机构的主张，其不动产权利就可以避免因善意第三人制度而丧失。

最后，需要进行说明的是，申请异议登记如果不当，给权利人造成损害，权利人可以向异议登记申请人请求损害赔偿。这是法律为防止异议登记的滥用而作出的限制性规定。

（三）预告登记

所谓预告登记，是指为了保全关于不动产物权的请求权而将该请求权加以登记的制度。该制度不同于其他不动产登记制度的特征在于：其他的不动产登记都是针对已经现实存在的不动产物权，而预告登记针对的是将来会产生的不动产物权。

从某种意义上来说，预告登记是一种必须在不动产登记簿上登记的担保手段，它提前限制债务人违背其义务对不动产进行处分的权限，使得债权人在债务人违反义务进行处分的情况下也能够取得物权。债权人所拥有的债权发生了"债权物权化"，具备了物权的排他性。例如，当事人在签订商品房预售买卖合同后，在实际办理房屋登记手续之前，买受人为保障将来取得房屋的所有权，可以按照约定向登记机构申请预告登记，买受人即为预告登记的权利人。预告登记后，房地产开发商未经买受人的同意不能再行出卖该房屋，即使出卖也不能在登记机构办理登记。这就有效地预防了"一房二卖"或"一房多卖"现象的发生，保证了买受人将来能够顺利地取得该房屋的所有权。

根据《物权法》第20条规定，我国预告登记制度适用的范围仅限于"当事人签订买卖房屋或者其他不动产物权的协议"的情形，即只有当房屋及其他不动产物权进行买卖时才得以启用预告登记，不动产物权抵押、消灭、优先权次序变更以及附条件、附期限的请求权等，均不在可以适用的范围之内，其涵盖性远较德国、日本、我国台湾地区等成熟立法要窄，不能满足实践中千差万别的现实需要。预告登记制度的宗旨就是保全请求权，为债权人实际取得不动产物权提供保障。因此只要是以将来引发不动产物权变动为内容的请求权，均可以纳入预告登记保护的范围。在这一指导思想下，我国现行《不动产登记暂行条例实施细则》第85条第1款就明确规定，有下列情形之一的，当事人可以按照约定申请不动产预告登记：①商品房等不动产预售的；②不动产买卖、抵押的；③以预购商品房设定抵押权的；④法律、行政法规规定的其他情形。

预告登记制度建立之前，我国已经实行商品房预售合同登记备案制度。在此制度下，办理预售合同备案手续是日后办理产权登记的前提。当同一套房屋已出售并且办理了预售合同登记备案手续时，如果开发商再将该房屋出售给第三人，则后一合同不能办理登记备案手续，也就意味着其将来无法办理产权证，可见该制度与预告登记在目的和功能上基本相同。但是，预售合同的登记就其本质而言是一种备案登记，并不能像预告登记那样明确地具有物权取得的担保效力。[1]

预告登记可以依据当事人的协议进行，也可以依据法律的规定进行。我国《物权法》明确规定当事人通过协议约定可以向登记机构申请预告登记，但对于当事人是否能够单方申请预告登记没有明确规定。由于登记名义人往往处于比较强势的地位，如果强制要求登记名义人与预告登记申请人必须在有协议约定的情况下才能向登记机构申请办理预告，就会出现登记名义人拒绝协助办理预告登记从而损害他人合法权益的现象，不符合预告登记制度保护当事人的合法权益的本意。所以，我国《不动产登记暂行条例实施细则》第86条第2款规定，商品房预售中，预售人未按照约定与预购人申请预告登记的，预购人可以单方申请预告登记。

预告登记具有限制债务人违反义务对不动产进行处分的效力，但当预告登记所担保的债权请求权实现时，如果预告登记权利人迟迟不进行实际登记，反而会导致不动产的流通性受到限制。因此，需要对预告登记的效力作出限制。所以，《物权法》第20条第2款规定，当满足下列两种情形时，预告登记失去对债务人处分权限制的效力：①预告登记后，债权消灭；②自能够进行不动产登记之日起3个月内未申请登记。

（四）查封登记

查封登记，是指不动产登记机构应当根据人民法院提供的查封裁定书和协助执行通知书，经审核后将查封或者预查封的情况在不动产登记簿上加以记载。对于查封登记，《不动产登记暂行条例实施细则》第90～93条作了如下四项规定：

1. 人民法院要求不动产登记机构办理查封登记的，应当提交的相关材料如下：①人民法院工作人员的工作证；②协助执行通知书；③其他必要材料。

2. 两个以上人民法院查封同一不动产的，不动产登记机构应当为先送达协

---

〔1〕 程啸："试论《物权法》中规定的预告登记制度"，载《中国房地产》2007年第5期。

助执行通知书的人民法院办理查封登记，对后送达协助执行通知书的人民法院办理轮候查封登记。轮候查封登记的顺序按照人民法院协助执行通知书送达不动产登记机构的时间先后进行排列。

3. 查封期间，人民法院解除查封的，不动产登记机构应当及时根据人民法院协助执行通知书注销查封登记。不动产查封期限届满，人民法院未续封的，查封登记失效。

4. 人民检察院等其他国家有权机关依法要求不动产登记机构办理查封登记的，参照上述规定办理。

六、登记机关的义务与责任

1. 登记机关的义务。[1]

（1）审查义务。当事人申请登记，应当根据不同登记事项提供权属证明和不动产界址、面积等必要材料。而登记机关应当查验申请人提供的权属证明和其他必要材料，就有关登记事项询问申请人，申请登记的不动产的有关情况需要进一步证明的，登记机构可以要求申请人补充材料，必要时可以实地查看。

（2）登记义务。对于当事人的登记申请，登记机关在核实之后，应当如实、及时登记有关事项。

（3）提供查询义务。权利人、利害关系人可以申请查询、复制登记资料，登记机构应当提供。

（4）禁止从事的行为。登记机构不得要求对不动产进行评估，或以年检等名义进行重复登记，或从事超出登记职责范围的其他行为。

（5）按规定收费的义务。不动产登记费按件收取，不得按照不动产的面积、体积或者价款的比例收取。具体收费标准由国务院有关部门会同价格主管部门规定。

2. 登记错误的责任。[2]

（1）当事人的过错责任。当事人提供虚假材料申请登记，给他人造成损害的，应当承担赔偿责任。

（2）登记机关的过错责任。因登记错误，给他人造成损害的，登记机构应当承担赔偿责任。登记机构赔偿后，可以向造成登记错误的人追偿。

3. 不动产登记机构工作人员及相关当事人的法律责任。[3]

（1）不动产登记机构工作人员有下列行为之一的，依法给予处分；构成犯

---

[1] 参见《物权法》第 11、12、13、18、22 条。

[2] 参见《物权法》第 21 条。

[3] 参见《不动产登记暂行条例实施细则》第 103、104 条的规定。

罪的，依法追究其刑事责任：①对符合登记条件的登记申请不予登记，对不符合登记条件的登记申请予以登记；②擅自复制、篡改、毁损、伪造不动产登记簿；③泄露不动产登记资料、登记信息；④无正当理由拒绝申请人查询、复制登记资料；⑤强制要求权利人更换新的权属证书。

（2）相关当事人有下列行为之一，构成违反治安管理行为的，依法给予治安管理处罚；给他人造成损失的，依法承担赔偿责任；构成犯罪的，依法追究刑事责任：①采用提供虚假材料等欺骗手段申请登记；②采用欺骗手段申请查询、复制登记资料；③违反国家规定，泄露不动产登记资料、登记信息；④查询人遗失、拆散、调换、抽取、污损登记资料；⑤擅自将不动产登记资料带离查询场所、损坏查询设备。

第二节　不动产权利登记

一、不动产权利登记概述

不动产权利登记又称不动产权属登记，是指不动产登记机构对不动产权利人合法享有的不动产所有权以及不动产其他权利的事项记载于不动产登记簿，依法确认不动产权属关系的行为。不动产登记中的不动产权利人，是指依法享有不动产所有权以及不动产其他权利的自然人、法人和其他社会组织。

（一）不动产首次登记

不动产首次登记，是指不动产权利第一次登记。未办理不动产首次登记的，不得办理不动产其他类型的登记，但法律、行政法规另有规定的除外。

市、县人民政府可以根据情况对本行政区域内未登记的不动产，组织开展集体土地所有权、宅基地使用权、集体建设用地使用权、土地承包经营权的首次登记。办理上述首次登记所需的权属来源、调查等登记材料，由人民政府有关部门组织获取。

（二）变更登记

不动产权利人遇有下列情形之一的，可以向不动产登记机构申请变更登记：①权利人的姓名、名称、身份证明类型或者身份证明号码发生变更的；②不动产的坐落、界址、用途、面积等状况变更的；③不动产权利期限、来源等状况发生变化的；④同一权利人分割或者合并不动产的；⑤抵押担保的范围、主债权数额、债务履行期限、抵押权顺位发生变化的；⑥最高额抵押担保的债权范围、最高债权额、债权确定期间等发生变化的；⑦地役权的利用目的、方法等发生变化的；⑧共有性质发生变更的；⑨法律、行政法规规定的其他不涉及不动产权利转移的变更情形。

（三）转移登记

因下列情形导致不动产权利转移的，当事人可以向不动产登记机构申请转移登记：①买卖、互换、赠与不动产的；②以不动产作价出资（入股）的；③法人或者其他组织因合并、分立等原因致使不动产权利发生转移的；④不动产分割、合并导致权利发生转移的；⑤继承、受遗赠导致权利发生转移的；⑥共有人增加或者减少以及共有不动产份额变化的；⑦因人民法院、仲裁委员会的生效法律文书导致不动产权利发生转移的；⑧因主债权转移引起不动产抵押权转移的；⑨因需役地不动产权利转移引起地役权转移的；⑩法律、行政法规规定的其他不动产权利转移情形。

（四）注销登记

有下列情形之一的，当事人可以申请办理注销登记：①不动产灭失的；②权利人放弃不动产权利的；③不动产被依法没收、征收或者收回的；④人民法院、仲裁委员会的生效法律文书导致不动产权利消灭的；⑤法律、行政法规规定的其他情形。

不动产上已经设立抵押权、地役权或者已经办理预告登记，所有权人、使用权人因放弃权利申请注销登记的，申请人应当提供抵押权人、地役权人、预告登记权利人同意的书面材料。

二、集体土地所有权登记

集体土地所有权登记，依照下列规定提出申请：①土地属于村农民集体所有的，由村集体经济组织代为申请，没有集体经济组织的，由村民委员会代为申请；②土地分别属于村内两个以上农民集体所有的，由村内各集体经济组织代为申请，没有集体经济组织的，由村民小组代为申请；③土地属于乡（镇）农民集体所有的，由乡（镇）集体经济组织代为申请。

申请集体土地所有权首次登记的，应当提交下列材料：①土地权属来源材料；②权籍调查表、宗地图以及宗地界址点坐标；③其他必要材料。

农民集体因互换、土地调整等原因导致集体土地所有权转移，申请集体土地所有权转移登记的，应当提交下列材料：①不动产权属证书；②互换、调整协议等集体土地所有权转移的材料；③本集体经济组织2/3以上成员或者2/3以上村民代表同意的材料；④其他必要材料。

申请集体土地所有权变更、注销登记的，应当提交下列材料：①不动产权属证书；②集体土地所有权变更、消灭的材料；③其他必要材料。

三、国有建设用地使用权及房屋所有权登记

依法取得国有建设用地使用权，可以单独申请国有建设用地使用权登记。

依法利用国有建设用地建造房屋的，可以申请国有建设用地使用权及房屋所有权登记。

（一）首次登记

1. 申请国有建设用地使用权首次登记，应当提交下列材料：①土地权属来源材料；②权籍调查表、宗地图以及宗地界址点坐标；③土地出让价款、土地租金、相关税费等缴纳凭证；④其他必要材料。上述土地权属来源材料，是指根据权利取得方式的不同，包括国有建设用地划拨决定书、国有建设用地使用权出让合同、国有建设用地使用权租赁合同以及国有建设用地使用权作价出资（入股）、授权经营批准文件。申请在地上或者地下单独设立国有建设用地使用权登记的，也按照上面的规定办理。

2. 申请国有建设用地使用权及房屋所有权首次登记的，应当提交的材料包括：①不动产权属证书或者土地权属来源材料；②建设工程符合规划的材料；③房屋已经竣工的材料；④房地产调查或者测绘报告；⑤相关税费缴纳凭证；⑥其他必要材料。

3. 办理房屋所有权首次登记时，申请人应当将建筑区划内依法属于业主共有的道路、绿地、其他公共场所、公用设施和物业服务用房及其占用范围内的建设用地使用权一并申请登记为业主共有。业主转让房屋所有权的，其对共有部分享有的权利依法一并转让。

具有独立利用价值的特定空间以及码头、油库等其他建筑物、构筑物所有权的登记，按照上述房屋所有权登记的相关规定办理。

（二）变更登记

申请国有建设用地使用权及房屋所有权变更登记的，应当根据不同情况，提交下列材料：①不动产权属证书；②发生变更的材料；③有批准权的人民政府或者主管部门的批准文件；④国有建设用地使用权出让合同或者补充协议；⑤国有建设用地使用权出让价款、税费等缴纳凭证；⑥其他必要材料。

（三）转移登记

申请国有建设用地使用权及房屋所有权转移登记的，应当根据不同情况，提交下列材料：①不动产权属证书；②买卖、互换、赠与合同；③继承或者受遗赠的材料；④分割、合并协议；⑤人民法院或者仲裁委员会生效的法律文书；⑥有批准权的人民政府或者主管部门的批准文件；⑦相关税费缴纳凭证；⑧其他必要材料。

不动产买卖合同依法应当备案的，申请人申请登记时须提交经备案的买卖合同。

四、宅基地使用权及房屋所有权登记

依法取得宅基地使用权，可以单独申请宅基地使用权登记。依法利用宅基地建造住房及其附属设施的，可以申请宅基地使用权及房屋所有权登记。

申请宅基地等集体土地上的建筑物区分所有权登记的，参照国有建设用地使用权及建筑物区分所有权的规定办理登记。

（一）首次登记

申请宅基地使用权及房屋所有权首次登记的，应当根据不同情况，提交下列材料：①申请人身份证和户口簿；②不动产权属证书或者有批准权的人民政府批准用地的文件等权属来源材料；③房屋符合规划或者建设的相关材料；④权籍调查表、宗地图、房屋平面图以及宗地界址点坐标等有关不动产界址、面积的材料；⑤其他必要材料。

（二）转移登记

因依法继承、分家析产、集体经济组织内部互换房屋等导致宅基地使用权及房屋所有权发生转移申请登记的，申请人应当根据不同情况，提交下列材料：①不动产权属证书或者其他权属来源材料；②依法继承的材料；③分家析产的协议或者材料；④集体经济组织内部互换房屋的协议；⑤其他必要材料。

五、集体建设用地使用权及建筑物、构筑物所有权登记

依法取得集体建设用地使用权，可以单独申请集体建设用地使用权登记。依法利用集体建设用地兴办企业，建设公共设施，从事公益事业等的，可以申请集体建设用地使用权及地上建筑物、构筑物所有权登记。

（一）首次登记

申请集体建设用地使用权及建筑物、构筑物所有权首次登记的，申请人应当根据不同情况，提交下列材料：①有批准权的人民政府批准用地的文件等土地权属来源材料；②建设工程符合规划的材料；③权籍调查表、宗地图、房屋平面图以及宗地界址点坐标等有关不动产界址、面积的材料；④建设工程已竣工的材料；⑤其他必要材料。

集体建设用地使用权首次登记完成后，申请人申请建筑物、构筑物所有权首次登记的，应当提交享有集体建设用地使用权的不动产权属证书。

（二）变更登记、转移登记、注销登记

申请集体建设用地使用权及建筑物、构筑物所有权变更登记、转移登记、注销登记的，申请人应当根据不同情况，提交下列材料：①不动产权属证书；②集体建设用地使用权及建筑物、构筑物所有权变更、转移、消灭的材料；③其他必要材料。

因企业兼并、破产等原因致使集体建设用地使用权及建筑物、构筑物所有

权发生转移的，申请人应当持相关协议及有关部门的批准文件等相关材料，申请不动产转移登记。

六、土地承包经营权登记

承包农民集体所有的耕地、林地、草地、水域、滩涂以及荒山、荒沟、荒丘、荒滩等农用地，或者国家所有依法由农民集体使用的农用地从事种植业、林业、畜牧业、渔业等农业生产的，可以申请土地承包经营权登记；地上有森林、林木的，应当在申请土地承包经营权登记时一并申请登记。

以承包经营以外的合法方式使用国有农用地的国有农场、草场，以及使用国家所有的水域、滩涂等农用地进行农业生产，申请国有农用地使用权登记的，以及国有农场、草场申请国有未利用地登记的，参照《不动产登记暂行条例实施细则》的有关规定办理。

国有林地使用权登记，应当提交有批准权的人民政府或者主管部门的批准文件，地上森林、林木一并登记。

（一）首次登记

依法以承包方式在土地上从事种植业或者养殖业生产活动的，可以申请土地承包经营权的首次登记。以家庭承包方式取得的土地承包经营权的首次登记，由发包方持土地承包经营合同等材料申请。以招标、拍卖、公开协商等方式承包农村土地的，由承包方持土地承包经营合同申请土地承包经营权首次登记。

（二）变更登记

已经登记的土地承包经营权有下列情形之一的，承包方应当持原不动产权属证书以及其他证实发生变更事实的材料，申请土地承包经营权变更登记：①权利人的姓名或者名称等事项发生变化的；②承包土地的坐落、名称、面积发生变化的；③承包期限依法变更的；④承包期限届满，土地承包经营权人按照国家有关规定继续承包的；⑤退耕还林、退耕还湖、退耕还草导致土地用途改变的；⑥森林、林木的种类等发生变化的；⑦法律、行政法规规定的其他情形。

（三）转移登记

已经登记的土地承包经营权发生下列情形之一的，当事人双方应当持互换协议、转让合同等材料，申请土地承包经营权的转移登记：①互换；②转让；③因家庭关系、婚姻关系变化等原因导致土地承包经营权分割或者合并的；④依法导致土地承包经营权转移的其他情形。

以家庭承包方式取得的土地承包经营权，采取转让方式流转的，还应当提供发包方同意的材料。

（四）注销登记

已经登记的土地承包经营权发生下列情形之一的，承包方应当持不动产权属证书、证实灭失的材料等，申请注销登记：①承包经营的土地灭失的；②承包经营的土地被依法转为建设用地的；③承包经营权人丧失承包经营资格或者放弃承包经营权的；④法律、行政法规规定的其他情形。

七、海域使用权登记

依法取得海域使用权，可以单独申请海域使用权登记。依法使用海域，在海域上建造建筑物、构筑物的，应当申请海域使用权及建筑物、构筑物所有权登记。申请无居民海岛登记的，参照海域使用权登记有关规定办理。

（一）首次登记

申请海域使用权首次登记的，应当提交下列材料：①项目用海批准文件或者海域使用权出让合同；②宗海图以及界址点坐标；③海域使用金缴纳或者减免凭证；④其他必要材料。

（二）变更登记

有下列情形之一的，申请人应当持不动产权属证书、海域使用权变更的文件等材料，申请海域使用权变更登记：①海域使用权人姓名或者名称改变的；②海域坐落、名称发生变化的；③改变海域使用位置、面积或者期限的；④海域使用权续期的；⑤共有性质变更的；⑥法律、行政法规规定的其他情形。

（三）转移登记

有下列情形之一的，申请人可以申请海域使用权转移登记：①因企业合并、分立或者与他人合资、合作经营、作价入股导致海域使用权转移的；②依法转让、赠与、继承、受遗赠海域使用权的；③因人民法院、仲裁委员会生效法律文书导致海域使用权转移的；④法律、行政法规规定的其他情形。

申请海域使用权转移登记的，申请人应当提交下列材料：①不动产权属证书；②海域使用权转让合同、继承材料、生效法律文书等材料；③转让批准取得的海域使用权，应当提交原批准用海的海洋行政主管部门批准转让的文件；④依法需要补交海域使用金的，应当提交海域使用金缴纳的凭证；⑤其他必要的材料。

（四）注销登记

申请海域使用权注销登记的，申请人应当提交下列材料：①原不动产权属证书；②海域使用权消灭的材料；③其他必要的材料。

因围填海造地等导致海域灭失的，申请人应当在围填海造地等工程竣工后，依据相关规定申请国有土地使用权登记，并办理海域使用权注销登记。

八、地役权登记

地役权登记，不动产登记机构应当将登记事项分别记载于需役地和供役地登记簿。供役地、需役地分属不同不动产登记机构管辖的，当事人应当向供役地所在地的不动产登记机构申请地役权登记。供役地所在地不动产登记机构完成登记后，应当将相关事项通知需役地所在地不动产登记机构，并由其记载于需役地登记簿。地役权设立后，办理首次登记前发生变更、转移的，当事人应当提交相关材料，就已经变更或者转移的地役权，直接申请首次登记。

（一）首次登记

按照约定设定地役权，当事人可以持需役地和供役地的不动产权属证书、地役权合同以及其他必要文件，申请地役权首次登记。

（二）变更登记

经依法登记的地役权发生下列情形之一的，当事人应当持地役权合同、不动产登记证明和证实变更的材料等必要材料，申请地役权变更登记：①地役权当事人的姓名或者名称等发生变化；②共有性质变更；③需役地或者供役地自然状况发生变化；④地役权内容变更；⑤法律、行政法规规定的其他情形。

供役地分割转让办理登记，转让部分涉及地役权的，应当由受让人与地役权人一并申请地役权变更登记。

（三）转移登记

已经登记的地役权因土地承包经营权、建设用地使用权转让发生转移的，当事人应当持不动产登记证明、地役权转移合同等必要材料，申请地役权转移登记。

申请需役地转移登记的，或者需役地分割转让，转让部分涉及已登记的地役权的，当事人应当一并申请地役权转移登记，但当事人另有约定的除外。当事人拒绝一并申请地役权转移登记的，应当出具书面材料。不动产登记机构办理转移登记时，应当同时办理地役权注销登记。

（四）注销登记

已经登记的地役权，有下列情形之一的，当事人可以持不动产登记证明、证实地役权发生消灭的材料等必要材料，申请地役权注销登记：①地役权期限届满；②供役地、需役地归于同一人；③供役地或者需役地灭失；④人民法院、仲裁委员会的生效法律文书导致地役权消灭；⑤依法解除地役权合同；⑥其他导致地役权消灭的事由。

九、抵押权登记

（一）抵押登记的一般规定

可以申请办理不动产抵押登记的财产类型：①建设用地使用权；②建筑物

和其他土地附着物；③海域使用权；④以招标、拍卖、公开协商等方式取得的荒地等土地承包经营权；⑤正在建造的建筑物；⑥法律、行政法规未禁止抵押的其他不动产。

以建设用地使用权、海域使用权抵押的，该土地、海域上的建筑物、构筑物一并抵押；以建筑物、构筑物抵押的，该建筑物、构筑物占用范围内的建设用地使用权、海域使用权一并抵押。

自然人、法人或者其他组织为保障其债权的实现，依法以不动产设定抵押的，可以由当事人持不动产权属证书、抵押合同与主债权合同等必要材料，共同申请办理抵押登记。

抵押合同可以是单独订立的书面合同，也可以是主债权合同中的抵押条款。

同一不动产上设立多个抵押权的，不动产登记机构应当按照受理时间的先后顺序依次办理登记，并记载于不动产登记簿。当事人对抵押权顺位另有约定的，从其约定办理登记。

（二）变更登记

有下列情形之一的，当事人应当持不动产权属证书、不动产登记证明、抵押权变更等必要材料，申请抵押权变更登记：①抵押人、抵押权人的姓名或者名称变更的；②被担保的主债权数额变更的；③债务履行期限变更的；④抵押权顺位变更的；⑤法律、行政法规规定的其他情形。

因被担保主债权的种类及数额、担保范围、债务履行期限、抵押权顺位发生变更申请抵押权变更登记时，如果该抵押权的变更将对其他抵押权人产生不利影响，还应当提交其他抵押权人书面同意的材料与身份证或者户口簿等材料。

（三）转移登记

因主债权转让导致抵押权转让的，当事人可以持不动产权属证书、不动产登记证明、被担保主债权的转让协议、债权人已经通知债务人的材料等相关材料，申请抵押权的转移登记。

（四）注销登记

有下列情形之一的，当事人可以持不动产登记证明、抵押权消灭的材料等必要材料，申请抵押权注销登记：①主债权消灭；②抵押权已经实现；③抵押权人放弃抵押权；④法律、行政法规规定抵押权消灭的其他情形。

（五）最高额抵押权登记

1. 最高额抵押权首次登记。设立最高额抵押权的，当事人应当持不动产权属证书、最高额抵押合同与一定期间内将要连续发生的债权的合同或者其他登记原因材料等必要材料，申请最高额抵押权首次登记。当事人申请最高额抵押权首次登记时，同意将最高额抵押权设立前已经存在的债权转入最高额抵押担保的债权范围的，还应当提交已存在债权的合同以及当事人同意将该债权纳入最高额抵押权担保范围的书面材料。

2. 最高额抵押权变更登记。有下列情形之一的，当事人应当持不动产登记证明、最高额抵押权发生变更的材料等必要材料，申请最高额抵押权变更登记：①抵押人、抵押权人的姓名或者名称变更的；②债权范围变更的；③最高债权额变更的；④债权确定的期间变更的；⑤抵押权顺位变更的；⑥法律、行政法规规定的其他情形。

因最高债权额、债权范围、债务履行期限、债权确定的期间发生变更申请最高额抵押权变更登记时，如果该变更将对其他抵押权人产生不利影响的，当事人还应当提交其他抵押权人的书面同意文件与身份证或者户口簿等。

3. 确定最高额抵押权登记。当发生导致最高额抵押权担保的债权被确定的事由，从而使最高额抵押权转变为一般抵押权时，当事人应当持不动产登记证明、最高额抵押权担保的债权已确定的材料等必要材料，申请办理确定最高额抵押权的登记。

4. 最高额抵押权转移登记。最高额抵押权发生转移的，应当持不动产登记证明、部分债权转移的材料、当事人约定最高额抵押权随同部分债权的转让而转移的材料等必要材料，申请办理最高额抵押权转移登记。

债权人转让部分债权，当事人约定最高额抵押权随同部分债权的转让而转移的，应当分别申请下列登记：①当事人约定原抵押权人与受让人共同享有最高额抵押权的，应当申请最高额抵押权的转移登记；②当事人约定受让人享有一般抵押权、原抵押权人就扣减已转移的债权数额后继续享有最高额抵押权的，应当申请一般抵押权的首次登记以及最高额抵押权的变更登记；③当事人约定原抵押权人不再享有最高额抵押权的，应当一并申请最高额抵押权确定登记以及一般抵押权转移登记。最高额抵押权担保的债权确定前，债权人转让部分债权的，除当事人另有约定外，不动产登记机构不得办理最高额抵押权转移登记。

（六）建设用地使用权以及在建建筑物抵押权登记

所谓在建建筑物，是指正在建造、尚未办理所有权首次登记的房屋等建筑物。

1. 首次登记。以建设用地使用权以及全部或者部分在建建筑物设定抵押的，应当一并申请建设用地使用权以及在建建筑物抵押权的首次登记。当事人申请在建建筑物抵押权首次登记时，抵押财产不包括已经办理预告登记的预购商品房和已经办理预售备案的商品房。

申请在建建筑物抵押权首次登记的，当事人应当提交下列材料：①抵押合同与主债权合同；②享有建设用地使用权的不动产权属证书；③建设工程规划许可证；④其他必要材料。

2. 变更登记、转移登记和注销登记。在建建筑物抵押权变更、转移或者消灭的，当事人应当提交下列材料，申请变更登记、转移登记和注销登记：①不动产登记证明；②在建建筑物抵押权发生变更、转移或者消灭的材料；③其他必要材料。在建建筑物竣工，办理建筑物所有权首次登记时，当事人应当申请将在建建筑物抵押权登记转为建筑物抵押权登记。

（七）预购商品房抵押登记

申请预购商品房抵押登记，应当提交下列材料：①抵押合同与主债权合同；②预购商品房预告登记材料；③其他必要材料。预购商品房办理房屋所有权登记后，当事人应当申请将预购商品房抵押预告登记转为商品房抵押权首次登记。

第三节　不动产登记程序[1]

一、申请

不动产登记程序的第一步是由相关当事人或其代理人向不动产登记机构提出登记申请。因买卖、设定抵押权等申请不动产登记的，应当由当事人双方共同申请。但是，属于下列情形之一的，可以由当事人单方申请：①尚未登记的不动产首次申请登记的；②继承、接受遗赠取得不动产权利的；③人民法院、仲裁委员会生效的法律文书或者人民政府生效的决定等设立、变更、转让、消灭不动产权利的；④权利人姓名、名称或者自然状况发生变化，申请变更登记的；⑤不动产灭失或者权利人放弃不动产权利，申请注销登记的；⑥申请更正登记或者异议登记的；⑦法律、行政法规规定可以由当事人单方申请的其他情形。

处分共有不动产申请登记的，应当经占份额 2/3 以上的按份共有人或者全体共同共有人共同申请，但共有人另有约定的除外。按份共有人转让其享有的不动产份额，应当与受让人共同申请转移登记。

申请人应当提交下列材料，并对申请材料的真实性负责：①登记申请书；②申请人、代理人身份证明材料、授权委托书；③相关的不动产权属来源证明材料、登记原因证明文件、不动产权属证书；④不动产界址、空间界限、面积等材料；⑤与他人利害关系的说明材料；⑥法律、行政法规以及《不动产登记

---

[1] 参见《不动产登记暂行条例》和《不动产登记暂行条例实施细则》第三章"登记程序"的相关规定。

暂行条例实施细则》规定的其他材料。不动产登记机构应当在办公场所和门户网站公开申请登记所需材料目录和示范文本等信息。

不动产登记机构将申请登记事项记载于不动产登记簿前，申请人可以撤回登记申请。

二、受理、查验与登记

（一）受理

不动产登记机构收到不动产登记申请材料，应当分别按照下列情况办理：①属于登记职责范围，申请材料齐全、符合法定形式，或者申请人按照要求提交全部补正申请材料的，应当受理并书面告知申请人；②申请材料存在可以当场更正的错误的，应当告知申请人当场更正，申请人当场更正后，应当受理并书面告知申请人；③申请材料不齐全或者不符合法定形式的，应当当场书面告知申请人不予受理并一次性告知需要补正的全部内容；④申请登记的不动产不属于本机构登记范围的，应当当场书面告知申请人不予受理并告知申请人向有登记权的机构申请。

不动产登记机构未当场书面告知申请人不予受理的，视为受理。

（二）查验

不动产登记机构受理不动产登记申请的，应当按照下列要求进行查验：①不动产界址、空间界限、面积等材料与申请登记的不动产状况是否一致；②有关证明材料、文件与申请登记的内容是否一致；③登记申请是否违反法律、行政法规规定。

属于下列情形之一的，不动产登记机构可以对申请登记的不动产进行实地查看：①房屋等建筑物、构筑物所有权首次登记；②在建建筑物抵押权登记；③因不动产灭失导致的注销登记；④不动产登记机构认为需要实地查看的其他情形。

对可能存在权属争议，或者可能涉及他人利害关系的登记申请，不动产登记机构可以向申请人、利害关系人或者有关单位进行调查。

不动产登记机构进行实地查看或者调查时，申请人、被调查人应当予以配合。

（三）登记

不动产登记机构应当自受理登记申请之日起 30 个工作日内办结不动产登记手续，法律另有规定的除外。登记事项自记载于不动产登记簿时完成登记。不动产登记机构完成登记，应当依法向申请人核发不动产权属证书或者登记证明。

登记申请有下列情形之一的，不动产登记机构应当不予登记，并书面告知申请人：①违反法律、行政法规规定的；②存在尚未解决的权属争议的；③申请登记的不动产权利超过规定期限的；④法律、行政法规规定不予登记的其他情形。

第四节　不动产登记信息的共享与查询[1]

一、不动产登记信息的共享

（一）登记信息管理基础平台

为了实现不动产登记信息共享与保护，我国法律要求国务院国土资源主管部门应当会同有关部门建立统一的不动产登记信息管理基础平台。各级不动产登记机构登记的信息应当纳入统一的不动产登记信息管理基础平台，确保国家、省、市、县四级登记信息的实时共享。

不动产登记有关信息与住房城乡建设、农业、林业、海洋等部门审批信息、交易信息等应当实时互通共享。不动产登记机构能够通过实时互通共享取得的信息，不得要求不动产登记申请人重复提交。国土资源、公安、民政、财政、税务、工商、金融、审计、统计等部门应当加强有关不动产登记信息的互通共享。

（二）不动产登记资料的内容及其管理

1. 不动产登记资料的内容包括：①不动产登记簿等不动产登记结果；②不动产登记原始资料，包括不动产登记申请书、申请人身份材料、不动产权属来源、登记原因、不动产权籍调查成果等材料以及不动产登记机构审核材料。

2. 资料管理。不动产登记机构应当建立不动产登记资料管理制度以及信息安全保密制度，建设符合不动产登记资料安全保护标准的不动产登记资料存放场所。不动产登记资料中属于归档范围的，按照相关法律、行政法规的规定进行归档管理，具体办法由自然资源部会同国家档案主管部门另行制定。

3. 保密。不动产登记机构、不动产登记信息共享单位及其工作人员应当对不动产登记信息保密；涉及国家秘密的不动产登记信息，应当依法采取必要的安全保密措施。

（三）信息化建设

1. 数据整合与系统建设。不动产登记机构应当加强不动产登记信息化建设，按照统一的不动产登记信息管理基础平台建设要求和技术标准，做好数据整合、

---

[1]　参见《不动产登记暂行条例》第四章"登记信息共享与保护"和《不动产登记暂行条例实施细则》第六章"不动产登记资料的查询、保护和利用"的相关规定。

系统建设和信息服务等工作，加强不动产登记信息产品开发和技术创新，提高不动产登记的社会综合效益。与此同时，各级不动产登记机构应当采取措施保障不动产登记信息安全，任何单位和个人不得泄露不动产登记信息。

2. 登记与交易有序衔接。不动产登记机构、不动产交易机构应当建立不动产登记信息与交易信息互联共享机制，确保不动产登记与交易有序衔接。不动产交易机构应当将不动产交易信息及时提供给不动产登记机构。不动产登记机构完成登记后，应当将登记信息及时提供给不动产交易机构。

二、登记资料查询制度

（一）查询制度的一般规定

权利人、利害关系人可以依法查询、复制不动产登记资料，不动产登记机构应当提供。有关国家机关可以依照法律、行政法规的规定查询、复制与调查处理事项有关的不动产登记资料。

查询不动产登记资料的单位、个人应当向不动产登记机构说明查询目的，不得将查询获得的不动产登记资料用于其他目的；未经权利人同意，不得泄露查询获得的不动产登记资料。

（二）查询制度的具体内容

1. 是否准予查询的情形。

（1）准予查询的情形。因不动产交易、继承、诉讼等涉及的利害关系人可以查询、复制不动产自然状况、权利人及其不动产查封、抵押、预告登记、异议登记等状况。人民法院、人民检察院、国家安全机关、监察机关等可以依法查询、复制与调查和处理事项有关的不动产登记资料。其他有关国家机关执行公务依法查询、复制不动产登记资料的，依照上述规定办理。涉及国家秘密的不动产登记资料的查询，按照保守国家秘密法的有关规定执行。

（2）不准予查询的情形。有下列情形之一的，不动产登记机构不予查询，并书面告知理由：①申请查询的不动产不属于不动产登记机构管辖范围的；②查询人提交的申请材料不符合规定的；③申请查询的主体或者查询事项不符合规定的；④申请查询的目的不合法的；⑤法律、行政法规规定的其他情形。对符合规定的查询申请，不动产登记机构应当当场提供查询；因情况特殊，不能当场提供查询的，应当在5个工作日内提供查询。

2. 查询需提供的材料。权利人、利害关系人申请查询、复制不动产登记资料应当提交下列材料：①查询申请书；②查询目的的说明；③申请人的身份材料；④利害关系人查询的，提交证实存在利害关系的材料。权利人、利害关系人委托他人代为查询的，还应当提交代理人的身份证明材料、授权委托书。权利人查询其不动产登记资料的，无需提供查询目的的说明。有关国家机关查询的，应当提供本单位出具的协助查询材料、工作人员的工作证。

3. 查询场所与相关措施。查询人查询不动产登记资料，应当在不动产登记机构设定的场所进行。不动产登记原始资料不得带离设定的场所。查询人在查询时应当保持不动产登记资料的完好，严禁遗失、拆散、调换、抽取、污损登记资料，也不得损坏查询设备。查询人可以查阅、抄录不动产登记资料。查询人要求复制不动产登记资料的，不动产登记机构应当提供复制。

查询人要求出具查询结果证明的，不动产登记机构应当出具查询结果证明。查询结果证明应注明查询目的及日期，并加盖不动产登记机构查询专用章。

第四章

土地使用权流转法律制度

土地使用权法律制度在第二章第二节从权属的角度已有涉及。本章所述土地使用权制度是从房地产开发用地的角度重点论述土地使用权的出让、划拨以及土地使用权的流转制度。房地产开发用地是房地产开发的基础。房屋建设者首先要取得土地使用权。

第一节　土地使用权及其流转概述

一、土地使用权的概念、沿革及其特征

（一）土地使用权的概念与沿革

就我国而言，土地使用权，是指土地使用者依法取得的、在法律规定的范围内对特定的土地享有的占有、使用、收益和有限处分的权利。它是我国土地使用制度在法律上的表现，是我国地权制度的重要组成部分。它是与我国土地实行社会主义公有制，即土地属于国家或农民集体所有相适应的一项制度。

早在我国古代，随着土地所有权的产生和私有土地的不断增加，就出现了非所有人依约占有使用土地所有人之土地的现象。在近代资本主义国家，农业资本家从地主那里租赁土地经营农业生产，根据约定对土地行使权利。当今世界各个国家和地区的土地制度，大致可以分为以下三种模式：[1]

1. 以土地私有制为基础的完全市场模式。这种模式下，土地可以在市场上自由买卖，价格也主要由供求关系和竞争程度决定，如美国、日本等。

2. 土地以公有制为主的国家控制的市场模式。在这种模式下，土地所有权属于国家，但在一定条件下允许出卖或者再卖（转让），如英联邦国家、我国香港地区。

3. 以土地公有制为基础的非市场模式。在这种模式下，土地所有权属于国家（或集体），由国家无偿分配给使用者使用，如计划经济时期的中国和原东欧国家。

---

〔1〕　程信和、刘国臻：《房地产法》，北京大学出版社 2010 年版，第 105 页。

在我国，生产资料的社会主义改造完成到 1980 年开始国有土地使用制度改革期间，称为传统国有土地使用制度阶段。我国传统的国有土地使用制度属于第三种模式，即土地使用制度实行行政划拨、无偿无限期使用、禁止土地转让的制度。这种土地使用制度是旧经济体制中最集权、最僵化、最无视经济规律的制度。其特点是，土地使用者不得以买卖、出租、抵押、赠与、交换等方式将土地使用权转让给其他单位或个人使用。任何土地使用者都必须从国家手中通过行政划拨和行政调用方式取得用地，土地使用者不再需要使用该块土地时，必须将该块土地无偿交还给国家，由国家重新安排使用。行政调拨的前提是土地使用者必须取得建设项目，而建设项目则是由国家计划统一编制，土地使用者能否取得用地取决于能否取得建设项目，即是否合乎计划，因而传统国有土地使用制度的特点最终可归结为一点：国家统一计划性，国家计划不仅及于宏观方面，而且及于微观方面，计划所及就是国家行政权力所及。[1]

我国现行土地使用制度的确立经历了一个逐步演变的过程。1980 年 7 月 26日，国务院发布的《关于中外合营企业建设用地的暂行规定》规定："中外合营企业用地，不论新征土地，还是利用原有企业的场地，都应计收场地使用费。"这一规定是我国改变传统用地模式的最初尝试。1982 年深圳经济特区开始按城市土地的不同等级向土地使用者收取不同标准的使用费，为我国土地使用制度的改革提供了实践经验。1986 年颁布的《民法通则》第 80 条第 1 款明确规定，国家所有的土地，可以依法由全民所有制单位使用，也可以依法确定由集体所有制单位使用，国家保护其使用、收益的权利；使用单位有管理、保护和合理利用的义务。1986 年颁布并于 2004 年第二次修改的《土地管理法》第 9 条规定，"国有土地和农民集体所有的土地，可以依法确定给单位或者个人使用。使用土地的单位和个人，有保护、管理和合理利用土地的义务"。2007 年的《物权法》也明确规定，国家所有或者国家所有由集体使用以及法律规定属于集体所有的自然资源，单位、个人依法可以占有、使用和收益，并将建设用地使用权和宅基地使用权确定为用益物权，进一步明确了土地使用权的性质。与此同时，我国《宪法》就土地使用权制度也作了相应的修改，自此我国土地使用权有偿使用制度得以确立。

（二）我国土地使用权的特征

与房地产开发、建设密切相关的主要是建设用地使用权，建设用地使用权具有用益物权的基本特征。主要表现如下：[2]

---

〔1〕 李尚杰主编：《土地出让和转让的理论与实务》，科学技术文献出版社 1992 年版，第 3~5 页。

〔2〕 参见李延荣、周珂：《房地法》，中国人民大学出版社 2008 年版，第 86 页。

1. 土地使用权是权能受到限制的物权。土地使用权是土地的所有权与使用权相分离而产生的一种权利，是土地所有权人在不丧失所有权的情况下，将部分权能有期限地让渡给他人享有的一种制度。但是，这种"让渡"是有限让渡，土地使用权受到所有权人意志的制约。虽然土地使用权包括对土地的占有、使用和收益权，但一般不包括对土地的处分权。在特定条件下可以行使有限的处分权，如将土地使用权转让、出租或抵押，但这要以土地所有权人的同意为前提。土地使用权人对土地的使用和收益，也在一定程度上通过合同约定受到土地所有权人意志的制约。

2. 土地使用权具有相对独立性。虽然土地使用权是从土地所有权分离出来的，但具有相对的独立性。土地使用者在法律规定的范围内对所使用的土地享有占有、使用、收益和有限处分的权利。除法律规定或合同约定的限制外，土地使用权的行使不受他人干预，包括土地所有权人在内。依法取得并经过登记的土地使用权可以对抗第三人，当土地使用权受到他人侵犯时，权利人可以独立行使诉权，并请求以物权保护的方法得到法律保护。

3. 不同用途的土地使用权具有不同的期限规定。由于土地使用权是从所有权中分离出来的，所有权人始终享有最终的处分权。因而不同用途的土地使用权具有不同的期限规定。如以出让方式取得的土地使用权，通过承包方式取得的土地承包经营权，以及外商投资企业通过合资、合作方式和独资方式取得的土地使用权，均有不同的期限规定。合同约定的土地使用期限不能超过法律规定的最长期限，期限届满时，土地使用权即行终止。

4. 在土地使用制度上，我国实行国家垄断城镇土地一级市场，同时对土地二级市场进行较为严格的监管。在房地产用地市场的第一个层次即出让层次中，由政府垄断统一与土地使用人签订出让合同。集体所有的土地不得擅自出让，只能先征收转为国有土地方可出让。第二个层次即转让层次，也要受到原土地使用权出让合同规定的条件和期限的制约。[1]

二、土地使用权的类型

依据不同的标准，可将土地使用权作以下分类：

（一）国有土地使用权与集体土地使用权

基于国有土地所有权和集体土地所有权的不同性质而产生的土地使用权，可分为国有土地使用权和集体土地使用权。

1. 国有土地使用权是土地使用者依照法律规定或合同约定使用国有土地时，对土地所享有的占有、使用、收益和限制处分的权利。

---

[1] 程信和、刘国臻：《房地产法》，北京大学出版社 2010 年版，第 106 页。

2. 集体土地使用权是土地使用者经人民政府依法批准使用集体土地时，依照法律规定或合同约定对土地所享有的权利。

（二）建设用地使用权和农业用地使用权

按照土地用途的不同，可以将土地使用权分为建设用地使用权和农业用地使用权（土地承包经营权）。

1. 建设用地使用权又分为国有土地建设用地使用权和集体土地建设用地使用权。国有土地建设用地使用权，主要是指在城镇进行房地产开发建设时，依法取得的使用国有土地的权利。根据《物权法》的规定，其属于用益物权。

集体土地建设用地使用权，一般是指农民集体和个人进行非农业建设，依法取得的使用集体土地的权利。其客体主要包括乡（镇）、村企事业单位用地、公共设施用地、公益事业用地和农村村民宅基地。集体土地建设用地使用权的主体，在法律上受到比较严格的限制，一般来讲，只有集体经济组织及其成员进行非农业建设，才可以申请使用该集体的土地。

2. 农业用地使用权实质上是指土地的承包经营权。土地承包经营权的客体，可以是集体的土地，也可以是国有的土地，如国营农场的土地和农民集体使用的国有土地。土地承包经营权的主体一般限定为农业集体经济组织的内部成员。在现阶段国家鼓励人们承包荒山、荒滩和荒地，发展农业生产，农业集体经济组织以外的单位和个人在一定条件下也可以依法取得土地承包经营权。

（三）出让建设用地使用权和划拨建设用地使用权

依据土地使用权取得方式的不同，可将国有土地建设用地使用权分为出让建设用地使用权和划拨建设用地使用权（详见本章第二、三节）。

第二节　建设用地使用权的出让

一、建设用地使用权出让的概念和特征

建设用地使用权出让，是指国家将国有土地使用权（以下简称土地使用权）在一定年限内出让给土地使用者，由土地使用者向国家支付土地使用权出让金的行为（《城市房地产管理法》第8条）。土地使用权出让的特征如下：

1. 建设用地使用权出让是一种民事法律行为。出让土地使用权的一方是国家，一般是以各级人民政府土地管理部门为代表，称为出让人；另一方是自然人、法人或者其他组织，称为受让人。国家在这里是以所有者的身份出现的。双方必须遵守平等、自愿、有偿的原则。受让人必须为取得土地使用权缴纳土地使用权出让金。然而，关于建设用地使用权出让行为的性质，学界存在不同

的看法，如行政行为说、民事行为说、经济法律行为说、行政行为与民事行为双重性质说等。应当说，这些学说都有其合理的一面，但是就本质而言，将土地使用权出让行为定性为民事法律行为理由更充分一些，也更有利于保护市场主体的民事权利。主要理由是：①从国家土地所有权的性质来看，国家土地所有权是一种民事权利，建设用地使用权的出让是国家土地所有权行使的一种结果。②从建设用地使用权出让的当事人来看，出让人虽然是代表国家行使土地所有权的市、县人民政府的国土资源管理部门，但在签订出让合同的过程中，国土资源管理部门并不是以管理者的身份出现的，其表现的是国家土地所有权代表的身份，双方在法律地位上是平等的，签订合同也是自愿的，国土资源管理部门不能利用其职权强迫受让人。③从出让的方式上看，出让行为采取协议、招标、拍卖等方式，而协议、招标、拍卖等方式均是典型的民事法律行为方式。④从建设用地使用权出让的目的看，国家出让土地的目的并不是实施行政管理，并不是将出让合同作为实施行政管理的手段。国家出让土地的目的是实现土地的价值，体现土地的商品属性。⑤出让合同所规定的权利义务具有对等性，一方支付建设用地使用权出让金，另一方需提供出让的土地；如果一方未依合同约定提供出让的土地，另一方有权解除合同并可请求对方承担违约责任而不是行政责任。虽然出让合同中也涉及国土资源管理部门监督、管理土地使用职权的内容，但这些内容并不是源于合同约定，而是源于法律规定。即使出让合同不规定土地管理的内容，国土资源管理部门监督管理土地使用的职权仍然存在。[1]

2. 市、县人民政府土地管理部门代表国家与受让人签订建设用地使用权出让合同。出让土地的位置、用途、年限和其他条件，由市、县人民政府土地管理部门会同城市规划部门、房产管理部门共同拟订方案，经有批准权的人民政府批准后，由土地管理部门实施。根据《城镇国有土地使用权出让和转让暂行条例》第 8 条和《城市房地产管理法》第 8 条的规定，出让人应当是以土地所有权人身份出现的"国家"。但是，根据《城镇国有土地使用权出让和转让暂行条例》第 11 条和《城市房地产管理法》第 15 条的规定，出让人是"市、县人民政府土地管理部门"。这二者在本质上是一致的，在建设用地使用权出让中，"国家"是实质上的出让人，而"市、县人民政府土地管理部门"是名义上的出让人。这里的"市"包括全国各级市，"县"不包括市辖区。除市、县人民政府土地管理部门外，任何部门都不能代表国家作为出让人。对此，《最高人民法院

---

[1]　参见房绍坤主编：《房地产法》，北京大学出版社 2011 年版，第 83 页；符启林：《房地产法》，法律出版社 2009 年版，第 105 页。

关于审理涉及国有土地使用权合同纠纷案件适用法律问题的解释》第 2 条规定："开发区管理委员会作为出让方与受让方订立的土地使用权出让合同，应当认定无效。本解释实施前，开发区管理委员会作为出让方与受让方订立的土地使用权出让合同，起诉前经市、县人民政府土地管理部门追认的，可以认定合同有效。"

3. 建设用地使用权出让不包括地下资源、埋藏物和市政公共设施，受让方不得以享有土地使用权为由而主张地下资源、埋藏物和市政公共设施的权利。例如，我国《矿产资源法》第 3 条第 1 款规定，"……地表或者地下的矿产资源的国家所有权，不因其所依附的土地的所有权或者使用权的不同而改变"。所以，建设用地使用者不能以建设用地使用权来对抗矿藏的国家所有权以及埋藏物主人的所有权，建设用地使用权人也不得凭借先占取得无主埋藏物的所有权，无主埋藏物的所有权属于国家。

4. 建设用地使用权出让属于有偿、要式法律行为，建设用地使用权出让方和受让方要依法签订土地使用权出让合同，并在受让方支付全部土地使用权出让金后，按规定进行登记，领取国有土地使用证。

二、建设用地使用权出让方式

建设用地使用权出让的方式，根据《物权法》（2007 年颁布）第 138 条的规定，"采取招标、拍卖、协议等出让方式"，而根据《城市房地产管理法》（2007 年修订）第 13 条的规定，可以采取拍卖、招标或者双方协议的方式。其中，商业、旅游、娱乐和豪华住宅用地，有条件的，必须采取拍卖、招标方式；没有条件，不能采取拍卖、招标方式的，可以采取双方协议的方式。上述两部法律的规定，与 1992 年我国确定市场经济之前颁布的《城镇国有土地使用权出让和转让暂行条例》（1990 年颁布）第 13 条规定的"①协议；②招标；③拍卖"在顺序上正好相反，反映了市场经济体制建立之后，市场要求公开、公平、公正出让土地使用权的客观需求。国土资源部 2002 年 5 月 9 日颁布的《招标拍卖挂牌出让国有土地使用权规定》（2002 年 7 月 1 日起施行），于 2007 年 9 月 28 日修订发布，更名为《招标拍卖挂牌出让国有建设用地使用权规定》，不仅规范了招标、拍卖方式的操作流程，而且提出了一种新的公开出让方式，即挂牌出让方式。招标、拍卖和挂牌统称为公开竞价方式。

（一）招标出让

招标出让国有建设用地使用权，是指通过招标、投标和定标的竞争程序出让建设用地使用权的民事法律行为。招标出让的一般程序为：招标、投标、定标、签约、履约。招标出让方式引入了竞争机制，主要适用于大型或关键性的投资项目，但获得建设用地使用权的并不一定是出价最高者，而是综合考虑投标规划设计方案和企业资信等各种因素。这与拍卖有所不同：拍卖是按"价高者得"确定受让人，招标是按"最优者得"确定受让人，即招标中出最高标价的不一定赢得竞投，还要综合考察其他条件；另外，招标方式中，各投标人互不知道他方所提竞投条件，投标人也只有一次投标机会，投标书一旦投出，不能随意更改。而拍卖则是各应买者之间的公开竞投，报价可以随时提高。招标出让建设用地使用权的基本程序如下：[1]

1. 招标。招标，是指建设用地使用权出让方向相对人或不特定的人公布订立合同的意思表示，其中建设用地使用权出让方称为招标人，记载招标人意思表示的文书称为标书，标书通常以招标通告的形式表现。招标的性质是要约邀请而不是要约。

招标分为公开招标和邀请招标。公开招标又称无限竞争性招标，是指招标人以招标公告的方式邀请不特定的法人或者其他组织投标。邀请招标，又称定向招标，是指招标人以投标邀请书的方式邀请特定的法人或者其他组织投标。招标人采用公开招标方式的，应当发布招标公告。招标人采用邀请招标方式的，应当向3个以上具备承担招标项目能力、资信良好的特定的法人或者其他组织发出投标邀请书。

招标人应当编制招标文件。根据《招标投标法》的规定，招标文件不得含有倾向或者排斥潜在投标人的其他内容，招标人也不得向他人透露已获取招标文件的潜在投标人的名称、数量以及可能影响公平竞争的有关招标投标的其他情况，招标人设有标底的，标底必须保密。招标人对已发出的招标文件进行必要的澄清或者修改的，应当至少在招标文件要求提交投标文件截止时间的15日前，以书面形式通知所有招标文件收受人，澄清或者修改的内容属于招标文件的组成部分。报名投标人报名后，由招标人对其进行资格审查，资格审查合格者方可参加下一轮的投标程序。

2. 投标。投标，是指经招标人审查合格的人，接受招标文件提出的实质性要求和条件向招标人发出订立合同的意思表示。记载投标人意思表示的投标文件又称投标书、标单。标单的性质是投标人向招标人发出的订立合同的要约。投标人在投标截止时间前将标书投入标箱，招标公告允许邮寄的，投标人可以邮寄，但出让人在投标截止时间前收到的方为有效；标书投入标箱后不可撤回；投标人应对标书和有关书面承诺承担责任。对于一般的要约，生效时间为其到达受要约人时，要约人于要约生效后不得变更或撤回，变更或撤回要约的通知须先于要约或与要约同时到达招标人时才发生变更或撤回效力。而根据《招标

---

[1] 参见《招标拍卖挂牌出让国有建设用地使用权规定》的相关条款。

投标法》第 29 条的规定，投标人在招标文件要求提交投标文件的截止时间前，可以补充、修改或者撤回已提交的投标文件，并书面通知招标人。补充、修改的内容为投标文件的组成部分。可见，标单这一种要约的生效时间是招标人确定的投标文件的截止时间，而不是标单到达招标人时。

3. 定标。定标又称决标，是指招标人公布所有的投标并公开进行评比，对评定最优投标人允诺与其订立合同的意思表示。定标一般经过开标、评标、决标三个阶段。开标由招标人主持，邀请所有投标人参加。开标时，由投标人或者其推选的代表检查投标文件的密封情况，也可以由招标人委托的公证机构检查并公证；经确认无误后，由工作人员当众拆封，宣读投标人名称、投标价格和投标文件的其他主要内容。招标人在招标文件要求提交投标文件的截止时间前收到的所有投标文件，开标时都应当当众予以拆封、宣读。评标由招标人依法组建的评标委员会负责。实践中由招标人会同有关部门聘请专家组成评标委员会，由评标委员会主持开标、评标、决标工作，决定中标人后由招标人向中标人发出中标通知书。评标委员会经评审，认为所有投标都不符合招标文件要求的，可以否决所有投标（即废标）。定标的性质应视两种情况而定：一是定标是对投标的完全同意，定标即为承诺，合同即成立，任何一方不得违反，否则承担违约责任；二是定标若不是对投标完全同意，只是选定中标人作为签订合同的对象，则定标不是承诺，尚需经过签约阶段，合同才成立。

4. 签约与履约。签约即招标人与中标人就建设用地使用权出让达成合意并以书面形式签订合同。然后，中标人按照合同的约定支付建设用地使用权出让金，招标人则按照合同的约定提供出让的建设用地使用权；中标人尚需办理登记，领取建设用地使用权证，方可取得建设用地使用权。

（二）拍卖出让

拍卖，又称竞投，是指出让人在指定的时间、地点，组织符合条件的有意受让人到场，就拟出让使用权的地块公开竞投，按"价高者得"的原则确定土地使用权受让人的出让方式。拍卖一般适用于商业用地、高档住宅楼用地、高档娱乐设施用地。拍卖出让建设用地使用权的基本程序如下：[1]

1. 拍卖委托。由土地出让方委托拍卖人拍卖准备出让的建设用地使用权，并提供出让土地的有关地点、面积、四至等资料。

2. 拍卖公告与察看。拍卖人应当于拍卖日 7 日前通过报纸或者其他新闻媒介发布拍卖公告。拍卖公告应当载明拍卖的时间和地点、拍卖标的位置、拍卖标的察看时间和地点、参与竞投应当办理的手续以及需要公告的其他事项。拍

---

〔1〕 参见《招标拍卖挂牌出让国有建设用地使用权规定》的相关条款。

卖人还应当应竞买人的请求组织察看拍卖的土地。

3. 拍卖的实施。拍卖的实施包括竞买和拍定两阶段。竞买是在拍卖场所内，竞买人以报价方式向拍卖人所作的应买意思表示，竞买人意思表示的性质是要约，在以口头方式报价时，在其他竞买人报出更高价前，维持其拘束力，竞买人不得撤回。竞买人不足 3 人，或者竞买人的最高应价未达到底价时，主持人应当终止拍卖。拍卖主持人在拍卖中可根据竞买人竞价情况调整拍卖增价幅度。拍定是拍卖人同意与最后最高报价的竞买人成交的意思表示。竞买人的最高应价经拍卖师落槌或者以其他公开表示买定的方式确认后，拍卖成交。拍卖成交后，买受人和拍卖人应当签署成交确认书。

4. 履约。拍卖结束后，买受人应当持拍卖人出具的成交证明和有关材料，向有关行政管理机关办理手续。受让人依照《国有土地使用权出让合同》的约定付清全部国有土地使用权出让金后，应当依法申请办理土地登记，领取国有土地使用权证书。

（三）挂牌出让

挂牌出让建设用地使用权，是指出让人发布挂牌公告，按公告规定的期限将拟出让土地的交易条件在指定的土地交易场所挂牌公布，接受竞买人的报价申请并更新挂牌价格，根据挂牌期限截止时的出价结果确定建设用地使用者的民事法律行为。

挂牌出让建设用地使用权的基本程序如下：[1]

1. 挂牌依照以下程序进行：①在挂牌公告规定的挂牌起始日，出让人将挂牌宗地的位置、面积、用途、使用年期、规划指标要求、开工时间和竣工时间、起始价、增价规则及增价幅度等，在挂牌公告规定的土地交易场所挂牌公布；②符合条件的竞买人填写报价单报价；③挂牌主持人确认该报价后，更新显示挂牌价格；④挂牌主持人在挂牌公告规定的挂牌截止时间确定竞得人。

2. 挂牌时间不得少于 10 个工作日。挂牌期间可根据竞买人竞价情况调整增价幅度。挂牌期限届满，挂牌主持人连续 3 次报出最高挂牌价格，没有竞买人表示愿意继续竞价的，按照下列规定确定是否成交：①在挂牌期限内只有一个竞买人报价，且报价高于底价，并符合其他条件的，挂牌成交；②在挂牌期限内有两个或者两个以上的竞买人报价的，出价最高者为竞得人；报价相同的，先提交报价单者为竞得人，但报价低于底价者除外；③在挂牌期限内无应价者或者竞买人的报价均低于底价或均不符合其他条件的，挂牌不成交。在挂牌期限截止时仍有两个或者两个以上的竞买人要求报价的，出让人应当对挂牌宗地

---

〔1〕　参见《招标拍卖挂牌出让国有建设用地使用权规定》第 17~19 条的规定。

进行现场竞价，出价最高者为竞得人。

挂牌出让方式具有其自身的特点及优越性：[1] ①相对于协议出让的一对一的出价方式，挂牌出让更具有市场化特点；相对于招标的一次出价而言，挂牌出让允许使用者在指定时期内多次出价；相对于拍卖必须在极短时间内现场出价而言，挂牌出让允许经过一定的时间考虑，慎重地针对性出价，不至于产生竞得后不得不放弃的遗憾，既使企业自身受损，也不利于房地产市场交易秩序的稳定。②在挂牌期限截止时如果仍有两个或两个以上的竞买人要求报价，出让人可以对挂牌宗地进行现场竞价，出价高者为竞得人。这意味着如果通过挂牌不能解决，可以通过拍卖方式出让。

招标出让、拍卖出让以及挂牌出让虽能使政府收益最大化，但也极大地增加了建设用地使用权受让人的交易成本，容易造成投资成本增加，使开发商刚开始就有举步维艰之感。所以对于国家重点建设项目用地、国家优先扶持项目用地等就不必采取上述公开竞价方式，而应采用协议出让方式。

（四）协议出让

协议出让，是指国家以协议方式将建设用地使用权在一定年限内出让给建设用地使用权人，由建设用地使用权人向国家支付建设用地使用权出让金的行为。[2] 相对于其他出让形式，协议出让建设用地使用权的出让方和受让方可以自由协商，具有最大程度的意思自治，这是其优越之处。但是，由于协议出让的公开性和竞争性较为缺乏，受人为主观因素影响较大，容易发生暗箱操作。所以，法律规定，协议出让方式只能在法律、法规和规章没有规定应当采用招标、拍卖或者挂牌方式的情况下适用。并且，应当遵循《协议出让国有土地使用权规定》的要求进行。这些要求如下：

1. 出让金不得低于最低价。以协议方式出让建设用地使用权的出让金不得低于按国家规定所确定的最低价，低于最低价时国有土地使用权不得出让。协议出让的出让金最低价不得低于新增建设用地的土地有偿使用费、征地补偿费用以及按照国家规定应当缴纳的有关税费之和；有基准地价的地区，协议出让的出让金最低价不得低于出让地块所在级别基准地价的70%。如果协议出让的出让金低于订立出让合同时当地政府按照国家规定确定的最低价，该价格条款

---

〔1〕 符启林：《房地产法》，法律出版社2009年版，第116页。
〔2〕 参见《协议出让国有土地使用权规定》第2条第2款。

无效。[1]

2. 出让计划的批准与实施。市、县人民政府国土资源管理部门应当根据经济社会发展计划、国家产业政策、土地利用总体规划、土地利用年度计划、城市规划和土地市场状况，编制建设用地使用权出让计划，报同级人民政府批准后组织实施。建设用地使用权出让计划经批准后，市、县人民政府国土资源管理部门应当在土地有形市场等指定场所，或者通过报纸、互联网等媒介向社会公布。建设用地使用权出让计划应当包括年度土地供应总量、不同用途土地供应面积、地段以及供地时间等内容。

建设用地使用权出让计划公布后，需要使用土地的单位和个人可以根据建设用地使用权出让计划，在市、县人民政府国土资源管理部门公布的时限内，向市、县人民政府国土资源管理部门提出意向用地申请。市、县人民政府国土资源管理部门公布计划，接受申请的时间不得少于 30 日。

在公布的地段上，同一地块只有一个意向用地者的，市、县人民政府国土资源行政主管部门方可按照《协议出让国有土地使用权规定》采取协议方式出让；但商业、旅游、娱乐和商品住宅等经营性用地除外。同一地块有两个或者两个以上意向用地者的，市、县人民政府国土资源行政主管部门应当按照《招标拍卖挂牌出让国有建设用地使用权规定》，采取招标、拍卖或者挂牌方式出让。

3. 制定协议出让土地方案。对符合协议出让条件的，市、县人民政府国土资源管理部门会同城市规划等有关部门，依据建设用地使用权出让计划、城市规划和意向用地者申请的用地项目类型、规模等，制定协议出让土地方案。协议出让土地方案应当包括拟出让地块的具体位置、界址、用途、面积、年限、土地使用条件、规划设计条件、供地时间等。

4. 确定协议出让底价。市、县人民政府国土资源管理部门应当根据国家产业政策和拟出让地块的情况，按照城镇土地估价规程的规定，对拟出让地块的土地价格进行评估，经市、县人民政府国土资源管理部门集体决策，合理确定协议出让底价，但协议出让底价不得低于协议出让最低价。协议出让底价确定后应当保密，任何单位和个人不得泄露。

----

[1] 因违反上述规定而发生纠纷的，按《最高人民法院关于审理涉及国有土地使用权合同纠纷案件适用法律问题的解释》第 3 条的规定处理，即经市、县人民政府批准同意以协议方式出让的土地使用权，土地使用权出让金低于订立合同时当地政府按照国家规定确定的最低价的，应当认定土地使用权出让合同约定的价格条款无效。当事人请求按照订立合同时的市场评估价格交纳土地使用权出让金的，应予支持；受让方不同意按照市场评估价格补足，请求解除合同的，应予支持。因此造成的损失，由当事人按照过错承担责任。

5. 协议的签订与履行。协议出让土地方案和底价经有批准权的人民政府批准后，市、县人民政府国土资源管理部门应当与意向用地者就土地出让价格等进行充分协商，协商一致且议定的出让价格不低于出让底价的，方可达成协议。市、县人民政府国土资源管理部门应当根据协议结果，与意向用地者签订建设用地使用权出让合同。出让合同签订后 7 日内，市、县人民政府国土资源管理部门应当将协议出让结果在土地有形市场等指定场所，或者通过报纸、互联网等媒介向社会公布，接受社会监督。公布协议出让结果的时间不得少于 15 日。

土地使用者按照《国有土地使用权出让合同》的约定，付清土地使用权出让金、依法办理土地登记手续后，取得国有土地使用权。

6. 变更土地用途。以协议出让方式取得建设用地使用权的，建设用地使用权人需要将出让合同约定的土地用途改变为商业、旅游、娱乐和商品住宅等经营性用途的，应当取得出让人和市、县人民政府城市规划部门的同意，签订建设用地使用权出让合同变更协议或者重新签订建设用地使用权出让合同，按变更后的土地用途，以变更时的土地市场价格补交相应的建设用地使用权出让金，并依法办理建设用地使用权变更登记手续。

三、建设用地使用权出让年限与收回制度

（一）建设用地使用权的出让年限

建设用地使用权出让年限，是指受让人在获得的国有土地上使用土地的期限。分三种情况：一是法律法规规定的建设用地使用权得以出让的最高年限；二是当事人在合同中具体约定的在上述最高年限范围内，受让人享有土地使用权的期限；三是建设用地使用权年限届满后的续展。

1. 法律法规规定的最高年限。这是指国家法律和法规规定的建设用地使用者得以使用土地的最长期限。确定最高年限因土地用途不同而不同，不同用途的土地，其收益具有较大的差别，因此需要确定不同的最高年限。大致分为三个层次：一是商业、旅游、娱乐用地，因其土地收益较高，投资成本回收快，加上土地具有资产增值的功能，不应使其长期留在某一使用者手中，因此规定了较短的最高年限；二是居住用地，土地收益较低，投资成本回收慢，加上国家对发展住宅的鼓励政策，所以规定了较长的最高年限；三是工业用地、教育用地、科技用地、文化用地、卫生用地、体育用地、综合用地或其他用地，其土地收益介于上述两者之间，于是规定了适中的最高年限。具体法律依据如下：《城市房地产管理法》第 14 条规定："土地使用权出让最高年限由国务院规定。"据此，根据国务院发布的《城镇国有土地使用权出让和转让暂行条例》第 12 条规定，土地使用权出让最高年限按下列用途确定：①居住用地 70 年；②工业用地 50 年；③教育、科技、文化、卫生、体育用地 50 年；④商业、旅游、娱乐用

地 40 年；⑤综合或者其他用地 50 年。

2. 合同约定的出让年限。这是指出让方与受让方在出让合同中具体约定的受让方享有土地使用权的期限。合同约定的建设用地使用权出让年限不得超过法律规定的建设用地使用权出让的最高年限，在法律规定的建设用地使用权出让的最高年限内，出让方和受让方可以自由约定建设用地使用权出让的年限。

3. 建设用地使用权出让年限届满与续展。建设用地使用权出让是一种附终期的民事法律行为。但是，期限届满后可以续展。对此，《物权法》第 149 条规定："住宅建设用地使用权期间届满的，自动续期。非住宅建设用地使用权期间届满后的续期，依照法律规定办理。该土地上的房屋及其他不动产的归属，有约定的，按照约定；没有约定或者约定不明确的，依照法律、行政法规的规定办理。"可见，《物权法》对待住宅建设用地使用权和非住宅建设用地使用权的态度是不同的。前者由于是居民住宅，直接关乎全体居民的安居乐业问题，故规定自动续期；而后者属于非住宅建设用地，因而依照法律规定办理。并且，《城市房地产管理法》第 22 条进一步规定："土地使用权出让合同约定的使用年限届满，土地使用者需要继续使用土地的，应当至迟于届满前 1 年申请续期，除根据社会公共利益需要收回该幅土地的，应当予以批准。经批准准予续期的，应当重新签订土地使用权出让合同，依照规定支付土地使用权出让金。土地使用权出让合同约定的使用年限届满，土地使用者未申请续期或者虽申请续期但依照前款规定未获批准的，土地使用权由国家无偿收回。"

最后需要说明的是，关于建设用地使用权出让年限的计算。通常建设用地使用权出让年限，以领取土地使用证之日为使用年限的起算点；划拨建设用地使用权补办出让合同的出让年限，按出让合同双方当事人约定的时间计算；通过转让方式取得的建设用地使用权，其使用年限为建设用地使用权出让合同约定的使用年限减去原建设用地使用者已使用年限后的剩余年限。

（二）建设用地使用权出让的收回制度

建设用地使用权的收回，是指国家将建设用地使用权以出让合同的方式确定给建设用地使用者开发利用后，由于法定事由的发生，国家收回建设用地使用权致使建设用地使用者不再享有建设用地使用权的行为。国家收回建设用地使用权主要有以下四种情形：

1. 自动收回。建设用地使用权属于附有终期的他物权，期限届满，建设用地使用权自动复归土地所有权，国家作为土地所有权人自动收回该出让土地。《土地管理法》第 58 条第 1 款第 2 项规定，土地出让等有偿使用合同约定的使用期限届满，土地使用者未申请续期或者申请续期未获批准的，由有关人民政府自然资源主管部门报经原批准用地的人民政府或者有批准权的人民政府批准，可以收回国有土地使用权。但物权法规定住宅建设用地使用权期间届满的，自动续期。《城镇国有土地使用权出让和转让暂行条例》第 40 条也规定，"土地使用权期满，土地使用权及其地上建筑物、其他附着物所有权由国家无偿取得。土地使用者应当交还土地使用证，并依照规定办理注销登记"。对于该条规定的"地上建筑物、其他附着物所有权由国家无偿取得"，学界普遍认为显属不当，因为依据民法地上权原理，土地使用权人在其权利期限届满后，有权取回其建筑物及其附着物，如果将其留下对土地所有权人有利而不取回时，可请求补偿。[1]

2. 强制收回。建设用地使用者违反建设用地使用权出让合同的规定而未开发利用土地，国家有权强制收回该土地使用权。《城市房地产管理法》第 26 条规定，以出让方式取得土地使用权进行房地产开发的，必须按照土地使用权出让合同约定的土地用途、动工开发期限开发土地。超过出让合同约定的动工开发日期满 1 年未动工开发的，可以征收相当于土地使用权出让金 20% 以下的土地闲置费；满 2 年未动工开发的，可以无偿收回土地使用权；但是，因不可抗力或者政府、政府有关部门的行为或者动工开发必需的前期工作造成动工开发迟延的除外。

3. 因公共利益需要而提前收回。《城镇国有土地使用权出让和转让暂行条例》第 42 条规定，国家对土地使用者依法取得的土地使用权不提前收回。在特殊情况下，根据社会公众利益的需要，国家可以依照法律程序提前收回，并根据土地使用者已使用的年限和开发、利用土地的实际情况给予相应的补偿。《土地管理法》第 58 条和《城市房地产管理法》第 20 条也作了相应的规定。《物权法》第 148 条规定："建设用地使用权期间届满前，因公共利益需要提前收回该土地的，应当依照本法第 42 条的规定对该土地上的房屋及其他不动产给予补偿，并退还相应的出让金。"

4. 因规划调整而提前收回。土地为实施城市规划进行旧城区改建，需要调整使用土地的。根据《土地管理法》第 58 条的规定，为实施城市规划进行旧城区改建，需要调整使用土地的，政府可以收回土地使用权，但应当对土地使用权人给予适当补偿。

四、建设用地使用权出让合同

《物权法》第 138 条第 1 款规定："采取拍卖、招标、协议等出让方式设立建设用地使用权的，当事人应当采取书面形式订立建设用地使用权出让合同。"挂牌出让方式设立建设用地使用权的也不例外，当事人均应当采取书面形式订

---

[1] 参见梁慧星主编：《中国物权法研究》（下），法律出版社 1998 年版，第 688~689 页。

立建设用地使用权出让合同。

建设用地使用权出让合同，属于要式合同，其主要条款如下：[1]

1. 当事人的名称和住所。在建设用地使用权出让合同中，出让人只能是市、县人民政府国土资源管理部门，而受让人可以是自然人、法人或其他组织。建设用地使用权出让合同应当写明出让人与受让人的基本情况，如当事人的名称或姓名、法定代表人的姓名、具体住所等。

2. 土地界址、面积等。土地的位置、面积、四至及界址点坐标等是有关合同标的的具体条款，必须明确，否则建设用地使用权出让合同便无法履行。

3. 建筑物、构筑物及其附属设施占用的空间。由于建设用地使用权可以在地表、地上或地下分别设立，而建筑物、构筑物及其附属设施又必定会占用一定的空间，因此，在建设用地使用权出让合同中，应当载明建筑物、构筑物及其附属设施占用的空间范围，以便明确建设用地使用权的效力范围。

4. 土地用途。在建设用地使用权出让合同中，必须载明出让土地的具体用途，即该土地用于何种开发建设，如工业用地、商业用地、旅游用地、娱乐用地、商品住宅用地，以及教育、科技、文化、卫生、体育用地等。

5. 使用期限。关于建设用地使用权出让的最高年限，上述《城镇国有土地使用权出让和转让暂行条例》第12条有明确的规定。但该规定只是对最高使用期限的规定，具体的使用期限应当由当事人在最高使用期限内加以明确。

6. 出让金等费用及其支付方式。建设用地使用权出让合同是有偿合同，当事人应当明确约定出让金的数额、支付时间、支付方式等。受让人需要支付其他费用的，也应当明确约定具体的数额、支付时间和方式。

7. 解决争议的方法。当事人可以在建设用地使用权出让合同中明确约定在双方发生争议后，具体解决争议的方法。如双方可以约定仲裁条款，这是赋予仲裁机构对案件的管辖权，并排除法院司法管辖权的法律依据。

第三节　建设用地使用权的划拨

一、建设用地使用权划拨的概念和特征

通过行政划拨的方式取得的土地使用权即为划拨土地使用权，这是取得国有土地使用权的另一种方式。所谓国有土地使用权行政划拨，是指县级以上人民政府依法批准，在土地使用者缴纳补偿、安置等费用后，将该幅土地交付土

---

[1] 参见《物权法》第138条第2款。

地使用者使用，或者将土地使用权无偿交付给土地使用者使用的行为。[1]

划拨土地使用权的法律特征如下：

1. 土地使用权划拨是一种具体行政行为。国家行使社会经济管理者的行政权力，将土地使用权进行分配或者调整。建设用地使用权划拨虽是一种行政行为，但创设的却是民事权利。并非只有民事法律行为才可以创设民事权利，行政行为同样可以创设民事权利，不可因为划拨是行政行为而否认划拨建设用地使用权的民事权利性质。

2. 土地使用权划拨具有无偿性。建设用地使用权的划拨有两种情况：一种是建设用地使用权的划拨经县级以上人民政府依法批准，在建设用地使用者缴纳补偿、安置等费用后，将该幅土地交付给建设用地使用者使用的行为；另一种是建设用地使用权的划拨经县级以上人民政府依法批准，建设用地使用者无须缴纳补偿、安置等费用就可取得建设用地使用权的行为。在第一种情况下，虽然土地使用者要缴纳补偿、安置等费用，但不必向国家支付地租性质的费用，即无需支付土地使用权出让金。补偿、安置等费用不是建设用地使用权的对价，而只是对原先的建设用地使用者的损失和重新安置的补偿。另外，土地使用者必须依照《城镇土地使用税暂行条例》的规定缴纳土地使用税，这也不是使用国有土地支付的相应使用费，而是作为纳税主体对国家应尽的纳税义务。

3. 划拨土地使用权无期限的限制。《城市房地产管理法》第23条第2款规定："依照本法规定以划拨方式取得土地使用权的，除法律、行政法规另有规定外，没有使用期限的限制。"这里的"没有使用期限的限制"并非指永久使用，而是指不定使用期限，土地所有权人可以根据公共利益的需要收回建设用地使用权。

4. 划拨土地使用权，不可以转让、出租、抵押。《城镇国有土地使用权出让和转让暂行条例》第44条规定："划拨土地使用权，除本条例第45条规定的情况外，不得转让、出租、抵押。"所以，通过划拨方式取得的土地使用权，除符合法律规定的条件外，不得转让、出租和抵押。所谓法律规定的条件，一是要经市、县人民政府土地管理部门和房产管理部门批准。二是要与土地管理部门签订土地使用权出让合同，向当地市、县人民政府补交土地使用权出让金，或者以转让、出租、抵押所获收益抵交土地使用权出让金。不具备上述两个基本条件的，土地使用权不得转让、出租和抵押。

---

[1] 参见《城市房地产管理法》第23条。

二、建设用地使用权划拨的范围

通过划拨方式取得土地使用权，是国家为了支持或促进某些公益性事业或特殊行业的发展，而对其建设项目用地采用的特殊的供地方式。因其是无偿的政府行为，因此需要具备一定的条件方可划拨建设用地使用权。依照《土地管理法》第 54 条和《城市房地产管理法》第 24 条规定，下列建设用地的土地使用权，确属必需的，可以由县级以上人民政府依法批准划拨：①国家机关用地和军事用地；②城市基础设施用地和公益事业用地；③国家重点扶持的能源、交通、水利等项目用地；④法律、行政法规规定的其他用地。

为明确划拨建设用地使用权的具体用地范围，2001 年 10 月 22 日国土资源部发布了《划拨用地目录》。按照该用地目录，下列 4 大类 19 种用地项目可经由划拨方式取得建设用地使用权：

1. 国家机关用地和军事用地：①党政机关和人民团体用地（包括办公用地和安全、保密、通信等特殊专用设施）。②军事用地（包括指挥机关、地面和地下的指挥工程、作战工程；营区、训练场、试验场；军用公路、铁路专用线、机场、港口、码头；军用洞库、仓库，输电、输油、输气管线；军用通信、通讯线路、侦察、观测台站和测量、导航标志；国防军品科研、试验设施；其他军事设施）。

2. 城市基础设施用地和公益事业用地：①城市基础设施用地。②非营利性邮政设施用地。③非营利性教育设施用地。④公益性科研机构用地。⑤非营利性体育设施用地。⑥非营利性公共文化设施用地。⑦非营利性医疗卫生设施用地。⑧非营利性社会福利设施用地。

3. 国家重点扶持的能源、交通、水利等基础设施用地：①石油天然气设施用地。②煤炭设施用地。③电力设施用地。④水利设施用地。⑤铁路交通设施用地。⑥公路交通设施用地。⑦水路交通设施用地。⑧民用机场设施用地。

4. 法律、行政法规规定的其他用地：特殊用地（包括：监狱，劳教所，戒毒所、看守所、治安拘留所、收容教育所）。

三、建设用地使用权划拨的程序

土地使用权划拨是一种具体的行政行为，依法取得国有土地使用权，必须要遵循一定的程序。依照《土地管理法》等相关法律的规定，建设用地使用权划拨的基本程序如下：

1. 预审。在进行建设项目可行性研究论证时，应由土地行政主管部门对建设项目用地有关事项进行审查，提出建设项目用地预审报告；可行性研究报告报批时，必须附有土地行政主管部门出具的建设项目用地预审报告。

2. 申请。经批准的建设项目，需要使用国有土地的，建设单位应当持法律、行政法规规定的有关文件，向有批准权的县级以上人民政府国土资源管理部门提出书面建设用地申请。建设用地申请应当符合下列条件：①建设用地符合《划拨用地目录》规定的划拨用地范围；②已取得建设项目用地预审意见；③符合土地利用总体规划和城市规划；④建设项目经计划部门审批、核准、备案，并已列入年度建设计划。

3. 审批。在收到建设单位的建设用地申请后，县级以上人民政府国土资源管理部门应当按照标准对申报材料及内容进行审查，进行现场核实。现场核实应由两名以上工作人员进行，核实内容包括申请用地情况与所报材料反映情况是否相符。符合审查标准的，拟订供地方案（包括供地方式、面积、用途等内容）以及征收土地的补偿、安置方案，提出同意批准的审查意见，报有批准权的人民政府批准。供地方案经批准后，由市、县人民政府向建设单位颁发建设用地批准书。

4. 划拨。在完成项目用地范围内居民和原用地单位的拆迁安置补偿工作之后，建设单位持该项目《建设工程规划许可证》申领办理《划拨决定书》。国土资源管理部门根据建设用地批准书，核发国有土地划拨决定书，一次或分期划拨建设用地。

5. 登记。用地申请批准后，建设单位应当依法向市、县人民政府土地行政主管部门申请土地登记，并由市、县人民政府颁发《国有土地使用证》。土地登记是划拨建设用地使用权的公示方法，《国有土地使用证》是取得划拨建设用地使用权的唯一证明。

四、划拨建设用地使用权的流转[1]

划拨建设用地使用权的流转，是指在符合法律规定的条件下，经市、县人民政府土地管理部门和房产管理部门批准，其划拨土地使用权和地上建筑物、其他附着物的所有权可以转让、出租和抵押。

由于土地制度的历史原因，我国在现实中存在两种划拨建设用地使用权：①改革开放之前，我国城市土地利用是通过划拨方式实现的，因此，过去未区分划拨和出让时形成的划拨建设用地使用权，在今天依然还大量存在。我们可以将在过去体制下形成的旧的划拨建设用地使用权称为传统划拨建设用地使用权。②1990年《城镇国有土地使用权出让和转让暂行条例》（本节以下简称《暂行条例》）颁布之后，我国在建立可流转的出让土地使用权制度时，仍然保留了划拨土地使用权，但赋予了划拨土地使用权以新的含义，即适用于公益目的的新的划拨建设用地使用权。国家可以利用这种建设用地使用权的设立实现

---

〔1〕 参见高富平、黄武双：《房地产法学》，高等教育出版社2010年版，第56~64页。

各种公益目的，但不允许这些建设用地使用权进入市场交易，目的是将一部分土地排斥在交易之外，以实现公共利益。同时，现行法又允许把用于商业目的的传统划拨建设用地使用权进行商业化处分，借此将其转化为出让建设用地使用权，这就形成了清晰可分的两类建设用地使用权：可流转的出让建设用地使用权和不可流转的划拨建设用地使用权。

鉴于划拨建设用地使用权的现状，《暂行条例》允许一些划拨土地使用权进行流转，或称市场化处分。这里的市场化处分，即赋予划拨土地使用者像出让建设用地使用权人那样的转让、出租、抵押或投资等权利，使划拨建设用地使用权因处分而改变性质，成为出让取得的建设用地使用权，我们可称之为传统划拨建设用地使用权"转轨"。《暂行条例》第 45 条第 1 款规定："符合下列条件的，经市、县人民政府土地管理部门和房产管理部门批准，其划拨土地使用权和地上建筑物、其他附着物所有权可以转让、出租、抵押：①土地使用者为公司、企业、其他经济组织和个人；②领有国有土地使用证；③具有地上建筑物、其他附着物合法的产权证明；④依照本条例第二章的规定签订土地使用权出让合同，向当地市、县人民政府补交土地使用权出让金或者以转让、出租、抵押所获收益抵交土地使用权出让金。"上述规定中，其实有一个划拨的实质性要件，即该土地用于商业或经营目的，此要件隐含在政府批准这个环节里了，因为政府批准的一个前提就是该土地将用于商业或经营目的。将此隐含的要件写明似乎更为合理，即明确划拨土地转轨的实质要件为以下三项：①用于商业目的或经营目的；②使用权主体为公司、企业或经营性组织；③房地产证齐全，即有建设用地使用权证和建筑物所有权证。如果是这样，就使得《暂行条例》第 45 条对划拨的实质要件不仅有对使用主体的性质判断（即土地使用者为公司、企业、其他经济组织和个人），而且还明确要求从土地本身的用途来确定，即"用于商业目的或经营目的"。

目前，我国允许商业或经营目的划拨建设用地使用权在符合法定条件时通过市场化处分，转化为出让建设用地使用权。但市场化并不强制所有划拨建设用地使用权人补办出让手续统一"转化"。是否市场化，由当事人自行选择。为规范划拨土地的转化，国家土地管理局 1992 年发布了《划拨土地使用权管理暂行办法》（现已失效）、《国家土地管理局关于划拨土地使用权补办出让手续及办理土地登记程序的通知》（现已失效）。划拨建设用地使用权"转轨"，原则上需要先出让后处分，但由于交易实践的复杂性，也由于操作上的问题，现行法律也允许先处分后办理出让手续的变通做法。

综上，划拨建设用地使用权的流转主要是针对传统划拨建设用地使用权而言，当然不应当排除基于公益目的而设立的划拨建设用地使用权，即 1990 年之后采用划拨方式取得的建设用地使用权，随着时间的推移而发生土地实际用途的变化，从而需要将其转变为商业用途的，也可以经过法定程序进行市场化处分而使其进行流转。

第四节　国有土地租赁法律制度

在我国，国有土地上的租赁关系有以下两种形式：

1. 国家将国有土地直接出租于土地使用权人使用，我国法律将其称为"国有土地租赁"。《城镇国有土地使用权出让和转让暂行条例》（1990 年）和《城市房地产管理法》（1994 年）都没有将租赁作为国有土地有偿使用方式。但是，现实生活中存在以租赁方式替代出让方式取得国有建设用地使用权的现象，其目的主要是规避出让方式所需要的条件。租赁和出让的区别主要在于国家收取租金的方式不完全一样，但对国家收益并没有根本性的影响。因此，1998 年国务院重新制定的《土地管理法实施条例》确认了国有土地租赁制度，并将土地租赁认定为国有土地有偿使用的一种方式。该条例第 29 条规定，国有土地有偿使用的方式包括：①国有土地使用权出让；②国有土地租赁；③国有土地使用权作价出资或者入股。1999 年 7 月国土资源部发布了《规范国有土地租赁若干意见》（以下简称《租赁意见》），对国有土地租赁作出了规范。

2. 建设用地使用权人将其拥有建设用地使用权的土地出租于他人使用，我国法律将其称为建设用地使用权出租，《城镇国有土地使用权出让和转让暂行条例》第四章对此进行了规范。

上述第二种形式，详见本章第五节的相关论述，在此只论述上述第一种形式。

一、国有土地租赁的概念

国有土地租赁，是指国家将国有土地出租给使用者使用，由使用者与县级以上人民政府土地行政主管部门签订一定年限的土地租赁合同，并支付租金的行为。依据《租赁意见》的规定，国有土地租赁是国有土地有偿使用的一种形式，是出让方式的补充。租赁对象主要适用于存量土地，即适用于土地转让、场地出租、企业改制和改变土地用途的情况（不排除适用于出让）。而新增建设用地仍主要采用出让方式，租赁只作为出让方式的补充。对经营性房地产开发用地，无论是利用原有建设用地还是利用新增建设用地，都必须实行出让，不实行租赁。

二、国有土地租赁制度的基本内容

根据《租赁意见》的相关规定，国有土地租赁制度的基本内容如下：

（一）租赁方式

国有土地租赁，可以采用招标、拍卖或者双方协议的方式，有条件的，必须采取招标、拍卖方式。采用双方协议方式出租国有土地的租金，不得低于出租底价和按国家规定的最低地价折算的最低租金标准，协议出租结果要报上级土地行政主管部门备案，并向社会公开披露，接受上级土地行政主管部门和社会的监督。

（二）租金标准应与地价标准相均衡

国有土地租赁的租金标准应与地价标准相均衡。承租人取得土地使用权时未支付其他土地费用的，租金标准应按全额地价折算；承租人取得土地使用权时支付了征地、拆迁等土地费用的，租金标准应按扣除有关费用后的地价余额折算。

采用短期租赁的，一般按年度或季度支付租金；采用长期租赁的，应在国有土地租赁合同中明确约定土地租金支付时间、租金调整的时间间隔和调整方式。

（三）租期

国有土地租赁可以根据具体情况实行短期租赁和长期租赁。对短期使用或用于修建临时建筑物的土地，应实行短期租赁，短期租赁年限一般不超过 5 年；对需要进行地上建筑物、构筑物建设后长期使用的土地，应实行长期租赁，具体租赁期限由租赁合同约定，但最长租赁期限不得超过法律规定的同类用途土地出让最高年期。

（四）租赁合同

租赁期限 6 个月以上的国有土地租赁，应当由市、县土地行政主管部门与土地使用者签订《国有土地租赁合同》。租赁合同内容应当包括出租方，承租方，出租宗地的位置、范围、面积、用途、租赁期限，土地使用条件，土地租金标准，支付时间和支付方式、土地租金标准调整的时间和调整幅度、出租方和承租方的权利义务等。

（五）租赁建设用地使用权的取得及其转租、转让与抵押

国有土地租赁，承租人取得承租土地使用权。承租人在按规定支付土地租金并完成开发建设后，经土地行政主管部门同意或根据租赁合同约定，可将承租土地使用权转租、转让或抵押。承租土地使用权转租、转让或抵押，必须依法登记。

承租人将承租土地转租或分租给第三人的，承租土地使用权仍由原承租人

持有，承租人与第三人建立了附加租赁关系，第三人取得土地的他项权利。

承租人转让土地租赁合同的，租赁合同约定的权利义务随之转给第三人，承租土地使用权由第三人取得，租赁合同经更名后继续有效。

地上房屋等建筑物、构筑物依法抵押的，承租土地使用权可随之抵押，但承租土地使用权只能按合同租金与市场租金的差值及租期估价，抵押权实现时土地租赁合同同时转让。

在使用年限内，承租人有优先受让权，租赁土地在办理出让手续后，终止租赁关系。

（六）租赁建设用地使用权的收回

国家对土地使用者依法取得的承租土地使用权，在租赁合同约定的使用年限届满前不收回；因社会公共利益的需要，依照法律程序提前收回的，应对承租人给予合理补偿。

承租土地使用权期满，承租人可申请续期，除根据社会公共利益需要收回该幅土地的，应予以批准。未申请续期或者虽申请续期但未获批准的，承租土地使用权由国家依法无偿收回，并可要求承租人拆除地上建筑物、构筑物，恢复土地原状。

承租人未按合同约定开发建设、未经土地行政主管部门同意转让、转租或不按合同约定按时交纳土地租金的，土地行政主管部门可以解除合同，依法收回承租土地使用权。

（七）租金的征收与管理

各级土地行政主管部门要切实加强国有土地租金的征收工作，协助财政部门做好土地租金的使用管理工作。收取的土地租金应当参照国有土地出让金的管理办法进行管理，按规定纳入当地国有土地有偿使用收入，专项用于城市基础设施建设和土地开发。

三、出让建设用地使用权与租赁土地使用权的比较[1]

1. 二者的联系有：国有土地租赁创设的租赁土地使用权与出让建设用地使用权均可以视为一种用益物权，并且共同构成我国两种基本的可流转土地使用权。

2. 二者的区别有：由于二者创设的基础行为与出让方式的不同，在出让建设用地使用权与租赁土地使用权之间必然存在差异。具体表现如下：

（1）对价给付的方式不同，导致权利义务履行的差异。出让行为的受让人一次性地支付了特定期限的出让金，因而出让人与受让人签订的合同主要义务

---

〔1〕　参见高富平、黄武双：《房地产法学》，高等教育出版社 2010 年版，第 67 页。

已经履行完毕，以出让取得的土地使用权人作出转让等处分行为时，原则上无需出让人同意，只要履行变更登记手续。

而租赁的租金一般是按年给付的，因而在出租人与租赁土地使用权人之间始终存在租金给付的债权关系，因而在承租人转让、转租赁土地使用权时必须经过出租人的同意，否则转租就是无效的。因此，即使将租赁使用权视为物权，可以对抗第三人，但是在其转让等处分方面还应当受出租人同意的限制。

（2）二者物权的稳定性存在差异。如果承租人不能或者拒绝支付租金，根据合同法的原理，出租人可以解除土地租赁合同，收回租赁土地使用权。由此可见，租赁土地使用权的稳定性要弱于出让建设用地使用权。

第五节　建设用地使用权的转让、出租和抵押

一、建设用地使用权的转让

（一）建设用地使用权转让的概念

土地使用权转让，是指土地使用者将土地使用权再转移的行为，包括出售、交换和赠与。未按土地使用权出让合同规定的期限和条件投资开发、利用土地的，土地使用权不得转让。[1] 从这一定义可见，建设用地使用权出让是建设用地使用权转让的前提和基础。对此，有以下两点需要把握：[2]

1. 建设用地使用权出让属于土地一级市场，建设用地使用权转让属于土地二级市场。没有建设用地使用权的出让就没有建设用地使用权的转让，划拨的建设用地使用权须补办出让手续，补交建设用地使用权出让金或以转让房地产所获收益中的土地收益上缴国家或作其他处理后才能转让。

2. 建设用地使用权出让与建设用地使用权转让的区别和联系。二者的区别在于，建设用地使用权的出让是土地所有权的权能与土地所有权相分离而成为独立的财产权，建设用地使用权的产生是土地所有权人行使土地所有权的结果，方式单一且有偿。而建设用地使用权的转让则是建设用地使用权在转让人与受让人之间的移转，是在建设用地使用者之间的横向流动，其产生是建设用地使用权人对建设用地使用权进行法律上处分的结果，其转让方式多样，可以是有偿的，也可以是无偿的。

二者的联系在于，建设用地使用权的转让人是原土地出让关系中的受让人。

---

〔1〕《城镇国有土地使用权出让和转让暂行条例》第 19 条。
〔2〕 高富平、黄武双：《房地产法新论》，中国法制出版社 2004 年版，第 123 页。

而且，可以转让的建设用地使用权是由建设用地使用权出让合同设立的。

总之，建设用地使用权转让后，原权利人彻底放弃原权利。建设用地使用权转让是一种物权转让的行为，原权利人所享有的权利是依出让合同取得的一定期限的建设用地使用权，该权利转让之后，受让人享有的只能是原权利人建设用地使用权剩余期限的权利。

（二）建设用地使用权转让的方式与条件

1. 建设用地使用权转让的方式。《物权法》第 143 条规定："建设用地使用权人有权将建设用地使用权转让、互换、出资、赠与或者抵押，但法律另有规定的除外。"《城市房地产管理法》第 37 条规定："房地产转让，是指房地产权利人通过买卖、赠与或者其他合法方式将其房地产转移给他人的行为。"《城镇国有土地使用权出让和转让暂行条例》第 19 条第 1 款规定："土地使用权转让是指土地使用者将土地使用权再转移的行为，包括出售、交换和赠与。"以上规定的是建设用地使用权协议转让的方式，此外，继承也属于法定转让方式。

（1）出售。即建设用地使用权的买卖，该买卖是建设用地使用权与价金的对等支付。但是，与一般买卖不同的是，土地使用权转让价格如果明显低于市场价格，市、县人民政府有优先购买权。[1] 建设用地使用权转让中的优先购买权是法定的于将来一定条件下取得建设用地使用权的排他性权利，其发生的条件是建设用地使用权转让价格明显低于市场价格，其发生的时间是建设用地使用权人与第三人转让建设用地使用权行为成立之时。从民法上讲，此为土地所有权产生的优先购买权。[2]

（2）交换。这是指两个建设用地使用权人之间就建设用地使用权进行互易的行为，亦即权利互易。双方当事人权利义务对等，均负有向对方当事人移转建设用地使用权的义务，并负有权利瑕疵担保义务。建设用地使用权的交换适用建设用地使用权买卖的规定。

（3）赠与。这是指建设用地使用权人自愿将自己拥有的土地使用权无偿转移给他人使用的行为。赠与行为是一种无偿行为，出赠人负有移转建设用地使用权的义务而受赠人不负有支付对价的义务。

（4）出资入股。这是指以建设用地使用权作价出资入股。公司法规定股东可以以建设用地使用权作价出资，并应当依法办理建设用地使用权的移转手续。因此，建设用地使用权入股也就成为建设用地使用权转让的方式之一。建设用

〔1〕《城镇国有土地使用权出让和转让暂行条例》第 26 条。

〔2〕张俊浩主编：《民法学原理》，中国政法大学出版社 1997 年版，第 437 页；转引自符启林：《房地产法》，法律出版社 2009 年版，第 134 页。

地使用权入股后，出让人取得股权而成为股东，公司则取得建设用地使用权。

（5）继承。这是指建设用地使用权人死亡后，依法符合继承条件的人，继承权利人建设用地使用权的行为。继承分为法定继承和遗嘱继承两种方式。继承人继承建设用地使用权的同时也要承担附随权利的义务。与继承转让相似的另一种转让，是发生在企业之间的承继，即企业合并分立时发生的建设用地使用权移转。

2. 建设用地使用权转让的条件。

（1）积极条件，即出让土地使用权转让的条件。以出让方式取得土地使用权的，转让土地使用权时，应当符合下列条件：①按照出让合同约定已经支付全部土地使用权出让金，并取得土地使用权证书。②按照出让合同约定进行投资开发，属于房屋建设工程的，应完成开发投资总额的25%以上；属于成片开发土地的，依照规划对土地进行开发建设，完成供排水、供电、供热、道路交通、通信等市政基础设施、公用设施的建设，达到场地平整，形成工业用地或者其他建设用地条件。③转让土地使用权时房屋已经建成的，还应当持有房屋所有权证书。[1]

（2）消极条件，即出让土地使用权禁止转让的情形。包括：①司法机关和行政机关依法裁定、决定查封或者以其他方式限制土地使用权权利的土地使用权不得转让。此种土地使用权，其权利转移已被司法权力强行禁止，权利人无权对之进行处分，故不能转让。②依法收回的土地使用权不得转让。土地使用权被国家收回后，原权利人已经无权转让土地使用权。③共有土地使用权未经其他共有人书面同意的，不得转让。④权属有争议的土地使用权不得转让。权属未确定时，真正的权利人并未确定，若擅自予以转让的话，有可能损害真正的权利人的利益。⑤未经依法登记领取权属证书的土地使用权不得转让。土地使用权属于典型的不动产，权属证书是权利人享有权利的合法证明。未经依法登记领取权属证书的土地使用权，无法确定其合法的权利人，故禁止转让。⑥法律、行政法规规定禁止转让的其他情形。[2]

（三）建设用地使用权转让的原则

建设用地使用权转让应遵循民法的一般原则，如合法、公平、自愿和诚实信用的原则。同时，作为不动产的土地使用权的转让，还应遵循其特殊的转让原则。

1. 权利义务同时移转原则。《城镇国有土地使用权出让和转让暂行条例》

---

〔1〕《城市房地产管理法》第39条。
〔2〕《城市房地产管理法》第38条。

第 21 条规定："土地使用权转让时，土地使用权出让合同和登记文件中所载明的权利、义务随之转移。"《城市房地产管理法》第 42 条也规定："房地产转让时，土地使用权出让合同载明的权利、义务随之转移。"可见，权利义务同时移转原则，是指建设用地使用权转让时，转让人与原建设用地使用权出让人所签订的出让合同以及登记文件中所载明的权利、义务随之移转给受让人。建设用地使用权无论发生多少轮移转，其权利义务同时移转的原则不变。其目的在于，建设用地使用权无论移转给谁，国家与土地使用者之间的权利义务关系始终不变，新的建设用地使用者必须履行原建设用地使用权出让合同和登记文件中所载明的权利义务。

2. 房地一体原则。这一原则也被称为"房随地走"原则或"地随房走"原则，其源于房产与地产不可分离的自然属性。它是指建设用地使用权和土地上的房屋等建筑物和附着物的所有权归属于同一主体，在建设用地使用权转让时，房屋所有权必须和建设用地使用权同时转让。这一原则的主要法律依据如下：《城市房地产管理法》第 32 条规定："房地产转让、抵押时，房屋的所有权和该房屋占用范围内的土地使用权同时转让、抵押。"《城镇国有土地使用权出让和转让暂行条例》第 23 条规定："土地使用权转让时，其地上建筑物、其他附着物所有权随之转让。"第 24 条第 2 款规定："土地使用者转让地上建筑物、其他附着物所有权时，其使用范围内的土地使用权随之转让，但地上建筑物、其他附着物作为动产转让的除外。"《物权法》第 142 条规定："建设用地使用权人建造的建筑物、构筑物及其附属设施的所有权属于建设用地使用权人，但有相反证据证明的除外。"第 146 条规定："建设用地使用权转让、互换、出资或者赠与的，附着于该土地上的建筑物、构筑物及其附属设施一并处分。"第 147 条规定："建筑物、构筑物及其附属设施转让、互换、出资或者赠与的，该建筑物、构筑物及其附属设施占用范围内的建设用地使用权一并处分。"

房地一体原则的主要作用有三：①简化法律关系。建设用地使用权人与地上建筑物所有权人必须一致，其资格的转让亦须一致，这有利于法律关系的简化，避免法律关系错综复杂。②取得建设用地使用权是取得地上建筑物所有权的前提。房地产开发的程序是建设用地使用权出让，取得建设用地使用权，然后进行房地产开发，取得地上建筑物所有权，未取得建设用地使用权的房地产开发是违法行为，其建造的房屋属于违章建筑，对于违章建筑，或者责令限期拆除，或者收归国有。③不损害土地及地上建筑物的经济价值。不允许将建设用地使用权与地上建筑物、其他附着物分开转让，既可以保持原物的使用价值，也可以更好地发挥其经济效益。

二、建设用地使用权出租

（一）建设用地使用权出租的概念及其与相关概念的比较

《城镇国有土地使用权出让和转让暂行条例》专设第四章"土地使用权出租"，确立了我国建设用地使用权出租的基本制度。但《城市房地产管理法》只规定了"房屋租赁"而未规定建设用地使用权租赁。也就是说，该法只确认了因房屋租赁导致的建设用地使用权出租，而对单纯建设用地使用权出租，既没有明确规定，也没有明确禁止。按照上述条例的解释，土地使用权出租，是指土地使用者作为出租人将土地使用权随同地上建筑物、其他附着物租赁给承租人使用，由承租人向出租人支付租金的行为。[1] 由于建筑物和土地不可分，我国采取建设用地使用权和建筑物所有权一致原则，据此会产生以下两种土地使用权出租的情形：①承租人以承租土地使用权为目的订立合同，地上建筑物随同移转给承租人使用；②承租人以使用地上建筑物为目的订立合同，建设用地使用权随之出租给承租人。有学者认为，这两种区分的意义在于：前一种出租人必须等到租赁期届满才能收回土地使用权；后一种出租人可以基于法律规定将房屋收归自用而提前收回土地使用权。[2]

建设用地使用权出租与前述国有土地租赁和建设用地使用权转让均有较大区别，下面将它们进行一些比较。

1. 建设用地使用权出租和国有土地租赁的区别。这二者的区别主要表现如下：[3] ①租赁主体不同。国有土地租赁的一方主体始终是政府；而建设用地使用权出租的出租人则为拥有可流转建设用地使用权的人。②客体不同。国有土地租赁的客体是建设用地，承租人取得建设用地使用权；而建设用地使用权出租的客体是建设用地使用权。③土地供应市场不同。在土地供应市场中，国有土地租赁属于土地一级市场；而国有建设用地使用权出租属于土地二级市场。④权利内容不同。国有土地租赁所取得的租赁建设用地使用权是可流转的建设用地使用权的一种，相当于出让建设用地使用权，因而拥有广泛的权利，如依法转租、转让和抵押等；而建设用地使用权的租赁是在建设用地使用权上设定的他项权，承租人的权利受到租赁合同的制约，一般仅按现状利用，没有处分的权利。

2. 建设用地使用权出租与建设用地使用权转让的区别。这二者的区别主要

---

〔1〕《城镇国有土地使用权出让和转让暂行条例》第 28 条第 1 款。

〔2〕 高富平、黄武双：《房地产法学》，高等教育出版社 2010 年版，第 71 页。

〔3〕 参见高富平、黄武双：《房地产法学》，高等教育出版社 2010 年版，第 65 页。

表现如下：[1]　①出租与转让的法律后果不同。建设用地使用权出租后，原建设用地使用权人的身份不变，出租只是建设用地使用权人使用或经营建设用地使用权的一种方式而已。出租人将其权利租给承租人使用一定年限，出租人仍保有建设用地使用权，只是自己不直接使用土地，出租人作为建设用地使用权人仍须履行建设用地使用权出让合同，租赁合同届满而建设用地使用权合同尚未届满时，出租人有权收回土地并由自己直接使用。承租人所享有的建设用地使用权只是在原权利上所设立的一种用益物权，不能超出原权利范围，它是在建设用地使用权基础上创设的建设用地使用的权利；建设用地租赁使用权人只享有占有、使用权能，而无处分权能。即租赁建设用地使用权只是静态地利用建设用地的权利；而建设用地使用权转让则是权利的彻底让与，也就是将建设用地使用权买断，由受让人取代转让人即原先建设用地使用权人的地位而成为新的建设用地使用权人，转让人从此失去建设用地使用权，转让人与国家所签订的建设用地使用权出让合同规定的权利义务随建设用地使用权转让而移转给受让人。②二者行为的性质不同。建设用地使用权出租是一种负担行为，它是在出租人与承租人之间产生债权债务关系的行为；[2]而转让则是对建设用地使用权进行处分的行为，它是转让人为受让人设立物权，即通过转让而设立建设用地使用权的行为。

（二）建设用地使用权出租的条件与合同

1. 建设用地使用权出租的条件。《城镇国有土地使用权出让和转让暂行条例》第 28 条第 2 款规定："未按土地使用权出让合同规定的期限和条件投资开发、利用土地的，土地使用权不得出租。"这既是对出让建设用地使用权的出租作出的限制，也是其出租的条件。当然，这一限制只适用于新取得的用于开发的建设用地使用权，对于既存的闲置建设用地使用权则不适用。建设用地使用权出租的具体条件如下：①以出让方式取得建设用地使用权的，建设用地使用权人须按出让合同约定支付全部建设用地使用权出让金并取得土地使用证，并按建设用地使用权出让合同约定期限投资开发土地。对于房屋建设工程，须完成开发投资总额的 25% 以上；属于成片开发用地的须形成工业用地或者其他建设用地条件；土地出租时房屋已经建成的，还应当持有房屋所有权证书。②以划拨方式取得建设用地使用权的，出租土地时，应经市、县人民政府土地管理

---

〔1〕　参见符启林：《房地产法》，法律出版社 2009 年版，第 133 页。

〔2〕　传统观点认为，租赁使用权属于债权。债权具有两个基本特征：一是缺少公示，二是不能对抗第三人。尽管大陆法系普遍存在租赁权物权化的趋势，但理论上仍然认为，租赁权本身仍为债权，只是具有若干物权的效力。参见高富平、黄武双：《房地产法学》，高等教育出版社 2010 年版，第 72 页。

部门和房产管理部门批准，与政府有关部门签订建设用地使用权出让合同，向当地市、县人民政府补交建设用地使用权出让金或以出租所获收益抵交建设用地使用权出让金。

2. 建设用地使用权租赁合同。《城镇国有土地使用权出让和转让暂行条例》第 29 条明确规定："土地使用权出租，出租人与承租人应当签订租赁合同。租赁合同不得违背国家法律、法规和土地使用权出让合同的规定。"土地出租合同应当以书面形式订立。该书面合同是出租人将土地交给承租人使用、承租人向出租人支付租金的意思表示一致的载体。

由于《合同法》并未区分不动产和动产租赁，因而建设用地使用权租赁合同适用《合同法》第十三章关于租赁合同的规定。在建设用地使用权租赁合同中，租赁期限、租赁用途、租金等是非常重要的条款。根据合同法的基本原则，这些条款均可由当事人自由协商确定。关于租赁期限，《合同法》第 214 条第 1款规定，租赁期限不得超过 20 年。超过 20 年的，超过部分无效。因此，在法律作出特别规定之前，应当适用 20 年最长期限的规定。

按照合同法原理，租赁合同自合同成立时起生效，登记并非其生效要件。而《城市房地产管理法》第 54 条要求房屋租赁合同向房地产管理部门登记备案，但没有涉及建设用地使用权租赁合同登记备案问题。1995 年国家土地管理局发布的《土地登记规则》第 30 条规定了"土地使用权出租登记"，[1] 而不是租赁合同登记。该条所指的登记是指设立租赁土地使用权的他项权登记，以公示租赁使用权的物权特征。此登记只影响租赁土地使用权（他项权）的效力，不应当影响租赁合同的效力，即未经登记不得对抗他人。[2]

（三）建设用地使用权出租的效力

签订上述建设用地使用权租赁合同之后，在出租人和承租人之间产生相应的权利和义务关系。其中有以下三点需要强调：

1. 关于土地（不动产）租赁使用权物权化的体现。承租人取得的土地租赁权虽为债权性权利，但具有某些物权的效力。这种效力体现为，在租赁合同有效期间，承租人依其租赁权，可以排斥出租人将土地再次出租，出租人如将建设用地使用权转让给第三人，租赁合同对新的土地使用权人继续有效，这也属于买卖不破租赁的范畴。通常指房屋买卖不破租赁，这里指土地使用权的买卖

---

〔1〕《土地登记规则》第 30 条规定："有出租的土地使用者依法出租土地使用权的，出租人与承租人应当在租赁合同签订后 15 日内，持租赁合同及有关文件申请土地使用权出租登记。土地管理部门应当在出租土地的土地登记卡上进行登记，并向承租人颁发土地他项权利证明书。"

〔2〕高富平、黄武双：《房地产法学》，高等教育出版社 2010 年版，第 71 页。

不破租赁。而且如果该土地使用权进行有偿转让，在同等条件下承租人享有优先购买权。

2. 关于租赁期限的问题：①出租期限不得超过出租人尚享有的权利年限，超过的部分归于无效。②一次租赁期限最长不得超过 20 年，期满可以续订（《合同法》第 214 条）。

3. 我国对建设用地使用权实行用途管制，出租建设用地使用权的用途必须合法并且符合土地所在地段的城市规划。而且，建设用地使用权出租后一般不能改变土地的用途，如果要改变的话，须经原审批机关批准。

三、建设用地使用权的抵押

建设用地使用权的抵押见本书第六章房地产交易的相关部分，在此不加赘述。

第六节　土地征收法律制度

一、土地征收的概念和特征

土地征收，是指国家或政府为了公共目的依法强制取得土地所有权人的土地，并依法给予补偿的行为。世界各国普遍建立了土地征收这种特殊的土地取得制度，以此来调整社会成员个体利益与社会整体利益、当前利益与长远利益的关系。在不同的国家，乃至同一个国家的不同历史时期，征收土地的概念不完全相同。德国、法国法律称之为"土地征收"，英国法律称之为"土地强制收买"或"强制取得"，日本法律称之为"土地收用（买）"。其实质都是国家或政府在特定条件下对土地的强制性购买。

土地征收的概念中，"公共目的"或"公共利益"是最难界定的。界定过宽，容易出现滥用土地征收权的现象；界定过窄，则不利于公共目的的实现。因此，大多数国家或地区的法律在界定公共目的时采用了"列举加概括"的方式。例如，我国香港特别行政区的《官地收回条例》就规定，公共用途是指一切有关公共大众利益的建设，如公路建设、公共屋村、街道、公共休息场所等；韩国《土地征用法》规定，公益事业是指：①有关国防军事建设事业；②铁道、公路、河川、港口、上下水道、气象观测等事业；③国家或地方公共团体设立的办公场所、研究所等；④国家或公共团体指派的建设者……

在我国，土地征收是指国家为了社会公共利益的需要，依法将农民集体的土地变为国有，并依法给予补偿的行为。2004 年 3 月 14 日第十届全国人民代表大会第二次会议通过的《中华人民共和国宪法修正案》，将《宪法》第 10 条第

3 款"国家为了公共利益的需要，可以依照法律规定对土地实行征用"修改为"国家为了公共利益的需要，可以依照法律规定对土地实行征收或者征用并给予补偿"。《土地管理法》第 2 条第 4 款规定："国家为了公共利益的需要，可以依法对土地实行征收或者征用并给予补偿。"《物权法》第 42 条第 1 款规定："为了公共利益的需要，依照法律规定的权限和程序可以征收集体所有的土地和单位、个人的房屋及其他不动产。"

　　我国的土地征收制度建立于计划经济体制时期。长期以来，人们把土地征收制度称为土地征用制度，并在不同时期制定并实施了土地征用方面的法律和法规，如 1958 年的《国家建设征用土地办法》（现已失效）、1986 年《土地管理法》中有关土地征用的规定。直到上述 2004 年《宪法》（修正案）才对土地征收和土地征用作了科学的界定，把 50 多年来我国一直使用的土地征用制度改为土地征收制度，明确土地征用是紧急状态下对土地的使用，并进一步规定土地征收和征用都要给农民集体进行补偿。这些规定，对于理顺因土地征收、征用行为而发生的不同财产关系，正确处理私有财产保护与公共利益需要的关系具有重要意义。

　　土地征收和土地征用制度是两项既有联系又有区别的法律制度，其共同点在于：①原因上，二者都是基于公共利益的需要。②措施上，二者都是运用国家强制力对土地进行征收、征用，被征收人、被征用人必须服从。③补偿上，征收、征用以后都给予补偿。④程序上，征收、征用行为都必须按法律规定的程序进行。其区别在于：①法律后果不同。征收实质上是强制买卖，是对土地所有权的改变；征用实质是强制使用，是对土地使用权的改变。②补偿的范围和标准不同。征用仅对征用期间的损失予以补偿；而征收因涉及土地所有权的转移，因此采取不同的补偿范围和标准。[1]

　　根据我国现行法律的规定和土地管理实践，土地征收的主要特征如下：

　　1. 征收土地法律关系主体双方都是特定的。征收土地方只能是国家，国家以外的任何单位和个人都不享有土地征收权。虽然直接需要土地的并不是国家，而是企业、事业单位或机关、团体。但这些单位作为土地使用者，只能依法定程序向国家土地管理部门申请，经人民政府批准以后才能取得土地使用权。因此，人民政府对用地单位使用土地的申请与审批的法律后果只是用地单位取得土地使用权，并非所有权。所以，享有征收权的主体只能是国家。被征收土地的一方只能是集体土地所有者，农民集体土地的使用者不能成为被征地主体。

　　2. 征收土地的标的物是农民集体的土地。在我国，征收土地标的在不同时

---

〔1〕 黄河编著：《房地产法》，中国政法大学出版社 2008 年版，第 34 页。

期有所不同。解放初期，我国存在土地私有制和国家所有制两种形式。国家建设除了使用国有土地外，主要征收属于私人所有的土地。农业合作化以后，我国实行了农村土地集体所有制，从而使我国土地所有权主体表现为三种形式：国家、集体和个人。国家征收土地的标的主要指集体所有的土地，同时也有私人所有的土地。1982 年《宪法》明确规定城市土地一律为国家所有，至此，我国实现了土地国家所有和农民集体所有两种土地所有制形式。因此，1982 年以后征收土地的标的只能是农民集体所有的土地，因为国家对国有土地的使用不存在征收问题。

3. 征收土地是一种单方面的法律行为，具有强制性。土地征收法律关系的产生并非基于行为人双方的自愿和意思表示一致的一般民事行为，而是基于国家单方面的意思表示，无需被征收土地的所有人同意。国家征收土地的意图，是以行政命令的形式体现，一旦集体经济组织的土地被依法确定为征收的对象，无论被征地者是否同意，征地都会发生，任何单位和个人不得以任何理由进行阻挠。

4. 征收土地必须依法给予补偿。国家建设征收土地与没收土地不同，它不是无偿地强制进行，而是有偿地强制进行。《物权法》第 42 条第 2 款规定："征收集体所有的土地，应当依法足额支付土地补偿费、安置补助费、地上附着物和青苗的补偿费等费用，安排被征地农民的社会保障费用，保障被征地农民的生活，维护被征地农民的合法权益。"可见，土地被征收的集体经济组织应当依法获得经济上的补偿。应当指出的是，尽管土地为国家征收，但是土地补偿费以及其他费用并不是由国家直接支付，而是由用地单位支付，这是因为国家并不直接使用这些土地。用地单位支付这些费用的义务是直接产生于国家征收土地行政行为和国家批准用地单位用地申请被征收土地使用权的行为。[1]

二、我国土地征收的基本原则

征收土地实质上是对现实土地资源的占有关系进行调整，对土地资源进行重新分配，其利益关系重大，必须遵循以下两项基本原则。

1. 珍惜耕地，合理利用土地的原则。土地具有不可再生性，其数量具有固定性，是国家最珍稀的自然资源之一。土地征收不仅使土地的权属发生变更，而且会使土地的用途发生变化，即征收后的土地基本上都由农业生产用地变为建设用地，而这种变化具有不可逆转性。被征收的土地绝大部分是农业生产用地，其中有相当数量为耕地。征收土地的数量直接关系到农业生产用地的保护，关系到农业生产结构和农产品产量的变化。1998 年修订的《土地管理法》第一

---

〔1〕 吴春岐等：《房地产法新论》，中国政法大学出版社 2008 年版，第 72 页。

次将"十分珍惜、合理利用土地和切实保护耕地是我国的基本国策"写入法律，足见国家对土地资源的重视，因而各级政府在征收土地时必须加强宏观调控，严格控制各项建设用地。在征收土地时，应当根据建设项目的性质和规模，合理确定征收土地的位置和数量。凡有荒地可以利用的，尽量不占耕地；凡能利用劣地的，不要占用耕地良田，尽可能少征或不征农业生产用地。在征收土地的时间上，要分轻重缓急，根据建设项目施工的需要确定征收土地的时间，避免早征晚用、多征少用等浪费土地的现象。

2. 兼顾国家、集体和个人三者利益的原则。征收土地涉及多方面的利益关系，集体土地征收意味着农民集体土地所有权的丧失，直接关系到被征地者即农民的生产、生活以至生存。因此，在征收土地时应坚持国家、集体和个人三者利益兼顾的原则。一方面，被征地单位农民集体要顾全大局，服从征收土地的需要，维护国家利益；另一方面，国家也要妥善安排被征地单位和农民的生产和生活：一是对被征收土地的生产单位要妥善安排生产；二是对征地范围内的拆迁户要妥善安置；三是对征收的耕地要适当补偿；四是对征地给农民造成的损失要适当补助。[1]

三、土地征收的程序

根据《土地管理法》《土地管理法实施条例》和《建设用地审查报批管理办法》等法律、法规的规定，土地征收的基本程序如下。

（一）建设用地申请

提交用地申请是征地审批程序的开始。《土地管理法》第 53 条规定："经批准的建设项目需要使用国有建设用地的，建设单位应当持法律、行政法规规定的有关文件，向有批准权的县级以上人民政府自然资源主管部门提出建设用地申请，经自然资源主管部门审查，报本级人民政府批准。"

（二）征收土地的审批权限

为防止征收权的滥用，征收土地必须经有批准权限的国家机关批准，法律规定了严格的土地征收的审批权限。《土地管理法》对国家建设征收土地的审批权限作了明确的规定。为控制征地总量，防止地方政府滥用征地权，国家于1998 年修改了《土地管理法》，上收了征收土地的审批权，将以前征收土地的多级限额审批改为由国家和省级人民政府审批。

1. 农用地转用的审批。国家实行土地用途管制制度，如果征收的土地用途为农用地，应当依照《土地管理法》第 44 条的规定先行办理农用地转用审批手续，即将农用地转为建设用地的审批手续。转用手续的审批权限为：①永久基

---

〔1〕　符启林：《房地产法》，法律出版社 2009 年版，第 158 页。

本农田转为建设用地的，由国务院批准。②在土地利用总体规划确定的城市和村庄、集镇建设用地规模范围内，为实施该规划而将永久基本农田以外的农用地转为建设用地的，按土地利用年度计划分批次由原批准土地利用总体规划的机关或者其授权的机关批准。在已批准的农用地转用范围内，具体建设项目用地可以由市、县人民政府批准。③在土地利用总体规划确定的城市和村庄、集镇建设用地规模范围外，将永久基本农田以外的农用地转为建设用地的，由国务院或者国务院授权的省、自治区、直辖市人民政府批准。

2. 土地征收的审批。《土地管理法》第46条规定，因建设需要征收属于集体所有的土地的，必须按以下批准权限，由省级以上人民政府批准，并对两级政府的征地审批权限作了如下划分：①征收永久基本农田或永久基本农田以外的耕地超过35公顷的，其他土地超过70公顷的，由国务院批准。②征收永久基本农田以外的耕地在35公顷以下，其他土地在70公顷以下的，由省、自治区、直辖市人民政府批准。

如果所征收土地为农用地，经国务院批准农用地转用时，同时办理征地审批手续，不再另行办理征地审批；经省、自治区、直辖市人民政府在征地批准权限内批准农用地转用的，同时办理征地审批手续，不再另行办理征地审批，超过征地批准权限的，应当依照上述规定另行办理征地审批。

四、征收土地的补偿与安置

我国的《土地管理法》第48条第1款规定，"征收土地应当给予公平、合理的补偿，保障被征地农民原有生活水平不降低、长远生计有保障"。这是因为土地是农业的基本生产资料，农民集体在利用土地的过程中，向土地投入了大量的资金和劳动。国家征用农民集体的土地，必然会给被征地者的生产、生活带来很大的影响，使他们遭受重大经济损失。为此必须对他们给予公平、合理的补偿，补偿的基本原则是：保障被征地农民原有生活水平不降低、长远生计有保障。土地是农民最基本的生产资料，征收农民的土地等于剥夺了他们的生活来源。因此，征地补偿应以使被征地农民的生活水平不降低为原则，并且还要保障农民的长远生计有保障。

（一）征地补偿费的范围与标准

1. 征地补偿费的范围。依据《土地管理法》第48条第2款的规定，征收土地应当依法及时足额支付土地补偿费、安置补助费以及农村村民住宅、其他地上附着物和青苗等的补偿费用，并安排被征地农民的社会保障费用。《物权法》第42条第2款也规定："征收集体所有的土地，应当依法足额支付土地补偿费、安置补助费、地上附着物和青苗的补偿费等费用，安排被征地农民的社会保障费用，保障被征地农民的生活，维护被征地农民的合法权益。"需要说明的是，我国的征地补偿费实质上是对农民在被征收之土地上长期投资、投工的补偿，而非土地的价格。实行土地私有制的国家，其征收土地补偿的实质是地价补偿。但确定补偿数额的依据各国不尽相同，一般是按土地的市场价格来确定赔偿数额，也有些国家是按过去某个时期的土地价格来确定赔偿数额。我国长期以来是按法定标准对被征地者给予补偿。[1]

2. 征地补偿费的标准。根据《土地管理法》的规定，征收农用地的土地补偿费、安置补助费标准由省、自治区、直辖市通过制定公布区片综合地价确定。制定区片综合地价应当综合考虑土地原用途、土地资源条件、土地产值、土地区位、土地供求关系、人口以及经济社会发展水平等因素，并至少每三年调整或者重新公布一次。

征收农用地以外的其他土地、地上附着物和青苗等的补偿标准，由省、自治区、直辖市制定。对其中的农村村民住宅，应当按照先补偿后搬迁、居住条件有改善的原则，尊重农村村民意愿，采取重新安排宅基地建房、提供安置房或者货币补偿等方式给予公平、合理的补偿，并对因征收造成的搬迁、临时安置等费用予以补偿，保障农村村民居住的权利和合法的住房财产权益。

县级以上地方人民政府应当将被征地农民纳入相应的养老等社会保障体系。被征地农民的社会保障费用主要用于符合条件的被征地农民的养老保险等社会保险缴费补贴。被征地农民社会保障费用的筹集、管理和使用办法，由省、自治区、直辖市制定。

（二）征地补偿费的使用与监管

土地补偿费和安置补助费属于专用款项，主要应该用来解决因土地被征收而失业者的生产、生活，应由农村集体经济组织统一管理和使用。其主要用于农村集体经济组织和农民兴办企业及其他项目的开发经营。地方各级人民政府应当支持被征地的农村集体经济组织和农民从事开发经营，兴办企业。[2] 要保证这笔专用款项的有效使用，真正用于解决被征地农民的生产、生活问题，保护他们的长远利益。[3] 根据《土地管理法实施条例》第 26 条的规定，土地补偿费归农村集体经济组织所有；地上附着物及青苗补偿费归地上附着物及青苗的所有者所有。征收土地的安置补助费必须专款专用，不得挪作他用。需要安置的人员由农村集体经济组织安置的，安置补助费支付给农村集体经济组织，由农村集体经济组织管理和使用；由其他单位安置的，安置补助费支付给安置

---

〔1〕　李延荣、周珂：《房地产法》，中国人民大学出版社 2008 年版，第 110 页。

〔2〕　见《土地管理法》第 50 条。

〔3〕　李延荣、周珂：《房地产法》，中国人民大学出版社 2008 年版，第 110 页。

单位；不需要统一安置的，安置补助费发放给被安置人员个人或者征得被安置人员同意后用于支付被安置人员的保险费用。市、县和乡（镇）人民政府应当加强对安置补助费使用情况的监督。另外，根据《土地管理法》第 49 条的规定，被征地的农村集体经济组织应当将征收土地的补偿费用的收支状况向本集体经济组织的成员公布，接受监督。禁止侵占、挪用被征收土地单位的征地补偿费用和其他有关费用。

第七节　国有土地上房屋征收与补偿

一、国有土地上房屋征收与补偿概述

国有土地上房屋征收与补偿，是指为了公共利益的需要，对国有土地上单位、个人的房屋依法进行征收，并对被征收房屋的所有权人依法予以公平补偿的行为。《城市房地产管理法》第 6 条规定："为了公共利益的需要，国家可以征收国有土地上单位和个人的房屋，并依法给予拆迁补偿，维护被征收人的合法权益；征收个人住宅的，还应当保障被征收人的居住条件。具体办法由国务院规定。"根据这一立法授权，2007 年 12 月国务院第 200 次常务会议首次就《国有土地上房屋征收与补偿条例（草案）》进行审议，并决定经修改后公开征求群众意见。2010 年，该条例草案先后两次向社会公开征求意见。经过各方面的共同努力，条例草案经修改比较成熟后，经 2011 年 1 月 19 日国务院常务会议审议通过，并于 2011 年 1 月 21 日公布，自公布之日起施行。同时，2001 年 6月 13 日国务院公布的《城市房屋拆迁管理条例》废止。《国有土地上房屋征收与补偿条例》（以下简称《征收与补偿条例》）成为《城市房屋拆迁管理条例》之后，处理国有土地上房屋拆迁最重要、最直接的法律依据。

从此，我国城市房屋拆迁管理制度演变为国有土地上房屋征收与补偿制度。

国有土地上房屋征收是国家在征用或收回国有土地的过程中发生的一种社会现象，它与土地征收有着相同的性质和密切的联系。当国家进行经济建设、公共事业建设或实施城市规划，需要使用现土地使用者使用的土地时，就会发生国有土地上房屋征收。国有土地上房屋征收作为一种强制性的法律行为，同样不以被拆迁人是否同意为条件。为了保障城市建设的顺利进行，维护征收关系中双方当事人的合法权益，国家就要通过立法，对国有土地上房屋征收行为进行管理和规范，对征收过程中发生的各种利益关系进行调整和协调，从而形成国有土地上房屋征收与补偿管理法律制度。国有土地上房屋征收与补偿管理法律制度是房地产管理法律制度的重要组成部分。

二、国有土地上房屋征收与补偿的基本原则与实施主体

（一）基本原则

《征收与补偿条例》第 3 条规定："房屋征收与补偿应当遵循决策民主、程序正当、结果公开的原则。"

1. 决策民主原则。决策民主原则，是指房屋征收补偿方案的拟定、征收决定的作出、补偿协议的签订、补偿决定的作出以及纠纷的协商解决等，都必须贯彻民主决策的精神。为贯彻这一原则，《征收与补偿条例》还作了一些创新性规定，如第 12 条规定，房屋征收决定涉及被征收人数量较多的，应当经政府常务会议讨论决定。而政府常务会议的议事规则，就必须遵循决策民主的原则。

2. 程序正当原则。程序正当原则，是指在征收决定、补偿决定作出的过程中都必须遵循法定的程序和步骤。征收与补偿决定的作出机关不得同时为征收补偿救济的裁决机关，行政机关不得享有行政强拆权，禁止暴力搬迁，禁止建设单位参与搬迁活动，房地产价格评估机构应当由被征收人确定，任何纠纷和争议事项都应依法纳入司法审查的范畴。

3. 结果公开原则。结果公开原则，是指征收与补偿每一个程序步骤的结果都必须依法予以公开。如房屋征收部门拟定的补偿方案必须公开，对补偿方案的征求意见情况和根据公众意见的修改情况必须公开，征收决定必须公开，被征收房屋的调查登记情况必须公开，补偿决定必须公开，分户补偿情况必须公开，对征收补偿费用的审计结果必须公开，等等。结果公开原则是决策民主原则、程序正当原则的进一步落实与深化，可以避免暗箱操作，以防止腐败。

（二）实施主体

政府是房屋征收与补偿的实施主体，房屋征收是政府行为。按照原《城市房屋拆迁管理条例》，建设单位是拆迁人，这是由于当时的历史条件所决定的，从近几年的实践来看，由于拆迁进度与建设单位的经济利益直接相关，容易造成拆迁人与被拆迁人矛盾的激化。《征收与补偿条例》改变了以前由建设单位拆迁的做法，规定政府是征收补偿主体，由房屋征收部门组织实施房屋征收与补偿工作。[1] 房屋征收部门可以委托房屋征收实施单位承担房屋征收与补偿的具体工作，但房屋征收实施单位不得以营利为目的。房屋征收部门对房屋征收实施单位实施房屋征收与补偿的行为负责监督，并对其行为后果承担法律责任。

---

[1] 参见《征收与补偿条例》第 4 条的规定："市、县级人民政府负责本行政区域的房屋征收与补偿工作。市、县级人民政府确定的房屋征收部门（以下称房屋征收部门）组织实施本行政区域的房屋征收与补偿工作。市、县级人民政府有关部门应当依照本条例的规定和本级人民政府规定的职责分工，互相配合，保障房屋征收与补偿工作的顺利进行。"

禁止建设单位参与搬迁活动，任何单位和个人都不得采取暴力、威胁或者中断供水、供热、供气、供电和道路通行等非法方式迫使被征收人搬迁。

三、征收决定

（一）征收决定的前提

征收决定的前提是基于"公共利益"。在本书上一节"土地征收"中提到，"公共目的"或"公共利益"是最难界定的，因为它是一个抽象的法律概念，在立法上对其内涵与外延作出准确、周详的界定是十分困难的。因此大多数国家或地区的法律在界定公共目的时采用了"列举加概括"的方式。《征收与补偿条例》第8条也采取了列举加概括的立法模式，对公共利益需要在现实中的认定提供了基本的规范和指引。《征收与补偿条例》第8条的具体规定如下："为了保障国家安全、促进国民经济和社会发展等公共利益的需要，有下列情形之一，确需征收房屋的，由市、县级人民政府作出房屋征收决定：①国防和外交的需要；②由政府组织实施的能源、交通、水利等基础设施建设的需要；③由政府组织实施的科技、教育、文化、卫生、体育、环境和资源保护、防灾减灾、文物保护、社会福利、市政公用等公共事业的需要；④由政府组织实施的保障性安居工程建设的需要；⑤由政府依照城乡规划法有关规定组织实施的对危房集中、基础设施落后等地段进行旧城区改建的需要；⑥法律、行政法规规定的其他公共利益的需要。"可见，该条在具体列举了五种公共利益需要的情形之后，又加了一个概括性的兜底条款第⑥项，有利于弥补前五项规定未尽事宜。对于上述公共利益需要的五种具体情形，可以简单地概括为国防外交的需要、基础设施建设的需要、公共事业的需要、保障性安居工程建设的需要和旧城区改建的需要。

需要说明的是，为公共利益需要而征收国有土地上的房屋，并非完全排除房屋被征收后所兴办的建设项目是收费项目或具有一定的营利性。如科技、教育、文化、卫生、体育、市政公用等诸多的公共事业项目，大都需对消费这些服务项目的公众收取一定的费用因而带有一定的营利性，但这并不妨碍政府组织实施这些项目的公共利益性。[1]

（二）征收房屋建设项目的规划和计划要求

《征收与补偿条例》第9条规定："依照本条例第8条规定，确需征收房屋的各项建设活动，应当符合国民经济和社会发展规划、土地利用总体规划、城乡规划和专项规划。保障性安居工程建设、旧城区改建，应当纳入市、县级国民经济和社会发展年度计划。制定国民经济和社会发展规划、土地利用总体规

---

[1] 房绍坤主编：《房地产法》，北京大学出版社2011年版，第99页。

划、城乡规划和专项规划，应当广泛征求社会公众意见，经过科学论证。"对是否满足上述规划要求的审查，构成征收决定作出的前置程序，市、县级人民政府在作出公共利益的认定后，还必须依法进行规划审查，否则作出的征收决定就是违法的。而市、县级的国民经济和社会发展年度计划须由同级的人民代表大会审议通过，因此可以认为，地方权力机关已经开始部分地介入地方政府的房屋征收活动。如果建设活动属于保障性安居工程建设和旧城区改建，而这两项建设活动的需要又没有纳入当年的市、县级国民经济和社会发展年度计划并经同级人民代表大会审议通过，则不得为了这两项建设活动的需要作出征收决定。这进一步限缩了地方政府的房屋征收决定权，[1] 同时强调制定国民经济和社会发展规划等应当广泛征求社会公众意见，经过科学论证。这些规定体现出该条例的进步性。

（三）征收补偿方案的拟定、公布与征求意见

1. 补偿方案的拟定与上报。《征收与补偿条例》第 10 条规定："房屋征收部门拟定征收补偿方案，报市、县级人民政府。市、县级人民政府应当组织有关部门对征收补偿方案进行论证并予以公布，征求公众意见。征求意见期限不得少于 30 日。"在分工上，市、县级人民政府负责本行政区域的房屋征收与补偿的决定工作，而由市、县级人民政府确定的房屋征收部门则负责组织实施本行政区域的房屋征收与补偿工作。因此，在市、县级政府作出房屋征收决定后，房屋征收部门就应当组织实施该项征收决定。房屋征收补偿方案的拟定是一项具体的实施工作，因而其拟定主体是房屋征收部门而非市、县级人民政府。但房屋征收部门无权最终决定房屋征收的补偿方案，因此其于方案拟定完毕后，必须依法上报市、县级人民政府。

2. 补偿方案意见的公布与听证。《征收与补偿条例》第 11 条规定："市、县级人民政府应当将征求意见情况和根据公众意见修改的情况及时公布。因旧城区改建需要征收房屋，多数被征收人认为征收补偿方案不符合本条例规定的，市、县级人民政府应当组织由被征收人和公众代表参加的听证会，并根据听证会情况修改方案。"市、县级人民政府虽非补偿方案的拟定主体，但其于收到房屋征收部门拟定的征收补偿方案后，却必须负责方案的论证、公布和征求意见的组织工作。之所以不由房屋征收部门直接负责组织补偿方案的论证与征求意见工作，是考虑到国有土地上房屋征收工作涉及政府的诸多工作部门，如同级财政、国土资源、发展改革等有关部门，非房屋征收部门一家之力所能胜任，因而由市、县级人民政府负责组织更能保证工作的顺利进行。

---

[1] 房绍坤主编：《房地产法》，北京大学出版社 2011 年版，第 99 页。

（四）征收的社会稳定风险评估与征收补偿费用的预存

《征收与补偿条例》第 12 条规定："市、县级人民政府作出房屋征收决定前，应当按照有关规定进行社会稳定风险评估；房屋征收决定涉及被征收人数量较多的，应当经政府常务会议讨论决定。作出房屋征收决定前，征收补偿费用应当足额到位、专户存储、专款专用。"进行社会稳定风险评估是近年来我国地方政府在"维稳"过程中探索出的一项制度创新，该条在立法上吸纳了此项制度。社会稳定风险评估涉及诸多方面，如房屋征收的合法性、合理性，征收程序的正当性，建设项目的可行性，环境污染评估，社会治安等诸方面，市、县级人民政府在作出征收决定前都应当按照有关规定进行评估。与此同时，为了保障被征收人的合法权益、保证征收补偿费用的足额到位与落实，该条第 2 款创设了征收补偿费用的预存制度。征收补偿费的预存，是保障房屋征收实施工作顺利进行的重要前提，预存制度要求：补偿费用应当足额到位、专户存储、专款专用。只有足额到位，才能保证资金充实；只有专户存储，才能保证及时发放；只有专款专用，才能保证征收补偿费用不被挪用。

（五）征收调查登记与征收范围内被征收房屋的保全

1. 征收调查登记。《征收与补偿条例》第 15 条规定："房屋征收部门应当对房屋征收范围内房屋的权属、区位、用途、建筑面积等情况组织调查登记，被征收人应当予以配合。调查结果应当在房屋征收范围内向被征收人公布。"调查登记的目的在于弄清征收标的的物质实体状况和权属状况，为后续征收工作的继续开展、被征收房屋价值的确定、补偿工作的进行等提供基础资料和依据。

2. 征收范围内被征收房屋的保全。《征收与补偿条例》第 16 条规定："房屋征收范围确定后，不得在房屋征收范围内实施新建、扩建、改建房屋和改变房屋用途等不当增加补偿费用的行为；违反规定实施的，不予补偿。房屋征收部门应当将前款所列事项书面通知有关部门暂停办理相关手续。暂停办理相关手续的书面通知应当载明暂停期限。暂停期限最长不得超过 1 年。"本条是关于征收范围确定后，在房屋征收范围内禁止活动的规定，目的在于对征收范围内被征收房屋的保全。国有土地上房屋征收以补偿为对价，并非无偿取得。补偿费用的确定须有一个时点，因为在不同的时点被征收房屋的物质实体状况和房屋用途可能会发生改变，而这些改变会直接导致征收补偿费用的变化。因此采取以下三项保全措施：①禁止新建、扩建、改建房屋。该条例第 17 条、第 19 条规定，对被征收人给予的补偿包括被征收房屋价值的补偿，而且被征收房屋补偿是征收补偿的主要方面。征收补偿主要根据被征收房屋的建筑结构、新旧程度、建筑面积等因素以及装修和原有设备的拆装损失等确定，新建、扩建、改建房屋会直接影响征收房屋的评估结果，从而增加征收人即作出房屋征收决定的市、县级人民政府的补偿费用，提高实现公共利益需要的成本。②禁止改变房屋用途。被征收房屋的区位、用途、建筑面积等是影响房屋征收评估的重要因素，房屋的用途对补偿价格的确定有重要影响。按照该条例第17条、第23条的规定，给予被征收人的补偿应当包括因征收房屋造成的停产停业损失的补偿，如果被征收房屋一套为经营性用房，而另一套为住宅，即使两者同区位、同面积，补偿金额也会有较大差异。如果在征收房屋确定后，允许被征收人临时改变房屋用途，将住宅改变为经营性用房，会大大增加征收补偿成本。③禁止不当增加补偿费用的其他行为。上述新建、扩建、改建房屋和改变房屋用途是不当增加补偿费用的主要形式，除此之外还有其他一些情形，如违反规定迁入户口或分户等也会造成征收成本的增加，影响公共利益的实现，从而也应当禁止。

（六）征收公告与国有土地使用权的收回

《征收与补偿条例》第13条规定："市、县级人民政府作出房屋征收决定后应当及时公告。公告应当载明征收补偿方案和行政复议、行政诉讼权利等事项。市、县级人民政府及房屋征收部门应当做好房屋征收与补偿的宣传、解释工作。房屋被依法征收的，国有土地使用权同时收回。"根据前述结果公开原则，市、县级人民政府在作出房屋征收决定后应当及时公告。何为"及时"，该条例没有明确。在理解上，一般认为没有不合理迟延地公告即为符合"及时"的时间要求。在公告的内容上，该条例明确规定，应当载明征收补偿方案和行政复议、行政诉讼权利等事项。

此外，征收决定的生效将导致物权变动的法律效果，征收决定一旦公告，原国有土地使用权即应予以收回。这里的"收回"，在性质上也是一种征收，属于建设用地使用权的征收。

（七）征收复议与行政诉讼

《征收与补偿条例》第14条规定："被征收人对市、县级人民政府作出的房屋征收决定不服的，可以依法申请行政复议，也可以依法提起行政诉讼。"这是对征收决定不服的救济，该规定废除了旧有的行政裁决前置程序，赋予了被征收人复议或诉讼的救济选择权。

1. 行政复议。被征收人选择行政复议的救济途径时，应按照我国《行政复议法》的规定进行。根据《行政复议法》的规定，公民、法人或者其他组织认为具体行政行为侵犯其合法权益时，可以向行政机关提出行政复议申请，行政机关应当受理行政复议申请并作出行政复议决定。《征收与补偿条例》赋予被征收人行政复议权的法律依据是《行政复议法》第6条第7项的规定，即公民、法人或者其他组织认为行政机关违法征收财物的，可依法申请行政复议。由于国有土地上房屋征收的决定主体是市、县级人民政府，属地方人民政府的具体行政行为，因而对其不服的，根据《行政复议法》第 13 条的规定，被征收人应向上一级地方人民政府申请行政复议。即由县级人民政府作出征收决定的，被征收人应向设区的市级人民政府申请行政复议；由设区的市级人民政府作出征收的，被征收人应向省级人民政府申请行政复议。

2. 行政诉讼。公民、法人或者其他组织认为行政机关和行政机关工作人员的具体行政行为侵犯其合法权益的，有权依照我国《行政诉讼法》向人民法院提起行政诉讼。根据《行政诉讼法》第 13 条的规定，在受案范围上，人民法院不受理因政府作出的抽象行政行为而引发的纠纷，也不受理"法律规定由行政机关最终裁决的行政行为"。在此，征收决定不属于市、县级人民政府作出的抽象行政行为，也不属于"法律规定由行政机关最终裁决的具体行政行为"，因此，被征收人有权提起行政诉讼。

四、征收补偿

（一）房屋征收补偿的范围

《征收与补偿条例》第 17 条规定："作出房屋征收决定的市、县级人民政府对被征收人给予的补偿包括：①被征收房屋价值的补偿；②因征收房屋造成的搬迁、临时安置的补偿；③因征收房屋造成的停产停业损失的补偿。市、县级人民政府应当制定补助和奖励办法，对被征收人给予补助和奖励。"据此，房屋征收补偿的范围如下：

1. 被征收房屋价值的补偿。被征收房屋价值的补偿，是指对被征收的建筑物及其占用范围内的建设用地使用权和其他附属物价值的补偿。其他附属物，是指与房屋主体建筑有关的附属建筑或构筑物。例如，不可移动的围墙、水井、烟囱、水塔、假山、苗木等。另外，被征收房屋内的装饰装修，在征收时也应当给予补偿。当然，在评估被征收房屋的价值时，评估对象只包括合法的被征收建筑物及其占用范围内的建设用地使用权和其他附属物，不能包括违法建筑和超过批准期限的临时建筑。虽然违法建筑和超过批准期限的临时建筑在物质实体上也具有一定的使用价值，但由于《征收与补偿条例》明确规定了这两类建筑物不予征收补偿，因而不能把这两类建筑物作为评估对象。

2. 搬迁补偿与临时安置补偿。

（1）搬迁补偿。这是指给予被征收人搬迁费的补偿。所谓搬迁费，是指被征收房屋被拆除后，被征收人就地安置或异地安置所须支出的必要合理费用。国有土地上房屋被征收后，房屋所有权转归国家所有，建设用地使用权同时被收回，被征收人已无权再使用被征收房屋和土地了，其依法当然必须搬迁。而搬迁必定要支出费用，这些费用，从被征收人的角度讲，就是搬迁费用；从作出征收决定的市、县级人民政府的角度讲，就是依法应予补偿的搬迁费。

（2）临时安置补偿。这是指对选择房屋产权调换补偿方式的被征收人，在产权调换房屋交付前，由房屋征收部门向被征收人支付临时安置费或者提供周转用房的补偿。

3. 停产停业损失补偿。停产停业损失补偿，是指因房屋征收而造成被征收人生产经营活动暂停或者终止损失的补偿。停产停业损失发生于具有营业性的房屋被征收时，对于住宅房屋，因为其不存在生产经营活动的用途，因而也就不存在停产停业损失的问题。当然，停产停业损失是指合法损失，即从事合法生产经营活动而可能获取的合法财产利益的损失；违法生产经营活动本为法律所不许，属依法应予取缔的范畴，因而不存在停产停业损失补偿的问题。

另外，《征收与补偿条例》第 17 条第 2 款还规定要对被征收人给予补助与奖励。这是为了促使被征收人配合征收和搬迁工作，由房屋征收部门给予被征收人一定的补助和奖励。

（二）房屋征收补偿的方式

《征收与补偿条例》第 21 条规定："被征收人可以选择货币补偿，也可以选择房屋产权调换。被征收人选择房屋产权调换的，市、县级人民政府应当提供用于产权调换的房屋，并与被征收人计算、结清被征收房屋价值与用于产权调换房屋价值的差价。因旧城区改建征收个人住宅，被征收人选择在改建地段进行房屋产权调换的，作出房屋征收决定的市、县级人民政府应当提供改建地段或者就近地段的房屋。"据此，房屋征收补偿的方式如下：

1. 货币补偿。这是指以人民币为计价货币单位的金钱补偿。在房屋征收中，货币补偿是可供被征收人选择的两种补偿方式之一，通常是被征收人首选的补偿方式。

2. 房屋产权调换。这是指被征收人不选择货币补偿，而选择由房屋征收部门提供用于产权调换的房屋的方式进行的补偿。在性质上，房屋产权调换是一种替代补偿方式。就房屋产权调换补偿，《征收与补偿条例》作了以下三个方面的具体规定：①第 18 条规定："征收个人住宅，被征收人符合住房保障条件的，作出房屋征收决定的市、县级人民政府应当优先给予住房保障……"即政府对符合住房保障条件的被征收人除给予补偿外，还应优先安排被征收人享受住房保障，使其不再等待轮候保障房。②第 21 条第 2 款规定："被征收人选择房屋产权调换的，市、县级人民政府应当提供用于产权调换的房屋，并与被征收人计算、结清被征收房屋价值与用于产权调换房屋价值的差价。"即选择房屋产权调换补偿方式的，须依法计算、结算房屋差价。差价计算、结算应在被征收房屋价值评估和用于产权调换房屋价值评估的基础上进行。③第 21 条第 3 款规定："因旧城区改建征收个人住宅，被征收人选择在改建地段进行房屋产权调换的，作出房屋征收决定的市、县级人民政府应当提供改建地段或者就近地段的房屋。"这是关于"回迁"的规定,即被征收人享有"回迁"的选择权。

（三）被征收房屋价值的评估

1. 房地产价格评估机构的确定及其工作原则。房地产价格评估机构,即房地产估价机构,是指依法设立并取得房地产估价机构资质,从事房地产估价活动的中介服务机构。《征收与补偿条例》第 20 条第 1 款规定:"房地产价格评估机构由被征收人协商选定;协商不成的,通过多数决定、随机选定等方式确定,具体办法由省、自治区、直辖市制定。"此规定确立了被征收人选定房地产估价机构的三种方式:①协商选定;②多数决选定;③随机选定。由于各地区差异性很大,需要因地制宜,因此,授权省、自治区、直辖市人民政府制定具体办法。

关于房地产价格评估机构的工作原则,《征收与补偿条例》第 20 条第 2 款规定:"房地产价格评估机构应当独立、客观、公正地开展房屋征收评估工作,任何单位和个人不得干预。"可见,房地产价格评估机构的工作原则是独立、客观、公正。独立原则,要求评估机构不受任何单位和个人的干预,能够独立自主地开展评估工作;客观原则,要求评估过程、评估结果应当真实、符合客观情况,不主观随意化;公正原则,则要求评估结果应当不偏不倚、科学合理。

2. 被征收房屋价值的评估确定。《征收与补偿条例》第 19 条第 1 款规定:"对被征收屋价值的补偿,不得低于房屋征收决定公告之日被征收房屋类似房地产的市场价格。被征收房屋的价值,由具有相应资质的房地产价格评估机构按照房屋征收评估办法评估确定。"据此,被征收房屋价值的确定要参照类似房地产的市场价格,[1]由房地产价格评估机构评估确定。

（四）未登记建筑的调查、认定和处理

《征收与补偿条例》第 24 条规定:"市、县级人民政府及其有关部门应当依法加强对建设活动的监督管理,对违反城乡规划进行建设的,依法予以处理。市、县级人民政府作出房屋征收决定前,应当组织有关部门依法对征收范围内未经登记的建筑进行调查、认定和处理。对认定为合法建筑和未超过批准期限的临时建筑的,应当给予补偿;对认定为违法建筑和超过批准期限的临时建筑

---

[1]　这里所谓类似房地产,是指与被征收房屋处在同一供求范围内,并在用途、规模、建筑结构、新旧程度、档次、权利性质等方面相同或者相似的房地产。类似房地产的市场价格,则是指被征收房屋的类似房地产在市场上的平均水平价格。在评估实践中,类似房地产的市场价格应当是搜集评估时点近期类似房地产的实际成交价格,剔除偶然的和不正常的因素以后计算得出的价格。类似房地产的实际成交价格以真实成交、可以质证或者房地产交易登记的实际成交价格为依据。参见房绍坤主编:《房地产法》,北京大学出版社 2011 年版,第 107 页。

的，不予补偿。"

上述规定中所谓违法建筑，是指违反城乡规划以及相关法律法规进行建设的建筑。违反城乡规划的建筑是违法建筑，在房屋征收范围确定后新建、扩建、改建的房屋也是违法建筑，未经登记的建筑在形式上也是违法建筑，但有些未经登记的建筑是由于历史原因造成的，如果对这些未经登记的建筑与违法建筑同等对待而一律不予任何的征收补偿，则显失公平。该条因此而确立了未经登记建筑的调查、认定、处理制度。对于认定为违法建筑的未登记建筑不予征收补偿，对于认定为合法建筑的未登记建筑依法给予征收补偿。该条还对临时建筑以是否超过批准期限为标准进行了不同的认定和处理。

（五）补偿协议的订立与履行

《征收与补偿条例》第25条规定："房屋征收部门与被征收人依照本条例的规定，就补偿方式、补偿金额和支付期限、用于产权调换房屋的地点和面积、搬迁费、临时安置费或者周转用房、停产停业损失、搬迁期限、过渡方式和过渡期限等事项，订立补偿协议。补偿协议订立后，一方当事人不履行补偿协议约定的义务的，另一方当事人可以依法提起诉讼。"

在性质上，补偿协议是私法上的合同关系，属于《合同法》上的无名合同，因此，补偿协议的订立适用《合同法》的相关规定。

补偿协议订立后，双方当事人应当依法履行合同。一方当事人不履行补偿协议约定的义务的，另一方当事人可以依法提起诉讼。由于补偿协议在性质上属私法上的合同范畴，因而守约方提起的诉讼属违约之诉，即只能提起民事诉讼，而不能提起行政诉讼。

（六）补偿决定的作出与制约

《征收与补偿条例》第26条规定："房屋征收部门与被征收人在征收补偿方案确定的签约期限内达不成补偿协议，或者被征收房屋所有权人不明确的，由房屋征收部门报请作出房屋征收决定的市、县级人民政府依照本条例的规定，按照征收补偿方案作出补偿决定，并在房屋征收范围内予以公告。补偿决定应当公平，包括本条例第25条第1款规定的有关补偿协议的事项。被征收人对补偿决定不服的，可以依法申请行政复议，也可以依法提起行政诉讼。"

按照这一规定，当补偿协议无法订立时，应当由市、县级人民政府依法作出补偿决定。补偿协议与补偿决定有着根本的不同，前者是双方当事人意思达成合意的结果，后者则是征收决定者单方意志的体现。如前所述，补偿协议在性质上属于私法上的合同行为，而补偿决定的作出则是一个具体的行政行为。

虽然补偿决定由征收决定者单方作出，但对其行为并非没有制约。这种制约体现在：①补偿决定必须按照征收补偿方案作出。②补偿决定应当在房屋征收范围内予以公告。③补偿决定应当公平，包括遵循前述第 25 条第 1 款规定的对补偿协议的各项要求。④被征收人可以依法申请行政复议，也可以依法提起行政诉讼，以此约束决定作出者的行为。

（七）自行搬迁

《征收与补偿条例》第 27 条规定："实施房屋征收应当先补偿、后搬迁。作出房屋征收决定的市、县级人民政府对被征收人给予补偿后，被征收人应当在补偿协议约定或者补偿决定确定的搬迁期限内完成搬迁。任何单位和个人不得采取暴力、威胁或者违反规定中断供水、供热、供气、供电和道路通行等非法方式迫使被征收人搬迁。禁止建设单位参与搬迁活动。"

根据此条"先补偿、后搬迁"的规定，当房屋征收部门不依约支付征收补偿费用时，被征收人可以依法行使先履行抗辩权，直到房屋征收部门履行支付补偿费的义务后再履行自己的搬迁义务。即只有当作出征收决定的市、县级人民政府履行了自己的补偿义务，被征收人才有义务自行搬迁。所谓自行搬迁，是指被征收人在作出房屋征收决定的市、县级人民政府对其给予补偿后，在补偿协议约定或者补偿决定确定的搬迁期限内自行完成搬迁。自行搬迁是国有土地上房屋征收搬迁的常态，是被征收人履行补偿协议的搬迁义务或者遵从补偿决定的搬迁义务而自愿完成的行为。

暴力搬迁曾经是我国房屋拆迁中的一个突出问题。为此，该条规定，任何单位和个人不得采取暴力、威胁或者违反规定中断供水、供热、供气、供电和道路通行等非法方式迫使被征收人搬迁。也就是说，不论是作出征收决定的市、县级人民政府，还是房屋征收部门、房屋征收实施单位以及其他的单位和个人，都无权在被征收人拒绝自行搬迁时采取暴力、威胁以及其他的非法方式强迫其搬迁。为保证该规定的落实，《征收与补偿条例》第 31 条规定了严厉的法律责任："采取暴力、威胁或者违反规定中断供水、供热、供气、供电和道路通行等非法方式迫使被征收人搬迁，造成损失的，依法承担赔偿责任；对直接负责的主管人员和其他直接责任人员，构成犯罪的，依法追究刑事责任；尚不构成犯罪的，依法给予处分；构成违反治安管理行为的，依法给予治安管理处罚。"在《征收与补偿条例》施行前，征收国有土地上房屋的，建设单位是"拆迁人"。作为拆迁人的建设单位往往从自身利益角度出发，采取一些非法的方式加快拆迁进度，其往往是暴力拆迁的主要肇事者。为彻底解决搬迁中的利益冲突问题，《征收与补偿条例》第 27 条第 3 款直接禁止建设单位参与搬迁活动。

（八）强制搬迁

在《征收与补偿条例》施行前，在国有土地上的房屋征收中，政府一方面可以责成有关部门强制拆迁，另一方面也可以申请法院强制拆迁。虽然行政强制拆迁占强制拆迁总数的比例不高，但行政强拆中的恶性事件频发，社会影响恶劣。为解决行政强拆导致的问题，《征收与补偿条例》明确取消了行政强拆，规定强制搬迁必须由人民法院依法强制执行。

《征收与补偿条例》第 28 条规定："被征收人在法定期限内不申请行政复议或者不提起行政诉讼，在补偿决定规定的期限内又不搬迁的，由作出房屋征收决定的市、县级人民政府依法申请人民法院强制执行。强制执行申请书应当附具补偿金额和专户存储账号、产权调换房屋和周转用房的地点和面积等材料。"由此可见，强制搬迁，是指被征收人在法定期限内不申请行政复议或者不提起行政诉讼，在补偿决定规定的期限内又不搬迁的，由作出房屋征收决定的市、县级人民政府依法申请人民法院强制执行。在适用的范围上，强制搬迁针对的是补偿决定的强制执行，而非补偿协议的强制执行。被征收人不履行补偿协议约定的搬迁义务，需承担违约责任，对此房屋征收部门可以申请人民法院强制执行，但此强制执行针对的是民事责任，强制搬迁执行针对的是行政责任。可见，人民法院通过强制执行实现强制搬迁，是行政责任的承担而非违约责任的承担。"先补偿、后搬迁"的要求不仅适用于自行搬迁，对强制搬迁也同样适用。该条第 2 款明确规定，强制执行申请书应当附具补偿金额和专户存储账号、产权调换房屋和周转用房的地点和面积等材料。强制执行申请书不附具上述材料的，即可推定为申请强制执行的市、县级人民政府没有履行"先补偿、后搬迁"的法定义务，人民法院不能受理，更不得强制执行。

（九）补偿监督

《征收与补偿条例》第 29 条规定："房屋征收部门应当依法建立房屋征收补偿档案，并将分户补偿情况在房屋征收范围内向被征收人公布。审计机关应当加强对征收补偿费用管理和使用情况的监督，并公布审计结果。"根据这一规定，补偿监督制度的主要内容如下：

1. 征收补偿档案的建立。建立补偿档案的目的在于保存房屋征收补偿信息，而房屋征收与补偿信息是一种政府信息。所谓政府信息，是指行政机关在履行行政管理职能过程中制作或者获取的，以一定形式记录、保存的信息。[1] 因此，房屋征收部门应当根据《政府信息公开条例》的相关规定建立征收补偿档案。

2. 分户补偿情况的公布。为增加房屋征收补偿的透明度，该条要求将分户补偿情况在房屋征收范围内向被征收人公布。当被征收人只是一户时，不存在分户补偿，也不存在其他被征收人的知情权问题。但当被征收人是两户以上时，

---

〔1〕《政府信息公开条例》第 2 条。

就须分户补偿。房屋征收部门还有义务接受其他被征收人查询分户补偿情况信息的请求，不得违法无故不予查询。

3. 征收补偿费用的审计监督。作出征收决定和补偿决定的市、县级人民政府的审计机关，应当根据我国《审计法》的相关规定，加强对征收补偿费用的管理和使用情况的审计监督。

五、法律责任

关于国有土地上房屋征收与补偿行为中的法律责任，见本书第十一章第四节"国有土地上房屋征收与补偿法律责任"。

第五章

房地产开发法律制度

第一节　房地产开发概述

一、房地产开发的概念和特征

房地产开发，是指在依法取得国有土地使用权的土地上进行基础设施、房屋建设的行为。[1] 这一概念包含以下内容：

1. 房地产开发的前提条件，是取得建设用地使用权。城市房地产开发用地必须是国有土地。农村集体土地不能直接用于房地产开发，只有由国家通过征收转为国有土地后，才能成为房地产开发用地。

2. 房地产开发包括如下两种行为：①基础设施建设行为，通常称为土地开发或再开发行为。土地开发也称"三通一平"或"七通一平"。"三通一平"包括实现开发区域以外的道路通、给水排水通、供电线路通和对施工现场上的土地进行平整；"七通一平"包括道路通、上下水通、雨污排水通、电力通、通信通、煤气通、热力通和场地平整。土地开发就是通过"三通一平"或"七通一平"，把自然状态的土地变为可供建造房屋和各类设施的建筑用地，即把生地变为熟地。土地再开发，就是在不增加城区现有土地使用面积的情况下，对城区原有土地进行再开发即改造，通过一定量资金、劳动等的投入，调整用地结构，完善城市基础设施，以提高现有土地的使用功能，提高土地利用效益。②房屋建设行为，也称房屋开发行为，包括住宅、工业厂房、商业楼宇、办公用房和其他专门用房的开发行为。所以，房地产开发并非仅限于房屋建设或者商品房屋的开发，而是包括土地开发和房屋建设在内的开发经营活动。[2]

房地产开发具有以下特征：

1. 涉及面广并具有综合性。所谓涉及面广，是指房地产开发涉及许多部门，如土地管理、建设管理、房产管理、规划、税收、工商、消防、环保、卫生、园林绿化等部门。此外，还需要勘测、设计、施工、监理、银行等单位的合作

---

〔1〕《城市房地产管理法》第2条。
〔2〕程信和、刘国臻：《房地产法》，北京大学出版社2010年版，第116页。

与配合。所谓综合性，是指房地产开发活动必须坚持"全面规划、合理布局、综合开发、配套建设"的方针，注重"综合性"与"配套性"的结合。

2. 投资额高、回收周期长、风险性高。进行土地基础设施建设与房屋开发，其资金投入少则千万、多则上亿，在这些资金中，开发商是通过少量自有资本推动巨额外源性资本参与运营，即大部分都离不开金融机构的支持。房地产开发项目回收周期长，资金投入越大，回收周期就会越长，这些投入的巨额资金只有在房地产销售后才能收回。同时，房地产开发项目完成的工作周期也会很长，房地产开发项目每一个环节的实现都需要花费较长的时间。在资金回收期间，社会需求的变化、市场行情的变化、国家法律政策的变化以及不可抗力等因素都会对房地产业产生巨大影响，这也给房地产业的经营带来了巨大的风险。[1]

3. 操作强调程序性。房地产开发项目通常要经过立项、可行性研究、取得建设用地使用权、开发建设和经营销售五大环节，每一个环节都必须按照一定的操作程序进行。这些程序都是在建设活动客观规律的基础上总结出来的，也是房地产开发各个环节相互衔接的次序，不以当事人的意志为转移，如果违反程序，往往会带来严重的经济损失和资源浪费。对于房地产开发的操作程序，各国都以法律法规的形式予以规范，从而确保房地产开发行为能够科学、合理地进行。

二、房地产开发的分类

房地产开发是一项复杂的、综合性的生产活动。一般可分为以下几类：

1. 按开发的范围来划分，房地产开发可分为新区开发和旧城改造。新区开发就是根据土地利用总体规划和城市规划，将农业用地或未利用土地开发建设成居住、工商业及其他用途的建设用地，目的是为城市的各项事业提供基础条件。

旧城改造，是指根据城市规划的需要将现已开发利用的旧城区改造翻新，重新布局，变成新的建成区，目的是发挥城市的整体功能，以适应现代化城市生产和生活的需要。它是实施城市规划，加快城市建设的一条重要途径。随着社会经济的发展和人口的增长，未开发利用的土地数量有限，城市房地产开发中，旧城改造占有很大比重，是政府鼓励的开发行为。

2. 按开发的规模来划分，房地产开发可分为单项开发、小区开发和成片开发。单项开发，通常是指在旧城改造或新区开发中所形成的一个相对独立的开发项目。其规模较小、占地少、项目功能单一、配套设施简单。

---

〔1〕 房绍坤主编：《房地产法》，北京大学出版社 2011 年版，第 71 页。

小区开发，一是指新城区开发中的一个小区综合开发，要求在开发区范围内做到基础设施和配套项目齐全，功能完善；二是指在旧城区更新改造中的局部改建，即某个相对独立的街坊的更新改造。

成片开发，是指房地产开发企业在取得国有土地使用权以后，依照规划对较大面积的土地进行综合性的开发建设，形成工业用地或其他建设用地条件，然后进行土地使用权转让，或者建成通用工业厂房以及配套的生产、生活服务设施。一般来讲，成片开发属于范围广阔、项目众多、投入资金巨大、建设周期长的大型综合开发。

3. 按开发主体来划分，房地产开发可分为政府开发和房地产开发企业开发。政府开发，是指由政府组织人力、物力对土地进行前期开发，将生地变为熟地，然后出让建设用地使用权。

房地产开发企业开发，是指房地产开发企业通过法定程序取得开发项目后，对土地进行开发，建设房屋等建筑物。其开发项目可以从熟地开始，也可以从生地开始。目前，房地产开发企业进行的房地产开发是最主要的开发形式。

此外，按其内容的不同，房地产开发还可以分为基础设施建设和房屋建设；按照房地产开发的目的，房地产开发可以分为经营性开发与自用性开发；按照房地产开发的主体人数，房地产开发可以分为单独开发与合作开发；等等。

三、房地产开发的原则

根据《城市房地产管理法》第 25 条和《城市房地产开发经营管理条例》第 3 条的规定，房地产开发的原则是：严格执行城市规划，按照经济效益、社会效益、环境效益相统一的原则，实行全面规划、合理布局、综合开发、配套建设。

（一）严格执行城市规划的原则

城市规划是房地产开发的依据，是确定城市的性质、规模和发展方向，合理利用城市土地、协调城市空间布局和管理城市的基本依据，是保证城市经济和社会发展目标的重要手段。作为城市建设重要组成部分的房地产开发，其开发建设必须符合城市规划的要求，其全过程必须严格执行城市规划。[1]

---

[1]《城乡规划法》第三章"城乡规划的实施"（第 28～45 条）具体体现了上述原则的要求，例如：①城市的建设和发展，应当优先安排基础设施以及公共服务设施的建设，妥善处理新区开发与旧区改建的关系（第 29 条）；②城市地下空间的开发和利用，应当与经济和技术发展水平相适应，遵循统筹安排、综合开发、合理利用的原则，充分考虑防灾减灾、人民防空和通信等需要，并符合城市规划，履行规划审批手续（第 33 条）；③城乡规划确定的铁路、公路、港口、机场、道路、绿地、输配电设施及输电线路走廊、通信设施、广播电视设施、管道设施、河道、水库、水源地、自然保护区、防汛通道、消防通道、核电站、垃圾填埋场及焚烧厂、污水处理厂和公共服务设施的用地以及其他需要依法保护的用地，禁止擅自改变用途（第 35 条）；等等。

（二）经济效益、社会效益和环境效益相统一的原则

房地产开发是城市建设和改造的主要方式。在房地产开发中，经济效益、社会效益和环境效益相统一并同时实现，是城市建设的重要目标。这三者相互依存、相互促进、缺一不可，是一个统一的整体，可称之为房地产开发的"三统一"原则。只有坚持"三统一"原则，才符合房地产开发的客观经济规律，才能符合未来城市建设的要求。因此，在房地产市场结构形成的过程中，一定要避免出现只注重经济效益而忽略社会效益和环境效益的现象，克服投资者单纯追求经济效益的倾向。为贯彻经济效益、社会效益和环境效益相统一原则，《城市房地产开发经营管理条例》第11条规定："确定房地产开发项目，应当坚持旧区改建和新区建设相结合的原则，注重开发基础设施薄弱、交通拥挤、环境污染严重以及危旧房屋集中的区域，保护和改善城市生态环境，保护历史文化遗产。""三统一"原则兼顾了局部利益和整体利益、当前利益和长远利益，房地产开发只有坚持这一法定原则，才能获得顺利、持久的发展。

（三）全面规划、合理布局、综合开发、配套建设的原则

1. 全面规划。一是要求房地产开发要执行城市总体规划；二是要对房地产开发区进行科学合理的规划。

2. 合理布局。要求不论是在城市新区还是旧区进行房地产开发，各项开发项目的选址、定点等，都必须符合城市发展的要求，不得危害城市的安全，破坏城市环境或者影响城市的各项功能。

3. 综合开发。其主要内容包括统筹资金，统一规划，统一开发。其主要特征是房地产开发企业统一承担开发区的勘测、设计、征地、拆迁工作，进行道路、给水、排水、供电、供气、供热、通信、绿化等工程建设，并统一承担住宅、生活服务设施、商业网点、文教卫生建筑等的建设，逐渐形成完整的住宅小区，满足人们多方面的生活需求。

4. 配套建设。这是指按照城市规划的功能分区，对某一区域内的房地产开发建设及配套设施建设统一规划，同步建设。《城市房地产开发经营管理条例》第14条明确规定："房地产开发项目的开发建设应当统筹安排配套基础设施，并根据先地下、后地上的原则实施。"房地产开发必须遵循这一法定原则，否则，就会给居民生活带来不便，同时还会对后继开发造成阻碍，出现反复施工，浪费人力、物力和财力的现象。

第二节　房地产开发企业

一、房地产开发企业的概念和种类

（一）房地产开发企业的概念

房地产开发企业，又称开发商、发展商或建设单位，是指依法设立，以营利为目的，从事房地产开发和经营的企业。这一定义包括以下含义：①依法设立。房地产开发企业的业务直接关系到国计民生和人民生命财产安全，而且房地产开发有着较高的专业技术要求，因而对其设立应当规定严格的条件和程序，房地产开发企业必须依法设立。②以营利为目的。房地产开发企业是自主经营、自负盈亏、自我发展、自我约束的经济实体，其开发经营活动以盈利为直接目的。③营业内容为房地产开发和经营。房地产企业无论是专营，还是兼营，其业务内容均为房地产开发和经营。房地产开发属于特殊行业，国家对房地产开发企业实行行政许可制度。未取得房地产开发资质的企业不得从事房地产开发和经营。

（二）房地产开发企业的种类

目前，我国的房地产开发企业主要包括如下三类：

1. 专营企业，是指依法经登记注册成立，以房地产开发经营为主要业务的企业。专营企业在经营期限内，可以对各项允许开发的项目进行投资建设、经营管理。专营企业经验丰富、资金雄厚、技术力量较强，在房地产开发市场中占有极为重要的地位。国家对专营房地产开发企业的资质管理较为严格，其资质分为四个等级，一级资质企业由国家建设行政主管部门核发等级证书，二级及二级资质以下企业由省级建设行政主管部门核发等级证书。[1]

2. 兼营企业，是指以其他经营项目为主，兼营房地产开发经营的企业。以其他项目为主要经营业务的企业，如果从事房地产经营，需要具备一定的资质，并且需要经过省级以上建设行政主管部门批准。

3. 项目公司，是指以房地产开发项目为对象从事单项房地产开发经营的企业，其经营对象只限于批准的项目。被批准的项目开发、经营完毕后，应向工商行政管理机关办理核减经营范围的变更登记。该类房地产开发企业经建设行政主管部门审定，核发一次性的《资质等级证书》后，便可以申请单项房地产开发经营的开业登记。这类企业经营房地产期限短、经营方式灵活、风险小，

---

[1] 参见 2000 年住房和城乡建设部《房地产开发企业资质管理规定》第 5 条、第 11 条的规定。

许多合资、合作经营的房地产开发企业都属于这一类型。

二、房地产开发企业的设立

（一）房地产开发企业设立的条件

1. 专营房地产开发企业的设立条件。根据《城市房地产管理法》第30条的规定，设立专营房地产开发企业，应当具备下列条件：

（1）有自己的名称和组织机构。企业的名称是此企业区别于彼企业的重要标志，它代表着企业的资信，是企业无形资产的一部分。企业的名称包括字号、行业和组织形式三方面的内容，如果设立有限责任公司和股份有限公司，还必须在公司名称中标明"有限责任"或"股份有限"字样。组织机构是由企业的决策机构、管理机构、生产经营组织以及相应的分支机构组成的组织体系。房地产组织机构因企业组织形式不同而不同，设立有限责任公司的，其组织机构包括股东会和董事会；采取股份有限公司形式时，其组织机构包括股东大会、董事会和监事会。

（2）有固定的经营场所。固定的经营场所一般是指企业主要办事机构所在地。固定的经营场所是房地产企业进行开发活动的中心，是对外联系、开展经营活动所必需的场所。确定的固定场所还有利于保护与房地产开发企业有经济往来的相对人，也是国家对企业进行监督管理的必要条件。

（3）有符合国务院规定的注册资本。注册资本的多少在一定程度上反映了房地产企业的经济实力，也是房地产企业对外承担法律责任的基础。房地产开发属于周期长、规模大、资金回收较慢的行业，需要较大数额的资本作为企业正常运行的保证。因此，房地产开发企业的注册资本必须适应房地产开发企业的规模，不得低于最低限额。根据2019、2020年修订后的《城市房地产开发经营管理条例》第5条第1项的规定，房地产开发企业的设立，应有100万元以上的注册资本。100万元是法定注册资本数额的最低要求。实践中，许多城市的标准比上述规定高出许多。例如，北京、上海等地对房地产开发企业设立注册资本订立的标准高出上述标准5倍。

（4）有足够的专业技术人员。房地产开发企业除具有资金密集的特点外，还具有技术密集的特点。它不仅需要建筑、设计等方面的专业技术人员，而且还需要经济、法律、会计、统计等方面的专业人员。由房地产开发这一行业的性质所决定，专业技术人员是房地产开发企业必不可少的力量，也是企业正常运转的保证，房地产开发企业的设立必须有足够的专业技术人员。《城市房地产开发经营管理条例》第5条规定："……有4名以上持有资格证书的房地产专业、建筑工程专业的专职技术人员，2名以上持有资格证书的专职会计人员。省、自治区、直辖市人民政府可以根据本地方的实际情况，对设立房地产开发企业的注册资本和专业技术人员的条件作出高于前款的规定。"

（5）法律、法规规定的其他条件。法律、法规规定的其他条件主要是指其他相关法律、法规所规定的条件。如《公司法》《全民所有制工业企业法》《企业法人登记管理条例》等有关企业组织形式、登记条件等规定。房地产开发企业的设立必须符合上述条件。外商投资设立房地产开发企业的，应当依照外商投资企业法律、行政法规的规定，办理有关审批手续等。

2. 兼营房地产开发企业的设立条件。根据现行法律规定，满足一定条件的企业也可以兼营房地产开发业务，成为房地产开发兼营公司。兼营房地产开发企业的条件如下：

（1）凡在工商行政管理局登记注册的非生产型综合公司、信托投资公司，自有资金达 2 亿元以上，其中自有流动资金达到 1 亿元以上的企业。

（2）中央各部门所属的工程建设公司达到建筑工程资质一级，自有资金达 1 亿元以上，其中流动资金达到 5000 万元以上的企业。

（3）地方工程建筑公司达到建筑工程资质一级，自有资金达 5000 万元以上，其中自有流动资金达到 3000 万元以上的企业。

（二）房地产开发企业设立的程序

根据《城市房地产开发经营管理条例》的规定，房地产开发企业设立的程序如下：

1. 申请登记。[1] 设立房地产开发企业，应当向县级以上人民政府工商行政管理部门提出登记申请。工商行政管理部门对符合法定条件的，自收到申请之日起 30 日内予以登记；对不符合法定条件的不予登记，但应说明理由。工商行政管理部门在对设立房地产开发企业的登记申请进行审查时，还应当听取同级房地产开发主管部门的意见。

2. 依法备案。[2] 房地产开发企业应当自领取营业执照之日起 30 日内，持有关文件到登记机关所在地的房地产开发主管部门备案。备案时提供的资料包括：营业执照复印件，企业章程，专业技术人员的资格证书和聘用合同。

三、房地产开发企业的资质管理

我国《城市房地产开发经营管理条例》第 9 条规定："房地产开发主管部门应当根据房地产开发企业的资产、专业技术人员和开发经营业绩等，对备案的房地产开发企业核定资质等级。房地产开发企业应当按照核定的资质等级，承担相应的房地产开发项目。具体办法由国务院建设行政主管部门制定。"根据这

---

〔1〕《城市房地产开发经营管理条例》第 7 条。
〔2〕《城市房地产开发经营管理条例》第 8 条。

一规定，住房和城乡建设部于 2015 年修订发布《房地产开发企业资质管理规定》，具体落实了我国房地产开发企业的资质管理制度。

（一）房地产开发专营企业与非专营企业资质管理的不同要求

1. 专营企业的资质。

（1）房地产开发专营企业应当按照规定申请核定资质等级，未取得房地产开发资质等级证书（以下简称资质证书）的企业，不得从事房地产开发经营业务。

（2）房地产开发专营企业按资质条件划分为一、二、三、四共四个等级。各级企业的资质标准均有严格的条件规定。

（3）房地产开发专营企业的资质等级实行分级审批。一级房地产开发企业由省、自治区、直辖市建设行政主管部门初审，报国务院建设行政主管部门审批；二级资质及以下资质的审批办法由省、自治区、直辖市人民政府建设行政主管部门制定。

（4）房地产开发专营企业的资质每年核定一次。对于不符合原定资质标准的企业，由原资质审批部门予以降级或注销房地产开发企业资质等级证书。

2. 非专营企业的资质。兼营企业经营房地产开发业务不定资质等级，但要经省级以上建设行政部门批准。项目开发公司也不定资质等级，由项目所在地建设行政主管部门根据其项目规模审定其资金、人员条件，对于符合条件的，核发一次性资质证书。

（二）各资质等级的房地产开发企业的业务范围

城市房地产企业成立后，必须按照批准的资质等级在规定的业务范围内承担相应的开发任务，不得越级承揽。

1. 一级资质的房地产开发企业承担房地产项目的建设规模不受限制，建设技术复杂程度不受限制，可以在全国范围承揽房地产开发项目。

2. 二级资质及二级资质以下的房地产开发企业可以承担建筑面积 25 万平方米以下的开发建设项目，承担业务的具体范围由省、自治区、直辖市人民政府建设行政主管部门确定。

（三）房地产开发企业的资质标准

目前我国房地产开发企业分为四个等级，其标准分别为：[1]

1. 一级资质：有职称的建筑、结构、财务、房地产及有关经济类的专业管理人员不得少于40人，其中具有中级以上职称的管理人员不得少于20人，持有资格证书的专职会计人员不少于 4 人；工程技术、财务、统计等业务负责人具

---

[1]　参见《房地产开发企业资质管理规定》第 5 条。

有相应专业中级以上职称；从事房地产开发经营 5 年以上；近 3 年房屋建筑面积累计竣工 30 万平方米以上，或者累计完成与此相当的房地产开发投资额；连续 5 年建筑工程质量合格率达 100%；上一年房屋建筑施工面积 15 万平方米以上，或者完成与此相当的房地产开发投资额；具有完善的质量保证体系，商品住宅销售中实行了《住宅质量保证书》和《住宅使用说明书》制度；未发生过重大工程质量事故。

2. 二级资质：有职称的建筑、结构、财务、房地产及有关经济类的专业管理人员不得少于 20 人，其中具有中级以上职称的管理人员不得少于 10 人，持有资格证书的专职会计人员不少于 3 人；工程技术、财务、统计等业务负责人具有相应专业中级以上职称；从事房地产开发经营 3 年以上；近 3 年房屋建筑面积累计竣工 15 万平方米以上，或者累计完成与此相当的房地产开发投资额；连续 3 年建筑工程质量合格率达 100%；上一年房屋建筑施工面积 10 万平方米以上，或者完成与此相当的房地产开发投资额；具有完善的质量保证体系，商品住宅销售中实行了《住宅质量保证书》和《住宅使用说明书》制度；未发生过重大工程质量事故。

3. 三级资质：有职称的建筑、结构、财务、房地产及有关经济类的专业管理人员不得少于 10 人，其中具有中级以上职称的管理人员不得少于 5 人，持有资格证书的专职会计人员不少于 2 人；工程技术、财务等业务负责人具有相应专业中级以上职称，统计等其他业务负责人具有相应专业初级以上职称；从事房地产开发经营 2 年以上；房屋建筑面积累计竣工 5 万平方米以上，或者累计完成与此相当的房地产开发投资额；连续 2 年建筑工程质量合格率达 100%；具有完善的质量保证体系，商品住宅销售中实行了《住宅质量保证书》和《住宅使用说明书》制度；未发生过重大工程质量事故。

4. 四级资质：有职称的建筑、结构、财务、房地产及有关经济类的专业管理人员不少于 5 人，持有资格证书的专职会计人员不少于 2 人；工程技术负责人具有相应专业中级以上职称，财务负责人具有相应专业初级以上职称，配有专业统计人员；从事房地产开发经营 1 年以上；已竣工的建筑工程质量合格率达 100%；商品住宅销售中实行了《住宅质量保证书》和《住宅使用说明书》制度；未发生过重大工程质量事故。

第三节　房地产开发的规划行政许可

一、房地产开发中的行政许可概述

行政许可，是指行政机关根据公民、法人或其他组织的申请，经依法审查，准予其从事特定活动的行为。[1] 行政许可的目的，在于规范行政许可的设定和实施，保护公民、法人和其他组织的合法权益，维护公共利益和社会秩序，保障和监督行政机关有效实施行政管理。以行政许可的目的和形式为标准，可分为行为行政许可和资格行政许可。行为行政许可是指行政机关允许符合条件的申请人从事某项活动的许可，如生产、经营许可等。这类许可在内容上仅限于许可被许可人进行某项行为活动，不包括赋予相对人从事某种行业或具有某种行为能力的资格和权能，也无须对被许可人进行资格能力方面的考核。资格行政许可是指行政机关依申请人的申请，经过一定的考核程序，核发相应的证明文书，允许其享有某种资格或具有某种能力的许可，[2] 如上一节关于房地产开发企业资质的许可。

房地产开发中的行政许可制度，是国家对房地产开发建设进行管理的手段之一，可以分为行为许可与资格许可两种。房地产开发中的行为行政许可，主要表现为项目开发中的规划与建筑许可，即建设规划行政主管部门或其他有关行政主管部门准许、变更和终止公民、法人和其他组织从事房地产开发建筑活动的具体行政行为，包括用地规划许可证、工程规划许可证、施工许可证等制度。房地产开发建设中的资格许可，主要表现为对房地产开发企业资质的许可和房地产开发建设从业人员的资格许可两种。房地产开发与建设如果违反行政许可，将会使开发中的民事行为无效，并将承担相应的行政责任。本节讨论规划许可，施工许可放在下一节的施工管理中论述。

二、规划许可

如前文所述，严格执行城市规划是房地产开发的一项基本原则。我国在1989年制定了《城市规划法》（现已失效），1993年国务院发布了《村庄和集镇规划建设管理条例》。随着城乡一体化的发展，2007年10月28日全国人大常委会通过了《城乡规划法》，结束了城市和乡村两套规划体例的模式。《城乡规划法》将城市和乡村的空间布局进行协调，统筹城乡经济社会协调和可持续发展。

---

[1] 《行政许可法》第2条。
[2] 张世信、周帆主编：《行政法学》，复旦大学出版社2001年版，第188页。

由于目前我国只在城市中存在房地产市场，农村土地还不能直接进入房地产开发市场，所以，在此主要对城市土地规划及开发建设工程规划进行论述。

城市规划，是指城市在一定时期内的发展目标及城市建设的综合部署和城市发展建设的蓝图。它确定城市的规模和布局，既指导城市的长远发展，又具体部署城市近期的各项建设规划。城市规划是城市开发、建设和管理的主要依据，是城市发展的基础。

（一）建设用地规划许可

1. 建设用地出让的前提条件。按照《城乡规划法》的规定，在市、镇规划区内以出让方式提供国有土地使用权的，在国有土地使用权出让前，市、县人民政府城乡规划主管部门应当依据控制性详细规划，提出出让地块的位置、使用性质、开发强度等规划条件，作为国有土地使用权出让合同的组成部分。未确定规划条件的地块，不得出让国有土地使用权。规划条件未纳入国有土地使用权出让合同的，该国有土地使用权出让合同无效。

2. 建设用地规划许可证。

（1）建设用地规划许可证的概念及其作用。建设用地规划许可证是由城市规划行政主管部门确定建设项目的用地位置和范围，证明建设项目符合城市规划，允许建设单位依一定条件使用土地的凭证。它是获得建设用地使用权的前置条件。

核发建设用地规划许可证的作用在于确保土地利用符合城市规划，维护建设单位按照规划使用土地的合法权益，为土地管理部门在城市规划区内行使权属管理职能提供必要的法律依据。以出让方式取得国有土地使用权的建设项目，在签订国有土地使用权出让合同后，建设单位应当持建设项目的批准、核准、备案文件和签订的国有土地使用权出让合同，向城市、县人民政府城乡规划主管部门领取建设用地规划许可证。[1] 市、县人民政府城乡规划主管部门不得在建设用地规划许可证中，擅自改变作为国有土地使用权出让合同组成部分的规划条件。土地管理部门在办理征用、划拨土地过程中，若确需改变建设用地规划许可证核定意见的，必须与城市规划部门协商并取得一致意见，以保证修改后的位置和范围符合城市规划的要求。另外，建设单位因施工、堆料等临时使用土地的，也需从规划部门获得临时建设用地许可证。

对未取得建设用地规划许可证的建设单位批准用地，将由县级以上人民政府撤销有关批准文件；占用土地的，应当及时退回；给当事人造成损失的，应当依法给予赔偿。

---

[1]　见《城乡规划法》第38条第2款。

（2）建设用地规划许可证的申请及其审批。房地产开发建设单位申请建设用地规划许可证，一般需要提交以下材料：①建设用地规划许可证《申报表》及申请人身份证明材料；②发展改革等项目审批部门批准的建设项目可行性研究报告和相关批准文件；③申报项目涉及相关行政主管部门的，应当提交该相关部门的书面意见和有关文件；④符合数据格式要求的地形图；⑤道路红线等规划控制线图；⑥《国有土地使用权出让合同书》及勘测定界图；⑦涉及房地产开发的用地，应提交房地产开发资质证书等。

规划主管部门对上述提交申请的材料进行审核，对于符合下列条件的予以批准：①建设项目符合城乡规划；②有土地行政主管部门对建设项目用地的预审意见或其他相关文件；③建设项目涉及环保、城管、国家安全、消防、文物保护等部门的，各相关行政主管部门出具了书面同意意见；④以出让方式供地的建设项目，已取得国有土地使用权等。

（二）建设工程规划许可证

1. 建设工程规划许可证的概念及其作用。建设工程规划许可证，是指在城市、镇规划区内进行建筑物、构筑物、道路、管线和其他工程建设的建设单位或者个人依法向城市、县人民政府城乡规划主管部门或者省、自治区、直辖市人民政府确定的镇人民政府申请领取的，确认建设工程符合城市规划并准予开工的法律证明。它是证明建设活动合法、保护建设单位和个人合法权益的依据；是规划行政主管部门检查、验收建设工程，对违反建设工程规划许可证内容的行为进行处罚的依据。《城乡规划法》第40条第1款和第3款规定，在城市、镇规划区内进行建筑物、构筑物、道路、管线和其他工程建设的，建设单位或者个人应当向城市、县人民政府城乡规划主管部门或者省、自治区、直辖市人民政府确定的镇人民政府申请办理建设工程规划许可证。城市、县人民政府城乡规划主管部门或者省、自治区、直辖市人民政府确定的镇人民政府应当依法将经审定的修建性详细规划、建设工程设计方案的总平面图予以公布。

2. 工程规划许可证包含的内容。工程规划许可证，是针对房地产开发项目具体建筑工程的规划管理，它包含的主要内容如下：①对建设工程的性质、规模、位置、标高、高度、造型、朝向、间距、建筑率、容积率、色彩、风格等进行审查和规划控制；②对道路的走向、等级、标高、宽度、交叉口设计、横断面设计及道路的附属设施进行审查和规划控制；③对各类管线（供水、供气、供热、供电、排水、通信等）的性质、走向、断面、架设高度、埋置深度、相互间的水平距离、垂直距离等进行审查和规划控制。

3. 取得建设工程规划许可证的程序。取得建设工程规划许可证的基本程序如下：①工程规划行政主管部门审查申请单位提交的批准文件是否齐备和合法；

②建设工程涉及相关行政主管部门的，征求有关行政主管部门的意见，如环境保护、交通、防疫、安全、文物等部门；③提出规划设计要求，作为编制建设工程初步设计方案的依据，审定初步设计方案是否符合规划设计要求；④审查施工图；⑤核发建设工程规划许可证。

第四节　建设工程的施工管理与监理法律制度

一、施工许可

（一）施工许可的概念及其基本要求

建筑工程施工许可，是指建设行政主管部门根据建设单位的申请，依法对建筑工程是否具备施工条件进行审查，对于符合条件的，许可其开始施工的一种行政许可。它通过施工许可证得以体现。施工许可证，是指建筑工程开始施工之前，由建设单位向建筑行政主管部门申请，经该行政主管部门审查并核发准予施工的法律凭证。

《建筑法》第7条规定："建筑工程开工前，建设单位应当按照国家有关规定向工程所在地县级以上人民政府建设行政主管部门申请领取施工许可证；但是，国务院建设行政主管部门确定的限额以下的小型工程除外。按照国务院规定的权限和程序批准开工报告的建筑工程，不再领取施工许可证。"对于上述"国务院建设行政主管部门确定的限额以下的小型工程"，住房城乡建设部《建筑工程施工许可管理办法》第2条第2款作了具体规定，即工程投资额在30万元以下或者建筑面积在300平方米以下的建筑工程，可以不申请办理施工许可证。省、自治区、直辖市人民政府住房城乡建设主管部门可以根据当地的实际情况，对限额进行调整，并报国务院住房城乡建设主管部门备案。

需要强调的是，依法必须申请领取施工许可证的建筑工程而未取得施工许可证的，一律不得开工。任何单位和个人不得将应该申请领取施工许可证的工程项目分解为若干限额以下的工程项目，规避申请领取施工许可证。[1]

（二）取得施工许可证的条件

取得施工许可证的条件，即申请领取施工许可证应当达到的法定条件。根据《建筑工程施工许可管理办法》[2] 第4条的规定，这些条件具体包括以下

---

〔1〕《建筑工程施工许可管理办法》第3条。
〔2〕 2018年对《建筑工程施工许可管理办法》进行修改的指导思想是，为贯彻落实国务院深化"放管服"改革，优化营商环境。

内容：

1. 依法应当办理用地批准手续的，已经办理该建筑工程用地批准手续。

2. 在城市、镇规划区的建筑工程，已经取得建设工程规划许可证。

3. 施工场地已经基本具备施工条件，需要征收房屋的，其进度符合施工要求。

4. 已经确定施工企业。按照规定应当招标的工程没有招标，应当公开招标的工程没有公开招标，或者肢解发包工程，以及将工程发包给不具备相应资质条件的企业的，所确定的施工企业无效。

5. 有满足施工需要的技术资料，施工图设计文件已按规定审查合格。

6. 有保证工程质量和安全的具体措施。施工企业编制的施工组织设计中有根据建筑工程特点制定的相应质量、安全技术措施。建立工程质量安全责任制并落实到人。专业性较强的工程项目编制了专项质量、安全施工组织设计，并按照规定办理了工程质量、安全监督手续。

7. 建设资金已经落实。建设单位应当提供建设资金已经落实的承诺书。

8. 法律、行政法规规定的其他条件。

上述条件是房地产开发建设单位申请施工许可证开工建设必须具备的法定要件。在实践中，认真执行施工许可制度有着十分重要的意义：①可以保证建设工程的合法性和可行性，监督建设单位尽快建成拟建项目，防止闲置土地影响社会公共利益；②可以避免房地产开发企业由于不具备施工条件而盲目上马所造成的不必要损失；③施工许可证有助于建设行政主管部门对在建项目实施有效的监督管理。[1]

二、建设工程施工现场、质量与竣工验收管理

（一）建设工程施工现场管理

建设工程，是指土木工程、建筑工程、线路管道和设备安装工程及装修工程。[2] 建设部于1991年12月5日以建设部令第15号颁布了《建设工程施工现场管理规定》（现已废止），[3] 要求在国内进行的工业与民用项目的房屋建筑、土木工程、设备安装、管线铺设等施工活动，经批准占用施工场地的单位和个人，都必须加强施工现场管理。要强调预防为主，严格遵守各项安全规章制度。

加强施工现场管理，着重抓好工程质量、材料消耗、场容场貌、机械设备、

---

〔1〕 吴春岐等：《房地产法新论》，中国政法大学出版社2008年版，第184页。

〔2〕 《建设工程质量管理条例》第2条第2款。

〔3〕 《建设工程施工现场管理规定》经2007年9月18日第138次建设部常务会议审议，决定废止。该规定虽然被废止，但是相关内容依然能够说明施工现场管理的一些问题。

经济核算和安全施工六个方面：①在工程质量管理上，要强调提高质量意识和精心操作，要一次成活，不能今年干，明年修；②在材料管理上，要强调严格验收，限额领料，严把材料的采购、进场验收、保管、发放、使用等关口，减少材料的损失和浪费；③在场容场貌管理上，要强调施工现场布局的动态化，使现场达到"合理布局，路沟通畅，生活卫生，整洁高效"；④在设备管理上，要强调施工设备进出场的调度，提高机械设备的利用率；⑤在经济核算上，要强调项目核算到位，做到先算后干，边干边算和阶段结算；⑥在安全管理上，安全管理是施工现场管理最重要的方面之一，管理中应贯彻预防为主的思想，严格遵守和执行各项安全规章制度。[1]

（二）建设工程的施工质量管理

建设工程质量的管理，是保证房地产开发项目的工程质量，保障国家财产和人民生命、财产安全，保护消费者利益，努力取得房地产开发经济效益、社会效益和环境效益的重要保证。

建设工程的质量管理，是指对土木工程、建筑工程、线路管道和设备安装工程及装修工程等实体工程质量进行控制和监督的一系列制度。我国现行的建设工程质量管理体系分为两个管理序列：一是建设行政主管机关及其授权机构对建设工程实施的政府纵向质量监管；二是建设单位对其所建工程的管理（含监理机构的质量控制）和勘察设计、施工单位对其各自承担工作的横向质量管理。根据《建设工程质量管理条例》第2条第1款的规定，凡在中华人民共和国境内从事建设工程的新建、扩建、改建等有关活动及实施对建设工程质量监督管理的，必须符合国家有关建筑工程质量规范的要求。建设单位不得以任何理由要求建筑施工企业在施工作业中，违反法律、行政法规和建筑工程质量、安全标准，降低工程质量。建筑施工企业对工程的施工质量负责。建筑施工企业必须按照工程设计图纸和施工技术标准施工，不得偷工减料。工程设计的修改由原设计单位负责，建筑施工企业不得擅自修改工程设计。建筑施工企业必须按照工程设计要求，施工技术标准和合同的约定，对建筑材料、建筑构配件和设备进行检验，不合格的不得使用。

根据《建筑法》《建设工程质量管理条例》等法律、法规的规定，建设单位的工程质量责任主要包括：①依法发包工程，不得将工程肢解发包；②委托具有相应资质的监理单位进行工程监理；③依法办理有关报建、报批手续，接受政府主管部门监督；④遵守有关建筑法律规定和技术标准；⑤提供文件资料、组织工程验收。

---

〔1〕 参见建设部《关于在施工企业中进一步加强施工现场管理的通知》的第2项内容。

　　勘察设计单位的质量责任主要包括：①按资质范围从事勘察设计工作；②遵守国家规定的强制性标准和工作规范；③建立质量保证体系；④进行技术交底和参与工程事故处理。

　　监理机构的质量责任则包括：①遵守执业资质登记制度；②坚持质量标准、依法进行现场质量监督；③利害关系回避制度；等等。

　　（三）建设工程的竣工验收与保修

　　1. 建设工程竣工验收。建设工程竣工验收，是指建设工程须经过施工和设备安装后达到该项目设计文件规定的要求，具备了使用的条件后，承建单位向建设单位办理交转手续，建设单位查验并认为合格，办理接收手续的过程。房地产开发项目竣工，经验收合格后，方可交付使用。

　　验收的法律依据主要包括：《城市房地产管理法》《城市房地产开发经营管理条例》《建设工程质量管理条例》《房屋建筑和市政基础设施工程竣工验收规定》和《房屋建筑和市政基础设施工程竣工验收备案管理办法》等一系列法律、法规和规章。竣工验收的基本内容如下：

　　（1）竣工验收的组织实施单位。工程竣工验收工作，由建设单位负责组织实施。县级以上地方人民政府建设行政主管部门应当委托工程质量监督机构对工程竣工验收实施监督。

　　（2）进行竣工验收的工程条件。[1] 工程符合下列要求的，方可进行竣工验收：①完成工程设计和合同约定的各项内容。②施工单位在工程完工后对工程质量进行了检查，确认工程质量符合有关法律、法规和工程建设强制性标准，符合设计文件及合同要求，并提出工程竣工报告。工程竣工报告应经项目经理和施工单位有关负责人审核签字。③对于委托监理的工程项目，监理单位对工程进行了质量评估，具有完整的监理资料，并提出工程质量评估报告。工程质量评估报告应经总监理工程师和监理单位有关负责人审核签字。④勘察、设计单位对勘察、设计文件及施工过程中由设计单位签署的设计变更通知书进行了检查，并提出质量检查报告。质量检查报告应经该项目勘察、设计负责人和勘察、设计单位有关负责人审核签字。⑤有完整的技术档案和施工管理资料。⑥有工程使用的主要建筑材料、建筑配件和设备的进场试验报告，以及工程质量检测和功能性试验资料。⑦建设单位已按合同约定支付工程款。⑧有施工单位签署的工程质量保修书。⑨对于住宅工程，进行分户验收并验收合格，建设单位按户出具《住宅工程质量分户验收表》。⑩建设主管部门及工程质量监督机构责令整改的问题全部整改完毕。⑪法律、法规规定的其他条件。

――――――――――

〔1〕《房屋建筑和市政基础设施工程竣工验收规定》第5条。

（3）竣工验收程序。[1] 工程竣工验收的基本程序如下：①工程完工后，施工单位向建设单位提交工程竣工报告，申请工程竣工验收。实行监理的工程，工程竣工报告须经总监理工程师签署意见。②建设单位收到工程竣工报告后，对符合竣工验收要求的工程，组织勘察、设计、施工、监理等单位和其他有关方面的专家组成验收组，制定验收方案。③建设单位应当在工程竣工验收 7 个工作日前将验收的时间、地点及验收组名单书面通知负责监督该工程的工程质量监督机构。④建设单位组织工程竣工验收：建设、勘察、设计、施工、监理单位分别汇报工程合同履约情况和在工程建设各个环节执行法律、法规和工程建设强制性标准的情况；审阅建设、勘察、设计、施工、监理单位的工程档案资料；实地查验工程质量；对工程勘察、设计、施工、设备安装质量和各管理环节等方面作出全面评价，形成经验收组人员签署的工程竣工验收意见。参与工程竣工验收的建设、勘察、设计、施工、监理等各方不能形成一致意见时，应当协商提出解决的方法，待意见一致后，重新组织工程竣工验收。

（4）竣工验收报告。[2] 工程竣工验收合格后，建设单位应当及时提出工程竣工验收报告。工程竣工验收报告的主要内容如下：①工程概况。②建设单位执行基本建设程序情况。③对工程勘察、设计、施工、监理等方面的评价。④工程竣工验收时间、程序、内容和组织形式。⑤工程竣工验收意见。

工程竣工验收报告还应附有下列文件：①施工许可证；②施工图设计文件审查意见；③施工单位提出的工程竣工报告，监理单位提出的工程质量评估报告，勘察、设计单位提出的质量检查报告，有施工单位签署的工程质量保修书；④验收组人员签署的工程竣工验收意见；⑤法规、规章规定的其他有关文件。

（5）竣工验收合格备案。根据《房屋建筑和市政基础设施工程竣工验收备案管理办法》的规定，建设单位应当自工程竣工验收合格之日起 15 日内，向工程所在地的县级以上地方人民政府建设行政主管部门备案。另外，根据《城乡规划法》第 45 条的规定，县级以上地方人民政府城乡规划主管部门按照国务院的规定对建设工程是否符合规划条件予以核实。未经核实或者经核实不符合规划条件的，建设单位不得组织竣工验收。建设单位应当在竣工验收后 6 个月内向城乡规划主管部门报送有关竣工验收资料。

2. 建设工程质量保修。根据《建设工程质量管理条例》第 39～42 条的规定，建设工程实行质量保修制度。建设工程承包单位在向建设单位提交工程竣工验收报告时，应当向建设单位出具质量保修书。质量保修书中应当明确建设

〔1〕《房屋建筑和市政基础设施工程竣工验收规定》第 6 条。
〔2〕《房屋建筑和市政基础设施工程竣工验收规定》第 7 条。

工程的保修范围、保修期限和保修责任等。

在正常使用条件下，建设工程的最低保修期限为：①基础设施工程、房屋建筑的地基基础工程和主体结构工程，为设计文件规定的该工程的合理使用年限；②屋面防水工程、有防水要求的卫生间、房间和外墙面的防渗漏，为5年；③供热与供冷系统，为2个采暖期、供冷期；④电气管线、给排水管道、设备安装和装修工程，为2年；⑤其他项目的保修期限由发包方与承包方约定。建设工程的保修期，自竣工验收合格之日起计算。

建设工程在保修范围和保修期限内发生质量问题的，施工单位应当履行保修义务，并对造成的损失承担赔偿责任。建设工程在超过合理使用年限后需要继续使用的，产权所有人应当委托具有相应资质等级的勘察、设计单位鉴定，并根据鉴定结果采取加固、维修等措施，重新界定使用期。

三、建设工程的监理

建设工程监理制度，是我国建设管理体制的一项重要改革。建设工程监理制度自1988年开始试行以来，已在全国全面实施。工程建设监理的法律依据包括：《建筑法》《城市房地产管理法》《建设工程监理范围和规模标准规定》《注册监理工程师管理规定》《工程监理企业资质管理规定》等法律、法规和规章。

（一）建设工程监理的概念及其特征

建设工程监理，是指监理单位受项目法人的委托，依据国家批准的工程项目建设文件，有关工程建设的法律、法规和工程建设监理合同及其他工程建设合同，对工程建设实施的监督管理。这里要注意，工程监理与政府工程质量监督的以下区别：①工程监理机构属于民间专业机构；而工程质量监督机关则属于建设行政主管部门的专业执行机构，其监管活动属政府行为。②工程监理是依据业主的委托，其服务范围涵盖建设的整个工程，包括工程立项、勘察设计、施工、材料设备供应等；而政府质量监督一般只限于施工阶段，其工作范围较小并且相对固定。③工程监理是基于业主的委托和授权来为其提供工程技术服务，具有意思自治性和有偿性等特点；而政府质量监督是基于法律的规定，具有强制性和无偿性等特征。

建设工程监理的基本特征如下：

1. 工程监理单位与建设单位之间的法律关系是一种委托关系。但是，这种委托关系与一般的民事委托关系有一定的区别，监理单位作为受托人并非完全按照委托人（建设单位）的意思行事，而是按照"公正、独立、自主"的原则开展监理工作，公平地维护建设单位和被监理单位的合法权益。

2. 监理单位负有双重职能：①代表建设单位履行监理职能；②通过工程监理对国家及社会负责。

3. 监理法律关系涉及三方主体：①作为委托人的建设单位；②接受委托的监理单位；③被监理的单位，即建筑施工企业。

4. 特定项目的强制监理。根据《建筑法》《建设工程质量管理条例》和《建设工程监理范围和规模标准规定》等有关法律文件的规定，下列建设工程必须实施监理：①国家重点建设工程；②大中型公用事业工程；③成片开发建设的住宅小区工程；④利用外国政府或者国际组织贷款、援助资金的工程；⑤国家规定必须实行监理的其他工程。

（二）建设工程监理制度的主要内容

1. 工程监理企业的资质管理。根据《工程监理企业资质管理规定》第7条规定，工程监理企业的资质等级分为甲级、乙级和丙级，并按照工程性质和技术特点划分为若干工程类别。工程监理企业的资质等级标准如下：

（1）甲级。①具有独立法人资格且具有符合国家有关规定的资产。②企业技术负责人应为注册监理工程师，并具有15年以上从事工程建设工作的经历或者具有工程类高级职称。③注册监理工程师、注册造价工程师、一级注册建造师、一级注册建筑师、一级注册结构工程师或者其他勘察设计注册工程师合计不少于25人次；其中，相应专业注册监理工程师人数，不得少于《专业资质注册监理工程师人数配备表》（附表1）中要求配备的人数，注册造价工程师不少于2人。④企业近2年内独立监理过3个以上相应专业的二级工程项目，但是，具有甲级设计资质或一级及以上施工总承包资质的企业申请本专业工程类别甲级资质的除外。⑤企业具有完善的组织结构和质量管理体系，有健全的技术、档案等管理制度。⑥企业具有必要的工程试验检测设备。⑦申请工程监理资质之日前一年内没有该规定第16条禁止的行为。⑧申请工程监理资质之日前一年内没有因本企业监理责任造成重大质量事故。⑨申请工程监理资质之日前一年内没有因本企业监理责任发生三级以上工程建设重大安全事故或者发生两起以上四级工程建设安全事故。

（2）乙级。①具有独立法人资格且具有符合国家有关规定的资产。②企业技术负责人应为注册监理工程师，并具有10年以上从事工程建设工作的经历。③注册监理工程师、注册造价工程师、一级注册建造师、一级注册建筑师、一级注册结构工程师或者其他勘察设计注册工程师合计不少于15人次。其中，相应专业注册监理工程师人数，不得少于《专业资质注册监理工程师人数配备表》（附表1）中要求配备的人数，注册造价工程师不少于1人。④有较完善的组织结构和质量管理体系，有技术、档案等管理制度。⑤有必要的工程试验检测设备。⑥申请工程监理资质之日前一年内没有该规定第16条禁止的行为。⑦申请工程监理资质之日前一年内没有因本企业监理责任造成重大质量事故。⑧申请工程监理资质之日前一年内没有因本企业监理责任发生三级以上工程建设重大安全事故或者发生两起以上四级工程建设安全事故。

（3）丙级。①具有独立法人资格且具有符合国家有关规定的资产。②企业技术负责人应为注册监理工程师，并具有 8 年以上从事工程建设工作的经历。③相应专业的注册监理工程师不少于《专业资质注册监理工程师人数配备表》（附表 1）中要求配备的人数。④有必要的质量管理体系和规章制度。⑤有必要的工程试验检测设备。

甲级工程监理企业可以监理经核定工程类别中的一、二、三等工程；乙级工程监理企业可以监理经核定工程类别中的二、三等工程；丙级工程监理企业可以监理经核定工程类别中的三等工程。

上述注册监理工程师，是指经考试取得中华人民共和国监理工程师资格证书，并按照《注册监理工程师管理规定》注册，取得中华人民共和国注册监理工程师注册执业证书和执业印章，从事工程监理及相关业务活动的专业技术人员。注册监理工程师实行注册执业管理制度。取得资格证书的人员，经过注册后方能以注册监理工程师的名义执业。未取得注册证书和执业印章的人员，不得以注册监理工程师的名义从事工程监理及相关业务活动。注册监理工程师依据其所学专业、工作经历、工程业绩，按照《工程监理企业资质管理规定》划分的工程类别，按专业注册，每人最多可以申请两个专业注册。注册证书和执业印章是注册监理工程师的执业凭证，由注册监理工程师本人保管、使用，有效期为 3 年。取得资格证书的人员，应当受聘于一个具有建设工程勘察、设计、施工、监理、招标代理、造价咨询等一项或者多项资质的单位，经注册后方可从事相应的执业活动。从事工程监理执业活动的，应当受聘并注册于一个具有工程监理资质的单位。注册监理工程师可以从事工程监理、工程经济与技术咨询、工程招标与采购咨询、工程项目管理服务以及国务院有关部门规定的其他业务。

2. 工程建设监理合同。建设单位一般通过招标、投标方式择优选定监理单位。监理单位承担监理业务，应当与建设单位签订书面工程建设监理合同，其内容包括：监理的范围和内容、双方的权利与义务、监理费的计取与支付、违约责任、双方约定的其他事项。实施监理前，建设单位应当将委托的监理单位、监理的内容、总监理工程师姓名及所赋予的权限，书面通知被监理单位（即建筑施工企业）；总监理工程师应当将其授权监理工程师的权限，书面通知被监理单位。监理单位应根据所承担的监理任务，组建工程建设监理机构。监理机构一般由总监理工程师、监理工程师和其他监理人员组成。承担工程施工阶段的监理、监理机构应进驻施工现场。在工程建设监理过程中，被监理单位应当按照与建设单位签订的工程建设合同的规定接受监理。

3. 监理工作程序与监理内容。

（1）监理工作程序。工程建设监理一般应按下列工作程序进行：①编制工程建设监理规划；②按工程建设进度、分专业编制工程建设监理细则；③按照建设监理细则进行建设监理；④参与工程竣工预验收，签署建设监理意见；⑤建设监理业务完成后，向建设单位提交工程建设监理档案资料。

（2）监理内容。监理工作主要有以下内容：

第一，工程进度监理。也叫工期监理，是指对建设工程进度所进行的监督和管理，其目的在于采取有效的管理措施，以保证建设工程能够按合同规定的期限完成。主要内容包括：①对建设项目总周期进行详细的认证和分析，通盘考虑，全面规划，在人力和物力、时间和空间、技术和组织上作出合理的安排，制定科学的实施方案和施工组织设计；②编制项目总进度计划，包括设计、采购、施工等方面的综合进度计划，做到部署周密，相互制约，工期合理；③编制阶段详细进度计划，明确项目的开工、竣工时间，公共工程及配套项目的施工、交付、道路修筑和现场清理等计划，做到项目的竣工日期和合同规定的日期相吻合；④控制和监督工程进度，包括设计进度、材料采购进度、施工进度等。工程进度监控中要注意计划与实际的结合，及时纠偏，以确保计划的完成。

第二，工程质量监理。是指监理单位以合同中规定的质量为目标或以国家的标准、规定为目标对工程项目所进行的管理行为。可以说，工程质量监理是工程监理活动中最重要的一个环节。其主要内容有：①督促承包建设单位建立工程项目质量保证体系，确定质量检查负责人，设置质量管理目标、程序和方法；②做好设计过程的质量监控，审核设计方案和图纸，以求使得设计要求与合同规定相一致；③做好材料、半成品的质量监控，严格按质量标准进行检查和验收；④认真做好施工过程的质量监控，对隐蔽工程、关键部位要进行重点检查，防止质量隐患。

第三，工程造价监理。是指监理单位在不影响工程质量和安全施工的前提下，确保工程费用不超过合同规定标准的管理行为。其主要内容有：①以工程预算或合同中规定的价格为标准，制定造价监控计划，并制定有效措施确保其付诸实施；②以系统的观点从质量、进度、设计、施工等方面对造价影响的程度综合地加以分析，制定出合理的工程造价标准，并以此作为造价监控的依据；③实施对工程造价的控制，需要从设计、施工两个阶段实施控制，严把进度拨款关，防止工程费用超出控制投资额的范围。

第四，工程安全监理。2003 年 11 月 12 日国务院通过的《建设工程安全生产管理条例》明确规定了监理机构在工程安全生产中的责任。该条例第 14 条规定："工程监理单位应当审查施工组织设计中的安全技术措施或者专项施工方案是否符合工程建设强制性标准。工程监理单位在实施监理过程中，发现存在安全事故隐患的，应当要求施工单位整改；情况严重的，应当要求施工单位暂时停止施工，并及时报告建设单位。施工单位拒不整改或者不停止施工的，工程监理单位应当及时向有关主管部门报告。工程监理单位和监理工程师应当按照法律、法规和工程建设强制性标准实施监理，并对建设工程安全生产承担监理责任。"

第五，参与工程竣工预验收，签署建设监理意见。

第五节　建设工程合同

一、建设工程合同的概念及其特征

（一）建设工程合同的概念

我国《合同法》第 269 条规定："建设工程合同是承包人进行工程建设，发包人支付价款的合同。建设工程合同包括工程勘察、设计、施工合同。"理解《合同法》对建设工程合同的定义，应当注意以下几点：

1. 合同主体。建设工程合同的主体是发包人和承包人。发包人一般为建设单位，即投资建设该项工程的单位，通常也称作"业主"或者开发商。承包人为勘察单位、设计单位、施工企业。包括对建设工程实行总承包的单位和承包分包工程的单位。

2. 合同标的和双方的权利义务。建设工程合同的标的为建设工程。如前文所述，《建设工程质量管理条例》将建设工程界定为"土木工程、建筑工程、线路管道和设备安装工程及装修工程"。发包人享有要求承包人按期完成工程项目的权利，其基本义务是按照约定支付价款。承包人享有要求发包人按期支付的工程价款的权利，其基本义务是按质、按期地进行工程建设，包括勘察、设计和施工。

3. 合同种类。建设工程合同包括工程勘察合同、工程设计合同和工程施工合同。这里需要特别指出监理合同的性质，在工程建设过程中，建设项目一般都实行监理。开发建设单位与监理单位的监理合同与建设工程勘察、设计、施工合同具有密切的关联性，但工程监理合同是一种委托合同，而不属于该建设合同的组成部分。

（二）建设工程合同的特征

我国《合同法》第 287 条规定，建设工程合同章节中没有规定的，适用承揽合同的有关规定。这说明建设工程合同具备加工承揽合同的一般特征，即它的标的是完成一定的工作成果，并具备诺成、双务、有偿的特性。但是，与加工承揽合同相比，建设工程合同的标的不是一般的加工定作物，而是建设工程项目，建设工程的特殊性，使得法律需要对其采取一系列特殊的规制方式。建设工程合同作为承揽合同的一种特殊形式，既与一般承揽合同存在共性，也有其个性。这些个性主要表现如下：

1. 合同主体的限制性。在一般承揽合同中，法律对合同主体没有特别限制，定作人和承揽人既可以是自然人，也可以是法人或其他组织。而对建设工程合同的主体，我国法律则对其作出了较为严格的限制性规定，承包人不仅应当具有相应法人资格，而且必须具备相应资质条件。从事建筑活动的建筑施工企业、勘察单位、设计单位和工程监理单位，按照其拥有的注册资本、专业技术人员、技术装备和已完成的建筑工程业绩等资质条件，划分为不同的资质等级，经资质审查合格，取得相应等级的资质证书，方可在其资质等级许可的范围内承揽建设工程，订立相关的建设工程合同。

2. 合同内容体现国家干预性。合同的订立和履行应当尊重当事人的意思自治，因而法律对于一般合同的内容很少干预，主要由合同双方当事人约定相关内容。《合同法》对于一般承揽合同内容，主要从民事法律关系的角度进行规定。但是，建设工程合同的标的为建设工程项目，其与国家利益、社会公共利益直接相关，因此，我国法律对建设工程合同内容作了干预性规定。这种干预性规定体现在对建设工程制定了大量行政法规和部门规章等公法性规范，而且作为民事私法的《合同法》对建筑工程合同的规范也具有明显的干预性，如《合同法》第 272 条规定："……承包人不得将其承包的全部建设工程转包给第三人或者将其承包的全部建设工程肢解以后以分包的名义分别转包给第三人。禁止承包人将工程分包给不具备相应资质条件的单位。禁止分包单位将其承包的工程再分包。建设工程主体结构的施工必须由承包人自行完成。"此条显然属于强制性规范。

3. 建设工程合同强调计划性和程序性。[1] 由于建设工程投资额巨大，与国民经济许多部门和行业联系紧密，与国家的产业政策、投资政策、金融政策也存在密切关系，很大程度上将影响国家经济的健康和谐发展，并且，建设工程涉及对土地、能源等自然资源的开发利用，影响到自然环境、生态环境，因此，国家有必要对建设工程合同进行一定的计划干预。国家对建设工程计划的干预集中表现在一系列行政许可制度上，如工程项目的立项、用地规划许可、工程

---

〔1〕　吴春岐等：《房地产法新论》，中国政法大学出版社 2008 年版，第 194 页。

规划许可等。

建设工程合同还具有严格的程序要求。建设工程从立项到完工，需要经历一个很长的周期，工程各个阶段之间具有严密的程序要求，只有在完成前一程序的基础上才能进入下一道程序。这是由工程建设的客观规律决定的。违反这一规律，将会在工程质量、施工安全等方面造成严重后果。

二、建设工程合同的种类

对建设工程合同，根据不同的标准，可以作不同的划分。

（一）建设工程勘察合同、建设工程设计合同和建设工程施工合同

这是按照工程建设阶段作出的分类，即工程建设遵循勘察、设计、施工的先后次序展开。

1. 建设工程勘察合同。这是指发包人与承包人为完成一定的勘察任务，明确相互权利义务关系的合同。勘察是一项专业性很强的工作，其作为工程建设的第一个必经环节，一般应当由专门的地质工程单位完成，其主要内容包括工程测量、水文地质勘察和工程地质勘察。目的在于查明工程项目建设的地形地貌、地层土壤岩性、地质构造、水文条件等自然地质条件资料，作出鉴定和综合评价，为建设项目的选址、工程设计和施工提供科学、可靠的依据。我国《合同法》第274条规定："勘察、设计合同的内容包括提交有关基础资料和文件（包括概预算）的期限、质量要求、费用以及其他协作条件等条款。"

2. 建设工程设计合同。这是指发包人与承包人为完成一定的设计任务，明确相互权利义务关系的合同。工程设计是根据建设工程的要求，对建设工程所需要的技术、经济、资源、环境等条件进行综合分析、论证，编制建设工程设计文件的活动。设计文件是安排建设计划和组织施工的主要依据。建设项目一般按初步设计和施工图设计两个阶段进行，所以设计合同实际上包括两个合同：①初步设计合同，即在建设工程立项阶段，承包人为项目决策提供可行性资料的设计而与发包人签订的合同。②施工设计合同，即承包人与发包人就具体施工设计达成的协议。

上述勘察合同与设计合同有时统称为建设工程勘察设计合同。

3. 建设工程施工合同。是指发包人与承包人为完成建设工程的施工，明确相互权利义务关系的合同。施工，包含建筑、安装，所以建设工程施工合同，又称建筑安装合同。这里的建筑是指对工程进行营造的行为，安装是指与工程有关的线路、管道、设备等设施的装配。按施工的具体内容，工程施工合同又可具体划分为建筑（土建）承包合同和安装承包合同。施工企业要负责整个建筑物的完工，承担着工程项目施工责任（如文物保护、环境保护、地下管线设施保护等）和施工安全责任，因此，在建设工程合同中，施工合同的签订和履

行是整个建设工程合同体系的重心。

在实务中，上述三类合同一般均按照原建设部、国家工商行政管理局发布的示范文本制作，如设计合同的示范文本：《建设工程设计合同（一）（示范文本）》（民用建设工程设计合同）或《建设工程设计合同（二）（示范文本）》（专业建设工程设计合同）；施工合同的示范文本：《建设工程施工合同（示范文本）》（2017 年修订）。

（二）建设工程总承包合同和建设工程分包合同

这是按照签约主体和承包人承包的内容而作出的分类。

1. 建设工程总承包合同。是指发包人将建设工程的全部发包给一个承包人的合同。由于总承包人承包工程的范围包括建设工程的勘察、设计、施工等建设工程的各个阶段的全部工程任务，因此，建设工程总承包合同也称为"交钥匙"合同。总承包是国际通行的建设工程承包方式，对于提高工程建设效率，强化工程管理，保障工程质量，都有重要价值。我国《建筑法》提倡建筑工程总承包。

2. 建筑工程分包合同。是指总承包人或者勘察、设计、施工承包人经发包人同意将其承包的部分工作，交由第三人完成所订立的合同。第三人就其完成的工作成果与总承包人或者勘察、设计、施工承包人向发包人承担连带责任。承包人不得将其承包的全部建设工程转包给第三人或者将其承包的全部建设工程肢解以后以分包的名义分别转包给第三人。发包人不得将应当由一个承包人完成的建设工程肢解成若干部分发包给几个承包人。禁止承包人将工程分包给不具备相应资质条件的单位。禁止分包单位将其承包的工程再分包。[1]

总包与分包合同有以下两点需要注意：①进行施工总承包的，建设工程的主体结构必须由总承包单位自行完成，不得分包。主体结构，是指保证整个建筑物支撑的主架结构，如建筑主体和承重结构等。因此，承包人承包全部施工任务的，该工程的主体结构必须由承包人自行完成，即使经发包人同意，也不得将主体工程的施工再分包给第三人，将工程主体部分的施工任务分包给第三人的分包合同无效。②要严格区分分包与肢解发包，肢解发包是指建设单位将应当由一个承包单位完成的建筑工程分解成若干部分发包给不同承包单位的行为。肢解发包一般是建设单位为了让资质低的承包人能够参与招投标并中标而采取的规避手段，这样虽然会降低发包人的合同价款，但往往会使建设工程由不具备相应资质的承包人承包，并由此引发安全与质量问题。故我国《合同法》《建筑法》均严禁肢解发包。

---

[1] 参见《合同法》第 272 条。

三、建设工程合同的内容

（一）建设工程勘察合同的内容

根据我国《合同法》第 274 条的规定以及原建设部、国家工商行政管理局发布的《建设工程勘察合同（示范文本）（一）》、《建设工程勘察合同（示范文本）（二）》,[1] 可见，建设工程勘察合同的主要条款如下：①工程概况（工程名称、地点等）；②发包人向勘察人提供的有关资料文件及时间；③勘察人向发包人交付的成果资料及时间；④工期；⑤收费标准及支付方式；⑥发包人与勘察人的权利义务；⑦违约责任；⑧争议解决办法；⑨合同的生效与终止。

（二）建设工程设计合同的内容

根据我国《合同法》第 274 条的规定以及原建设部、国家工商行政管理局发布的《建设工程设计合同（示范文本）（一）》《建设工程设计合同（示范文本）（二）》,[2] 可见，适用于民用建设工程设计合同的主要条款如下：①签订本合同的依据；②设计项目的内容（包括名称、规模、阶段、投资及设计费等）；③发包人应当向设计人提交的有关资料及文件；④设计人应当向发包人交付的设计资料及文件；⑤双方权利义务；⑥违约责任；⑦纠纷的解决；⑧合同生效与终止。适用于专业建设工程设计合同的主要条款如下：①签订本合同的依据；②设计依据；③合同文件的优先次序；④本合同项目的名称、规模、阶段、投资及设计内容；⑤发包人向设计人提交的有关资料、文件及时间；⑥设计人向发包人交付的设计文件、份数、地点及时间；⑦费用及支付方式；⑧双方权利义务；⑨保密；⑩纠纷的解决；⑪合同生效与终止。

（三）建设工程施工合同的内容

《建设工程施工合同（示范文本）》由《协议书》《通用条款》和《专用条款》三部分组成。并附有三个附件：附件一《承包方承揽工程项目一览表》、附件二《发包方供应材料设备一览表》、附件三《房屋建筑工程质量保修书》。

1.《协议书》规定了合同当事人的权利义务，组成合同的文件，当事人对履行合同的承诺及合同生效事宜。具体条款包括：①工程概况；②工程承包范围；③合同工期；④质量标准；⑤价款；⑥组成合同的文件；⑦双方的承诺；⑧合同生效。协议书是建设工程施工合同中总纲性的文件。

2.《通用条款》是根据合同相关立法及建设工程施工需要而订立的，适用

---

〔1〕《建设工程勘察合同（示范文本）（一）》适用于岩土工程勘察、水文地质勘察（含凿井）工程测量、工程勘探；《建设工程勘察合同（示范文本）（二）》适用于岩土工程设计、治理、监测。
〔2〕《建设工程设计合同（示范文本）（一）》适用于民用建设工程设计合同；《建设工程设计合同（示范文本）（二）》适用于专业建设工程设计合同。

于各类工程的施工及设备安装。主要包括：①词语定义及合同文件；②双方一般权利义务；③施工组织设计和工期；④质量与检验；⑤安全施工；⑥合同价款与支付；⑦材料设备供应；⑧工程变更；⑨竣工验收与结算；⑩违约、索赔和争议解决；⑪其他。

3.《专用条款》是《通用条款》的修改和补充，是针对不同建筑工程的具体情况，由发包方和承包方协商拟定的当事人之间的特殊法律安排，是对具体情况的明确或者对《通用条款》的具体化、补充或者修改。

此外，在施工实践中以下文件也构成施工合同的组成部分：①工程报价单或预算书，以及双方有关工程的洽商、变更等书面协议或文件；②中标通知书；③投标书及其附件；④标准、规范及有关技术文件；⑤图纸；⑥工程量清单；等等。

四、关于建设工程"黑白"合同的问题

长期以来，在我国建筑市场领域，发包方经常利用其强势地位，在中标合同之外，与承包商另外签订一份与中标合同内容不一致的合同。人们形象地称二者为"黑白合同"或"阴阳合同"。其中，"白合同"是指发包人（招标人）与承包人（中标人）通过招投标方式签订的合法合同，即中标合同或者备案合同；"黑合同"则是指发包人与承包人就同一建设工程另行订立的、与经过招投标方式签订的中标合同实质内容不一致的合同，其主要目的：一是约定承包人在中标合同之外进行一定程度的让利；二是规避相关法律法规和政府部门的监管。由于此合同是当事人实际履行的协议，并且具有违规性，因而不敢公开拿到桌面上，故称之为"黑"或者"阴"合同。

"黑"合同的危害主要有两点：一是对承包人不利，有失公平，有违诚实信用原则；二是有违公共利益，给建筑工程质量带来隐患，并产生纠纷和带来诉讼。

关于对"黑"合同的认定，我国《招标投标法》第43条规定："在确定中标人前，招标人不得与投标人就投标价格、投标方案等实质性内容进行谈判。"该法第46条第1款又规定："招标人和中标人应当自中标通知书发出之日起30日内，按照招标文件和中标人的投标文件订立书面合同。招标人和中标人不得再行订立背离合同实质性内容的其他协议。"可见，"黑"合同的认定标准，在于其是否背离中标合同的"实质性内容"。至于何谓"实质性内容"，我国立法并没有明确规定。这里存在法官或者仲裁员行使自由裁量权的问题。

对于因"黑白"合同产生纠纷后的处理，《最高人民法院关于审理建设工程施工合同纠纷案件适用法律问题的解释》第21条规定："当事人就同一建设工程另行订立的建设工程施工合同与经过备案的中标合同实质性内容不一致的，应当以备案的中标合同作为结算工程价款的根据。"

五、建设工程价款优先受偿权制度

（一）建设工程款优先受偿权的含义及其性质

我国《合同法》第 286 条规定："发包人未按照约定支付价款的，承包人可以催告发包人在合理期限内支付价款。发包人逾期不支付的，除按照建设工程的性质不宜折价、拍卖的以外，承包人可以与发包人协议将该工程折价，也可以申请人民法院将该工程依法拍卖。建设工程的价款就该工程折价或者拍卖的价款优先受偿。"2002 年 6 月 20 日最高人民法院对地方法院请示作出《关于建设工程价款优先受偿权问题的批复》。这些规范共同构筑了我国建设工程价款优先受偿权制度，即承包人建设工程的价款就该工程折价或者拍卖的价款享有优先受偿的权利。这里的建设工程价款必须是基于建设工程承包合同所产生的债权，此处的建设工程合同应作狭义解释，仅指《合同法》第 269 条第 2 款中的施工合同，而勘察合同和设计合同不包括在内。

对于建设工程承包人优先受偿权的法律性质，我国学界观点不一。[1]

第一种观点认为，承包人优先受偿权的性质为不动产留置权，若发包人不按约定支付工程价款，承包人即可留置该工程并以此优先受偿。但是，根据《物权法》，留置权的对象仅限于动产，而承包人的优先受偿权的权利客体是建设工程，属于不动产，因此认为此项优先受偿权属于留置权缺乏说服力。

第二种观点认为，建设工程承包人的优先受偿权不是留置权也不是抵押权，因为留置权的标的物限于动产，而不动产抵押权则以登记为生效要件，所以承包人的优先受偿权在性质上应为优先权。但是，从优先权的创置目的以及我国现行的有关法律规定来看，优先权多为保障特别的债权而设，如在经济上处于弱势地位的员工的工资等，如果对这些债权不给予特殊的保护则可能危及债权人的生活等基本生存权利。但是，如果以此来衡量工程承包人的优先受偿权的设置，难以自圆其说，建设工程承包人难以概言在经济上处于弱势，且我国民事立法也没有关于优先权制度的一般规定。

第三种观点认为，承包人的优先受偿权符合抵押权的主要特征，是一种法律直接规定的抵押权，因此，建设工程承包人的优先受偿权应当界定为"法定抵押权"。大多数学者持这种观点，认为我国具有比较具体而完善的抵押权制度，而现行的承包人的优先受偿权，符合抵押权的行使条件。又因为这种抵押权非因抵押合意产生而是依法律规定产生，并且无抵押登记的要求，故应称之为"法定抵押权"。

---

〔1〕 吴春岐等：《房地产法新论》，中国政法大学出版社 2008 年版，第 225 页。

（二）建设工程款优先受偿权的行使

关于建设工程款优先受偿权的行使，《最高人民法院关于建设工程价款优先受偿权问题的批复》（以下简称《批复》）从以下四个方面作了明确规定：

1. 建设工程价款优先受偿权的效力。《批复》第 1 条规定，"……建筑工程的承包人的优先受偿权优于抵押权和其他债权"。为鼓励房地产开发，土地使用权和在建工程均可以先后抵押获得融资贷款，而达到预售条件的在建商品房（其实也是在建工程）通过预售方式，也可以获得融资。而一旦开发商挪用资金或因其他原因发生资金链条断裂，就会导致在建工程上的权利冲突。法律为了保护承包人的利益，赋予工程款优先受偿权的效力[1]

2. 承包人优先受偿权不得对抗商品房买受人。为了保护消费者或业主的利益，《批复》第 2 条规定："消费者交付购买商品房的全部或者大部分款项后，承包人就该商品房享有的工程价款优先受偿权不得对抗买受人。"即支付房价的买受人的权利优先于工程款。这一规定有两个限制性条件：①主体限于为生活消费需要购买商品的消费者；②消费者必须交付了购买商品房的全部或者大部分款项。

3. 承包人优先受偿权的范围。《批复》第 3 条规定："建筑工程价款包括承包人为建设工程应当支付的工作人员报酬、材料款等实际支出的费用，不包括承包人因发包人违约所造成的损失。"由此可见，承包人的优先受偿权的范围如下：①工作人员报酬。具体包括已经支付的和应当支付但尚未支付的工作人员报酬。②材料款等实际支付的费用。对承包人的垫资款是否应当纳入建设工程价款给予优先保护，值得关注，《最高人民法院关于审理建设工程施工合同纠纷案件适用法律问题的解释》第 6 条第 1 款和第 2 款规定，"当事人对垫资和垫资利息有约定，承包人请求按照约定返还垫资及其利息的，应予支持，但是约定的利息计算标准高于中国人民银行发布的同期同类贷款利率的部分除外。当事人对垫资没有约定的，按照工程欠款处理"。所以，当事人对垫资没有约定的这部分工程欠款应当纳入建设工程价款给予优先保护。

4. 承包人行使优先受偿权的期限。《批复》第 4 条规定："建设工程承包人行使优先权的期限为 6 个月，自建设工程竣工之日或者建设工程合同约定的竣工之日起计算。"上述"竣工之日"，是指工程通过竣工验收，建设工程承包人提交竣工验收报告的日期。而"约定的竣工之日"则主要是针对现实中存在的"烂尾楼"工程，其竣工往往遥遥不可预期，承包人为了不至于因工程竣工时间的无限期拖延而无法行使优先受偿权，从而可以在合同中约定竣工日期。应当

---

[1]　高富平、黄武双：《房地产法学》，高等教育出版社 2010 年版，第 147 页。

看到，将建设工程承包人行使优先受偿权的期限定为 6 个月，目的在于促使承包人及时行使权利，这也是对建设工程价款优先受偿权进行的一种限制。

（三）建设工程款优先受偿权制度存在的问题

建设工程款优先受偿权制度至少存在以下问题：

1. 承包人的工程款优先受偿权优于一般抵押权，这往往使得在房地产开发过程中为开发商提供融资的银行处于不利地位，给银行融资交易带来潜在风险。

2. 实践中，在房屋预售且买受人交付房款（在按揭贷款购房的情况下，银行通常已经为消费者支付了全部房款）的情形下，工程款优先受偿权往往难以实现。

对于上述问题，在现实中，建设工程一旦出现"烂尾楼"工程，各个权利人之间的冲突就会十分严重，如何平衡各主体之间的利益，是一件非常棘手的事情，需进一步深入研究。

第六章

房地产交易法律制度

第一节　房地产交易概述

一、房地产交易的概念和特征

（一）房地产交易的概念

房地产交易，是指当事人之间进行的房地产转让、房地产抵押和房屋租赁活动。[1] 关于房地产交易的概念，学术界观点并不统一。大致有如下三种观点：①房地产交易是指房地产买卖，其形式仅指房地产转让。②房地产交易是指以房地产为特殊商品而进行的各种经营活动的总称，其形式包括出让、转让、租赁、抵押等。③房地产交易是指房地产产权的变更和转移，其形式包括房地产转让、租赁、抵押。我国《城市房地产管理法》采用第三种观点，在总则第 2 条和第四章中对房地产交易的有关内容作了规定。本书以《城市房地产管理法》对房地产交易的界定为准。

需要说明的是，房地产交易依其标的物的性质可分为地产交易与房产交易两类。其中，房产交易的形式，主要包括房产买卖、租赁、抵押、交换、典当、信托等方式，既有房产使用权的转让，也有房产所有权的交易。其中，房地产转让、抵押与租赁由《城市房地产管理法》作出明文规定。而地产交易在我国迄今为止仍限于城镇国有土地使用权的出让、转让、抵押等形式，土地使用者通过这些方式得到对土地的占有、使用、有限收益和特殊处分权。集体所有的土地不得擅自出让、出租、转让、抵押，只能通过征收转为国有土地之后方可出让。

上述房产交易与地产交易虽然有其各自独立的标的及交易形式，但是由于二者具有不可分离的自然属性，房产交易与其所占用范围内的土地使用权交易必须结合在一起进行。如果房产所有权与土地使用权分别属于不同的权利主体，则建筑物就丧失了其地基的合法使用权，土地使用权人就可以要求地上建筑物所有者拆除其房屋建筑以保证自身的权利。对此，大陆法系创设地上权制度保

---

〔1〕 参见《城市房地产管理法》第 2 条第 4 款的规定。

护房产所有人的利益。而我国《城市房地产管理法》第 32 条则规定："房地产转让、抵押时，房屋所有权和该房屋占用范围内的土地使用权同时转让、抵押。"该条采用了土地使用权与房产所有权一并转让与抵押的联动措施。但是，在房产所有权与土地使用权的登记上，我国大部分地区仍实行二者分别登记的制度，手续重复繁杂，社会资源浪费严重，有鉴于此，我国立法上应当彻底承认房产所有权与土地使用权具有一体性，并实行一体登记。

（二）房地产交易的特征[1]

1. 房地产交易形式的确定性。房地产交易的形式仅包括房地产转让、房地产抵押和房屋租赁，不包括房地产开发。在房地产开发中虽然也会发生一些交易，但这些交易不是以房地产作为交易对象，而是发展商与建筑商之间以建筑行为或者劳务作为交易对象。另外，房地产继承等由于其不以支付代价为前提，因而也不属于房地产交易。[2]

2. 房地产交易标的位置固定、交易金额巨大。普通商品交换，其标的物一般都会发生空间的位移，即商品要从出让者手中转移到受让者手中，所有权等权利的转移与商品自身的转移结合紧密。房地产交易则不同，其标的物属于典型的不动产，不能移动或者一旦移动将导致物的性质与用途的改变，乃至经济价值的减少或丧失。因此，房地产交易是双方当事人通过运用所有权证书和使用权证书及合同进行交易。并且，各国房地产法多采用公示登记制度管理房地产权利的变动。

同时，房地产标的的交易金额巨大。房地产的价格不仅取决于取得土地使用权和建造房屋的成本，还受区位因素、供求状况、支付能力、社会因素等诸多因素的影响，消费者在交易时应持谨慎态度。

3. 房地产交易行为专业性强。房地产交易价格昂贵，影响价格的因素复杂多变，使房地产估价既极具重要性又具有很强的专业性。同时，房地产的交易还需要准确及时的市场行情信息以避免盲目成交而造成交易困难、价格失控、利益受损，因此我国实行房地产价格评估制度，提倡房地产中介服务。《城市房地产管理法》第 34 条规定："国家实行房地产价格评估制度。房地产价格评估，应当遵循公正、公平、公开的原则，按照国家规定的技术标准和评估程序，以基准地价、标定地价和各类房屋的重置价格为基础，参照当地的市场价格进行评估。"该法第 57～59 条则对房地产中介服务机构作了规定。当然，房地产中介服务只是为房地产交易提供各种条件和方便，它本身并不属于房地产交易的

---

[1] 参见符启林：《房地产法》，法律出版社 2009 年版，第 225 页。

[2] 程信和、刘国臻：《房地产法》，北京大学出版社 2010 年版，第 139 页。

范畴。

二、房地产交易的原则

房地产交易是平等主体之间的民事交易行为，基于这种行为而形成的法律关系，是民事法律关系。因而房地产交易应遵守平等、自愿、等价有偿、诚实信用等民法的基本原则。但房地产交易较之于一般的民事交易行为，又有其独特之处，在房地产交易中还必须遵守房地产交易所特有的一些原则。这些原则如下：

（一）房地同时转让、同时抵押原则

由于房地之间在物质形态上具有不可分割性，为了维护交易双方的合法权益，便于房屋和土地的正当利用，我国《城市房地产管理法》第 32 条明确规定："房地产转让、抵押时，房屋的所有权和该房屋占用范围内的土地使用权同时转让、抵押。"即房地产转让、抵押时，房屋所有权和土地使用权必须同时转让、抵押，不得将房屋所有权与土地使用权分别转让或抵押。这成为在房地产交易中必须遵循的一项基本原则。此原则又被称为"房地一体原则"。

（二）依法登记的原则

在房地产交易中，标的物本身并不发生异动，而是房地产权属的转移，而权属的转移难以从其占有状态上反映出来。因此，房地产转让与抵押必须依法办理法定登记手续。不依法及时办理登记手续的，其房地产的转让和抵押不具有物权变动的效力。此原则又被称为"及时登记原则"。有关房地产的权属登记制度，详见本书第二章第四节的内容。

（三）房地产交易价格政府适度监管原则

房地产价格问题是房地产交易和房地产市场的核心问题之一。我国实行房地产交易价格的政府适度监管原则。政府监管的法律依据为我国《城市房地产管理法》第 33~35 条的规定，具体内容包括：国家定期公布基准地价、标定地价和各类房屋重置价格作为房地产基础价格（第 33 条）。国家实行房地产价格评估制度（第 34 条）。实行房地产成交价格申报制度。房地产权利人转让房地产，应当向县级以上地方人民政府规定的部门如实申报成交价，不得瞒报或者作不实的申报（第 35 条）。

三、房地产市场与房地产交易所

（一）房地产市场[1]

房地产市场有广义与狭义之分。广义上的房地产市场，是指依法从事房地产商品交易的全部场所。人们在房地产市场从事两类交易活动，一类包括房屋

---

[1]　参见符启林：《房地产法》，法律出版社 2009 年版，第 227 页。

所有权的买卖，房屋的租赁、抵押、典当、交换等活动；另一类包括进行土地使用权的有偿出让、转让、出租等活动，以及中间商、代理商、金融信用、广告信息等中介服务活动。狭义上的房地产交易市场，是指在一定行政区划内依法设立的，符合法定交易条件，受政府监管的房地产交易所。

我国房地产市场大致可分为三级市场：

一级市场是土地使用权出让市场，也就是国家以土地所有者身份，根据城市规划与土地管理法的规定，统一规划，统一征地，将土地使用权出让给经营者与使用者。国家对一级市场实行垄断经营，并通过垄断经营达到对房地产市场的宏观调控。一级市场要在城市总体规划指导下，尽量通过公开挂牌招标、拍卖等方式进行，减少协议出让。

二级市场是指土地使用权出让后的房地产开发经营市场。房地产经营者（即开发企业）按照城市总体规划和工程建设规划要求，对土地进行初次开发（新区开发）及再次开发（旧区改造），然后将开发后的房地产出售给用地、用房单位或个人，这是经营者与消费者之间的交易。

三级市场是指房地产投入使用之后的交易市场，表现为房地产使用者之间的交易，因其目的主要为调剂房产的需求，因此又称为房地产调剂市场。三级市场房地产交易的主要方式为再转让、抵押、租赁。

上述三个市场，一级市场为国家垄断，二、三级市场则强调既要搞活，又要管好。

（二）房地产交易所

如上所述，房地产交易所是狭义上的房地产交易市场，是进行房地产交易的固定场所。当然，我国的房地产交易所并非市场主体根据自身需要而内生形成，而是政府根据房地产市场发展的需要而设立的，具有外生性。因而带有相当程度的行政色彩，有些城市称之为房地产交易中心。1992年以后，随着我国房地产业的迅速发展及房地产交易市场的日益活跃，全国各大中城市先后设立房地产交易所，既强化了房地产交易的管理，又提高了房地产交易的质量。这里的固定场所包括利用网络申请、交易等。

1988年国家建设部、国家物价局、国家工商行政管理局共同发布了《关于加强房地产交易市场管理的通知》（现已失效，本节以下简称《通知》），该

《通知》[1]表明了我国对房地产交易所管理的基本要求以及房地产交易所管理自身的职能：

1. 房地产交易所，应当配备必要的管理人员和专业人员，开展以下工作：①为房地产交易提供洽谈协议、交流信息、展示行情等各种服务；②开展房地产价值、价格评估；③提供有关房地产的法律、政策咨询，接受有关房地产交易和经营管理的委托代理业务；④对房地产经营交易进行指导和监督，调控市场价格，查处违法行为；⑤办理房地产交易登记、鉴证及权属转移手续。

2. 加强对房地产经营单位的管理。从事房地产经营的单位，必须按照国家有关规定，由所在地县级以上房地产主管机关按审批权限进行资质审查，经工商行政管理机关核发营业执照后，方可开业经营。对无照经营，应坚决取缔。对在房地产经营、市场交易中从事倒买倒卖、非法牟利、私下交易、隐价瞒租、偷漏税费、擅自扩大收费范围和收费标准、以附加条件索取额外收入等非法活动的单位和个人，由房地产部门、物价部门、工商行政管理机关分别依法查处，情节严重的交司法机关处理。

3. 加强房地产交易活动的管理。城镇房地产交易，包括各种所有制房屋的买卖、租赁、转让、抵押，城市土地使用权的转让以及其他在房地产流通过程中的各种经营活动，均属房地产交易活动管理的范围，其交易活动应通过交易所进行。

进行房地产交易的单位和个人，必须持有关证件到当地房地产管理机关办理登记、鉴证、评估、立契过户手续，按规定交纳税费。同时，接受工商行政管理机关的监督管理。有关房地产交易市场的管理部门，可在交易所内设立集中的办事机构，以方便交易，加强监督和管理。

有限产权的房屋在取得完全产权以前，不得进入房地产交易市场。单位和个人租用的房地产，不得私自转租转让。承租人如需利用承租的房地产与第三方进行合资经营、联营或提供给第三方使用，应事先征得出租人的同意，重新签订租赁合同或协议。

4. 加强房地产交易市场价格管理。物价部门和房地产部门，要区别不同情

---

[1] 根据《国务院办公厅关于做好规章清理工作有关问题的通知》（国办发〔2010〕28 号），住房与城乡建设部为了开展规范性文件清理工作，于 2011 年 1 月 9 日同时废止或失效规范性文件 290 件，其中包括该《通知》。其失效属于法律法规清理的结果，故没有相应的替代文件。但是，2011 年 5 月 11 日住房和城乡建设部、国家发展和改革委员会共同发布了《关于加强房地产经纪管理进一步规范房地产交易秩序的通知》，该通知从以下六个方面进一步强调了对房地产交易市场的监管：①加强房地产经纪机构管理；②加强房地产经纪人员管理；③加强商品房预（销）售行为监管；④加强住房租赁市场监管；⑤建立规范化的日常动态监督管理机制；⑥严格落实监督检查责任。

况，合理确定房地产价格，逐步使价格构成合理化、规范化。企事业单位之间、私人之间的房屋交易价格，由交易双方根据评估价格，协商议定。必要时，地方人民政府可规定最高限制。

为保证房地产交易市场价格的基本稳定，维护交易双方的合法经济利益，在最高限价内，对成交价格超过评估价格的部分，地方人民政府可制定具体的收费办法予以调节。该项费用纳入当地人民政府的城市建设维护资金管理。

地方人民政府要在调查、测算、论证的基础上，合理划分土地等级和确定地价，规定住宅区内各类配套项目的标准和规模，逐步把摊入房地产价格的不合理部分分离出去。

对一部分通过市场租赁的工商用房，可以实行商品房租或协议房租。

房地产出租、出售价格、收费标准和评估价格的规定，以及适用范围的确定，应报经当地物价部门核准。

5. 加强房地产价格评估工作。随着旧房出售和价格评审制度的建立，房地产价格评估工作越来越重要。物价部门应会同有关部门制定评估价格的原则。各地要尽快建立房地产价格评估专业队伍。评估员的主要任务是：根据计价原则、标准和市场供求情况，合理评估房地产的价值、价格，为房地产交易、抵押、仲裁、转让提供确定价值和价格的依据。

从事房地产价格评估的人员，要经过专业培训，由房地产管理机关考核合格，持证上岗。要逐步建立等级评估员制度。

6. 要加强对房地产交易市场管理工作的领导。房地产交易市场管理工作涉及面广，政策性强，各级人民政府要加强对房地产交易市场管理工作的领导。房地产部门、物价部门、工商行政管理机关要相互支持、协调工作。可试行由房地产部门牵头，物价、工商行政管理等部门参加，组成管理委员会，从行政上、法律上对房地产交易市场进行宏观调控和具体管理。对一些在房地产交易活动中出现的存在争议的问题，如房地产经纪人问题等，可通过试点，从实施中摸索经验。要加快制定和完善房地产交易市场有关法规。对房地产交易市场经营交易中的纠纷，各级房地产部门、物价部门、工商行政管理机关等部门应积极做好调解工作。

各地房地产交易所的建立，为房地产交易提供了固定的场所和必要的服务。同时也在房地产交易指导、监督、价格调控以及查处违法行为、保证交易安全等方面起了重要的作用。但是，我国目前的房地产交易所具有经营与管理双重职能，它既代表政府行使某些行政管理职权，又为自身的利益从事一些经营活动。这是不符合我国经济体制改革的目标和市场经济规律的，从发展方向来看，房地产交易所在完成其过渡时期的历史使命之后，应当遵循政企分开原则，逐步实行企业化管理与经营。

四、房地产交易监管及其监管机构

（一）房地产交易监管

房地产交易监管，是指房地产行政主管部门代表国家及地方政府，在有关部门的配合下，基于房地产业务的发展规律与社会需要，按照法律与政策，综合运用法律、经济、行政等各种手段，对房地产市场进行组织、协调、监督与管理等活动。房地产交易监管是政府行政行为，是对房地产市场整个过程的适度监管。监管主体是建设行政主管部门和土地管理部门以及各级政府价格主管部门。监管的对象是房地产交易中涉及的各种要素。例如，被监管的主体包括土地使用权受让人、房地产开发企业、房地产交易市场中的双方当事人、房地产咨询机构、房地产价格评估机构、房地产经纪机构等。房地产交易监管的目的是维护房地产交易市场的秩序，保护房地产消费者的合法权益，防止国家收益的流失，从而维护公共利益。

（二）房地产交易监管机构及其职责

房地产交易监管机构，是指住房和城乡建设部、国土资源部及其下属的县级以上地方人民政府的房产管理部门和土地管理部门。它们是行政监管机关，也是房地产法的执行机关，代表国家及地方人民政府，依照国务院规定的职权划分，各司其职、密切配合，依法对房地产交易市场进行适度监管。

房地产交易监管机构的具体职责如下：

1. 住房和城乡建设部和国土资源部的主要职责包括：①贯彻执行国家有关房地产监管的政策与法律，制定并组织实施有关房地产市场监管的政策和部门规章。②综合运用法律、经济、行政等手段宏观调控和指导房地产的发展。③组织对全国和地方房地产市场情况的调查研究及市场信息的收集、统计和发布工作。④对进入房地产市场的组织和个人的主体资格进行审查和认定，并对其经营行为和交易行为依法进行引导和监督，调控市场价格。⑤指导和协调地方各级房地产管理机构的工作，会同有关部门研究推动房地产流通体制的改革，促进土地有偿使用制度改革、住房制度改革和房屋商品化工作，并组织有关房地产市场的理论研究和宣传工作。⑥维持全国正常的房地产市场秩序，查处各类重大非法的交易行为并依法惩罚违法者。

2. 地方各级房地产交易监管机构的职责包括：①贯彻执行国家有关房地产管理的法律、法规和政策，拟定本地区的房地产管理法规的实施办法，并组织实施。②负责房地产开发企业、中介服务机构以及其他各种交易主体的资质、资格审查，并对其交易行为进行监督。③负责房地产的权属管理，对各种房地产交易的权属变更情况进行审核与登记。④负责房地产市场专业人员、管理人员的培训与考核工作。⑤查处房地产交易中的违法行为，调处房地产交易纠纷。

3. 各级政府价格主管部门在房地产交易监管方面的职责包括：①制定由政府定价的房产交易价格和经营性服务收费标准。②负责制定各地房价评估的具体办法。③负责对房产交易价格及经营性服务收费的监督与监测工作，各级政府价格主管部门应认真做好房产交易价格变化的监测工作，及时对房产交易价格情况进行分析、汇总，定期制定、公布市场参考价格，并向上一级政府价格主管部门报送情况。④负责对房产价格评估中出现的价格纠纷进行调解。⑤查处违反房产交易价格法规的行为。

第二节　房地产转让

一、房地产转让的概念和特征

（一）房地产转让的概念

房地产转让，是指房地产权利人通过买卖、赠与或者其他合法方式将其房地产转移给他人的行为。[1] 此概念可以从如下几个方面来理解：

1. 房地产转让的主体是房地产权利人，包括房地产所有权人和土地使用权人。非房地产权利人不能成为房地产转让法律关系的转让方。

2. 房地产转让的客体是城市中被转让房屋的所有权和该房屋占用范围内的土地使用权以及单独土地使用权的转让。除单独设立土地使用权的情况外，由于房与地之间不可分离的特性，房屋的所有权与该房屋所占用范围内的土地使用权须一同转让。

3. 房地产转让的形式主要有买卖、赠与及其他合法方式。其他合法方式[2]如房地产交换、房屋继承，还可以将房地产作价入股与他人组成企业法人，以土地使用权与他人合资、合作开发经营房地产等，这些也属于房地产转让行为。上述房地产转让的方式中，既可能是有偿的也可能是无偿的。

4. 房地产转让的法律后果是产生房地产权利的转移，即该行为的实施必然导致房地产权利主体的变更。

---

[1] 《城市房地产管理法》第37条。
[2] 《城市房地产转让管理规定》第3条第2款对"其他合法方式"的界定如下：①以房地产作价入股、与他人成立企业法人，房地产权属发生变更的；②一方提供土地使用权，另一方或者多方提供资金，合资、合作开发经营房地产，而使房地产权属发生变更的；③因企业被收购、兼并或合并，房地产权属随之转移的；④以房地产抵债的；⑤法律、法规规定的其他情形。

（二）房地产转让的特征

房地产转让是以房屋所有权和土地使用权为交易客体的民事法律行为。它是房地产交易的主要形式。其法律特征如下：

1. 房地产转让的标的必须合法。房地产转让的标的是房屋及其占用范围内的土地使用权以及单独土地使用权的转让。作为转让标的的房地产必须符合我国有关法律法规的规定，必须是权属没有争议、属于转让方有权处分的房地产；单独以土地使用权为转让标的的，该土地使用权必须是以出让方式取得，并达到法定投资的开发要求。

2. 国家作为土地出让方的法律地位始终不变。即房地产转让时，原土地使用者在土地使用权出让合同中所享有的权利和义务随之转移给受让方，原合同中所载明的各种权利和义务均由受让方享有和履行。这样才能使国家和土地使用者的关系不会因房地产权利的多次转移而受影响，无论土地使用权转移到谁的手中，国家作为土地所有者均可直接与其发生契约关系，国家作为出让方的地位始终不变，从而保证土地使用权在多次转移之后仍能按合同规定即城市规划的要求开发利用与经营，从而保障并加速土地合理开发利用。这一特征在我国香港特别行政区的法律制度中被称为"认地不认人"。

3. 坚持效益不可损原则。即房地产转让时，其财产的价值和经济效益不得受到损害。这一原则有两层含义：①无论是土地使用权转让，还是地上建筑物、其他附着物转让，都不得损害土地及其地上建筑物的经济效益。尤其是在分割转让时，更要强调这一原则，必须注意房地产的完整性和可利用性；②如果房地产转让价格低于国家规定的最低标准时，政府享有优先购买权。

4. 房地产转让属于要式法律行为。当事人双方要签订书面合同，并依法到有关管理机关进行权属变更登记，换领房地产权利证书。

二、房地产转让的条件

房地产转让是房地产权利人将其房地产转移给他人的行为，是房地产交易中最重要的一种形式。如果这一环节的制度设计不到位，就易出现房地产交易中的投机行为和牟取暴利的现象。《城市房地产管理法》和《城市房地产转让管理规定》等法律、法规以及规章从允许条件和禁止条件两个方面作出了规定。

（一）允许房地产转让的条件

房地产属于稀缺不动产，它在人们的生产和生活资料中居于极其重要的地位，国家对房地产的转让，尤其是土地使用权的转让，作出了特别规定。

1. 以出让方式取得土地使用权的房地产转让的条件。根据《城市房地产管理法》第39条的规定，以出让方式取得土地使用权的，转让房地产时，应当符合下列条件：

（1）按照出让合同的约定已经支付全部土地使用权出让金，并取得土地使用权证书。

（2）按照出让合同的约定对土地进行了投资开发：①属于房屋建设工程的，完成开发投资总额的25%以上；②属于成片开发土地的，依照规划对土地进行开发建设，完成供排水、供电、供热、道路交通、通信等市政基础设施、公用设施的建设，达到场地平整，形成工业用地或者其他建设用地条件。

（3）转让房地产时房屋已经建成的，还应当持有房屋所有权证书。

上述规定的立法目的是解决房地产转让中突出存在的"炒地皮"、投机牟取暴利的现象。这也借鉴了其他国家和地区关于禁止土地投机的规定，如日本《土地基本法》第4条规定，禁止土地作为投机交易的对象。

2. 以划拨方式取得土地使用权的房地产转让的条件。以划拨方式取得的土地使用权，原则上不允许进入房地产市场，因为它一般是无偿取得或者是仅缴纳补偿、安置等费用后而取得的。但是，现实中以划拨方式取得的土地使用权进入房地产市场的现象大量存在，同时从土地的利用效能和经济价值出发，如果一味禁止其进入房地产交易市场，显然不妥。所以，《城市房地产管理法》《城镇国有土地使用权出让和转让暂行条例》以及《城市房地产转让管理规定》对以划拨方式取得土地使用权的房地产转让条件和程序以及土地收益的处理等事项作出了规定。

《城镇国有土地使用权出让和转让暂行条例》第45条第1款规定，符合下列条件的，经市、县人民政府土地管理部门和房产管理部门批准，其划拨的土地使用权和地上建筑物、其他附着物可以转让、出租、抵押：①土地使用者为企业、公司、其他经济组织和个人；②领有国有土地使用证；③具有地上建筑物、其他附着物合法产权证明；④依照规定签订土地使用权出让合同，向当地市、县人民政府补交土地使用权出让金或者以转让、出租、抵押所获收益抵交土地使用权出让金。

根据《城市房地产转让管理规定》第11条和第12条的规定，以划拨方式取得土地使用权的房地产转让，分以下两种情况来处理：

（1）由受让方办理土地使用权出让手续，并依照国家有关规定缴纳土地使用权出让金。

（2）不办理土地使用权出让手续的，应当将转让房地产所获收益中的土地收益上缴国家或者作其他处理。这里所说的"不办理土地使用权出让手续"的情形包括：①经城市规划行政主管部门批准，转让的土地用于下列项目的：[1]

---

[1]　《城市房地产管理法》第24条。

国家机关用地和军事用地；城市基础设施用地和公益事业用地；国家重点扶持的能源、交通、水利等项目用地；法律、行政法规规定的其他用地。②私有住宅转让后仍用于居住的。③按照国务院住房制度改革的有关规定出售公有住宅的。④同一宗土地上部分房屋转让而土地使用权不可分割转让的。⑤转让的房地产暂时难以确定土地使用权出让用途、年限和其他条件的。⑥根据城市规划土地使用权不宜出让的。⑦县级以上人民政府规定暂时无法或者不需要采取土地使用权出让方式的其他情形。

（二）房地产转让的禁止条件

《城市房地产管理法》第38条规定，下列房地产不得转让：

1. 以出让方式取得土地使用权的，不符合法律规定的条件的，禁止转让。这一条件是指上述《城市房地产管理法》第39条规定的条件。

2. 司法机关和行政机关依法裁定、决定查封或者以其他形式限制房地产权利的，该房地产禁止转让。在房地产转让中，作为转让对象的房地产必须是可以流通的、不受限制的。如果该房地产在一定时期处于限制之中，则该房地产在限制期内是不能转让的。

3. 依法收回土地使用权的房地产。依法收回土地使用权的情况包括：出让年限届满而未续期；国家根据社会公共利益的需要而提前收回；因逾期未开发而被无偿收回；等等。用地单位或者个人依法被收回土地使用权，就不再是原土地使用权的权利主体，也就无权转让该土地使用权了。否则，就构成非法转让。

4. 共有房地产，未经其他共有人书面同意的房地产。共有房地产是指两个以上的权利主体共同享有房屋所有权和土地使用权，共有分为按份共有和共同共有两种形式。无论何种形式的共有，如果部分共有人要转让房地产，则须征得其他共有人的书面同意。否则，就是对其他共有人权利的侵害。

5. 权属有争议的房地产。权属有争议的房地产，表明该房地产的权属不确定。房地产在权属不确定的情况下进行转让，通常会出现房地产权利瑕疵现象。因而，法律禁止其转让。

6. 未依法登记领取权属证书的房地产。当事人依法登记领取的房地产权属证书是房地产权属的法律凭证。凡未依法取得房地产权属证书的，不能证明当事人享有该项房地产权利，因而其不得将该房地产进行转让。

7. 法律、行政法规规定禁止转让的其他情形。这是一种概括性的兜底规定，既包括现行法律、行政法规规定的其他情形，也包括未来法律、行政法规就新出现的情况作出的新规定。当然，这里不包括部门规章、地方性法规和地方规章规定的情形，即部门规章、地方性法规和地方规章所作规定，不能够超出上述 6 种情形的范围。

三、房地产转让的程序

根据《城市房地产转让管理规定》第 7 条的规定，房地产转让的程序如下：

1. 签约。房地产转让当事人签订书面转让合同，明确当事人相互之间的权利义务关系。

2. 转让申请并申报成交价格。房地产转让当事人在房地产转让合同签订后 90 日内持房地产权属证书、当事人的合法证明、转让合同等有关文件向房地产所在地的房地产管理部门提出申请，并申报成交价格。

3. 审查及受理。房地产管理部门对提供的有关文件进行审查，并在 7 日内作出是否受理申请的书面答复；7 日内未作书面答复的，视为同意受理。

4. 查勘和评估。房地产管理部门核实申报的成交价格，并根据需要对转让的房地产进行现场查勘和评估。

5. 缴纳相关税费。房地产转让当事人按照规定缴纳有关税费。

6. 核发房地产权属证书。房地产管理部门办理房屋权属登记手续，核发房地产权属证书。

四、房地产转让合同

（一）房地产转让合同的订立

《城市房地产管理法》第 41 条规定，房地产转让，应当签订书面转让合同。房地产转让合同，是指房地产转让人与受让人或者原受让人与新受让人之间签订的转让房地产的协议。

房地产转让合同的订立有要约与承诺两个阶段。要约，是一方当事人向另一方当事人提出签订转让（买卖）房地产合同的意思表示。该意思表示应当符合以下要求：①明确向对方表示转让（买卖）房地产的意思；②以书面形式具体写明转让（买卖）房地产的数量、质量、坐落、价格、交付方式及期限等基本内容；③表明请对方当事人在一定期限内给予答复的要求；④要约必须送达受要约人。

承诺，则是转让（买卖）当事人一方对另一方所提出的要约或反要约完全同意的意思表示。承诺必须明确表示同意要约人或反要约人的意见，并且全部接受对方提出的合同内容。

双方经过要约与承诺过程之后，签订书面合同，合同即告成立并生效。由于我国实行的是"强制登记原则"，故签订合同之后，当事人还需到不动产登记机关办理房地产产权变更登记手续，领取产权证书，不动产物权才发生转移。

（二）房地产转让合同的主要条款

确定房地产转让合同的主要条款，有利于明确当事人的权利、义务和责任，保证合同的履行，避免纠纷的发生，一旦纠纷发生也便于根据明确的合同条款解决纠纷。房地产转让合同应当载明下列主要内容：①双方当事人的姓名或者名称、住所；②房地产权属证书名称和编号；③房地产坐落位置、面积、四至界限；④土地宗地号、土地使用权取得的方式及年限；⑤房地产的用途或者使用性质；⑥成交价格及支付方式；⑦房地产交付使用的时间；⑧违约责任；⑨双方约定的其他事项。

（三）房地产转让合同与土地使用权出让合同的关系

1. 房地产转让合同以土地使用权出让合同为前提。由于房地产转让时，房屋所有权和该房屋占用范围内的土地使用权同时转让。因而，房地产转让合同必然涉及国家与原土地受让人之间的关系，以及原土地受让人与新受让人之间的关系。转让房地产时，土地使用权出让合同载明的权利、义务必须随之转移。只有这样，无论土地使用权转移多少次、转移到谁手中，国家与土地使用者的关系都不受影响，土地使用者通过签订转让合同取得该幅土地的使用权，同时对国家承担原土地使用权出让合同约定的义务。

当然，房地产转让合同当事人可在土地使用权出让合同基础上增设新的内容。也就是说，当事人除应当承担原土地使用权出让合同约定的权利、义务外，还可约定原土地受让人与新受让人之间的一些新的权利、义务内容，如转让的价款及支付方式、违约责任等。

2. 房地产转让合同约定的土地使用权的使用年限，不得超过原土地使用权出让合同约定的最后使用年限。《城市房地产管理法》第43条规定："以出让方式取得土地使用权的，转让房地产后，其土地使用权的使用年限为原土地使用权出让合同约定的使用年限减去原土地使用者已经使用年限后的剩余年限。"

第三节　商品房销售法律制度

一、商品房销售概述

（一）商品房销售的概念

商品房销售包括商品房现售和商品房预售。商品房现售，是指房地产开发企业将竣工验收合格的商品房出售给买受人，并由买受人支付房价款的行为。商品房预售，则是指房地产开发企业将正在建设中的商品房预先出售给买受人，并由买受人支付定金或者房价款的行为。[1]

---

[1] 《商品房销售管理办法》第3条。

（二）销售条件

这里所谓销售条件，是指商品房现售和商品房预售都应当具备的条件。根据《商品房销售管理办法》第8~13条的规定，这些条件如下：

1. 房地产开发企业应当在商品房现售前，将房地产开发项目手册及符合商品房现售条件的有关证明文件报送房地产开发主管部门备案。

2. 房地产开发企业销售设有抵押权的商品房，其抵押权的处理按照《担保法》《城市房地产抵押管理办法》的有关规定执行。

3. 房地产开发企业不得在未解除商品房买卖合同前，将作为合同标的物的商品房再行销售给他人。

4. 房地产开发企业不得采取返本销售或者变相返本销售的方式销售商品房。所谓返本销售，是指房地产开发企业以定期向买受人返还购房款的方式销售商品房的行为。

另外，房地产开发企业也不得采取售后包租或者变相售后包租的方式销售未竣工的商品房。所谓售后包租，是指房地产开发企业以在一定期限内承租或者代为出租买受人所购该企业商品房的方式销售商品房的行为。

5. 商品住宅按套销售，不得分割拆零销售。所谓分割拆零销售，是指房地产开发企业以将成套的商品住宅分割为数部分分别出售给买受人的方式销售商品住宅的行为。

6. 商品房销售时，房地产开发企业选聘了物业管理企业的，买受人应当在订立商品房买卖合同时与房地产开发企业选聘的物业管理企业订立有关物业管理的协议。

（三）销售广告

房地产开发企业、房地产中介服务机构发布商品房销售宣传广告，应当执行《广告法》《房地产广告发布规定》等有关规定，广告内容必须真实、合法、科学、准确。房地产开发企业、房地产中介服务机构发布的商品房销售广告和宣传资料所明示的事项，当事人应当在商品房买卖合同中约定。

最高人民法院于2003年4月28日公布了《关于审理商品房买卖合同纠纷案件适用法律若干问题的解释》（以下简称《商品房买卖合同纠纷解释》），其第3条规定："商品房的销售广告和宣传资料为要约邀请，但是出卖人就商品房开发规划范围内的房屋及相关设施所作的说明和允诺具体确定，并对商品房买卖合同的订立以及房屋价格的确定有重大影响的，应当视为要约。该说明和允诺即使未载入商品房买卖合同，亦应当视为合同内容，当事人违反的，应当承担违约责任。"对于该条可作如下理解：①"商品房销售广告"具体包括媒体广告、售楼书及各种宣传材料，施工现场的广告牌，样板房展示等。②"说明和允诺"是指房地产开发商利用广告形式在宣传和介绍商品房的同时，作出的对购买商品房特定事项的说明和允诺或对房屋质量的申明、陈述和允诺。例如，对商品房使用功能质量、环境质量的陈述和允诺。③"相关设施"包括商品房的基础设施和相关配套设施，前者如供水、供电、供气、供暖、小区道路、小区景观、停车场等基础设施；后者如商品房规划范围内外的商业、服务业及医疗、教育等配套设施。④"说明和允诺具体确定，并对商品房买卖合同的订立以及房屋价格的确定有重大影响"。对此，须由买受人举证证明，法院或者仲裁机构对相关事项有一定的自由裁量权。

（四）商品房买卖合同

商品房销售时，房地产开发企业和买受人应当订立书面商品房买卖合同。房地产开发企业应当在订立商品房买卖合同之前向买受人明示《商品房销售管理办法》和《商品房买卖合同示范文本》；预售商品房的，还必须明示《城市商品房预售管理办法》。[1] 商品房买卖合同的签订与履行，应当注意以下问题：[2]

1. 商品房买卖合同应当明确以下主要条款：①当事人的名称或者姓名和住所；②商品房的基本状况；③商品房的销售方式；④商品房价款的确定方式及总价款、付款方式、付款时间；⑤交付使用条件及日期；⑥装饰、设备标准承诺；⑦供水、供电、供热、燃气、通讯、道路、绿化等配套基础设施和公共设施的交付承诺和有关权益、责任；⑧公共配套建筑的产权归属；⑨面积差异的处理方式；⑩办理产权登记有关事宜；⑪解决争议的方法；⑫违约责任；⑬双方约定的其他事项。

2. 商品房销售价格与计价方式。商品房销售价格由当事人协商议定，但国家另有规定的除外。商品房销售的计价方式如下：

（1）商品房销售可以按套（单元）计价，也可以按套内建筑面积或者建筑面积计价。

商品房建筑面积由套内建筑面积和分摊的共有建筑面积组成。套内建筑面积部分为独立产权，分摊的共有建筑面积部分为共有产权，买受人按照法律、法规的规定对其享有权利，承担责任。

按套（单元）计价或者按套内建筑面积计价的，商品房买卖合同中应当注明建筑面积和分摊的共有建筑面积。

（2）按套（单元）计价的现售房屋，当事人对现售房屋实地勘察后可以在

〔1〕《商品房销售管理办法》第 23 条。
〔2〕《商品房销售管理办法》第 16~24 条。

合同中直接约定总价款。

按套（单元）计价的预售房屋，房地产开发企业应当在合同中附所售房屋的平面图。平面图应当标明详细尺寸，并约定误差范围。房屋交付时，套型与设计图纸一致，相关尺寸也在约定的误差范围内，维持总价款不变；套型与设计图纸不一致或者相关尺寸超出约定的误差范围，合同中未约定处理方式的，买受人可以退房或者与房地产开发企业重新约定总价款。买受人退房的，由房地产开发企业承担违约责任。

（3）按套内建筑面积或者建筑面积计价的，当事人应当在合同中载明合同约定面积与产权登记面积发生误差的处理方式。合同未作约定的，按以下原则处理：①面积误差比绝对值在3%以内（含3%）的，据实结算房价款；[1] ②面积误差比绝对值超出3%时，买受人有权退房。买受人退房的，房地产开发企业应当在买受人提出退房之日起30日内将买受人已付房价款退还给买受人，同时支付已付房价款利息。买受人不退房的，产权登记面积大于合同约定面积时，面积误差比在3%以内（含3%）部分的房价款由买受人补足；超出3%部分的房价款由房地产开发企业承担，产权归买受人。产权登记面积小于合同约定面积时，面积误差比绝对值在3%以内（含3%）部分的房价款由房地产开发企业返还买受人；绝对值超出3%部分的房价款由房地产开发企业双倍返还买受人。

（4）按建筑面积计价的，当事人应当在合同中约定套内建筑面积和分摊的共有建筑面积，并约定建筑面积不变而套内建筑面积发生误差以及建筑面积与套内建筑面积均发生误差时的处理方式。

（5）不符合商品房销售条件的，房地产开发企业不得销售商品房，不得向买受人收取任何预订款性质的费用。

符合商品房销售条件的，房地产开发企业在订立商品房买卖合同之前向买受人收取预订款性质的费用的，订立商品房买卖合同时，所收费用应当抵作房价款；当事人未能订立商品房买卖合同的，房地产开发企业应当向买受人返还所收费用；当事人之间另有约定的，从其约定。

3. 商品房销售后，变更规划、设计的处理。房地产开发企业应当按照批准的规划、设计建设商品房。商品房销售后，房地产开发企业不得擅自变更规划、设计。

经规划部门批准的规划变更、设计单位同意的设计变更导致商品房的结构型式、户型、空间尺寸、朝向变化，以及出现合同当事人约定的其他影响商品房质量或者使用功能情形的，房地产开发企业应当在变更确立之日起10日内，

---

[1]　面积误差比=（产权登记面积-合同约定面积）/合同约定面积×100%。

书面通知买受人。

买受人有权在通知到达之日起 15 日内作出是否退房的书面答复。买受人在通知到达之日起 15 日内未作书面答复的，视同接受规划、设计变更以及由此引起的房价款的变更。房地产开发企业未在规定时限内通知买受人的，买受人有权退房；买受人退房的，由房地产开发企业承担违约责任。

4. 商品房的交付。[1] 房地产开发企业应当按照合同约定，将符合交付使用条件的商品房按期交付给买受人。未能按期交付的，房地产开发企业应当承担违约责任。因不可抗力或者当事人在合同中约定的其他原因，需延期交付的，房地产开发企业应当及时告知买受人。除此之外，还应当注意以下问题：

（1）房地产开发企业销售商品房时设置样板房的，应当说明实际交付的商品房质量、设备及装修与样板房是否一致；未作说明的，实际交付的商品房应当与样板房一致。

（2）销售商品住宅时，房地产开发企业应当根据《商品住宅实行住宅质量保证书和住宅使用说明书制度的规定》（以下简称《规定》）向买受人提供《住宅质量保证书》《住宅使用说明书》。

（3）房地产开发企业应当对所售商品房承担质量保修责任。当事人应当在合同中就保修范围、保修期限、保修责任等内容作出约定。保修期从交付之日起计算。

商品住宅的保修期限不得低于建设工程承包单位向建设单位出具的质量保修书约定保修期的存续期；存续期少于《规定》中确定的最低保修期限的，保修期不得低于《规定》中确定的最低保修期限。

非住宅商品房的保修期限不得低于建设工程承包单位向建设单位出具的质量保修书约定保修期的存续期。

在保修期限内发生的属于保修范围的质量问题，房地产开发企业应当履行保修义务，并对造成的损失承担赔偿责任。因不可抗力或者使用不当造成的损坏，房地产开发企业不承担责任。

（4）房地产开发企业应当在商品房交付使用前按项目委托具有房产测绘资格的单位实施测绘，测绘成果报房地产行政主管部门审核后用于房屋权属登记。

房地产开发企业应当在商品房交付使用之日起 60 日内，将需要由其提供的办理房屋权属登记的资料报送房屋所在地房地产行政主管部门。

房地产开发企业应当协助商品房买受人办理土地使用权变更和房屋所有权登记手续。

---

〔1〕　参见《商品房销售管理办法》第 30~35 条。

（5）商品房交付使用后，买受人认为主体结构质量不合格的，可以依照有关规定委托工程质量检测机构重新核验。经核验，确属主体结构质量不合格的，买受人有权退房；给买受人造成损失的，房地产开发企业应当依法承担赔偿责任。

（五）将商品房认购、订购、预订等协议认定为本约的条件

前述《商品房买卖合同纠纷解释》第 5 条规定："商品房认购、订购、预订等协议具备《商品房销售管理办法》第 16 条规定的商品房买卖合同的主要内容，并且出卖人已经按照约定收受购房款的，该协议应当认定为商品房买卖合同。"这里的"商品房认购、订购、预订等协议"是指商品房买卖合同双方当事人在订立正式商品房买卖合同之前所签订的文书，是对双方交易房屋有关事宜的初步确认。其内容一般包括双方当事人的基本情况，房屋的基本情况（位置、面积、单价等），订立正式商品房买卖合同的时限等。这些文书一般在开发商已经办妥开发项目立项、规划、报建审批手续，但尚未取得商品房预售许可证时签订。这类文书在民法上的性质应为商品房买卖预约。签订商品房预约的目的在于将来订立商品房买卖本约，即正式的商品房买卖合同。根据此预约，预约权利人可要求预约义务人订立本约。当"认购、订购、预订等协议"同时具备以下两项内容时，原本为预约的协议，则应当被认定为商品房买卖合同的本约：①协议具备《商品房销售管理办法》第 16 条规定的商品房买卖合同的主要内容，即协议的内容已具备了正式商品房买卖合同法定的必备条款。②出卖人已经按照约定收受购房款，这里的"约定"是指上述预约协议，按照预约约定收受的购房款既可以是全部或大部分购房款，也可以是部分购房款。《商品房买卖合同纠纷解释》在这里对收受购房款的多少并无要求，全凭当事人在协议中的约定。

一旦将预约协议认定为商品房买卖合同的本约，则该协议的内容，对双方当事人均产生正式商品房买卖合同所应产生的法律约束力，而非依商品房买卖预约所产生的签订本约的法律约束力。[1]

（六）因出卖人的恶意违约与欺诈行为而导致商品房买卖合同纠纷的处理

1. 恶意违约行为及其处理。商品房出卖人实施特定的恶意违约行为，导致商品房买卖合同目的不能实现的，应当向买受人承担相应的法律责任。对此，《商品房买卖合同纠纷解释》第 8 条规定："具有下列情形之一，导致商品房买卖合同目的不能实现的，无法取得房屋的买受人可以请求解除合同、返还已付购房款及利息、赔偿损失，并可以请求出卖人承担不超过已付购房款 1 倍的赔

---

〔1〕 黄河编著：《房地产法》，中国政法大学出版社 2008 年版，第 122 页。

偿责任：①商品房买卖合同订立后，出卖人未告知买受人又将该房屋抵押给第三人；②商品房买卖合同订立后，出卖人又将该房屋出卖给第三人。"

（1）上述第8条第1项规定的情形属于"先卖后抵"行为。对此，商品房买卖合同中的买受人仅享有请求出卖人按约定转移房屋所有权的请求权，属债权请求权；而抵押生效后抵押权人享有担保物权，根据物权优于债权的法理，如果房屋所担保的债权到期未得清偿，抵押权人有权将抵押的房屋变卖、拍卖或折价以清偿其债权。此时，商品房买卖合同的目的必然无法实现，买受人的购房权受到侵害。对上述第8条第1项行为进行惩罚性赔偿的前提是"出卖人未告知"。反之，只要出卖人告知了买受人其欲将房屋抵押，就不构成第1项中的恶意违约。其实，"告知"与否，对于买受人的购房权而言并无实际意义。所以，该项并未直接赋予买受人任何可以阻止出卖人侵害其购房权行为的有效措施。买受人为了保证自己购房权的实现，可以根据《物权法》第20条的规定进行预告登记，买受人进行预告登记之后，其请求权即具有了物权效力。未经预告登记的权利人（即买受人）同意，（出卖人）处分该不动产的，不发生物权效力。

（2）上述第8条第2项规定的情形属于"一房多卖"行为。由于商品房买卖合同是诺成合同，只要双方当事人意思表示一致，合同即告成立。多个签订合同买家中的任一买受人取得房屋所有权，必然造成其他已签订合同中的买受人的合同目的无法实现。

基于出卖人的恶意违约行为而使买受人商品房买卖合同目的不能实现的后果，买受人享有两方面的权利：①可以请求解除合同、返还已付购房款及利息、赔偿损失；②可以请求出卖人承担不超过已付购房款1倍的赔偿责任。

2. 欺诈行为及其处理。《商品房买卖合同纠纷解释》第9条规定："出卖人订立商品房买卖合同时，具有下列情形之一，导致合同无效或者被撤销、解除的，买受人可以请求返还已付购房款及利息、赔偿损失，并可以请求出卖人承担不超过已付购房款1倍的赔偿责任：①故意隐瞒没有取得商品房预售许可证明的事实或者提供虚假商品房预售许可证明；②故意隐瞒所售房屋已经抵押的事实；③故意隐瞒所售房屋已经出卖给第三人或者为拆迁补偿安置房屋的事实。"此条规定了出卖人欺诈买受人导致合同无效或被撤销、解除时，出卖人应当承担的法律责任，同样包含"惩罚性赔偿"。

3.《商品房买卖合同纠纷解释》中的"惩罚性赔偿"与《消费者权益保护法》第55条中"惩罚性赔偿"的比较。首先，消费者合同应当属于《消费者权益保护法》调整的范围。所谓消费者合同，是指合同当事人的一方是消费者，另一方是经营者的合同。其中，消费者是指为生活消费的需要而购买商品或接受服务的自然人；经营者则是指以营利为目的的自然人、法人以及其他经济组织。《消费者权益保护法》第 55 条的立法宗旨在于以惩罚性赔偿的手段来制裁民事欺诈行为，保护弱势群体的利益。因此，商品房买卖合同纠纷应属于《消费者权益保护法》第 55 条的调整范围。但是，司法解释与"消法"规定的"惩罚性赔偿"不尽相同：[1]

（1）二者所设定的惩罚性赔偿标准不尽一致。依据《消费者权益保护法》第 55 条的规定，在没有约定的情况下，惩罚性赔偿的数额为消费者购买商品的价款或者接受服务的费用的 3 倍。而《商品房买卖合同纠纷解释》所规定的惩罚性赔偿数额为不超过已付购房款的 1 倍。据此，裁判者在惩罚性赔偿的数额上拥有较大幅度的自由裁量权。

（2）二者所设定的惩罚性赔偿前提不尽一致。依据《消费者权益保护法》第 55 条的规定，惩罚性赔偿的前提条件是经营者提供商品或者服务时存在欺诈行为。所谓欺诈行为，是指在合同订立时一方当事人隐瞒了与合同有关的重要事实，或故意告知虚假信息，并导致另一方当事人据以作出了相应的决策。而《商品房买卖合同纠纷解释》第 8 条所规定的两种情形，均是开发商在商品房买卖合同订立后而非订立时所实施的行为。该行为属于恶意违约行为，而不是民法上的欺诈行为。

可见，司法解释与"消法"规定的"惩罚性赔偿"尽管存在一些差异，但该司法解释毕竟扩大了惩罚性赔偿的适用范围，从总体上看，有利于保护购房人的利益，在购房消费中具有现实的积极意义。然而，司法解释所规定的"惩罚性赔偿"还存在着不足之处，主要包括：[2] ①对于惩罚性赔偿数额的弹性规定，使得法院具有非常大的自由裁量权，而且，解释中规定买受人"可以"请求，但并不必然得到法院的支持。买受人如果基于此解释要求双倍赔偿就需要承担较大的诉讼风险，一旦自己的诉讼请求得不到法院的完全支持，就可能要承担一笔数额较大的诉讼费及律师费。②对于"惩罚性赔偿"种种适用条件的规定，缩小了商品房买受人请求赔偿的适用范围，不利于对买受人进行更加强有力的保护。③在实践中适用该"惩罚性赔偿"存在着若干障碍和漏洞。例如：要适用"惩罚性赔偿"，那么作为购房者必须以舍弃自己选购的商品房为代价，这是很多购房者所不愿意的。此外，对于"故意隐瞒"，现实中开发商较容易规避，因为在目前卖方市场的条件下，开发商甚至可以向购房人事先明示或告知而不"故意隐瞒"，依然会有购房者愿意去购买。这样一来，由于事先明示或告

---

〔1〕　参见高富平、黄武双：《房地产法学》，高等教育出版社 2010 年版，第 241 页。
〔2〕　吴春岐等：《房地产法新论》，中国政法大学出版社 2008 年版，第 259~260 页。

知，而不存在"故意隐瞒"的前提，此时，购房者难以主张"惩罚性赔偿"。

（七）销售代理[1]

房地产开发企业可以自行销售商品房，也可以委托房地产中介服务机构销售商品房。如果委托房地产中介服务机构代为销售，应当遵守以下制度：

1. 房地产开发企业委托中介服务机构销售商品房的，受托机构应当是依法设立并取得工商营业执照的房地产中介服务机构。

房地产开发企业应当与受托房地产中介服务机构订立书面委托合同，委托合同应当载明委托期限、委托权限以及委托人和被委托人的权利、义务。

2. 受托中介服务机构的行为规范。

（1）受托房地产中介服务机构销售商品房时，应当向买受人出示商品房的有关证明文件和商品房销售委托书。

（2）受托房地产中介服务机构销售商品房时，应当如实向买受人介绍所代理销售商品房的有关情况。受托房地产中介服务机构不得代理销售不符合销售条件的商品房。

（3）受托房地产中介服务机构在代理销售商品房时不得收取佣金以外的其他费用。

（4）商品房销售人员应当经过专业培训，方可从事商品房销售业务。

二、商品房现售

商品房现售与商品房预售的根本区别之一，就是二者的销售条件。根据《商品房销售管理办法》第7条的规定，商品房现售应当符合以下条件：

1. 现售商品房的房地产开发企业应当具有企业法人营业执照和房地产开发企业资质证书。这是为了确保现售商品房的房地产开发企业主体资格合法，没有营业执照和资质证书的企业不能从事商品房销售业务。

2. 取得建设用地使用权证书或者使用土地的批准文件。这是为了确保现售商品房的用地合法，避免买受人受领商品房之后不能办理建设用地使用权证。所谓"使用土地的批准文件"，是指已经交付全部建设用地使用权出让金的证明文件或划拨土地的批准文件。

3. 持有建设工程规划许可证和施工许可证。这是为了确保现售商品房的规划、建设手续合法。建设项目在申请办理开工手续之前，应当取得一书两证，即选址意见书、建设用地规划许可证、建设工程规划许可证。

4. 已通过竣工验收。这是为了确保现售商品房符合工程建设质量标准，建设工程经验收合格，方可交付使用。同时，是否通过竣工验收也是区别现售与

---

[1]　参见《商品房销售管理办法》第25~29条。

预售的主要条件。

5. 拆迁安置已经落实。这是为了充分保障被拆迁人的合法权益，防止房地产开发项目竣工销售后被拆迁人的权益仍未得到落实。

6. 供水、供电、供热、燃气、通讯等配套基础设施具备交付使用条件，其他配套基础设施和公共设施具备交付使用条件或者已确定施工进度和交付日期。这是为了确保现售商品房能够达到基本的使用条件。对于按照国家及地方的有关规定，没有或不需要配备供热、燃气、通讯等配套基础设施和公共设施的，不在此限。

7. 物业管理方案已经落实。这里的物业管理方案，主要是指物业管理的区域范围、物业服务企业的选聘等。物业管理的好坏是买受人是否选择购买该商品房所要考虑的重要因素，要求物业管理方案已经落实，主要是为了避免售房后产生纠纷。

三、商品房预售

（一）商品房预售的概念和特征

1. 商品房预售的概念及其作用。商品房预售，又称"卖楼花"，是指房地产开发企业将正在建设中的房屋（即期房），预先出售给买受人，并由买受人支付定金或者房屋价款的行为。商品房预售制度具有以下两方面的积极作用：一方面，它是房地产开发企业筹措开发资金的一种有效途径，也是房地产开发企业分散和转移开发经营风险的重要手段。房地产开发周期长，资金周转慢，所需资金数额巨大，而且开发企业还要承担房屋竣工后销售不畅的风险。采用预售的方式销售商品房，开发商可以通过收取定金或预付款项，获得一定数量的建设资金，减轻银行贷款压力。另一方面，就买受人而言，有两个重要意义，一是买受人可以通过分期付款的形式而避免一次性支付巨额购房款使其减轻付款压力；二是由于从"预售"到实际的房屋买卖有一个较长的时间段，会形成价格差，从而为那些以投资为目的的买受人向房地产投资提供了条件。因此，这种商品房转让方式在我国已被普遍采用。实践中，绝大部分商品房买卖是通过预售的方式进行的。[1]

2. 商品房预售的特征。

（1）房屋预售合同的标的是在建房屋。商品房预售合同签订时，买受人并未获得现实的房屋所有权，获得的只是在建商品房的期待权，即在房屋建成后依约交足房屋价款并获得房屋所有权的一种"权利"。所以，签订商品房预售合同时，买受人所获得的并非是商品房的所有权而仅仅是合同债权，即请求开发

---

〔1〕 李延荣、周珂：《房地产法》，中国人民大学出版社 2008 年版，第 157 页。

商交付房屋并移转所有权的权利。从预售合同订立到房屋的最终交付往往需要经过较长甚至几年的时间，这意味着合同对于标的物的交付具有远期交货的性质，是一种非即时的买卖。并且，从签订合同到房屋交付和产权过户之前的这段时间内，可能出现因种种原因导致商品房无法建成或交付，或建成后的商品房存在各种质量瑕疵或权利瑕疵，使买受人无法实际获得商品房所有权的情况。对于买受人而言，这正是购买预售商品房可能面临的风险。

（2）对于商品房预售国家实施较强的公权干预。在商品房预售法律关系中，购房者处于不利的弱势地位：①由于商品房预售合同订立时，作为合同标的的房屋尚未建设完成，买受人付出价款之后得到的只是一种对未来房屋所有权的期待，将来能否得到约定品质的房屋还面临着不可预期的巨大风险；②合同主体的实力不对等，即房地产开发商无论是在技术上、信息上还是经济实力上都要强于购房者。为了保护广大购房者的合法权益，国家加强了对商品房预售的干预，法律上作了许多强制性的规定，即商品房的预售必须符合国家法律对预售条件、程序等方面的规定，否则不能预售商品房。开发商违反规定预售商品房的，将受到相应的行政处罚。

（3）商品房预售合同经过预告登记之后，产生对抗第三人的物权效力。具体理由，见下文"（四）商品房预售合同登记与预告登记"的论述。

（二）商品房预售的条件

如上所述，买受人从签订商品房预售合同到实际取得标的房屋的所有权通常需要经过一个较长的时间段，为了防止房地产开发企业经营不善或者恶意炒作而给买受人造成损害，法律规定了商品房预售的严格条件。根据《城市房地产管理法》第45条第1款和《城市商品房预售管理办法》第5、6条的规定，商品房预售应当符合下列条件：

1. 预售人已交付全部建设用地使用权出让金，取得建设用地使用权证书。基于房产与地产一体处分原则，房屋转让的同时建设用地使用权也一并转让。因此，只有在预售人已经取得了建设用地使用权的前提下，才有权转让建设用地使用权。建设用地使用权证书是预售人取得建设用地使用权的法律凭证。

2. 预售人持有建设工程规划许可证和施工许可证。城市基础建设须符合城市规划的要求，每项建设工程在开工前都必须获得许可，建设工程规划许可证和施工许可证是获得建设工程和施工许可的法律凭证。

3. 按提供预售的商品房计算，投入开发建设的资金达到工程建设总投资的25%以上，并已经确定施工进度和竣工交付日期。为制止恶意"炒卖地皮"的现象发生，抑制投机行为，法律要求预售人必须已经投入工程建设总投资的25%以上的资金。同时，为了保护预购人的利益，预售人在预售商品房时应当确定施工进度与竣工交付的日期，以避免预售人长期占用预购人的资金。

4. 预售人取得商品房预售许可。开发企业进行商品房预售，应当向房地产管理部门申请预售许可，取得《商品房预售许可证》。未取得《商品房预售许可证》的，不得进行商品房预售。根据《商品房买卖合同解释》第 2 条的规定，出卖人未取得商品房预售许可证明，与买受人订立的商品房预售合同应当认定无效，但在起诉前取得商品房预售许可证明的，可以认定有效。

（三）取得《商品房预售许可证》应当提交的文件和预售许可程序

1. 取得《商品房预售许可证》应当提交的文件。根据《城市商品房预售管理办法》第 7 条的规定，开发企业申请预售许可，应当提交下列证件（复印件）及资料：①商品房预售许可申请表；②开发企业的《营业执照》和资质证书；③建设用地使用权证、建设工程规划许可证、施工许可证；④投入开发建设的资金占工程建设总投资的比例符合规定条件的证明；⑤工程施工合同及关于施工进度的说明；⑥商品房预售方案。预售方案应当说明预售商品房的位置、面积、竣工交付日期等内容，并应当附预售商品房分层平面图。

2. 商品房预售许可的程序。根据《城市商品房预售管理办法》第 8 条的规定，商品房预售许可依下列程序办理：

（1）受理。房地产开发企业按《城市商品房预售管理办法》第 7 条的规定提交有关材料，材料齐全的，房地产管理部门应当当场出具受理通知书；材料不齐的，应当当场或者 5 日内一次性书面告知需要补充的材料。

（2）审核。房地产管理部门对房地产开发企业提供的有关材料是否符合法定条件进行审核。房地产开发企业对所提交材料实质内容的真实性负责。

（3）许可。经审查，房地产开发企业的申请符合法定条件的，房地产管理部门应当在受理之日起 10 日内，依法作出准予预售的行政许可书面决定，发送房地产开发企业，并自作出决定之日起 10 日内向房地产开发企业颁发、送达《商品房预售许可证》；经审查，房地产开发企业的申请不符合法定条件的，房地产管理部门应当在受理之日起 10 日内，依法作出不予许可的书面决定。书面决定应当说明理由，告知房地产开发企业享有依法申请行政复议或者提起行政诉讼的权利，并送达房地产开发企业。商品房预售许可决定书、不予商品房预售许可决定书应当加盖房地产管理部门的行政许可专用印章，《商品房预售许可证》应当加盖房地产管理部门的印章。

（4）公示。房地产管理部门作出的准予商品房预售许可的决定，应当予以公开，公众有权查阅。

（四）商品房预售合同登记与预告登记

1. 商品房预售合同登记。根据《城市商品房预售管理办法》第 10 条的规定，预售商品房时，房地产开发企业应当与承购人签订商品房预售合同，且预售人应当在签约之日起30日内，持商品房预售合同向县级以上人民政府房地产管理部门和国土资源管理部门办理登记备案手续；商品房预售合同没有办理登记备案手续的，不影响预售合同的效力。根据《商品房买卖合同纠纷解释》第6条的规定，当事人以商品房预售合同未按照法律、行政法规规定办理登记备案手续为由，请求确认合同无效的，不予支持。如果当事人约定以办理登记备案手续为商品房预售合同生效条件的，应从其约定。但是，即使约定以办理登记备案手续为商品房预售合同生效条件的，如当事人一方已经履行主要义务，对方接受的，也可以认定预售合同有效。

2. 预告登记。商品房预售合同经过预告登记之后，产生对抗第三人的物权效力。我国《物权法》第20条第1款规定，当事人签订买卖房屋或者其他不动产物权的协议，为保障将来实现物权，按照约定可以向登记机构申请预告登记。预告登记后，未经预告登记的权利人同意，处分该不动产的，不发生物权效力。《不动产登记暂行条例实施细则》对这一效力作了进一步的明确，该细则第85条规定，预告登记生效期间，未经预告登记的权利人书面同意，处分该房屋申请登记的，房屋登记机构应当不予办理。而《不动产登记暂行条例实施细则》第86条第2款则作了对预购人更为有利的规定，即预售人和预购人订立商品房买卖合同后，预售人未按照约定与预购人申请预告登记，预购人可以单方申请预告登记。在现实中，经常发生开发商不按规定进行商品房预售合同登记的现象。其目的有二：①开发商为了节约成本和费用；②遇房价上涨、出现更高出价买主时，再卖给他人。基于此，《不动产登记暂行条例实施细则》赋予了预购人单方申请预告登记的权利。

上述规定，从制度上保障了经过预告登记的预售合同买受人的合法利益。

（五）预售商品房的再行转让

1. 法律依据。预售商品房的再行转让，是指预购人在预售登记后、商品房竣工前将预售商品房再转让给第三人的行为。商品房预售被称为"卖楼花"，购得预售商品房后进行转让则通常被称为"炒楼花"。预购人在与预售人签订预售合同后，在预售商品房竣工之前再行转让大致有两个原因：①不以营利为目的，而是由于生活产生困难、资金周转不灵等原因，不得不转让以获取资金；②以营利为目的，购买房地产的初衷就不是为了自己使用或者居住，而是为了投资而获利；或者事后由于房屋涨价，改变购房初衷转而抛售获利。从境外和我国香港地区的经验来看，适度的"炒卖楼花"有助于灵活调节房地产市场以及资金市场。中国内地房地产过热引发出许多问题，社会各界对"炒卖楼花"存在不同认识。《城市房地产管理法》对此未作出具体规定，只是在第46条作出了授权规定：“商品房预售的，商品房预购人将购买的未竣工的预售商品房再行转让的问题，由国务院规定。”

在《城市房地产管理法》颁布之前，我国司法实践承认预售商品房屋的转让。1995 年发布的《最高人民法院关于审理〈房地产管理法〉施行前房地产开发经营案件若干问题的解答》第 29 条规定：“商品房预售合同的双方当事人，经有关主管部门办理了有关手续后，在预售商品房尚未实际交付前，预购方将购买的未竣工的预售商品房转让他人，办理了转让手续的，可认定转让合同有效；没有办理转让手续的，在一审诉讼期间补办了转让手续，也可以认定转让合同有效。”在《城市房地产管理法》颁布后，国务院一直没有关于预售商品房再行转让的明确规定，各地的做法也不一致。直到 2005 年 5 月 9 日原建设部等七部委联合发布了《关于做好稳定住房价格工作的意见》，这个问题才有定论。该意见规定：根据《城市房地产管理法》的有关规定，国务院决定，禁止商品房预购人将购买的未竣工的预售商品房再行转让。在预售商品房竣工交付、预购人取得房屋所有权证之前，房地产主管部门不得为其办理转让等手续；房屋所有权申请人与登记备案的预售合同载明的预购人不一致的，房屋权属登记机关不得为其办理房屋权属登记手续。

其实，该规定不影响合同当事人就买卖商品预售房所达成的合同效力。其理由是：①《物权法》第 15 条规定：“当事人之间订立有关设立、变更、转让和消灭不动产物权的合同，除法律另有规定或者合同另有约定外，自合同成立时生效；未办理物权登记的，不影响合同效力。”②1999 年 12 月 29 日起施行的《最高人民法院关于适用〈中华人民共和国合同法〉若干问题的解释（一）》第 4 条规定：“合同法实施以后，人民法院确认合同无效，应当以全国人大及其常委会制定的法律和国务院制定的行政法规为依据，不得以地方性法规、行政规章为依据。”所以《关于做好稳定住房价格工作意见的通知》并不能作为认定合同有效或者无效的依据。由于签订合同时房屋尚未竣工，但诉讼时或者判决时房屋已经竣工，法院会判决卖方协助办理过户手续。

综上，当事人就预售商品房达成的买卖合同有效，只是房屋过户需要等到取得房屋产权证明后方可办理。

由此可见，从我国有关立法来看，对于适度的“炒卖楼花”是允许的，但对过度炒卖应当严格限制。适度“炒卖楼花”有利于房地产市场的发育和资金市场的盘活；而过度“炒卖楼花”则不利于培育中国内地刚刚诞生、正在完善的房地产市场，甚至引起极大的混乱。“适度”就是不得牟取暴利；立法应当研究如何对"适度"作出科学而又可行的界定。[1]

2. 具体操作。预售商品房再行转让的具体操作方式如下：

（1）订立债权转让合同。预售商品房再行转让属于债权让与行为，因此，预售商品房转让合同属于债权让与合同，亦即合同的权利转让。根据《合同法》的相关规定，预售商品房买卖合同权利的转让合同的订立分为以下两种情形：

第一，债权和债务概括让与。在买受人尚未付清预售商品房总价款的情形下，买受人应当在征得预售人同意的前提下，与受让人订立预售合同债权和债务转让合同。其理由是，在买受人尚未付清价款前这种转让属于债权债务的概括转让，应当遵守《合同法》第 88 条的规定，即"当事人一方经对方同意，可以将自己在合同中的权利和义务一并转让给第三人"。在此，预售人的同意是债权和债务转让合同生效的要件。

第二，单纯债权的让与。已经付清预售商品房总价款的，属于单纯债权转让。《合同法》第 80 条规定："债权人转让权利的，应当通知债务人。未经通知，该转让对债务人不发生效力。"所以，买受人只要书面通知房地产开发企业，即可以与受让人订立预售商品房转让的合同，实现债权的转让；未经通知，转让合同仅在转让人与受让人之间有效。

（2）变更备案登记和预告登记。预售商品房合同权利转让合同订立后，应当办理转让合同的备案登记和预告登记的变更手续，也就是在原预售合同备案或预告登记的底簿上，记载新的权利人。如果原合同没有进行预告登记，那么受让人则需要申请新预告登记。

（3）转让的效力。预售商品房再行转让之后，预售合同载明的权利、义务随之转移，即预售人要向新受让人交付房屋，在概括转让的情形下，新买受人要履行支付剩余款项的义务。如果新受让人变更了预告登记，那么其债权同样取得对抗第三人的效力。

第四节　房地产抵押法律制度

一、房地产抵押的概念和性质

（一）房地产抵押的概念

根据《城市房地产管理法》第 47 条和《城市房地产抵押管理办法》第 3 条的规定，房地产抵押是指抵押人以其合法的房地产以不转移占有的方式向抵押

---

[1]　程信和、刘国臻：《房地产法》，北京大学出版社 2010 年版，第 150 页。

权人提供债务履行担保的行为。债务人不履行债务时，抵押权人有权依法以抵押的房地产拍卖所得的价款优先受偿。抵押人是指将依法取得的房地产提供给抵押权人，作为本人或者第三人履行债务担保的公民、法人或者其他组织。抵押权人则是指接受房地产抵押作为债务人履行债务担保的公民、法人或者其他组织。房地产抵押的客体是房地产，并且在抵押权设立后，抵押人不需要转移房地产的占有。因此，抵押权不能以转移占有的方式进行公示，而必须是以登记的方式进行公示。

（二）房地产抵押的性质

1. 房地产抵押权具有物权性。房地产抵押属于担保物权的范畴，它具有物权特有的支配性、对世性、追及性及优先受偿性，从而使其在权利内容上、权利实现方式上、权利范围上、权利保护方法上区别于债权制度。

2. 抵押权是一种从属权利。抵押权是为担保债权实现而成立的一种权利，它不是债权本身，而是债权人在债权之外于抵押人提供的财产上享有的一种物权。其目的在于保证债权顺利受偿，减少主债权不能受偿的风险。房地产抵押权的从属性主要表现如下：

（1）发生上的从属性。房地产抵押权是因主债权存在而发生的，因而，必须有主债权存在，才能有房地产抵押权的存在。一般情况下，房地产抵押的设立以主债权的存在或者同时设立为前提。但现代抵押制度并不要求抵押权在成立上具有从属性，当事人完全可以为未来的债权设定抵押权，这以最高额抵押最为典型。[1] 因此，抵押权在成立时不必自始与主债权一并存在，但在抵押权实现时，必须有主债权存在。

（2）转让上的从属性。《物权法》第 192 条规定："抵押权不得与债权分离而单独转让或者作为其他债权的担保。债权转让的，担保该债权的抵押权一并转让，但法律另有规定或者当事人另有约定的除外。"房地产抵押可以附随主债权转让或者作为其他债权的担保，但抵押权人不能将债权与房地产抵押分离而单独转让抵押权，也不能只是转让主债权而自己保留抵押权，更不能将抵押权与主债权分别转让给不同的人。

（3）消灭上的从属性。《担保法》第52条规定："抵押权与其担保的债权同时存在，债权消灭的，抵押权也消灭。"即担保的主债权消灭的，房地产抵押也

---

[1] 根据《担保法》第59条规定，当事人双方约定，以抵押人的财产对彼此之间在未来一段时间内可能连续发生的债务，在最高额度内予以担保。这种特殊的抵押除了适用抵押的一般规定外，法律还就最高额抵押的特别事项作了专门规定，该抵押债权的具体数额在抵押成立时是不确定的或者是未发生的，故最高额抵押为将来债权所设定的担保。一般抵押权必须在现有债权的基础上设定，而在最高额抵押里，则不以现有债权的存在为必要，最高额抵押的意向主合同可以在抵押合同后签订。

归于消灭。

3. 房地产抵押具有不可分性。房地产抵押权的不可分性，是指房地产的分割、部分灭失或转让，或者被担保债权的分割或部分转让，均不影响房地产抵押权的完整性，房地产抵押权人仍然能够完整地行使其抵押权。根据《最高人民法院关于适用〈中华人民共和国担保法〉若干问题的解释》（以下简称《担保法解释》）第71、72条的规定，房地产抵押权的不可分性主要表现在以下几个方面：①主债权未受全部清偿的，抵押权人可以就抵押物的全部行使其抵押权；②抵押物被分割或者部分转让的，抵押权人可以就分割或者转让后的抵押物行使抵押权；③主债权被分割或者部分转让的，各债权人可以就其享有的债权份额行使抵押权；④主债务被分割或者部分转让的，抵押人仍以其抵押物担保数个债务人履行债务。

4. 抵押权是一种价值支配权。抵押权的价值支配权，是指抵押权人以抵押物的交换价值为内容。抵押权人设定抵押权的目的并不是为了取得抵押物的使用价值，而是以取得物的价值清偿。抵押权人有权在债务人不履行到期债务时，将用作担保的物加以处分，但无权对该物加以使用和收益。[1] 无论抵押物的形态发生怎样的变化，只要抵押权支配的标的物价值存在，抵押权就可以存在，抵押权的担保目的就能够实现。《物权法》第174条规定："担保期间，担保财产毁损、灭失或者被征收等，担保物权人可以就获得的保险金、赔偿金或者补偿金等优先受偿。被担保债权的履行期未届满的，也可以提存该保险金、赔偿金或者补偿金等。"正因为抵押权具有价值支配权的性质，也就决定了房地产抵押权的效力及于该抵押房地产的代位物（如上述规定中的保险金、赔偿金或者补偿金），使房地产抵押具有物上代位性。

5. 抵押权是一种优先受偿权。在债务人不履行到期债务时，抵押权人得以通过实现抵押物的价值，优先受偿。即抵押权人有权按照法律的规定，以用作抵押的房地产按照法定程序进行拍卖，抵押权人可以就拍卖所得的价款优先获得清偿。

二、可抵押房地产的范围

可抵押房地产的范围是指哪些房地产适合用于抵押，哪些又不适合用于抵押。我国《物权法》《担保法》对可抵押物和禁止抵押物作了明确规定。在房地产抵押中，房屋所有权抵押基本上没有限制，受限制较多的是土地使用权。

可抵押物成立的两个基本条件是：①可以确定其财产范围。这是指设定抵押权时即可确定的房屋等建筑物，比如已经建设的房屋。也包括将来可以确定

---

〔1〕 程信和、刘国臻：《房地产法》，北京大学出版社2010年版，第151页。

其财产范围的房屋，比如正在建造的建筑物；②可估价并交易。这是指抵押物可以处分或转让，可以交易变现。抵押权行使的目的在于获得交换价值，如果不能交易变现，即为不适格抵押物。房地产开发和交易中常用的抵押物为：建筑物和其他土地附着物；建设用地使用权；正在建造的建筑物。以划拨方式取得的建设用地使用权原则上不能交易，所以不能用于抵押。但是，划拨建设用地使用权在满足一定条件的前提下，经主管部门审批并办理法定的手续之后可以交易，此时则可以抵押。

根据《物权法》第180条的规定，下列财产可以抵押：①建筑物和其他土地附着物；②建设用地使用权；③以招标、拍卖、公开协商等方式取得的荒山、荒沟、荒丘、荒滩等荒地土地承包经营权；④生产设备、原材料、半成品、产品；⑤正在建造的建筑物、船舶、航空器；⑥交通运输工具；⑦法律、行政法规未禁止抵押的其他财产。该法第183条还规定，乡镇、村企业的建设用地使用权不得单独抵押。以乡镇、村企业的厂房等建筑物抵押的，其占用范围内的建设用地使用权一并抵押。

在我国，许多财产的抵押能力被禁止或被限制，这些禁止或限制影响了抵押的效力。根据《物权法》第184条的规定，下列财产不得抵押：①土地所有权；②耕地、宅基地、自留地、自留山等集体所有的土地使用权，但法律规定可以抵押的除外；③学校、幼儿园、医院等以公益为目的的事业单位、社会团体的教育设施、医疗卫生设施和其他社会公益设施；④所有权、使用权不明或者有争议的财产；⑤依法被查封、扣押、监管的财产；⑥法律、行政法规规定不得抵押的其他财产。

此外，《担保法解释》第48、49条和第52~55条等还规定一些例外或灵活处理的规则，在实践中可参照适用：①以法定程序确认为违法、违章的建筑物抵押的，抵押无效（第48条）。②以尚未办理权属证书的财产抵押的，在第一审法庭辩论终结前能够提供权利证书或者补办登记手续的，可以认定抵押有效。当事人未办理抵押物登记手续的，不得对抗第三人（第49条）。③当事人以农作物和与其尚未分离的土地使用权同时抵押的，土地使用权部分的抵押无效（第52条）。④学校、幼儿园、医院等以公益为目的的事业单位、社会团体，以其教育设施、医疗卫生设施和其他社会公益设施以外的财产为自身债务设定抵押的，人民法院可以认定有效（第53条）。⑤按份共有人以其共有财产中享有的份额设定抵押的，抵押有效。共同共有人以其共有财产设定抵押，未经其他共有人的同意，抵押无效。但是，其他共有人知道或者应当知道而未提出异议的视为同意，抵押有效（第54条）。⑥已经设定抵押的财产被采取查封、扣押等财产保全或者执行措施的，不影响抵押权的效力（第55条）。

三、房地产抵押权的设定

抵押权设定涉及两个法律事实，一是抵押合同；二是抵押登记。抵押合同是产生抵押权的依据，抵押登记则是抵押权的生效要件。

（一）抵押合同

1. 房地产抵押合同的形式。根据《担保法》第38条和《物权法》第185条第1款的规定，当事人应当以书面形式订立房地产抵押合同。可见，房地产抵押合同为要式合同。另外，根据《合同法》第36条的规定，"法律、行政法规规定或者当事人约定采用书面形式订立合同，当事人未采用书面形式但一方已经履行主要义务，对方接受的，该合同成立"。因此，当事人若未采用书面形式订立房地产抵押合同，但已经履行合同，并且办理了抵押登记的，则该房地产抵押合同也成立。

2. 房地产抵押合同的内容。根据《担保法》第39条第1款和《物权法》第185条第2款的规定，房地产抵押合同的主要内容如下：

（1）被担保债权的种类和数额。如前所述，被担保债权可以是已存在的债权，也可以为将来发生的债权。但不论何种性质的债权，均应在抵押合同中明确债权的种类和数额，将其特定化。

（2）债务人履行债务的期限。因为只有在债务人不履行债务时，抵押权人才可行使抵押权，而债务人是否履行债务的判断标准就是在债务履行期限届满时是否履行了债务。所以，抵押合同中应明确债务人履行债务的期限。

（3）抵押房地产的名称、数量、质量、状况、所在地、所有权归属或者使用权归属。抵押的房地产标的物必须是特定的，因此，当事人在抵押合同中应明确抵押房地产的名称、数量、质量、状况和所在地及其权属状况。

（4）抵押担保的范围。抵押担保的范围是指抵押权人可以优先受偿的债权范围。当事人可以约定抵押担保主债权的全部，也可以约定担保主债权的一部分。

此外，《城市房地产抵押管理办法》第26条从实际操作的角度出发，对房地产抵押合同应当载明的内容作了更为详细的规定：①抵押人、抵押权人的名称或者个人姓名、住所；②主债权的种类、数额；③抵押房地产的处所、名称、状况、建筑面积、用地面积以及四至等；④抵押房地产的价值；⑤抵押房地产的占用管理人、占用管理方式、占用管理责任以及意外损毁、灭失的责任；⑥债务人履行债务的期限；⑦抵押权灭失的条件；⑧违约责任；⑨争议解决方式；⑩抵押合同订立的时间与地点；⑪双方约定的其他事项。

3. 房地产抵押合同与主合同的关系。房地产抵押合同属于主债权债务合同的从合同，它是为保障主债权债务合同内容的实现而订立的从属合同。其成立和存续以主合同的成立和存续为前提，随着主合同债权的转让而转让，随着主合同的无效而无效，亦随着主合同债权的消灭而消灭。对于抵押合同的从属性及其与主债权债务合同的关系，我国《物权法》第172条第1款规定："设立担保物权，应当依照本法和其他法律的规定订立担保合同。担保合同是主债权债务合同的从合同。主债权债务合同无效，担保合同无效，但法律另有规定的除外。"这里的"法律另有规定"，是指《物权法》和《担保法》中规定的最高额抵押合同在连续交易关系中，不会因为某一笔交易合同无效而无效的相对独立性。

4. 房地产抵押合同无效的法律后果。《物权法》第172条第2款规定："担保合同被确认无效后，债务人、担保人、债权人有过错的，应当根据其过错各自承担相应的民事责任。"另外，根据《担保法解释》与《合同法》的相关规定，可知房地产抵押合同无效的法律后果有以下三种情形：

（1）主债权债务合同有效而房地产抵押合同无效的情形。在此情形下，根据《担保法解释》第7条的规定，会产生以下两种法律后果：①主合同有效而担保合同无效，债权人无过错的，担保人与债务人对主合同债权人的经济损失承担连带赔偿责任。在这里并未要求抵押人有过错。而且抵押人在这里也没有责任限额的规定，因此不管抵押人有无过错，主合同债权人都既可以向抵押人主张全部赔偿责任，也可以向其主张部分赔偿责任。②债权人、担保人有过错的，担保人承担民事责任的部分，不应超过债务人不能清偿部分的1/2。即如果主合同债权人对房地产抵押合同的无效有过错，抵押人则需承担有法定限额（即债务人不能清偿部分的1/2）的赔偿责任。具体的责任额度应当以债权人的过错所导致的责任额度与抵押人过错所导致的责任额度相抵销后的剩余为准。

（2）主债权债务合同无效而导致的房地产抵押合同无效的情形。在此情形下，根据《担保法解释》第8条的规定，会产生两种法律后果：①主合同无效而导致担保合同无效，担保人无过错的，担保人不承担民事责任。②担保人有过错的，担保人承担民事责任的部分，不应超过债务人不能清偿部分的1/3。《担保法解释》在此处为抵押人规定了法定限额的民事责任，这里的抵押人仅指主合同债务人以外的第三人。如果抵押人同时为主合同的债务人，由于其过错而导致主合同无效时，根据《合同法》的规定应当向债权人承担全部的赔偿责任，就不存在责任限额的问题。在第二种情形里，抵押人承担责任以有过错为前提，过错类型包括故意和过失两种；责任的性质应当是损害赔偿责任；责任额度是主合同债务人不能清偿部分1/3以内，不包括1/3本数；主合同债务人的"不能清偿部分"是指合同无效后，原主合同债权人在用尽所有救济途径之后，债务人仍然不能清偿其债务的剩余部分。

（3）依据以上规则，担保人因无效担保合同向债权人承担赔偿责任后，根据《担保法解释》第9条的规定，可以向债务人追偿，或者在承担赔偿责任的范围内，要求有过错的反担保人承担赔偿责任。担保人可以根据承担赔偿责任的事实对债务人或者反担保人另行提起诉讼。

在这里抵押人向债务人行使追偿权的前提有二：[1]　①抵押人承担了与其过错程度不相符的民事赔偿责任，即承担的民事责任超过了依其过错在法理上所应承担的责任限度。这主要出现在上述抵押人承担法定限额责任和连带责任时有过错的情况下；②抵押人承担了本不应由其承担的民事责任。这是指上述抵押人承担连带责任而无过错的情况。

（二）抵押登记

1. 房地产抵押登记的程序。房地产抵押登记是指将抵押房地产上的抵押权的状态登记于不动产登记簿上。《城市房地产抵押管理办法》第30条规定，抵押当事人应当自房地产抵押合同签订之日起30日内，到房地产所在地的房地产管理部门办理房地产抵押登记。办理房地产抵押登记的程序如下：

（1）申请。当事人向登记机关申请办理房地产抵押登记，一般需要提交以下文件：①登记申请书；②申请人的身份证明；③国有土地使用权证、房屋所有权证书或者房地产权证书；④抵押合同；⑤主债权合同；⑥其他必要材料。

（2）审核。根据《城市房地产抵押管理办法》第33条的规定，登记机关应当对申请人的申请进行审核。凡权属清楚、证明材料齐全的，应当在受理登记之日起7日内决定是否予以登记，对不予登记的，应当书面通知申请人。登记机关审核的内容主要包括：当事人的身份、抵押共有的房地产是否经过共有人同意以及当事人提供的抵押物权属文件是否真实有效等。

（3）发证。根据《城市房地产抵押管理办法》第34条的规定，以依法取得的房屋所有权证书的房地产抵押的，登记机关应当在原《房屋所有权证》上作他项权利记载后，由抵押人收执，并向抵押人颁发《房屋他项权证》。

以预售商品房或者在建工程抵押的，登记机关应当在抵押合同上作记载。抵押的房地产在抵押期间竣工的，当事人应当在抵押人领取房地产权属证书后，重新办理房地产抵押登记。

2. 房地产抵押登记的效力。我国《物权法》第187条规定，以建筑物和其他土地附着物、建设用地使用权、土地承包经营权、正在建造的建筑物抵押的，应当办理抵押登记，抵押权自登记时设立。可见，在房地产抵押登记制度上，我国法律采取了登记生效主义，也就是以抵押登记作为房地产抵押权成立的条

---

〔1〕　黄河编著：《房地产法》，中国政法大学出版社2008年版，第159页。

件。未经登记的，房地产抵押权不能设立。

另外，根据《担保法解释》第59条的规定，当事人办理抵押物登记手续时，因登记部门的原因致使其无法办理抵押物登记，抵押人向债权人交付权利凭证的，可以认定债权人对该财产有优先受偿权。但是，未办理抵押物登记的，不得对抗第三人。

四、房地产抵押权的效力

抵押权的效力是指抵押权人行使这一权利的范围。它涉及抵押权人对抵押物的直接支配力、抵押权所担保的债权范围、抵押权对在抵押物上发生的其他民事法律关系的影响力。该效力包括对内效力和对外效力：对内效力是指对房地产抵押当事人的权利义务的影响，是抵押权的主要的基本的效力；对外效力则是指房地产抵押对抵押关系外部的、有关房地产的其他财产权的影响，是抵押权次要的派生的效力，是房地产抵押对内效力的保障。

（一）房地产抵押权的对内效力

房地产抵押权的对内效力，主要包括抵押权人处分房地产的优先受偿效力，对被担保的债权范围的效力和对作为抵押权标的物的房地产范围的效力。

1. 房地产抵押权担保的债权范围。根据《担保法》第46条和《物权法》第173条的规定，除当事人另有约定外，房地产抵押权担保的债权范围包括主债权及利息、违约金、损害赔偿金和实现抵押权的费用。

（1）主债权。主债权又称为原债权、本债权，是指于房地产抵押权设定时当事人决定为之担保的债权。它是抵押权存在的基础，也是抵押权担保的重要内容。

（2）利息。这里的利息是指原本债权的法定孳息，包括约定利息、法定利息与迟延利息三种。①对于约定利息，各国或地区规定不一。德国规定，与主债权一起登记的约定利息视同法定利息，未经登记的约定利息不受担保。日本则规定，约定利息虽属于担保范围，但不具有优先受偿权，不得对抗第三人。我国台湾地区则规定，不论法定利息或约定利息，均为抵押权担保的范围。②由于法定利息被视为主债权的一部分，自然属于担保范围之列。我国法律未区分法定利息和约定利息，而是只笼统规定抵押担保的范围包括利息。可见，在我国，约定利息和法定利息均属房地产抵押担保的范围。③迟延利息是指由于债务人迟延履行而导致的利息。迟延利息是法定的附随性债权，因此不必经当事人特别约定或登记即属于房地产抵押的担保范围。

（3）违约金。违约金是债务人不履行债务时依法律规定或者合同的约定应向债权人一方支付的一定数额的款项。《合同法》并没有明确规定违约金的比例，实践中违约金一般不能超过合同的总价款。根据《合同法》的规定，若违约方认为违约金过高，可以请求法院予以适当调节。当事人一旦在合同中约定了违约金，则该违约金属于担保的范围。

（4）损害赔偿金。这里的损害赔偿金是指债务人违反合同而给债权人造成损失时，应向债权人支付的赔偿款项。根据《担保法》第46条，抵押合同没有特别约定的，损害赔偿金属于抵押担保的范围。

（5）实现抵押权的费用。实现抵押权的费用是指为依法实现抵押权所支出的费用，如抵押物的拍卖费用、抵押物的评估费用、保全费等。实现抵押权的费用只要是合理的，不必进行登记即可从抵押物中优先获得清偿，且优先于房地产抵押所担保的其他债权。

2. 房地产抵押权效力所及的标的物范围。房地产抵押权效力所及的标的物范围，是指抵押权人依法实现其抵押权时能够作价变现的标的物的范围。在房地产抵押权成立后，抵押权的效力不仅及于用于设定抵押权的抵押物本身，而且还可及于抵押物的从物、从权利以及孳息等。

（1）抵押物的原物。抵押物的原物，即抵押物本身，是与抵押物的从物相对而言的。以房地产作抵押的，其抵押物大致可分为两种，即土地使用权抵押和房屋所有权抵押。以土地使用权作抵押的，其地上建筑物、其他附着物随之抵押；如果以房屋所有权作抵押的，则其占用范围内的土地使用权也同时抵押。之所以这样规定，是因为如果仅以土地使用权或房屋所有权作抵押，则债权人行使抵押权对抵押物进行拍卖，将使土地使用权和房屋所有权分属两个主体，造成土地使用权人和房屋所有权人行使权利的不便，从而降低土地使用权或房屋所有权拍卖的价格，不利于保障债权人的利益。

（2）抵押物的从物。在民法上，从物是与主物同为一人所有并需与主物一同使用才能更好发挥效用的物。在法律或合同没有相反规定时，主物的所有权转移，从物也随之转移。因此，在房地产抵押中，除法律另有规定或当事人另有特别约定外，抵押权的效力不仅及于房地产自身，还及于房地产的附属物；不仅及于设定抵押权时已存在的附属物，还及于设定抵押权后产生的附属物。房地产的从物既包括动产，也包括不动产。如房前屋后的少许树木、房屋里的门、窗、取暖设施、照明设施、通信设施等。《担保法解释》第63条规定："抵押权设定前为抵押物的从物的，抵押权的效力及于抵押物的从物。但是，抵押物与其从物为两个以上的人分别所有时，抵押权的效力不及于抵押物的从物。"

（3）新增房屋。《物权法》《城市房地产管理法》和《担保法》均规定，城市房地产抵押合同签订后，土地上新增的房屋不属于抵押财产。但是，为了便于抵押权的实现，上述法律均规定，需要拍卖该抵押的房地产时，可以依法将该土地上新增的房屋与抵押物一同拍卖，但对拍卖新增房屋所得，抵押权人无权优先受偿。[1]

（4）从权利。房地产的从权利与主权利的关系如同上述从物与主物的关系，主权利转移时，除法律另有规定或当事人另有特别约定外，从权利随主权利而转移。抵押权的效力既然及于抵押物的从物，也就应及于抵押物的从权利。例如，以建设用地使用权抵押的，该建设用地上存在地役权时，抵押权的效力及于该地役权；对于法定的相邻权，抵押权的效力所及更是如此。

（5）抵押物的孳息。[2]孳息为抵押物所生的收益，包括天然孳息与法定孳息。天然孳息是指基于物的自然属性所生的孳息；法定孳息是基于一定的法律关系而于原物所得的收益。房地产抵押的效力及于抵押权开始进入实现阶段后到抵押标的处分为止房地产所产生的孳息。房地产抵押不转移对作为抵押标的物的房地产的占有，这样既维护了债权人的权益，又充分发挥了抵押物的使用价值。在抵押权实现前，抵押人有权使用房地产并获取利益，房地产所产生的孳息由抵押人享有。抵押权开始进入实现阶段后，作为抵押物的房地产由人民法院扣押或以其他方式保全，抵押权人有权将该房地产拍卖或变价优先受偿，当然有权收取抵押物的孳息，并以其偿还债权。房地产抵押权的效力不仅及于房地产的天然孳息如果树所结的果实等，而且及于房地产的法定孳息如房租等。《物权法》第 197 条规定："债务人不履行到期债务或者发生当事人约定的实现抵押权的情形，致使抵押财产被人民法院依法扣押的，自扣押之日起抵押权人有权收取该抵押财产的天然孳息或者法定孳息，但抵押权人未通知应当清偿法定孳息的义务人的除外。前款规定的孳息应当先充抵收取孳息的费用。"《担保法》第 47 条同样规定："债务履行期届满，债务人不履行债务致使抵押物被人民法院依法扣押的，自扣押之日起抵押权人有权收取由抵押物分离的天然孳息以及抵押人就抵押物可以收取的法定孳息。抵押权人未将扣押抵押物的事实通知应当清偿法定孳息的义务人的，抵押权的效力不及于该孳息。前款孳息应当先充抵收取孳息的费用。"可见，在房地产抵押法律关系中，债务履行期限届满，债务人不履行债务，抵押权人可着手行使抵押权。人民法院将抵押的房地产依法扣押的，抵押权人就有权收取房地产的天然孳息；抵押权人将扣押房地产之事实通知了应当清偿法定孳息义务人的，也有权收取其法定孳息，并且孳息应当先充抵收取孳息的费用。

（6）抵押物的代位物。如前所述，由于抵押权具有价值支配权的性质，也就决定了房地产抵押权的效力及于该抵押房地产的代位物，如保险金、赔偿金

---

[1]　参见《城市房地产管理法》第 52 条。

[2]　参见符启林：《房地产法》，法律出版社 2009 年版，第 256 页。

或者补偿金等。

（二）房地产抵押权的对外效力

在房地产抵押法律关系中，抵押物的权属和占有仍归抵押人享有。也就是说，房地产抵押后，抵押人仍然能够依法支配、处分自己拥有的房地产，从而在该项房地产上形成新的法律关系或者保持既存的法律关系。当然，抵押权的设立肯定会对房地产上既存的或新发生的各种法律关系产生一定的影响力，即房地产抵押权的对外效力。

1. 抵押权对房地产转让法律关系的影响。抵押权对房地产转让法律关系的影响，是指房地产的抵押人可否将已经抵押的房地产转让以及该转让房地产所受抵押权的制约与相互影响。这实际上是关于抵押人是否有权将已经抵押的房地产进行转让以及该转让行为与抵押权的关系问题，因此，本质上属于抵押人行使权利时产生的问题。故相关内容放在下面"房地产抵押人的权利"来讨论。

2. 房地产抵押权对房屋租赁关系的影响。抵押人可以在已出租的房屋上设定抵押权，也可以将已设定抵押权的房屋出租。因此，房地产抵押权与房屋租赁之间的关系，分房屋租赁关系成立前后两种情形：

（1）租赁关系成立在先，抵押权设立在后的情形。在房屋租赁关系存在于抵押之前的，根据"买卖不破租赁"原则，在此变通为"抵押不破租赁"，法律只要求抵押人以书面形式将设定抵押的事实告知承租人，原租赁合同继续有效。即抵押的房地产拍卖后，原租赁合同对房地产的受让者继续有效。此时租赁与抵押互不影响。因为抵押权的设定并不要求财产的移转占有，所以已经出租的财产仍归出租人所有。出租人，即抵押人在不影响承租人占有、使用的前提下仍有权支配、处分其抵押物。租赁关系的有效存在不影响出租人将已经出租财产再行设定抵押，抵押权的设定也不影响承租人对财产的占有、利用。因此，《担保法》第48条规定："抵押人将已出租的财产抵押的，应当书面告知承租人，原租赁合同继续有效。"

（2）租赁关系成立在后，抵押权设立在先的情形。在此情形下，抵押权对租赁关系就要发生影响，即抵押权实现时，租赁关系即解除。此时，抵押权是设定在先的一种物权，而租赁权是设定在后的一种债权，同一房地产上存在着抵押权和租赁权两种权利。根据物权优先债权的原则，租赁权不得对抗抵押权。对此，《物权法》第190条规定："……抵押权设立后抵押财产出租的，该租赁关系不得对抗已登记的抵押权。"即在租赁关系成立在后，抵押权设立在先的情形下，租赁权不得对抗抵押权，在房地产抵押权实现时租赁合同当然终止，抵押物的受让人不承受该财产上原有的租赁权负担。此与上述房地产先租赁后抵押的情形正好相反。

3. 抵押权对房地产再抵押的影响。我国《担保法》第 35 条第 2 款规定："财产抵押后，该财产的价值大于所担保债权的余额部分，可以再次抵押，但不得超出其余额部分。"抵押权的实质是以抵押物的交换价值担保债权之清偿，如果抵押财产的价值大于所担保的债权数额就足以实现其抵押权设定的目的，抵押人就可以其价值超过所担保债权之部分为其他债权担保，这样就使同一抵押物为多个债权提供担保。同时抵押是以不转移对抵押物的占有为条件的，也有可能在同一个房地产上设定数个抵押权。只是为了保护先位抵押权人的利益，法律要求抵押人应在抵押物价值超过先位设定的抵押权所担保的债权范围的余额部分才可抵押。在受偿顺序上按抵押权设定的先后顺序受偿，顺序相同的则按债权比例受偿。抵押的房地产拍卖后的价值不足以偿还所有担保的债权的，则未受清偿的抵押债权不享有对普通债权的优先受偿权。

五、房地产抵押人和抵押权人的权利

房地产抵押人和抵押权人的权利，即是抵押权对抵押人和抵押权人的效力。

（一）房地产抵押人的权利

在房地产抵押权中，抵押人主要享有如下权利：

1. 抵押物的处分权。房地产设立抵押权之后，抵押人并没有丧失房地产权属人的地位，其仍为抵押房产的所有人或者土地使用权的使用人。因此，抵押人享有对抵押物的处分权，当然，这里的处分只能是法律上的处分，而不能是事实上的处分，因为事实上的处分会导致抵押物价值的灭失。所谓法律上的处分，是指抵押人将抵押物转让给第三人的权利。

关于抵押物的转让，我国《担保法》第 49 条规定："抵押期间，抵押人转让已办理登记的抵押物的，应当通知抵押权人并告知受让人转让物已经抵押的情况；抵押人未通知抵押权人或者未告知受让人的，转让行为无效。转让抵押物的价款明显低于其价值的，抵押权人可以要求抵押人提供相应的担保；抵押人不提供的，不得转让抵押物。抵押人转让抵押物所得的价款，应当向抵押权人提前清偿所担保的债权或者向与抵押权人约定的第三人提存。超过债权数额的部分，归抵押人所有，不足部分由债务人清偿。"据此房地产抵押人有权将已经办理登记的抵押房地产转让，并与受让人之间发生房地产转让法律关系，但抵押人在转让时有义务就房地产转让和已经抵押的情况通知抵押权人或告知受让人。但是，2007 年颁布的《物权法》第 191 条对《担保法》第 49 条第 1 款的规定作了根本性的修改。《物权法》第 191 条规定："抵押期间，抵押人经抵押权人同意转让抵押财产的，应当将转让所得的价款向抵押权人提前清偿债务或者提存。转让的价款超过债权数额的部分归抵押人所有，不足部分由债务人清偿。抵押期间，抵押人未经抵押权人同意，不得转让抵押财产，但受让人代为清偿债务消灭抵押权的除外。"据此，抵押人要在抵押期间转让抵押财产必须征得抵押权人同意，否则，转让行为无效。这一规定是基于保证抵押权人的抵押权的考虑，而对抵押人的抵押物的所有权进行的合理限制。《担保法》第49条对抵押人规定的通知义务并不能切实地保证抵押权人的抵押权，因为抵押权人对抵押人处分抵押物的行为没有法定的干预权，尽管"转让抵押物的价款明显低于其价值的，抵押权人可以要求抵押人提供相应的担保；抵押人不提供的，不得转让抵押物"。但"明显低于其价值"不好把握，"要求抵押人提供相应的担保"更是难以实现。《物权法》第191条在规定"抵押权人同意转让"才能转让的同时，也规定了例外情形，即抵押物的受让人若代抵押人向债权人清偿债务而消灭抵押权的，即使未征得抵押权人同意，转让行为仍然有效。在这种情形中，主债权债务合同因为受让人的清偿而终止，作为从合同的抵押合同当然随之终止，抵押权亦随之消灭。抵押物上除去了原有的担保负担，当然可以自由转让。[1]

2. 抵押物的占有权。这是指在抵押权设立之后，抵押人仍得占有抵押物的权利。房地产抵押权是不转移房地产占有的担保物权，因此，抵押人在抵押权设立之后，依然享有对抵押物占有、使用和收益的权利。抵押人不仅可以自己占有抵押物，而且也可让他人占有抵押物，比如将房屋出租。

3. 抵押物上用益物权的设定权。房地产抵押是以房地产的交换价值为债权提供担保，抵押物的使用价值对其没有影响。因此无论是在抵押权设定前或设定后，抵押人均可在抵押物上设定用益物权。抵押物上设定用益物权，是指抵押人于抵押权设立后，抵押人可以在抵押物上设定用益物权的权利。例如，在建设用地使用权设立抵押权后，建设用地使用权人有权在建设用地上设立地役权。在房地产抵押权设定之前已存在用益物权的，不仅用益物权人在抵押权设定后拥有用益物权，并且其用益权如经登记，还可对抗房地产抵押权，即用益物权人根据其与抵押人合同约定的方式、期限等在抵押权实现后仍可继续拥有用益物权。但是，在房地产抵押权后设定的用益物权则不能对抗抵押权，此时应当按照物权的效力规则确定它们的先后顺序。由于抵押权成立在先，故后设立的用益物权在效力上不能优于先设立的抵押权。因此，在抵押权实现时，于房地产抵押后设定的用益物权应归于消灭。

（二）房地产抵押权人的权利

抵押权人的权利，是抵押权对抵押权人的效力，这是抵押权的主要效力。在房地产抵押权中，抵押权人主要享有如下权利：

---

〔1〕　黄河编著：《房地产法》，中国政法大学出版社2008年版，第162页。

1. 抵押权的处分权。在房地产抵押权中，抵押权人的处分权主要包括抵押权的转让、抵押权的放弃及其顺位的放弃和变更。

（1）抵押权的转让。抵押权的转让，是指抵押权人将抵押权让与他人。如前所述，抵押权是一种从属权利，其不能与主债权分离而单独转让。《担保法》第50条规定："抵押权不得与债权分离而单独转让或者作为其他债权的担保。"《物权法》第192条则规定："抵押权不得与债权分离而单独转让或者作为其他债权的担保。债权转让的，担保该债权的抵押权一并转让，但法律另有规定或者当事人另有约定的除外。"据此，抵押权可以与债权一同转让或者作为其他债权的担保。但是，在法律另有规定或者当事人另有约定时，抵押权并不随债权一并转让。"法律另有规定"，指的是如《物权法》第204条规定："最高额抵押担保的债权确定前，部分债权转让的，最高额抵押权不得转让，但当事人另有约定的除外。""当事人另有约定"，既可以是抵押权人在转让债权时与受让人约定，只转让债权而不转让担保该债权的抵押权；也可以是第三人专为特定的债权人设定抵押的，该第三人与债权人约定，被担保债权的转让未经其同意的，抵押权因债权的转让而消灭。[1]

（2）抵押权的放弃及其顺位的放弃和变更。《物权法》第194条规定："抵押权人可以放弃抵押权或者抵押权的顺位。抵押权人与抵押人可以协议变更抵押权顺位以及被担保的债权数额等内容，但抵押权的变更，未经其他抵押权人书面同意，不得对其他抵押权人产生不利影响。债务人以自己的财产设定抵押，抵押权人放弃该抵押权、抵押权顺位或者变更抵押权的，其他担保人在抵押权人丧失优先受偿权益的范围内免除担保责任，但其他担保人承诺仍然提供担保的除外。"此即关于抵押权的放弃及其顺位的放弃和变更的法律规定，作以下三点解读：

第一，抵押权的放弃。抵押权是一种民事权利，并且不具有人身从属性。因此，权利人有权将其放弃。将抵押权放弃，就是抵押权人放弃其优先受偿的担保利益。在抵押权放弃后，抵押权人的债权即成为无抵押担保的债权。在房地产抵押权中，抵押权人放弃抵押权的，应向抵押人为放弃的意思表示，并应办理注销登记。如果债务人以自己的房地产设定抵押，抵押权人放弃抵押权的，则其他担保人在抵押权人丧失优先受偿权益的范围内免除担保责任，但其他担保人承诺仍然提供担保的除外。

---

[1]　全国人大常委会法制工作委员会民法室编：《中华人民共和国物权法——条文说明、立法理由及相关规定》，北京大学出版社2007年版，第352页。转引自房绍坤主编：《房地产法》，北京大学出版社2011年版，第169页。

　　第二，抵押权顺位的放弃。抵押权的顺位又称为抵押权的次序，是指同一财产上有数个抵押权时，各个抵押权人优先受偿的先后次序。因此，抵押权顺位的放弃就是指抵押权人放弃其顺序利益。与抵押权放弃不同的是，抵押权顺位放弃后，抵押权人仍享有抵押权，只是其抵押权位于放弃前已有的各抵押权的最后顺序。需要注意的是，抵押权顺位的放弃对于抵押权顺位放弃后设定的抵押权不发生效力，即于抵押权顺位放弃后成立的抵押权的顺位不能位于抛弃人的抵押权顺位之前。如果债务人以自己的房地产设定抵押，抵押权人放弃抵押权顺位的，则其他担保人在抵押权人丧失优先受偿权益的范围内免除担保责任，但其他担保人承诺仍然担保的除外。

　　第三，抵押权的变更。抵押权人与抵押人可以协议变更抵押权顺位以及被担保的债权数额等内容，但抵押权的变更，未经其他抵押权人书面同意，不得对其他抵押权人产生不利影响。债务人以自己的财产设定抵押，抵押权人变更抵押权的，其他担保人在抵押权人丧失优先受偿权益的范围内免除担保责任，但其他担保人承诺仍然提供担保的除外。

　　2. 抵押财产价值的保全权。抵押财产价值的保全权，是指在抵押期间当抵押物的价值受到侵害时，抵押权人有权采取相应的救济措施以保全其抵押财产价值的权利。对此，《物权法》第193条规定："抵押人的行为足以使抵押财产价值减少的，抵押权人有权要求抵押人停止其行为。抵押财产价值减少的，抵押权人有权要求恢复抵押财产的价值，或者提供与减少的价值相应的担保。抵押人不恢复抵押财产的价值也不提供担保的，抵押权人有权要求债务人提前清偿债务。"

　　3. 优先受偿权。抵押权人的优先受偿权，是指当债务人不履行到期债务时，抵押权人有就抵押的房地产拍卖所得价金优先受偿的权利。抵押权人的优先受偿权是抵押权的根本效力，是房地产抵押权设定的目的，因此是房地产抵押权人最重要的权利。抵押权人优先受偿权的主要内容如下：

　　（1）优先于其他普通债权人受偿。这是指有抵押担保的债权优先于无抵押担保的债权，即同一债务人有多个债权人的，抵押权人优先于其他债权人从抵押物的变现价金中获得清偿。

　　（2）优先于后设定抵押权的其他债权人受偿。《物权法》第199条规定："同一财产向两个以上债权人抵押的，拍卖、变卖抵押财产所得的价款依照下列规定清偿：①抵押权已登记的，按照登记的先后顺序清偿；顺序相同的，按照债权比例清偿；②抵押权已登记的先于未登记的受偿；③抵押权未登记的，按照债权比例清偿。"据此在同一房地产上设定有数个不同顺序的抵押权时，顺位在先的抵押权人得就抵押物的变价优先于顺位在后的抵押权人受偿，后顺位抵押权人只能就前一顺位的抵押权人就担保债权额受偿后的余额受偿，同一顺位抵押权人只能按其被担保的债权额比例受偿。如果是同日登记的，债权受偿的顺位相同。另外，如果遇到后顺位的抵押权实现时，而先顺位的抵押权尚未到实现期，此时后顺位的抵押权人也不能优先于先顺位抵押权的抵押权人受偿。《担保法解释》第78条对此作了明确规定："同一财产向两个以上债权人抵押的，顺序在后的抵押权所担保的债权先到期的，抵押权人只能就抵押物价值超出顺序在先的抵押担保债权的部分受偿。顺序在先的抵押权所担保的债权先到期的，抵押权实现后的剩余价款应予提存，留待清偿顺序在后的抵押担保债权。"

（3）抵押权优先于司法保全和执行权。《担保法解释》第55条规定："已经设定抵押的财产被采取查封、扣押等财产保全或者执行措施的，不影响抵押权的效力。"据此，已设定抵押权的抵押物一旦被查封、扣押，抵押权人也仍可就该财产行使抵押权；如果抵押物被强制执行，则抵押权人可以从执行的抵押物的价值中优先受偿，其他没有抵押担保的债权人只能就抵押权人实现抵押权后的余额受偿。

（4）抵押权人享有别除权。在抵押人被宣告破产时，抵押财产不被列入破产财产，抵押权人享有别除权，得就抵押物的变价于其受担保的债权额内受偿，而不是与其他债权人按比例受偿。

六、房地产抵押权的实现

房地产抵押权的实现，是指债务人不履行到期债务或者发生当事人约定的实现抵押权的情形时，抵押权人依照法律规定的程序直接处分抵押的房地产，以抵押的房地产拍卖价款使其债权优先受偿。抵押权实现即抵押权设立的目的达到，抵押权归于消灭。房地产抵押权的实现是债权实现的一种方式。

（一）房地产抵押权实现的条件及其中止

1. 房地产抵押权实现的条件。实现抵押权的条件也就是行使抵押权的条件。抵押权是为将来行使而设定的权利，非即时行使的权利。只有当符合法律规定的条件出现时，抵押权人才能行使抵押权。这个条件就是债务履行期限届满，且抵押权人的债权未受清偿。或者说，房地产抵押权的实现以债务人未履行到期债务为必要条件。

《担保法》第53条第1款规定："债务履行期届满抵押权人未受清偿的，可以与抵押人协议以抵押物折价或者以拍卖、变卖该抵押物所得的价款受偿；协议不成的，抵押权人可以向人民法院提起诉讼。"《物权法》第195条第1款则规定："债务人不履行到期债务或者发生当事人约定的实现抵押权的情形，抵押权人可以与抵押人协议以抵押财产折价或者以拍卖、变卖该抵押财产所得的价款优先受偿……"据此，房地产抵押权的实现条件包括两个：①债务人不履行到期债务。债务履行期未届满，债务人就没有清偿债务的责任，债权人也不能请求债务人清偿，即抵押权人无权实现抵押权。只有在债权不能如期受清偿时，债权才受到了侵害，抵押权人才有权实现抵押权。②发生了当事人约定的实现抵押权的情形。这里的第②个条件是《物权法》的一个新规定，主要是为了满足抵押权人的特殊利益需要。而《城市房地产抵押管理办法》第40条则具体规定了行使抵押权的若干情况，即有下列情况之一的，抵押权人有权要求处分抵押的房地产：①债务履行期满，抵押权人未受清偿的，债务人又未能与抵押权人达成延期履行协议的；②抵押人死亡或者被宣告死亡而无人代为履行到期债务的，或者抵押人的合法继承人、受遗赠人拒绝履行到期债务的；③抵押人被依法宣告解散或者破产的；④抵押人违反《城市房地产抵押管理办法》的有关规定，擅自处分抵押房地产的；⑤抵押合同约定的其他情况。

2. 房地产抵押权实现的中止。《城市房地产抵押管理办法》第46条规定："抵押权人对房地产的处分，因下列情况而中止：①抵押权人请求中止的；②抵押人申请愿意并证明能够及时履行债务，并经抵押权人同意的；③发现被拍卖抵押物有权属争议的；④诉讼或仲裁中的抵押房地产；⑤其他应当中止的情况。"故抵押权人在实现抵押权时，出现上述情况之一的，抵押权的实现应当中止。在中止情况消除以后，抵押权人可以继续实现其抵押权。

（二）实现房地产抵押权的方式

根据《担保法》和《物权法》的规定，抵押权的实现方式包括：折价、拍卖和变卖三种方式。

1. 折价。折价，[1] 是指经抵押权人与抵押人协商把抵押物折合成货币金钱，直接优先清偿债权。抵押物折价超过债权数额的部分由抵押权人退还抵押人，不足部分由债务人清偿。通常抵押物的折价须遵守以下规则：

（1）抵押权人与抵押人须达成折价的协议。抵押物折价实际上是抵押权人与抵押人之间将抵押物出卖给抵押权人的一种合同关系。因此，抵押权人与抵押人在抵押物的折价上须意思表示一致，达成折价协议。

（2）禁止订立流押契约或流押条款。抵押物的折价只能于抵押权实现时进行，如果在抵押合同中就约定当债务人不履行债务时，抵押物即归抵押权人所有，则不属于抵押物的折价，而是属于流押契约或流押条款。所谓流押契约或流抵押条款，是指当事人在设立抵押合同时约定，如果债务人不履行到期债务，

---

〔1〕折价的字面意思是"把实物折合成钱"。见中国社会科学院语言研究所词典编辑室编：《现代汉语词典》，商务印书馆1979年版，第1449页。

抵押物直接归债权人所有的合同条款。对此，我国现行法是严格禁止的。《担保法》第 40 条规定："订立抵押合同时，抵押权人与抵押人在合同中不得约定在债务履行期届满抵押权人未受清偿时，抵押物的所有权转移为债权人所有。"《物权法》第 186 条同样规定："抵押权人在债务履行期届满前，不得与抵押人约定债务人不履行到期债务时抵押财产归债权人所有。"所以，在实现房地产抵押权时，债权人不能以流押条款的规定来直接主张对所抵押房地产的所有权。如果当事人在抵押合同中约定了流押条款，则该条款无效，但不影响抵押权的效力。禁止订立流押条款的立法目的在于保护抵押人和其他债权人的利益。

（3）抵押物折价协议不得损害第三人的利益。在以抵押物折价的方式实现抵押权的过程中，如果抵押人还有其他债权人或者抵押物上还有后顺位抵押权时，则抵押物折价的价格定得过低就会损害其他人的利益。对此，《物权法》第195 条第 1 款规定："……协议损害其他债权人利益的，其他债权人可以在知道或者应当知道撤销事由之日起 1 年内请求人民法院撤销该协议。"可见，如果抵押物折价损害了其他人的利益，则该协议属于可撤销的民事行为，受损害的第三人有权在知道或者应当知道撤销事由之日起 1 年内请求法院撤销抵押物的折价协议。

2. 拍卖。拍卖是指依照拍卖程序，在公开场合就抵押物公开叫价竞投，以"价高者得"的原则确定买受人。根据《拍卖法》的规定，拍卖应经过以下程序：

（1）由拍卖人发出拍卖公告。拍卖公告中应载明拍卖的时间、地点、拍卖标的、参与竞买应办理的手续等内容。拍卖公告一般仅具有要约邀请的性质，而不是要约。

（2）竞买人参与竞价购买。竞买人报价的性质为要约，每一个竞买人提出的报价在他人提出更优条件时即失去效力。

（3）拍卖人拍定。竞买人的最高价经拍卖师落槌或者经其他公开表示买定的方式确认，拍卖师拍定的意思表示为承诺。拍定后，拍卖成交。

（4）签署成交确认书。拍卖成交后，买受人与拍卖人应当签署成交确认书。

3. 变卖。变卖从字面上来解释，是指"出卖财产实物，换取现款"。[1] 所以，变卖就是指将抵押物出卖，以出卖的价款优先清偿债权。

抵押物的折价、变卖与拍卖都是买卖的方式，前二者与拍卖的区别除了在出卖程序、方式、范围等方面存在较大的差异之外，还在于前二者与拍卖中承租人的优先购买权表现形式不同。对此，最高人民法院颁布的《关于审理城镇

---

〔1〕 中国社会科学院语言研究所词典编辑室编：《现代汉语词典》，商务印书馆 1979 年版，第 66 页。

房屋租赁合同纠纷案件具体应用法律若干问题的解释》第 22 条规定："出租人与抵押权人协议折价、变卖租赁房屋偿还债务，应当在合理期限内通知承租人。承租人请求以同等条件优先购买房屋的，人民法院应予支持。"第 23 条则规定："出租人委托拍卖人拍卖租赁房屋，应当在拍卖 5 日前通知承租人。承租人未参加拍卖的，人民法院应当认定承租人放弃优先购买权。"可见，在拍卖方式中，承租人的优先购买权主要体现在拍卖前 5 日得到"通知"参与竞拍，此外与其他竞拍人没有任何区别，因为拍卖是竞卖、竞买，以出价最高者为买受人。

　　总之，折价、拍卖和变卖都是抵押权实现的方式，在房地产抵押权实现时，具体采取哪种方式应由抵押权人与抵押人协商确定。如果抵押权人与抵押人不能就此达成协议的，根据《担保法》第 53 条规定，协议不成的，抵押权人可以向人民法院提起诉讼。这一规定，使得抵押权的实现程序变得复杂且时间很长，不利于维护抵押权人的利益。因此，后出台的《物权法》第 195 条第 2 款对此作了改进，规定"抵押权人与抵押人未就抵押权实现方式达成协议的，抵押权人可以请求人民法院拍卖、变卖抵押财产"。这一规定使抵押权人可以直接请求人民法院拍卖、变卖抵押财产，使抵押权的实现程序更加简便，提高了抵押权实现的效率，降低了抵押权实现的成本。当然，抵押权人请求人民法院拍卖、变卖抵押物，只是在抵押权人与抵押人未能就抵押权实现方式达成协议的情况下适用。如果抵押权人与抵押人在抵押权是否成立或有效、债务是否存在或有效、债务履行期是否届满等问题上存在争议，则抵押权人不能请求人民法院拍卖、变卖抵押物，只能采取向人民法院提起诉讼的方式。[1]

　　（三）房地产抵押权实现的清偿顺序

　　根据《城市房地产抵押管理办法》第 47 条的规定，处分抵押房地产所得的金额，依下列顺序分配：①支付处分抵押房地产的费用；②扣除抵押房地产应缴纳的税款；③偿还抵押权人债权本息及支付的违约金；④赔偿因债务人违反合同而对抵押权人造成的损害；⑤剩余金额交还抵押人。处分抵押房地产所得金额不足以支付债务和违约金、赔偿金时，抵押权人有权向债务人追索不足部分。另外，《物权法》第 198 条也规定："抵押财产折价或者拍卖、变卖后，其价款超过债权数额的部分归抵押人所有，不足部分由债务人清偿。"

　　七、房地产抵押权与公权力的冲突与协调

　　（一）房地产抵押权与国家无偿收回的冲突与协调

　　《城市房地产管理法》第 26 条、《城镇国有土地使用权出让和转让暂行条例》第 17 条均规定，土地使用权满 2 年未动工开发的，可以无偿收回土地使用

---

〔1〕　房绍坤主编：《房地产法》，北京大学出版社 2011 年版，第 173 页。

权。土地使用权设定抵押后满足前述国家可以收回条件的，必然面临法律关于国家强行无偿收回土地使用权的规定与土地使用权抵押之间存在的冲突，这就会产生以下两个问题：

1. 该土地使用权上设定的抵押权是否消灭？对此，1993年1月20日，原国家土地管理局答复上海市土地管理局公函的解释是："抵押权附属于土地使用权，作为主权利的土地使用权，因行政机关依照《城镇国有土地使用权出让和转让暂行条例》第17条作出收回土地使用权的处罚而消灭时，在该土地使用权上设定的抵押权随之消灭。"所以，回答是肯定的。

2. 国家是否可以无偿收回该土地使用权以及如何协调相关利益关系？如果强行无偿收回土地使用权，势必损害抵押权人利益。为了解决这个问题，有观点认为，协调的方案可以考虑：一方面政府适当返还土地出让金给抵押人（建设用地使用权人），与此同时，抵押人以返还的出让金提存，代位成为抵押权的客体。如果该出让金不足以担保其债务，抵押人则应当在出让金之外补足相应担保额度，从而维系抵押权人的利益。但是，这种处理的后果造成设立抵押与未设立抵押土地使用权的不同结果，存在不公平后果。

（二）房地产抵押权与国家有偿收回的冲突与协调

《土地管理法》第2条第4款规定："国家为了公共利益的需要，可以依法对土地实行征收或者征用并给予补偿。"第58条规定，为实施城市规划进行旧城区改建以及其他公共利益需要，确需使用土地的，由有关人民政府自然资源主管部门报经原批准用地的人民政府或有批准权的人民政府批准，可以收回国有土地使用权。《物权法》第148条规定："建设用地使用权期间届满前，因公共利益需要提前收回该土地的，应当依照本法第42条的规定对该土地上的房屋及其他不动产给予补偿，并退还相应的出让金。"比较而言，《物权法》规定的"给予补偿，并退还相应的出让金"更加合理，体现出更加重视民事权利的基本精神。实质上，因公共利益提前收回土地使用权即相当于征收，如果被征收土地使用权存在抵押权，根据物权法原理，国家征收或因公益收回的补偿金应当提存，代位成为抵押权客体。[1]

（三）房地产抵押权与行政强制措施冲突与协调

如前文所述，抵押权优先于司法保全和执行权，即已经设定抵押权的财产被采取查封、扣押等保全或者执行措施的，不影响抵押权的效力。但是，如果采取强制措施的目的是为了实现行政管理部门的行政处罚权，则该强制措施可能影响抵押权效力。如《城市房地产管理法》第68条规定："违反本法第45条

---

〔1〕　参见高富平、黄武双：《房地产法学》，高等教育出版社2010年版，第294页。

第 1 款的规定预售商品房的，由县级以上人民政府房产管理部门责令停止预售活动，没收违法所得，可以并处罚款。"如果受处罚的当事人不缴纳罚款，房地产管理部门有权依法对有关房地产采取强制措施，拍卖该房地产以其价款优先缴付罚款。这时就会产生抵押权与行政处罚权何者优先行使的冲突问题。对此有两种不同的观点：第一种观点认为，行政处罚权应优先于抵押权实现，其理由主要是公法效力应高于私法；第二种观点认为，公权与私权二者，先诉者优先行使权利。即如果抵押权先行成立，抵押权应优先于行政处罚权行使。其理由是：其一，成立在先的抵押权不仅具有对抗其他债权人的效力，而且应赋予对抗公权的效力，否则不足以保护抵押权人的利益；其二，私权应优于公权力得到保护。[1] 应当说，第二种观点更合理、更符合现代法治精神和我国相关法律的立法精神。这一立法精神理念在《刑法》《证券法》等立法中已经得到体现。《刑法》第 36 条第 2 款规定："承担民事赔偿责任的犯罪分子，同时被判处罚金，其财产不足以全部支付的，或者被判处没收财产的，应当先承担对被害人的民事赔偿责任。"《证券法》第 220 条规定："违反本法规定，应当承担民事赔偿责任和缴纳罚款、罚金、违法所得，违法行为人的财产不足以支付时，优先用于承担民事赔偿责任。"上述规定均体现出民事赔偿责任优先的原则。[2]

第五节　房地产按揭制度

一、房地产按揭制度概述[3]

（一）房地产"按揭"称谓的来源及其含义

"按揭"一词是英文"mortgage"的粤语译音，而英文"mortgage"[4] 的基本词义是抵押，作名词时可译为抵押单据、抵押证明等。

我国的房屋按揭制度，源于英国经我国香港地区而传入内地。《香港物业转易及财产条例》第 2 条将按揭定义为："按揭指作为金钱或金钱等值的偿还保证的土地抵押。"我国香港地区学者则从不同角度对按揭进行了解释，如"按揭是属主、业主或归属主将其物业转让于按揭受益人作为还款保证的法律行为效果。经过这样的转让，按揭受益人成为属主、业主或归属主。还款后，按揭受益人

---

〔1〕　参见高富平、黄武双：《房地产法学》，高等教育出版社 2010 年版，第 294 页。

〔2〕　有关"民事责任优先原则"的具体内容，可参见李东方：《上市公司监管法论》，中国政法大学出版社 2013 年版，第 555 页。

〔3〕　孟祥沛：《房地产法律制度比较研究》，法律出版社 2012 年版，第 184~187 页。

〔4〕　《牛津英汉双解词典》，商务印书馆、牛津大学出版社 1997 年版，第 958 页。

将属主权、业主权或归属权转让回原按揭人"，[1] "按揭是以合同构成担保，按揭给予受按揭人一项在担保物上的权益，而这项权益在按揭人清偿义务时要转还予按揭人的"[2] 等。可见，按揭的含义是房地产所有人将其物业转让给按揭受益人作为还款保证的法律行为。

（二）按揭购房在我国的形成和发展

目前，按揭购房已成为我国内地居民购买商品房的主要方式，按揭在我国商品房买卖和银行贷款活动中发挥着越来越重要的作用。自 20 世纪 90 年代前后，我国大力推行住房制度改革，逐步取消长期以来的实物分房制度，实行住房货币化、商品化、市场化，由此推动了房地产行业的蓬勃兴起和繁荣发展。在这种背景下，商品房买卖按揭制度被引入我国内地并迅速得以推广。按揭贷款作为一种商品房买卖中的新型资金融通方式，既较好地解决了商品房购买人的燃眉之急，给那些资金不足的购房人提供了极大的便利，又促进了商品房的销售，便于房地产开发商较快地回笼资金，同时还拓展了银行的业务范围，为银行提供了新的利润增长点。因此，这种贷款购房方式很快在全国各地相继展开，并与我国社会的现实状况紧密结合，从而形成我国独特的按揭制度。在我国香港地区，未建成的房屋（楼花）可成为按揭的标的物，而现房上仅可设立抵押，所以，在香港地区按揭仅指楼花按揭。然而，我国内地的房地产按揭不仅包括楼花期房按揭，而且也包括现房按揭。

虽然按揭在我国各地被广泛采用，我国相关法律规定中却很少出现"按揭"一词，这个词仅作为商业术语来使用，而不是一个法律术语。法律文件中通常用"个人住房担保贷款"或"住房抵押贷款"等称谓来代替"按揭"的叫法。例如，1997 年 4 月 28 日中国人民银行颁布的《个人住房担保贷款管理试行办法》（此办法于 1998 年 7 月 30 日即被废止）第 2 条规定，个人住房担保贷款是指借款人或第三人以所购住房和其他具有所有权的财产作为抵押物或质物，或由第三人为其贷款提供保证，并承担连带责任的贷款。1998 年 5 月 9 日，中国人民银行修改了原《个人住房担保贷款管理试行办法》，重新颁布了《个人住房贷款管理办法》（现已失效）。其中，容纳了香港地区的按揭法律制度，但又不完全等同于香港地区的做法。

另外，《城市房地产抵押管理办法》第 3 条第 4 款规定："本办法所称预购商品房贷款抵押，是指购房人在支付首期规定的房价款后，由贷款银行代其支付其余的购房款，将所购商品房抵押给贷款银行作为偿还贷款履行担保的行

---

[1] 李宗锷：《香港房地产法》，商务印书馆（香港）有限公司 1988 年版，第 14 页。

[2] 何美欢：《香港担保法（上册）》，北京大学出版社 1995 年版，第 181 页。

为。"该规定虽未使用按揭的称谓，但是从其表述内容来看，预购商品房贷款抵押所指的就是房屋按揭。

"按揭"一词最早在全国性规范文件中出现，见于2006年5月国务院办公厅转发建设部、发改委、监察部、财政部、国土资源部、人民银行、税务总局、统计局、银监会九部委《关于调整住房供应结构稳定住房价格的意见》，该规章第5条规定："有区别地适度调整住房消费信贷政策。为抑制房价过快上涨，从2006年6月1日起，个人住房按揭贷款首付款比例不得低于30%……"除该规章之外，我国法律法规或其他规范性文件均极少使用"按揭"一词。司法实践中对购房按揭的称谓五花八门，有"楼花按揭""楼宇按揭""银行按揭""房地产按揭""按揭抵押贷款""期房抵押借款""预售商品房抵押"等多种叫法。

二、房屋按揭的类型[1]

我国目前的房屋按揭包括期房按揭和现房按揭两种形式。

（一）期房按揭

期房按揭，又称为楼花按揭，是指买卖未竣工房屋时进行的按揭。我国的期房按揭又称三方按揭，其操作程序一般是由房地产开发商、购房人和贷款银行三方签订合同，明确约定贷款银行向购房人提供一定比例的购房贷款，购房人分期偿付贷款并以其对所购房屋的权利向银行提供担保，房地产开发商同时向银行提供保证担保。与英美法系国家的按揭制度相比，我国的期房按揭创造性地附加了房地产开发商的保证责任，由此形成一种既不同于英美法系国家的按揭制度，又区别于德、日等大陆法系国家的不动产买卖抵押贷款制度而独具中国特色的按揭制度，因此，有人将我国的期房按揭称为"中国式按揭"。

期房按揭从其内容结构上来看，是一种复合担保，是房地产开发商的担保与购房人担保的结合。在这两种担保中，房地产开发商担保的法律性质属于保证担保，而购房人以其对所购房屋的权利为银行贷款所提供担保的法律性质，我国现行的有关法律法规以及司法实务操作都是将其作为不动产抵押来处理的。

（二）现房按揭

现房按揭，是指买卖已竣工房屋的按揭。我国的现房按揭既有新房按揭，也包括二手房按揭。新房按揭，即一手房买卖中的按揭，是购房人直接从房地产开发商手中购买其开发建设的房屋而设立的按揭。与一手房相对应，二手房是指已经在房地产交易中心备过案、完成初始登记而再次进行交易的房产。二手房买卖之中设立在标的房屋上的按揭即二手房按揭。

就现房按揭而言，购房人向房地产开发商支付首付款，银行向房地产开发

---

[1] 参见孟祥沛：《房地产法律制度比较研究》，法律出版社2012年版，第185～186页。

商支付其余房款，房地产开发商向购房人交付标的房屋，并与购房人一起到房地产交易中心为购房人办理房屋产权证，购房人取得房屋产权后将房屋抵押给银行作为贷款担保，而房地产开发商则不对购房人贷款提供保证。可见，现房按揭的法律性质，属于不动产抵押。购房人向开发商以外的房屋所有权人购买二手房时办理的按揭，同样属于这种情况。

三、房屋按揭中的法律关系及操作流程[1]

1. 房屋按揭中的法律关系。在我国房屋按揭制度中，涉及三方当事人：①购房人，即按揭人；②房产商，即房屋的销售方；③商业银行，即贷款方，其为按揭权人或按揭受益人。

涉及六种法律关系，担保和不动产交易紧密结合在一起，法律关系较为复杂。具体表现如下：

（1）按揭人与房地产商之间的房屋买卖合同关系。

（2）按揭人与银行之间的贷款合同关系。

（3）按揭人与银行之间的以所购房屋或合同项下权益为标的的担保合同关系。

（4）按揭人与银行之间就划拨资金给房产商的委托合同关系。

（5）房产商与银行之间的保证清偿贷款的保证合同关系。

（6）房产商与银行之间的因按揭人不能偿付本息而按原房价的一定比例回购按揭房屋的回购合同关系。

上述六种法律关系图示如下：

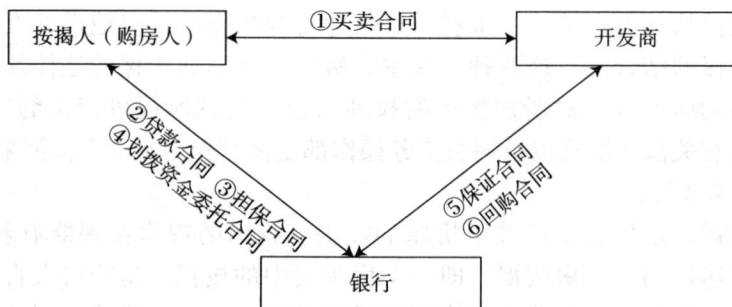

---

〔1〕 参见吴春岐等：《房地产法新论》，中国政法大学出版社 2008 年版，第 327~328 页。

2. 房地产按揭业务的基本流程。

（1）房产商向银行申请由银行帮助向购房客户提供按揭贷款，双方签订按揭合作协议书，银行向房产商发出按揭贷款承诺书。

（2）购房人与房产商签订商品房买卖合同（或者商品房预售合同），并按合同约定付足首付款。

（3）购房人向银行提出申请。

（4）银行对申请人（购房人）进行初审，审查借款人身份、资信及商业证明、抵押物的合法性及房屋评估报告等。

（5）审查合格，银行与按揭申请人签订按揭贷款合同或房地产抵押贷款合同，同时与房产商签订担保合同，或者三方共同签订三方协议。

（6）到房产管理部门办理抵押登记。

四、房屋按揭的性质及其与房地产抵押的区别

1. 房屋按揭的性质从根本上讲是房屋的买受人为偿还银行贷款而在所买房屋之上设立的一种物的担保。分析如下：

（1）按揭是一种物的担保。按揭是为确保按揭权人的债权得以顺利实现而在按揭人所享有的房屋权利之上设立的担保，它属于物的担保。

（2）按揭是一种为个人购房贷款而设立的担保。取得银行的购房贷款既是按揭人为按揭权人提供担保的目的，也是促使按揭权产生的原因。

（3）按揭是一种因房屋买卖关系而产生的担保。如果买受人不是在买卖标的物而是在自己拥有的他物上为贷款设立担保，则这种担保也不能称为按揭。

2. 房屋按揭与房屋抵押的区别。[1] 虽然房屋按揭与房屋抵押都属于一种物的担保，有诸多相似之处，但是二者的区别也是明显的，主要表现如下：

（1）适用范围不同。房屋按揭一般发生在商品房销售过程中，它所担保的是银行借贷给购房者的购房款项。而普通房屋抵押不限于购房，可以为满足其他融资需求而设定。即房屋抵押的适用范围更宽。

（2）主体不同。房屋按揭中的按揭权人只能是经营房屋按揭业务的商业银行，而普通房屋抵押权人不限于银行，还可以是商业银行以外的自然人、法人或其他组织。

（3）客体不同。在房屋按揭法律关系中，必须由贷款者作为按揭人在自己所购房屋上设定按揭权，而普通房屋抵押的标的物不限于贷款人自有房屋，还可以在贷款人之外的第三人的房屋上设定抵押权。

（4）内容不同。按揭是购房者将房屋的权利移转给按揭权人，而由购房者

---

〔1〕　参见吴春岐等：《房地产法新论》，中国政法大学出版社 2008 年版，第 329 页。

保留在完全履行债务后的赎回权。抵押人并不将房屋的权利转移给抵押权人。按揭权的实现，可以通过就房屋的变价款优先受偿，也可以通过直接对房屋估价取得房屋所有权的方式使债权获得清偿，还可以在设定按揭时，约定债务人到期不履行债务的，房屋的所有权归属于按揭权人。抵押权的实现只能通过折价、拍卖、变卖的变价方式，不能约定流押。

（5）操作程序不同。房屋按揭，一般是先办理他项产权证作为抵押担保。普通房地产抵押，一般是在抵押人先取得土地使用权证书、房屋所有权证书的前提下，办理他项产权证，登记机关应当在原《房屋所有权证》上作他项权利记载后，由抵押人收执，并向抵押权人颁发《房屋他项权证》。[1]

第六节　房屋租赁法律制度

由于"国有土地租赁制度"和"建设用地使用权的出租"已经在本书第四章"土地使用权法律制度"中作了详细论述，所以本节只涉及房屋租赁制度，题目自然为"房屋租赁法律制度"而非"房地产租赁法律制度"。

一、房屋租赁的概念及其法律特征

房屋租赁，是指出租人将房屋出租给承租人使用，由承租人向出租人支付租金的行为。出租人是房屋租赁关系中提供房屋给他人使用的一方。出租人可以是个人，也可以是单位，可以是房屋的所有人，也可以是国家授权行使房屋所有权的单位。承租人是房屋租赁关系中使用房屋并支付租金的一方。承租人可以是个人，也可以是单位。房屋租赁可以看作是出租人有期限地出让房屋的使用权、占有权、收益权，换回承租人支付的代价即租金。目前，城市房屋租赁的具体法律依据是住房和城乡建设部2010年12月1日发布的《商品房屋租赁管理办法》以及2009年7月30日最高人民法院公布的《关于审理城镇房屋租赁合同纠纷案件具体应用法律若干问题的解释》。

作为房地产交易的重要方式之一，房屋租赁具有以下法律特征：

1. 房屋租赁的标的物为特定的不动产。租赁可分为动产租赁与不动产租赁，房屋租赁属于不动产租赁的主要类型之一。房屋租赁以特定的房屋作为租赁物，但在出租房屋时，房屋使用范围内的土地使用权也应随之一并出租。当然，在一般情况下，房屋租赁合同签订时并不一定会就土地使用权的问题单独列出，而是作为房屋租赁的应有之义。另外，房屋租赁的标的物具有特定性，出租人

---

[1]　参见《城市房地产抵押管理办法》第34条。

应按照合同约定向承租人交付房屋，出租人不能以其他房屋代替。同理，租赁期满，承租人须返还原房，不得以他房替代。

2. 出租人为房屋的所有权人或者经授权而对房屋享有处分权的人。房屋所有权人自然能够出租自己的房屋，但除所有人之外，经授权而对房屋享有处分权的人也能够出租该房屋的情形比较复杂，主要有以下几种情况：①房屋的经营管理人。例如在公房租赁中，出租人往往是代表国家行使对房屋的占有权、使用权及处分权，同时可以将公有房屋进行出租。公有房屋分为直管公房和自管公房两种，公有房屋的所有权人是国家，但在租赁关系中，国家并不作为民事法律关系主体出现，而是采取授权的形式，由授权的单位具体管理。按照目前我国房产管理体制，直管公房一般由各级人民政府房地产行政主管部门管理，由它作为直管公房所有人的代表，依法行使所有权。自管公房由国家授权的企事业单位管理，其法律特征是持有《房屋所有权证》。②房屋所有人委托的代理人。目前，房屋租赁市场中的中介机构，经常以房屋所有人的代理人的身份与承租人签订房屋租赁合同。③经出租人同意的承租人。本来承租人无权擅自将承租的房屋转租，但是，在征得出租人的同意后，可以将承租房屋的部分或全部转租给他人，承租人则可在转租中获得收益。

3. 房屋租赁关系受租期限制。房屋租赁只是转移对房屋一定期限内的占有、使用、收益权。这与房屋买卖不同，后者转移的是房屋所有权，转移之后便永久失去该房屋；而在房屋租赁关系中，承租人对房屋的占有、使用与收益权利只在租期内有效。根据《合同法》第214条的规定，租赁期限不得超过20年，续订的租赁合同期限自续订之日起也不得超过20年，超过的部分无效。在房屋租赁关系存续期限届满后，承租人应返还房屋。

4. 房屋租赁为诺成、双务、有偿的民事法律行为。在房屋租赁中，租赁关系自出租人与承租人双方意思表示一致时成立，而不以租赁房屋的实际交付为成立条件，因此，房屋租赁为诺成民事行为。双务、有偿性则体现在出租人与承租人等价有偿、互受制约。对出租人而言：①房屋的所有权人有权将房屋出让，但同等条件下承租人享有优先购买权。②房屋租赁具有继续性。即在房屋租赁关系中，承租人要实现对房屋的使用和收益目的，其前提是出租人在租赁期间内持续不断地履行义务。如果该房屋的所有权进行了转让，则原租赁关系仍然继续有效，"买卖不破租赁"的原则使房屋租赁的继续性成为可能。对于承租人而言：①承租人不得侵害所有人的处分权，不得未经出租人同意而擅自将承租的房屋转租、转让或者转借。②承租人不得利用房屋进行非法活动，损害公共利益。③承租人须及时交付租金，承租人无正当理由未支付或者迟延支付租金的，出租人可以要求承租人在合理期限内支付。承租人逾期不支付的，出租人可以解除合同。[1]

二、房屋租赁的禁止性规定

房屋是一种特殊商品。为保障公民、法人和其他组织的合法权益，维护房地产市场秩序，国家有必要对房屋出租作出一些必要的禁止性规定，但是范围不能过宽，不能介入到当事人意思自治能够解决的范围之内，否则，就属于政府对市场的干预过度，就会阻碍市场经济的发展。对此，我国政府的态度有一个变化过程，具体论述如下：

1995 年 5 月 9 日原建设部发布的《城市房屋租赁管理办法》第 6 条规定，不论哪类房屋，只要有下列情形之一的，就不得出租：①未依法取得房屋所有权证的；②司法机关和行政机关依法裁定、决定查封或者以其他形式限制房地产权利的；③共有房屋未取得共有人同意的；④权属有争议的；⑤属于违法建筑的；⑥不符合安全标准的；⑦已抵押，未经抵押权人同意的；⑧不符合公安、环保、卫生等主管部门有关规定的；⑨有关法律、法规规定禁止出租的其他情形。

2010 年 12 月 1 日住房和城乡建设部发布的《商品房屋租赁管理办法》废止了上述《城市房屋租赁管理办法》，并且在第 6 条对原办法的第 6 条进行了修改，具体规定是："有下列情形之一的房屋不得出租：①属于违法建筑的；②不符合安全、防灾等工程建设强制性标准的；③违反规定改变房屋使用性质的；④法律、法规规定禁止出租的其他情形。"可见，新办法对原来的①、②、③、④、⑦等五项进行了删除，应当说被删除的这些禁止性规定，市场主体通过自身的努力均能够自行解决，在这种情况下，如果政府监管过度，就会破坏市场的"自然生态"。所以，凡是市场能自行调节好的经济活动，政府就没有必要插手，否则，不仅是多余的，而且是有害的。[2] 比如，原办法禁止性规定的第①项规定，未依法取得所有权证，不得出租。该规定的不妥之处在于：所有权证书只是证明权属的一种证据，如果持有所有权证书之外的其他证据能够证明合法权属存在或者房屋处分授权证明的，权利人应当有权出租该房屋，该禁止性规定显然限制了这类主体的权利行使。再如，第⑦项规定，已抵押的房屋，未经抵押权人同意的，不得出租。该规定的问题在于：在房屋租赁关系中，抵押人只是将房屋的占有、使用权能让与给承租人，对房屋的交换价值并没有造成损害。既然抵押人处分（出租）房屋的行为并未导致房屋价值的减损，便不会造成对抵押权人利益的任何损害。那么，抵押人的处分行为就无须征得抵押

---

[1]　见《合同法》第 227 条的规定。

[2]　李东方：《上市公司监管法论》，中国政法大学出版社 2013 年版，第 52 页。

权人的同意。法律规定未经抵押权人同意，房屋不能出租，实质限制了抵押人的权利。所以，简单地禁止往往适得其反。

房屋租赁关系属民事私法关系，不宜对其进行过度限制和干预。国家公法规范，只宜从违反法律强制性规定、危害公共利益和公共秩序的角度对房屋租赁作出限制。

值得肯定的是，最高人民法院在《关于审理城镇房屋租赁合同纠纷案件具体应用法律若干问题的解释》（简称《房屋租赁解释》）中对于违反行政规划和管制而建筑的房屋租赁，并未轻易否定租赁合同的效力，而是认为只要在一审法庭辩论终结前可以补正的，就可以认定相关租赁行为的效力。[1]

三、房屋租赁当事人的权利和义务

（一）出租人的权利和义务

1. 出租人享有的权利主要有以下几个方面：

（1）按照合同约定向承租人收取租金。出租人有权按照合同约定的时间和方式收取租金。承租人不按约定支付租金的，出租人有权向其加收违约金，承租人无正当理由未支付或者迟延支付租金的，出租人可以要求承租人在合理期限内支付。承租人逾期不支付的，出租人可以解除合同。

（2）在租赁合同有效期间，有权对承租人使用房屋的情况进行监督和检查。出租人监督和检查的内容主要包括：①监督承租人是否按合同约定的用途和方式使用房屋，如果合同对此未约定，则有权监督承租人的使用是否符合合同目的或房屋性质；②监督承租人是否将承租的房屋擅自转租、转让、转借或擅自调换使用；③监督承租人是否有故意损坏承租房屋的行为，如是否乱搭乱盖违章建筑，是否损坏房屋的附属设备；④监督承租人是否利用承租房屋进行违法活动。出租人发现承租人有上述行为的，有权依法制止，要求其将房屋恢复原状，并有权终止合同，收回房屋。因此而遭受损失的，出租人有权要求承租人予以赔偿。

（3）在租赁合同期满时有权收回出租的房屋。

2. 出租人在行使上述权利的同时，负有以下义务：

---

[1]《房屋租赁解释》第 2 条规定，出租人就未取得建设工程规划许可证或者未按照建设工程规划许可证的规定建设的房屋，与承租人订立的租赁合同无效。但在一审法庭辩论终结前取得建设工程规划许可证或者经主管部门批准建设的，人民法院应当认定有效。第 3 条规定，出租人就未经批准或者未按照批准内容建设的临时建筑，与承租人订立的租赁合同无效。但在一审法庭辩论终结前经主管部门批准建设的，人民法院应当认定有效。租赁期限超过临时建筑的使用期限，超过部分无效。但在一审法庭辩论终结前经主管部门批准延长使用期限的，人民法院应当认定延长使用期限内的租赁期间有效。

（1）按照租赁合同约定的期限将房屋交付给承租人占有、使用。出租人除按时交付房屋外，还要求出租人交付的房屋应当符合合同约定的使用要求。如合同对房屋的坐落、面积、结构、装修及设施状况或者租赁用途作了明确约定，则交付的房屋应当符合该要求或适于该用途。例如合同约定租赁房屋目的是从事生产经营，则出租人就不能交付仅适合于居住的房屋。不能履行上述义务的，应当支付违约金，给承租人造成损失的，应承担赔偿责任。

（2）修缮租赁物。除法律另有规定或当事人另有约定外，出租人应承担租赁关系存续期间对租赁物进行修缮的义务，此项义务的目的在于使房屋符合租赁合同所约定的用途。承租人在租赁物需要修缮时可以要求出租人在合理期限内修缮；出租人未修缮的，承租人可以自行修缮，修缮费由出租人负担。出租人确实无力修缮的，可以和承租人合修，承租人付出的修缮费可以折抵租金或由出租人分期偿还。修缮标准应是房屋恢复至符合合同约定的状态、承租人能够正常使用为止。因出租人修缮房屋而影响承租人使用房屋的，应当相应地减少租金或者延长租期。

（3）瑕疵担保义务。此义务包含两个方面的内容：①标的物瑕疵担保。出租人应当保证其所交付的房屋符合合同约定的用途，能够使承租人依合同约定正常地对房屋进行占有、使用、收益。如果房屋存在瑕疵，则出租人应当对承租人承担物的瑕疵担保责任，承租人可以要求出租人对房屋进行修理、更换，或者请求减少租金、解除合同。②权利瑕疵担保。出租人应保证承租人不因第三人对房屋主张权利而影响对房屋正常的占有、使用、收益。否则，如果承租人因此而不能依约对房屋进行占有、使用、收益，承租人可以要求出租人减少租金，或者不支付租金。但是，第三人主张权利的，承租人应当及时通知出租人，承租人未及时通知而遭受到的损失，无权要求出租人赔偿。

（4）纳税义务。当租赁房屋有税负等负担时，出租人应当承担依法纳税的义务。

（二）承租人的权利和义务

1. 房屋租赁的承租人享有以下权利：

（1）在合同约定的期限内占有、使用房屋。

（2）在租赁合同有效期内，房屋发生自然损坏时，有要求出租人及时修复的权利。当房屋发生非自然损坏时，如果租赁合同中没有特别约定，房屋的修缮责任也归于出租人。

（3）优先购买权。在租赁合同有效期内，出租人将出租房屋转让时，承租人在同等条件下有优先购买权。详见本节"五、承租人的特殊保护制度"。

（4）优先承租权。在租赁合同期限届满时，出租人继续出租房屋的，承租人在同等条件下有优先承租权。需要提示的是，对于该权利，我国法律法规并未明文规定，因此，承租人享有优先承租权的先决条件是双方对此有明确的约定。

2. 承租人在享有上述权利的同时，负有以下义务：

（1）按房屋租赁合同约定的方式和时间交付租金，违反约定的，应承担违约责任。租金是承租人使用租赁房屋的对价，支付租金是承租人的主要义务。《合同法》第226条规定，承租人应当按照约定的期限支付租金。对支付期限没有约定或者约定不明确，并且当事人无法协议补充的，应按照合同条款或者交易习惯进行确定。如果仍不能确定，租赁期间不满1年的，应当在租赁期间届满时支付；租赁期间1年以上的，应当在每届满1年时支付，剩余期间不满1年的，应当在租赁期间届满时支付。如果承租人没有正当理由未支付或迟延支付租金的，出租人可以要求承租人在合理期限内支付。承租人逾期不支付的，出租人有权解除租赁合同。

（2）按照约定方法或房屋的性质使用房屋。房屋租赁合同约定了房屋使用方式或房屋用途的，承租人应当严格按照该方式或符合该用途的方式使用房屋；如果合同对此没有约定或约定不明确，承租人应当按照房屋的性质使用房屋。爱护并合理使用所承租的房屋及附属设施，不得擅自拆建或增添。确需对承租房屋进行改动或增添的，必须征得出租人的同意，并签订书面合同。在依约或正当使用房屋的情况下致使房屋损耗的，承租人不承担损害赔偿责任，使用不符合约定或不当致房屋受损的，出租人可以解除合同并要求赔偿。

（3）妥善保管房屋。在租赁期间，作为租赁房屋的合法占有人，承租人负有依法妥善保管房屋的义务，使房屋免受自然力或第三人的不当影响。这里对承租人的要求是尽到一个善良管理人的注意义务，并且，遇有第三人对房屋主张权利，或房屋有修缮的必要时，承租人应及时通知出租人，并采取措施防止损失的扩大，否则应承担相应的赔偿责任。对此，《合同法》第222条规定："承租人应当妥善保管租赁物，因保管不善造成租赁物毁损、灭失的，应当承担损害赔偿责任。"

（4）承租人在使用房屋期间，非经出租人许可不得将承租的房屋擅自转租、转让、转借他人或擅自调换使用。

（5）租赁终止后返还原房屋。

四、房屋租赁合同

（一）房屋租赁合同的概念、主要内容和形式

1. 房屋租赁合同的概念和主要内容。《合同法》第212条的规定，房屋租赁合同是指出租人将租赁物交付承租人使用、收益，承租人支付租金的合同。

　　房屋租赁合同的内容由当事人双方约定，一般应当包括以下内容：[1]　①房屋租赁当事人的姓名（名称）和住所；②房屋的坐落、面积、结构、附属设施，家具和家电等室内设施状况；③租金和押金数额、支付方式；④租赁用途和房屋使用要求；⑤房屋和室内设施的安全性能；⑥租赁期限；⑦房屋维修责任；⑧物业服务、水、电、燃气等相关费用的缴纳；⑨争议解决办法和违约责任；⑩其他约定。另外，房屋租赁当事人应当在房屋租赁合同中约定房屋被征收或者拆迁时的处理办法。

　　为方便当事人订立合同起见，建设（房地产）管理部门可以会同工商行政管理部门制定房屋租赁合同示范文本，供当事人选用。

　　2. 房屋租赁合同形式。根据《城市房地产管理法》第 54 条、被废止的原《城市房屋租赁管理办法》第 9 条的规定，房屋租赁，出租人和承租人应当签订书面租赁合同。可见，依上述法律规定，房屋租赁合同应为要式合同。但是，新出台的《商品房屋租赁管理办法》第 7 条对原《城市房屋租赁管理办法》第 9 条的规定作了修改规定："房屋租赁当事人应当依法订立租赁合同。"去掉了"书面"二字，明显是向《合同法》第 215 条靠拢，《合同法》第 215 条规定："租赁期限 6 个月以上的，应当采用书面形式。当事人未采用书面形式的，视为不定期租赁。"可见，根据《合同法》的规定，租赁合同分为要式合同和非要式合同两种情形，并非千篇一律地要求书面合同，最新的立法趋势也倾向于此。

　　（二）租赁合同的变更、解除和终止

　　1. 租赁合同的变更。当事人协商一致，可以变更租赁合同。

　　（1）房屋租赁合同主体的变更。

　　第一，出租人的变更。出租人的变更有以下两种情况：一是因房屋买卖、继承、赠与等法律事实的发生而引起房屋所有权转移时，由买受人、继承人、受赠人成为新的出租人来代替原来的出租人，享有原合同的权利，承担原合同的义务。二是出租人因婚姻关系或合伙行为而形成或终止共有关系，出租单位因分立、合并或联营等情况的发生，都可能引起出租人或出租单位的变更。原合同继续有效，其权利和义务由变更后的出租人享有和承担。

　　第二，承租人的变更。承租人的变更主要有以下四种情况：一是原承租人死亡或搬迁，与承租人长期共同居住的家庭成员要求继续承租的，可以成为新的承租人。二是承租人因工作或生活需要，经出租人同意，与第三者互换所租房屋使用权而引起的承租人变更。三是承租人为方便生活，在其承租的房屋有条件独立分开使用的情况下，经征得出租人同意，可分立户名，由原来的一个

――――――――――
〔1〕　《商品房屋租赁管理办法》第 7 条。

承租人变成两个或两个以上的承租人。四是承租人因联营、合伙、转租、合租等法律事实引起的承租人的变更。承租人将承租房屋用于联营、合伙、转租、合租等，须征得出租人的同意。一般情况下，合伙人、联营人、转租人和次承租人、合租人对出租人负连带责任。

（2）房屋租赁合同内容的变更。当事人权利义务的变更范围一般不涉及法定义务部分，如交纳房地产税，只涉及约定部分权利义务的扩大或缩小。主要包括用途、租期或者租金的变更三种情况。合同内容的变更主要强调当事人双方平等协商一致的原则。

2. 租赁合同解除。租赁合同的解除分为意定解除和法定解除。

（1）意定解除。意定解除有两种情形：①当事人就解除合同达成合意而解除租赁合同，此为协议解除。②合同约定的解除条件成就，因当事人行使解除权而解除合同，此为约定解除。

（2）法定解除。这是指如果法律、法规规定出现某些情形时，当事人可解除合同，则当事人享有法定解除权。比如，《合同法》规定，承租人未经出租人同意转租的，出租人可以解除合同（第224条第2款）。承租人无正当理由未支付或者迟延支付租金的，出租人可以要求承租人在合理期限内支付。承租人逾期不支付的，出租人可以解除合同（第227条）。

3. 租赁合同的终止。租赁合同的终止，是指房屋租赁关系因一定的法律事实的出现而归于消灭的情形。主要有以下情形：

（1）房屋租赁期限届满。这是房屋租赁合同终止的主要原因。承租人需要继续租用的，应当在租赁期限届满前3个月提出，并经出租人同意，重新签订租赁合同。

（2）房屋灭失。因不可抗力、拆迁等原因导致房屋灭失的情况下，租赁合同终止。

（3）房屋被征收、征用或拆除。出租房屋属于危房或者因国家建设和公共利益需要而被依法征收、征用或拆除时，原房屋租赁关系因客体不存在而终止。

（4）房屋租赁合同期限未满，承租人死亡，无共同居住亲属或共同居住亲属不符合继续承租条件。在房屋租赁关系中，承租人取得的只是房屋使用权，其承租权不得继承。承租人死亡后，其亲属或法定继承人确需继续租用该房的，享有优先承租权，可与出租人签订房屋租赁合同，这属于房屋租赁合同承租人的变更。如承租人死亡后，无共同居住的亲属或者共同居住的亲属不符合继续承租条件的，则原房屋租赁关系应当终止。

（5）因当事人解除合同而提前终止。

五、承租人的特殊保护制度

房屋租赁合同是财产租赁合同中最具广泛性和普遍性的一种,事关整个交易秩序和社会秩序的稳定。许多国家或地区在立法上普遍采用了稳定租赁合同关系的措施。在房屋租赁关系中,相对而言,承租人处于较为弱势的地位。因此,各国或地区法律都制定有对承租人合法权益进行特别保护的制度。

（一）买卖不破租赁原则

买卖不破租赁,是指房屋租赁期限内,房屋出租人转让房屋所有权的,不影响房屋租赁合同的效力。我国《合同法》第 229 条规定:"租赁物在租赁期间发生所有权变动的,不影响租赁合同的效力。"据此,租赁合同的效力不受物权变动的影响,在出租人将房屋转让的情况下,未到期的租赁合同对新的房屋所有权人直接发生拘束力,其不得以自己不是房屋租赁合同当事人为由拒绝履行出租人的义务。这一原则突破了合同相对性原理,使租赁权具有对抗第三人的效力,故又可称为"租赁权的物权化"。

（二）优先购买权

《合同法》第 230 条规定:"出租人出卖租赁房屋的,应当在出卖之前的合理期限内通知承租人,承租人享有以同等条件优先购买的权利。"《商品房屋租赁管理办法》第 13 条也规定:"房屋租赁期间出租人出售租赁房屋的,应当在出售前合理期限内通知承租人,承租人在同等条件下有优先购买权。"根据上述规定可知,承租人的优先购买权,是指在房屋租赁合同存续期间,在出租人出卖租赁房屋时,承租人在同等条件下所享有的优先购买租赁房屋的权利。承租人行使优先购买权,应当具备如下条件:

1. 出租人是在租赁期间内出卖租赁房屋。承租人只能在其与出租人之间的租赁合同存续期间主张优先购买权。如果租赁合同已经终止,则承租人不再享有优先购买权。

2. 必须是在"同等条件"下行使。这里的所谓"同等条件",是指承租人与其他购买人在购买租赁房屋的价格、付款期限和方式等方面的条件相同。

3. 必须是在合理的期间内行使。承租人优先购买权只能在合理期限内行使,超过合理期限,则承租人优先购买权消灭。

（三）房屋租赁合同的效力不受当事人死亡的影响

我国《合同法》第 234 条规定:"承租人在房屋租赁期间死亡的,与其生前共同居住的人可以按照原租赁合同租赁该房屋。"《商品房屋租赁管理办法》第 12 条也明确规定:"房屋租赁期间内,因赠与、析产、继承或者买卖转让房屋的,原房屋租赁合同继续有效。承租人在房屋租赁期间死亡的,与其生前共同居住的人可以按照原租赁合同租赁该房屋。"其实,在房屋租赁合同有效期间,无论是出租人死亡还是承租人死亡，都不能成为终止房屋租赁合同的理由，房屋租赁合同的效力及于房屋租赁关系出租人的继承人和承租人的共同居住人。出租人不得以共同居住人非租赁合同当事人为由拒绝履行房屋租赁合同，或以承租人死亡为由终止租赁合同。

（四）原租赁合同的实际履行

租赁期限届满，承租人继续使用房屋，构成对原租赁合同的实际履行，出租人没有提出异议的，原租赁合同继续有效，但租赁期限为不定期。

上述制度体现了房屋租赁合同的特征和国家法律对房屋承租人，尤其是住宅房屋承租人的特殊保护。

六、房屋转租

（一）转租的概念及其效力

房屋转租，是指在房屋租赁合同生效以后，承租人将承租的房屋再出租给他人的行为。《合同法》第224条规定："承租人经出租人同意，可以将租赁物转租给第三人。承租人转租的，承租人与出租人之间的租赁合同继续有效，第三人对租赁物造成损失的，承租人应当赔偿损失。承租人未经出租人同意转租的，出租人可以解除合同。"《商品房屋租赁管理办法》第11条也规定："承租人转租房屋的，应当经出租人书面同意。承租人未经出租人书面同意转租的，出租人可以解除租赁合同，收回房屋并要求承租人赔偿损失。"按上述规定，转租行为可以划分为有权转租与无权转租。

所谓有权转租，是指承租人征得出租人同意后，将房屋转租给他人。在有权转租的情况下，承租人只是与次承租人建立了另一个租赁合同关系，并未退出原租赁合同而由次承租人取代其地位，他仍然应当根据原租赁合同向出租人承担义务和责任。可见，转租不同于合同的转让。在有权转租中，转租后形成两个相互独立的租赁关系，即出租人与承租人的租赁关系、承租人与次承租人之间的租赁关系，这两个租赁关系在法律上是相互独立的。但是，为了防止承租人的违约影响次承租人的租赁关系，《房屋租赁解释》第17条特别规定："因承租人拖欠租金，出租人请求解除合同时，次承租人请求代承租人支付欠付的租金和违约金以抗辩出租人合同解除权的，人民法院应予支持。但转租合同无效的除外。次承租人代为支付的租金和违约金超出其应付的租金数额，可以折抵租金或者向承租人追偿。"

所谓无权转租，又称效力待定转租，是指承租人在未征得出租人同意的情况下，擅自将房屋转租给他人。擅自转租行为违反了法律和租赁合同的规定，侵害了出租人应当享有的权益。无权转租行为属于广义上的无权处分行为。《合同法》第51条规定："无处分权的人处分他人财产，经权利人追认或者无处分权的人订立合同后取得处分权的，该合同有效。"据此，承租人擅自转租而与次承租人签订的转租合同，只有在出租人追认后才能产生效力；如果出租人拒绝追认，则该转租合同将无效。因此，出租人擅自转租所签订的转租合同在签订时处于效力待定状态。为了防止出租人怠于行使权利，妨碍物之利用关系的稳定，《房屋租赁解释》第16条第1款规定："出租人知道或者应当知道承租人转租，但在6个月内未提出异议，其以承租人未经同意为由请求解除合同或者认定转租合同无效的，人民法院不予支持。"另外，次租赁合同期限受原租赁合同限制。为了保护出租人利益，《房屋租赁解释》第18条规定："房屋租赁合同无效、履行期限届满或者解除，出租人请求负有腾房义务的次承租人支付逾期腾房占有使用费的，人民法院应予支持。"

（二）擅自转租的法律后果

在擅自转租的情形下，不仅转租合同不能产生法律效力，而且出租人有权解除其与承租人之间所签订的租赁合同。在出租人解除原租赁合同的情形下，就涉及两个法律后果问题：①出租人应当向谁主张返还出租房屋？是向承租人，还是向次承租人要求返还？②无效转租的收益的归属问题。

1. 关于向谁主张返还出租房屋的问题。出租人既可以依据原租赁合同债权债务关系所产生的请求权，而主张承租人返还房屋，也可以基于房屋所有人的身份行使物上请求权，直接请求次承租人返还房屋。因为，承租人擅自转租的效力以出租人的追认为有效要件，在转租合同未被出租人追认的情况下，次承租人的承租权也就始终没有法律基础，所有权人当然可以直接要求无权占有的承租人返还房屋。除此之外，次承租人也可以基于无效租赁合同的解除将房屋返还给承租人，承租人再将房屋交还于出租人。

2. 要解决无效转租的收益的归属问题，首先要明确擅自转租收益的性质。对于擅自转租收益性质的看法，有两种不同的观点：

第一观点种认为，擅自转租收益为非法所得。其依据主要是原《城市房屋租赁管理办法》第32条第3项的规定，"未征得出租人同意和未办理登记备案手续，擅自转租房屋的，其租赁行为无效，没收其非法所得，并处以罚款"。但是替代上述《城市房屋租赁管理办法》的《商品房屋租赁管理办法》的罚则中取消了对擅自转租房屋的处罚，[1] 对该行为进行规范的第11条，也仅仅是出租人有权"收回房屋并要求承租人赔偿损失"。并且始终未提擅自转租是"非法

―――――――――――――

〔1〕《商品房租赁管理办法》未单独设立"法律责任"一章，而是在第21~24条就违反公法责任的行为进行了处罚规定。

转租"或者"无效转租"。[1] 所以，将擅自转租的收益定性为非法所得是站不住脚的。承租人擅自转租之收益乃是基于对出租房屋的使用而产生的，未征得出租人同意而擅自转租房屋的转租收益理应归属于房屋的权利人，即出租人。显然，原《城市房屋租赁管理办法》第32条所作的规定，强行夺取了房屋所有权人的利益，这样的部门规章违背了法理，不应作为司法机构处理民事纠纷的依据，故将其废止是十分正确的。

第二种观点认为，承租人擅自转租收益属于不当得利，应返还给出租人。[2] 这一观点并非完全正确，只有部分合理。因为承租人擅自转租房屋的收益中并非全部都属于不当得利，只有部分收益属于不当得利，即转租租金减去原租赁租金产生的差额部分属于不当得利。承租人擅自转租，构成对出租人财产权利的侵害，因此所获得的差价并无法律上的原因，属于不当得利。转租收益中，相当于原先租赁合同中的租金部分不应作为不当得利对待，因承租人毕竟向出租人支付了租金，相当于原租金的收益不能看作承租人的额外获利。[3] 当然也就不应当作为不当得利返还。

3. 还有一种情况需要考虑：在出租人追认承租人擅自转租合同的情况下，能否要求次承租人将转租的租金直接交付给出租人。回答这个问题，首先要弄清楚转租的性质。转租不同于债的转让，在转租情况下，有两个合同关系存在，次承租人相对于原租赁合同的当事人来说属于第三人，而不是原租赁合同的当事人，而出租人也不是转租合同的当事人，这两个合同的内容是相互独立的。承租人不履行租赁合同的义务，应当由承租人自己承担租赁合同的违约责任，而不能由次承租人承担租赁合同的违约责任。同样道理，出租人也无权直接请求次承租人向自己支付租金。在出租人追认转租合同后，承租人基于转租合同所获得的差价可以与承租人协商转租所获差价的分配办法。如果协商不成，则该转租差价应当归属于承租人。[4]

（三）房屋转租后承租人与次承租人优先购买权的行使

在房屋有权转租的情况下，一旦出租人出售租赁房屋，承租人与次承租人的优先购买权如何行使，值得讨论。在建立了有效的转租合同之后，次承租人与承租人一样都属于该房屋之合法承租人，既然都属于承租人，当然都享有该房屋的优先购买权。这就产生在同一房屋之上存在两个承租人的优先购买权，

---

[1] 由此也可以看出，本书将擅自转租定性为"无权转租"或者"效力待定转租"更为准确。
[2] 参见王利明：《民商法研究（第2辑）》，法律出版社1999年版，第415页。
[3] 高富平、黄武双：《房地产法学》，高等教育出版社2010年版，第276页。
[4] 程信和、刘国臻：《房地产法》，北京大学出版社2010年版，第161页。

这两个承租人的优先购买权不可能同时行使，应当确定其先后顺位。由于次承租人已经实际占有了该租赁房屋。按民法原理，实际占有的事实即赋予合法占有人以对抗第三人权利的效力，所以，次承租人的优先购买权应优先于承租人的优先购买权。如果次承租人放弃优先购买权，承租人的优先购买权将上升为第一顺序。存在数次转租的情况下，从最后一个转租合同中的承租人开始依次前推，排列各承租人优先购买权的顺位。[1]

第七节 房地产中介服务

一、房地产中介服务的概念

房地产中介服务有一个庞大的体系，包括三大部分：①房地产金融中介。主要包括：存贷、投资、信托、保险、抵押、贴现、代理发行房地产证券、结算、审计等。②房地产法律中介。主要包括司法公证、法律仲裁等。③房地产服务中介。包括信息咨询、价格评估、经纪代理等。目前，我国房地产金融主要由专业性的金融机构办理，房地产金融中介和房地产法律中介尚处于较为初级的阶段，而房地产服务中介则发展较快。

房地产中介服务有广义和狭义之分。广义的房地产中介服务包括上述整个房地产三大中介服务体系。狭义的房地产中介服务仅指上文的房地产服务中介。本节论述的房地产中介服务都是从狭义角度而言的。房地产中介是指房地产咨询、房地产价格评估、房地产经纪等活动的总称。其中，房地产咨询是指为房地产活动当事人提供法律法规、政策、信息、技术等方面服务的经营活动。房地产评估是指对房地产进行测算，评定其经济价值和价格的经营活动。房地产经纪是指房地产经纪机构和房地产经纪人员为促成房地产交易，向委托人提供房地产居间、代理等服务并收取佣金的行为。[2] 房地产中介服务的范围比较广泛，而房地产咨询、房地产价格评估、房地产经纪只是目前的三种主要形式。今后，随着市场经济的不断发展，房地产中介服务的形式也会发展。

目前，开展城市房地产中介服务的具体法律依据是《城市房地产管理法》、2016 年 3 月 1 日住房和城乡建设部、国家发展和改革委员会、人力资源和社会保障部修正并公布的《房地产经纪管理办法》、2015 年住房和城乡建设部修正的《房地产估价机构管理办法》、2016 年住房和城乡建设部修正并发布的《注

---

〔1〕 高富平、黄武双：《房地产法学》，高等教育出版社 2010 年版，第 277 页。
〔2〕 《房地产经纪管理办法》第 3 条。

册房地产估价师管理办法》等法律和部门规章以及 2013 年 6 月 13 日住房城乡建设部和原工商总局发出的《关于集中开展房地产中介市场专项治理的通知》。

二、中介服务机构的种类及其设立

（一）房地产中介服务机构的种类

房地产中介服务机构是承办房地产中介服务业务的主体。作为机构，必须是一定的组织，而且是具有独立法人资格的经济组织。《城市房地产管理法》第 57 条规定："房地产中介服务机构包括房地产咨询机构、房地产价格评估机构、房地产经纪机构等。"

1. 房地产咨询机构。其主要业务是为房地产开发企业、有关部门、其他企事业单位、公民个人等需要咨询的主体，提供有关房地产业的各类知识和信息。主要包括：①提供房地产信息咨询。比如各地的地价、房价、房地产租赁价格及其动态走势；待出让地块、待出卖、出租、交换、抵押房地产情况；寻找投资伙伴，投资招商，购房、换房的信息以及有关税收、政策变动等信息的咨询。②法律以及业务咨询。对于房地产法规、政策问题以及办理房地产交易、租赁、抵押业务手续等问题的咨询。③代理。代理研制房地产方面的可行性报告、投资开发方案、项目规划设计方案等方面的业务。

2. 房地产价格评估机构。房地产价格评估机构即房地产估价机构，房地产价格评估机构的估价活动，包括土地、建筑物、构筑物、在建工程、以房地产为主的企业整体资产、企业整体资产中的房地产等各类房地产评估，以及因转让、抵押、房屋征收、司法鉴定、课税、公司上市、企业改制、企业清算、资产重组、资产处置等需要而进行的房地产评估。[1]

3. 房地产经纪机构。其主要业务是为房地产交易提供洽谈协议、交流信息、展示行情等服务业务，主要功能在于为房地产交易双方牵线搭桥，提供服务，促成交易。

（二）房地产中介服务机构设立的条件

根据《城市房地产管理法》第 58 条第 1 款的规定，设立房地产中介服务机构应当具备下列条件：

1. 有自己的名称、组织机构。房地产中介服务机构要以自己的名义开展业务活动，并承担相应的责任。房地产中介服务机构，作为具有独立法人资格的经济组织，只准使用一个名称，在登记主管机关辖区内不得与已登记注册的其他服务机构或者企业名称相同或者相似。设立有限责任公司、股份有限公司，其名称中必须分别含有"有限责任"和"股份有限"的字样。中介服务机构的

---

[1] 《房地产估价机构管理办法》第 3 条。

名称须在设立登记时由工商行政管理部门核准。组织机构则是房地产中介服务机构的内部管理机构，也是从事各项经营活动和对外进行意思表示的机关。

2. 有固定的服务场所。房地产中介服务机构的场所是指其从事服务活动的所在地。没有固定的服务场所，房地产中介服务机构就不可能开展正常的业务活动，其服务对象也不可能与其取得联系，国家管理部门也无法对其进行监督管理。当然，服务机构可以设立分支机构，且其执业范围在中国境内不受地域限制。

3. 有必要的财产和经费。目前，国家对房地产中介服务机构的财产和经费的具体数额尚未作出专门规定，实践中应当按照国家有关设立企业条件的规定执行。设立房地产中介服务公司的，则应当遵循《公司法》有关设立有限责任公司和股份有限公司的出资规定。

4. 有足够数量的专业人员。由于房地产中介服务具有很强的专业性、服务标的额大的特点，因此，房地产中介服务机构必须有足够数量的专业人员。其中，从事房地产咨询业务的，具有房地产及相关专业中等以上学历、初级以上专业技术职称人员须占总人数的50%以上；从事房地产评估业务的，须有规定数量的房地产估价师；从事房地产经纪业务的，须有规定数量的房地产经纪人。

（三）房地产中介服务机构设立的程序

房地产中介服务机构的设立要不要进行资质审查，在制定《城市房地产管理法》的过程中有过争论。一种观点认为，成立房地产中介服务机构，除了具备法定的"实质条件"外，还必须经过房地产主管部门的审查（审批），经过审查（审批）认可后，才能到工商行政管理部门登记。另一种观点认为，在市场经济条件下，决定中介服务机构应否设立和存在发展主要靠市场，亦即要看中介服务机构有无服务对象。因此，政府房地产行政主管部门没有必要对中介服务机构进行资质审查，仅由工商行政主管部门在登记过程中审查把关即可，也就是主张中介服务机构在设立上采"准则主义"。[1] 最后一种观点取得了胜利，《城市房地产管理法》第58条第2款规定："设立房地产中介服务机构，应当向工商行政管理部门申请设立登记，领取营业执照后，方可开业。"可见，我国房地产中介机构成立，与一般公司设立的原则一样，也采用了"准则主义"，即指被审查主体只要达到准则所规定的资格，登记机关即应予以登记，而不对被审查主体进行资质审查。立法采取准则主义，符合市场经济情况下微观放开的要求。

---

〔1〕　程信和、刘国臻：《房地产法》，北京大学出版社2010年版，第170页。

三、房地产估价制度

（一）房地产估价的概念

房地产估价，亦即房地产评估，是指房地产专业估价人员，根据估价目的，遵循估价原则，按照估价程序，采取科学的估价方法，结合估价经验，通过对影响房地产价格因素的分析，对房地产最可能实现的房地产价格所作出的推测与判断。我国《城市房地产管理法》第34条规定："国家实行房地产价格评估制度。房地产价格评估，应当遵循公正、公平、公开的原则，按照国家规定的技术标准和评估程序，以基准地价、标定地价和各类房屋的重置价格为基础，参照当地的市场价格进行评估。"从这一规定来看，国家对房地产评估的态度带有强制性，但根据《物权法》第13条规定，不动产登记机关不得要求对不动产进行评估。这一规定显然表明不动产评估是合同当事人的自由选择，具有任意性而非强制性。如何协调好二者的冲突有待于深入研究。

（二）房地产估价机构与注册房地产估价师

1. 房地产估价机构的概念及其监管机构。[1]

（1）概念。房地产估价机构，是指依法设立并取得房地产估价机构资质，从事房地产估价活动的中介服务机构。房地产估价机构从事房地产估价活动，应当坚持独立、客观、公正的原则，执行房地产估价规范和标准。房地产估价机构依法从事房地产估价活动，不受行政区域、行业限制。任何组织或者个人不得非法干预房地产估价活动和估价结果。

（2）监管机构。

第一，政府监管。国务院住房城乡建设行政主管部门负责全国房地产估价机构的监督管理工作。省、自治区人民政府住房城乡建设行政主管部门、直辖市人民政府房地产行政主管部门负责本行政区域内房地产估价机构的监督管理工作。市、县人民政府房地产行政主管部门负责本行政区域内房地产估价机构的监督管理工作。

第二，自律监管。房地产估价行业组织应当加强房地产估价行业自律管理，鼓励房地产估价机构加入房地产估价行业组织。

2. 估价机构的资质。[2]

（1）资质等级及其监管。房地产估价机构资质等级分为一、二、三级。省、自治区人民政府住房城乡建设主管部门、直辖市人民政府房地产主管部门负责房地产估价机构资质许可，并接受国务院住房城乡建设行政主管部门的指导和

---

〔1〕　参见《房地产估价机构管理办法》第3~6条。
〔2〕　参见《房地产估价机构管理办法》第二章的规定。

监督检查。

房地产估价机构资质有效期为 3 年。资质有效期届满，房地产估价机构需要继续从事房地产估价活动的，应当在资质有效期届满 30 日前向资质许可机关提出资质延续申请。资质许可机关应当根据申请作出是否准予延续的决定。准予延续的，有效期延续 3 年。在资质有效期内遵守有关房地产估价的法律、法规、规章、技术标准和职业道德的房地产估价机构，经原资质许可机关同意，不再审查，有效期延续 3 年。

房地产估价机构合并的，合并后存续或者新设立的房地产估价机构可以承继合并前各方中较高的资质等级，但应当符合相应的资质等级条件。房地产估价机构分立的，只能由分立后的一方房地产估价机构承继原房地产估价机构资质，但应当符合原房地产估价机构资质等级条件。承继原房地产估价机构资质的一方由各方协商确定；其他各方按照新设立的中介服务机构申请房地产估价机构资质。

房地产估价机构的工商登记注销后，其资质证书失效。

（2）机构的设立形式与变更。房地产估价机构应当由自然人出资，以有限责任公司或者合伙企业形式设立。

房地产估价机构的名称、法定代表人或者执行合伙人、组织形式、住所等事项发生变更的，应当在工商行政管理部门办理变更手续后 30 日内，到资质许可机关办理资质证书变更手续。

3. 注册房地产估价师。[1] 注册房地产估价师，是指通过全国房地产估价师执业资格考试或者资格认定、资格互认，取得中华人民共和国房地产估价师执业资格（以下简称执业资格），并依法注册，取得中华人民共和国房地产估价师注册证书（以下简称注册证书），从事房地产估价活动的人员。

注册房地产估价师实行注册执业管理制度。取得执业资格的人员，经过注册方能以注册房地产估价师的名义执业。

国务院住房城乡建设主管部门对全国注册房地产估价师注册、执业活动实施统一监督管理。省、自治区、直辖市人民政府住房城乡建设（房地产）主管部门对本行政区域内注册房地产估价师的执业活动实施监督管理。市、县、市辖区人民政府建设（房地产）主管部门对本行政区域内注册房地产估价师的执业活动实施监督管理。

房地产估价行业组织应当加强注册房地产估价师自律管理，鼓励注册房地产估价师加入房地产估价行业组织。

---

〔1〕 参见《注册房地产估价师管理办法》第 3~6 条。

（三）房地产评估的估价原则、价格确定以及房地产价格评估程序[1]

1. 估价原则。房地产的市场价值评估，应遵循下列原则：

（1）独立、客观、公正原则。遵循独立、客观、公正原则，要求评估价值应为对各方估价利害关系人均是公平合理的价值或价格。

（2）合法原则。遵循合法原则，评估价值应为在依法判定的估价对象状况下的价值或价格。

（3）价值时点原则。遵循价值时点原则，要求评估价值应为在根据估价目的确定的某一特定时间的价值或价格。

（4）替代原则。遵循替代原则，要求评估价值与估价对象的类似房地产在同等条件下的价值或价格偏差应在合理范围内。

（5）最高最佳利用原则。遵循最高最佳使用原则，应以估价对象的最高最佳使用为前提估价。当估价对象已做了某种使用，估价时应根据最高最佳使用原则对估价前提作出下列之一的判断和选择，并应在估价报告中予以说明：①保持现状前提：认为保持现状继续使用最为有利时，应以保持现状继续使用为前提估价；②转换用途前提：认为转换用途再予以使用最为有利时，应以转换用途后再予以使用为前提估价；③装修改造前提：认为装修改造但不转换用途再予以使用最为有利时，应以装修改造但不转换用途再予以使用为前提估价；④重新利用前提：认为拆除现有建筑物再予以利用最为有利时，应以拆除建筑物后再予以利用为前提估价；⑤上述情形的某种组合。

（6）谨慎原则。房地产的抵押价值和抵押净值评估，除应遵循市场价值评估的原则外，还应遵循谨慎原则。遵循谨慎原则，要求评估价值应为在充分考虑导致估价对象价值或价格偏低的因素，慎重考虑导致估价对象价值或价格偏高的因素下的价值或价格。

2. 价格确定。依据《城市房地产管理法》第34条第2款规定，房地产价格评估应当"按照国家规定的技术标准和评估程序，以基准地价、标定地价和各类房屋的重置价格为基础，参照当地的市场价格进行评估"。可见，房地产评估价格的确定分两步形成：第一步，确定价格基础，即由基准地价、标定地价及各类房屋的重置价格构成的评估基础；第二步，在基础价格确定之后，参考当地市场价格最终确定房地产评估价格。

（1）房地产评估的价格基础的构成。价格基础由基准地价、标定地价和房屋重置价格三种价格构成：

---

[1]　参见《中华人民共和国国家标准房地产估价规范》（GB/T50291-2015）的相关规定。

第一，基准地价。这是指城市国有土地使用权的基本标准价格，是按照土地的不同级别与区域分别评估与测算出商业、工业、住宅等各类不同用途土地的使用权的平均价格。基准地价由三个因素构成：①一定期限，如一年内的平均地价；②一定区域，如一个大城市内的级别平均地价；③不同用途分别测算的平均地价，如工业区、商业区等不同用途的土地有不同地价。因此，基准地价是一定时间内的、平均的、针对不同用途而有不同价格的、区域性的地价。基础地价是由政府部门组织的专家委员会在土地定级的基础上，根据土地的收益、市场交易资料等情况综合评定的，它反映了一定区域、一定用途的土地地价总体的变化趋势，是国家对土地价格乃至整个房地产市场进行宏观调控的根据。

第二，标定地价。这是指将要出让、转让、抵押的具体的地块土地使用权进行评估而提出的价格。标定地价要依据基准地价，考虑市场行情、地块大小、形状、容积率等各种因素来测算。标定地价相对于基准地价的区域性而言，是某一块地块在某一时点上的价格。标定地价接近于市场价格。

第三，房屋重置价格。这是指按照评估时的建筑水平、工艺水平、建筑材料价、人工和运费等条件，重新建造同类结构、式样、质量标准、设备、装修条件的新房所需要的费用。重置价格是同一类房屋的重置价格，而不是个别房屋的重置价格。重置成本和重建成本应为在价值时点重新开发建设全新状况的房地产的必要支出及应得利润。房地产的必要支出及应得利润应包括土地成本、建设成本、管理费用、销售费用、投资利息、销售税费和开发利润。[1] 重置价格的计算要参考房屋的成本价格。以住宅商品房为例，其成本价格主要包括：①征地费及拆迁安置补偿费：按国家有关规定执行。②勘察设计及前期工程费：依据批准的设计概算计算。③住宅建筑、安装费：依据施工图预算计算。④住宅小区基础建设费和住宅小区及非营业性配套公共建筑的建设费：依据批准的详细规划和施工图预算计算；住宅小区的基础设施和配套建设项目按照国家和省、自治区、直辖市人民政府颁发的城市规划定额指标执行。⑤管理费：以①~④项之和为基数的 1%~3% 计算。⑥贷款利息计入成本的贷款的利息，根据当地建设银行提供的本地区商品住宅建设占用贷款的平均周期、平均比例、平均利率和开发项目具体情况而定。⑦销售税费：具体税种主要包括契税、增值税、城市维修基金、教育附加税、印花税、交易手续费、所得税等。

上述三种价格，应当由房地产管理机关定期确定并公布。

（2）房地产评估价格的最终构成。基准地价、标定地价及重置房价构成了房地产价格评估的基础价格，但房地产评估价格的最终形成，还要参考市场价

---

[1] 参见《中华人民共和国国家标准房地产估价规范》（GB/T50291-2015）第 4.4.3 条规定。

格来确定。市场价格主要由市场供求关系来确定，市场价格一般会高于房地产开发的成本（含各种成本和税费）。

一般而言，市场价格的构成因素包括如下各项：①征地补偿费，包括土地补偿费、青苗补偿费、菜田基金、劳动力安置补助费等；②拆迁安置补偿费，包括房屋及其他地上物补偿费、搬家费、拆房费、周转房费、单位拆迁费等；③其他土地开发费，包括"七通一平"费、勘察设计费等；④住宅建筑安装工程费；⑤附属工程费，包括煤气站费、热力点费、变电室费等；⑥室外工程费，包括上下水、电力、电信、庭院、围墙等建设费用；⑦公共建筑配套工程费，包括建设幼儿园、文化站、中小学、卫生所、副食店、居委会、派出所等费用；⑧环卫绿化工程费；⑨"四源"费，即煤气、热力、自来水、污水等建设费用；⑩大市政费；⑪"两税一费"，包括增值税、城市建设维护税、附加教育费；⑫管理费；⑬利润。以上各项收费，有些应属政府开支，比如治安、教育、卫生等项目费用，但都包括到房地产费用里去了。

3. 房地产价格评估程序。房地产市场估价应当依照下列程序进行：[1]

（1）申请估价。当事人应当依照规定向估价机构或估价事务所递交估价申请书。估价申请书应当载明下列内容：①当事人的姓名（法人代表）、职业、地址；②标的物的名称、面积、座落；③申请估价的理由、项目和要求；④当事人认为其他需要说明的内容。估价申请书应当附有标的物的产权证书和有关的图纸、资料或影印件。

（2）估价受理。估价机构或估价事务所收到估价申请书后，应当对当事人的身份证件、标的物的产权证书及估价申请书进行审查。对符合条件者，交由估价人员承办，每个估价项目的承办，不得少于两名估价人员。

（3）现场勘估。承办人员应当制订估价方案，到标的物所在地进行实地勘丈测估，核对各项数据和有关资料，调查标的物所处环境状况，并做好详细记录。

（4）综合作业。承办人员应综合各种因素进行全面分析，提出估价结果。书面估价结果应包括如下内容：①估价的原因，标的物名称、面积、结构、地理位置、环境条件、使用情况，所处区域城市规划及发展前景，房地产市场行情；②标的物及附着物质量等级评定；③估价的原则、方法、分析过程和估价结果；④必要的附件，包括估价过程中作为估价依据的有关图纸、照片、背景材料、原始资料及实际勘测数据等；⑤其他需要说明的问题。估价结果书应由承办人员签名。

---

〔1〕　参见《城市房地产市场评估管理暂行办法》第10条。

四、房地产经纪制度[1]

（一）房地产经纪机构和人员

1. 房地产经纪机构及其分支机构。房地产经纪机构，是指依法设立，从事房地产经纪活动的中介服务机构。房地产经纪机构可以设立分支机构。设立房地产经纪机构和分支机构，应当具有足够数量的房地产经纪人员。

房地产经纪机构及其分支机构应当自领取营业执照之日起 30 日内，到所在直辖市、市、县人民政府建设（房地产）主管部门备案。

房地产经纪机构及其分支机构应当在其经营场所醒目位置公示下列内容：①营业执照和备案证明文件；②服务项目、内容、标准；③业务流程；④收费项目、依据、标准；⑤交易资金监管方式；⑥信用档案查询方式、投诉电话及12358 价格举报电话；⑦政府主管部门或者行业组织制定的房地产经纪服务合同、房屋买卖合同、房屋租赁合同示范文本；⑧法律、法规、规章规定的其他事项。分支机构还应当公示设立该分支机构的房地产经纪机构的经营地址及联系方式。房地产经纪机构代理销售商品房项目的，还应当在销售现场明显位置明示商品房销售委托书和批准销售商品房的有关证明文件。

房地产经纪机构应当建立业务记录制度，如实记录业务情况。房地产经纪机构应当保存房地产经纪服务合同，保存期不少于 5 年。

直辖市、市、县人民政府建设（房地产）主管部门应当将房地产经纪机构及其分支机构的名称、住所、法定代表人（执行合伙人）或者负责人、注册资本、房地产经纪人员等备案信息向社会公示。

房地产经纪行业组织应当制定房地产经纪从业规程，逐步建立并完善资信评价体系和房地产经纪房源、客源信息共享系统。

房地产经纪机构及其分支机构变更或者终止的，应当自变更或者终止之日起 30 日内，办理备案变更或者注销手续。

2. 房地产经纪人员及其考试制度。房地产经纪人员，是指从事房地产经纪活动的房地产经纪人和房地产经纪人协理。

房地产经纪机构和分支机构与其招用的房地产经纪人员，应当按照《中华人民共和国劳动合同法》的规定签订劳动合同。

国家对房地产经纪人员实行职业资格制度，纳入全国专业技术人员职业资格制度统一规划和管理。

房地产经纪人协理和房地产经纪人职业资格实行全国统一大纲、统一命题、

---

[1] 参见《房地产经纪管理办法》的相关内容。

统一组织的考试制度，由房地产经纪行业组织负责管理和实施考试工作。国务院住房和城乡建设主管部门、人力资源和社会保障主管部门负责进行指导、监督和检查。原则上每年举行一次考试。

3. 房地产经纪机构和房地产经纪人员的禁止性行为。根据《房地产经纪管理办法》第 25 条的规定，房地产经纪机构和房地产经纪人员不得有下列行为：①捏造散布涨价信息，或者与房地产开发经营单位串通捂盘惜售、炒卖房号，操纵市场价格；②对交易当事人隐瞒真实的房屋交易信息，低价收进高价卖（租）出房屋赚取差价；③以隐瞒、欺诈、胁迫、贿赂等不正当手段招揽业务，诱骗消费者交易或者强制交易；④泄露或者不当使用委托人的个人信息或者商业秘密，谋取不正当利益；⑤为交易当事人规避房屋交易税费等非法目的，就同一房屋签订不同交易价款的合同提供便利；⑥改变房屋内部结构分割出租；⑦侵占、挪用房地产交易资金；⑧承购、承租自己提供经纪服务的房屋；⑨为不符合交易条件的保障性住房和禁止交易的房屋提供经纪服务；⑩法律、法规禁止的其他行为。

（二）房地产经纪服务合同及相关业务的规范

1. 房地产经纪服务合同。

（1）房地产经纪机构接受委托提供房地产信息、实地看房、代拟合同等房地产经纪服务的，应当与委托人签订书面房地产经纪服务合同。房地产经纪服务合同应当包含下列内容：①房地产经纪服务双方当事人的姓名（名称）、住所等情况和从事业务的房地产经纪人员情况；②房地产经纪服务的项目、内容、要求以及完成的标准；③服务费用及其支付方式；④合同当事人的权利和义务；⑤违约责任和纠纷解决方式。

房地产经纪机构签订的房地产经纪服务合同，应当加盖房地产经纪机构印章，并由从事该业务的一名房地产经纪人或者两名房地产经纪人协理签名。

建设（房地产）主管部门或者房地产经纪行业组织可以制定房地产经纪服务合同示范文本，供当事人选用。

（2）房地产经纪机构签订房地产经纪服务合同前，应当向委托人说明房地产经纪服务合同和房屋买卖合同或者房屋租赁合同的相关内容，并书面告知下列事项：①是否与委托房屋有利害关系；②应当由委托人协助的事宜、提供的资料；③委托房屋的市场参考价格；④房屋交易的一般程序及可能存在的风险；⑤房屋交易涉及的税费；⑥经纪服务的内容及完成标准；⑦经纪服务收费标准和支付时间；⑧其他需要告知的事项。

房地产经纪机构根据交易当事人需要提供房地产经纪服务以外的其他服务的，应当事先经当事人书面同意并告知服务内容及收费标准。书面告知材料应当经委托人签名（盖章）确认。

（3）房地产经纪机构与委托人签订房屋出售、出租经纪服务合同，应当查看委托出售、出租的房屋及房屋权属证书，委托人的身份证明等有关资料，并应当编制房屋状况说明书。经委托人书面同意后，方可以对外发布相应的房源信息。

房地产经纪机构与委托人签订房屋承购、承租经纪服务合同，应当查看委托人身份证明等有关资料。

（4）委托人与房地产经纪机构签订房地产经纪服务合同，应当向房地产经纪机构提供真实有效的身份证明。委托出售、出租房屋的，还应当向房地产经纪机构提供真实有效的房屋权属证书。委托人未提供规定资料或者提供资料与实际不符的，房地产经纪机构应当拒绝接受委托。

（5）房地产经纪机构提供代办贷款、代办房地产登记等其他服务的，应当向委托人说明服务内容、收费标准等情况，经委托人同意后，另行签订合同。

2. 房地产经纪相关业务的规范。

（1）房地产经纪业务应当由房地产经纪机构统一承接，服务报酬由房地产经纪机构统一收取。分支机构应当以设立该分支机构的房地产经纪机构名义承揽业务。房地产经纪人员不得以个人名义承接房地产经纪业务和收取费用。

（2）房地产经纪服务实行明码标价制度。房地产经纪机构应当遵守价格法律、法规和规章规定，在经营场所醒目位置标明房地产经纪服务项目、服务内容、收费标准以及相关房地产价格和信息。

房地产经纪机构不得收取任何未予标明的费用；不得利用虚假或者使人误解的标价内容和标价方式进行价格欺诈；一项服务可以分解为多个项目和标准的，应当明确标示每一个项目和标准，不得混合标价、捆绑标价。

（3）房地产经纪机构未完成房地产经纪服务合同约定事项，或者服务未达到房地产经纪服务合同约定标准的，不得收取佣金。

两家或者两家以上房地产经纪机构合作开展同一宗房地产经纪业务的，只能按照一宗业务收取佣金，不得向委托人增加收费。

（4）房地产交易当事人约定由房地产经纪机构代收代付交易资金的，应当通过房地产经纪机构在银行开设的客户交易结算资金专用存款账户划转交易资金。交易资金的划转应当经过房地产交易资金支付方和房地产经纪机构的签字和盖章。

（三）对房地产经纪活动的监管

1. 监管方式。建设（房地产）主管部门、价格主管部门应当通过现场巡查、合同抽查、投诉受理等方式，采取约谈、记入信用档案、媒体曝光等措施，对房地产经纪机构和房地产经纪人员进行监督。

房地产经纪机构违反人力资源和社会保障法律法规的行为，由人力资源和社会保障主管部门依法予以查处。

被检查的房地产经纪机构和房地产经纪人员应当予以配合，并根据要求提供检查所需的资料。

2. 建立信息共享制度。建设（房地产）主管部门、价格主管部门、人力资源和社会保障主管部门应当建立房地产经纪机构和房地产经纪人员信息共享制度。建设（房地产）主管部门应当定期将备案的房地产经纪机构情况通报同级价格主管部门、人力资源和社会保障主管部门。

3. 构建统一的房地产经纪网上管理和服务平台。直辖市、市、县人民政府建设（房地产）主管部门应当构建统一的房地产经纪网上管理和服务平台，为备案的房地产经纪机构提供下列服务：①房地产经纪机构备案信息公示；②房地产交易与登记信息查询；③房地产交易合同网上签订；④房地产经纪信用档案公示；⑤法律、法规和规章规定的其他事项。

经备案的房地产经纪机构可以取得网上签约资格。

4. 建立房地产经纪信用档案。县级以上人民政府建设（房地产）主管部门应当建立房地产经纪信用档案，并向社会公示。

县级以上人民政府建设（房地产）主管部门应当将在日常监督检查中发现的房地产经纪机构和房地产经纪人员的违法违规行为、经查证属实的被投诉举报记录等情况，作为不良信用记录记入其信用档案。

房地产经纪机构和房地产经纪人员应当按照规定提供真实、完整的信用档案信息。

五、我国房地产中介服务的现状与治理

2013 年 6 月 13 日住房城乡建设部和原国家工商总局发布了《关于集中开展房地产中介市场专项治理的通知》（以下简称《治理通知》），该《治理通知》对我国房地产中介服务的现状进行了概述，同时提出了治理的各项措施，现介绍如下：

近些年来，房地产中介市场迅速发展，在活跃房地产市场、提高交易效率、保障交易安全等方面发挥了积极作用。但也要清醒地看到，房地产中介市场仍存在着发布虚假房源信息、协助购房人骗取购房资格、违规"群租"、泄露或不当使用委托人信息等突出问题，亟待清理整顿和规范。各级房地产管理部门、工商行政管理部门要坚决贯彻国务院要求，充分认识专项治理的重要性和紧迫性，严肃查处房地产中介机构和经纪人员的违法违规行为，促进房地产中介市场健康有序发展，切实维护群众合法权益。

为贯彻落实《国务院办公厅关于继续做好房地产市场调控工作的通知》（国办发〔2013〕17号）的要求，整顿和规范房地产中介市场秩序，严肃查处房地产中介机构和经纪人员的违法违规行为，住房城乡建设部和工商总局就开展房地产中介市场专项治理工作部署如下：

（一）专项治理工作的重点

各级房地产管理部门、工商行政管理部门要按照各自职责，严肃查处房地产中介机构和经纪人员的以下违法违规行为：

1. 发布虚假房源信息，造谣、传谣以及炒作不实信息误导消费者的行为。

2. 诱导、教唆、协助购房人通过伪造证明材料等方式，骗取购房资格、骗提或骗贷住房公积金、规避限贷的行为。

3. 采取内部认购或雇人排队制造销售旺盛的虚假氛围以及通过炒卖房号非法牟利的行为。

4. 协助当事人签订"阴阳合同"规避交易税费的行为。

5. 违反《商品房屋租赁管理办法》规定，擅自改变房屋内部结构分割出租，为不符合安全、防灾标准的房屋提供租赁经纪服务以及低价收进高价租出赚取差价的行为。

6. 侵占、挪用房地产交易资金的行为。

7. 未履行书面告知义务，强制提供代办贷款、担保服务并额外收取费用的行为。

8. 泄露、出售或不当使用委托人的个人信息，谋取不正当利益的行为。

9. 未取得营业执照或未在房地产主管部门备案，擅自从事房地产经纪服务的行为。

10. 借用冒用房地产经纪人员名义签署房地产经纪服务合同，以及租借房地产经纪人员资格或注册证书的行为。

（二）专项治理工作要求

1. 加强组织领导。各级房地产管理部门、工商行政管理部门要加强房地产中介市场专项治理工作的组织领导，健全机构，落实责任，务求专项治理取得实效。

2. 健全工作机制。各级房地产管理部门、工商行政管理部门要加强协作配合，建立信息共享、联动查处的工作机制。指导房地产中介行业组织加强行业自律建设，完善行业规范，强化业务培训，不断提高房地产经纪人员队伍素质。

3. 加大查处力度。各级房地产管理部门、工商行政管理部门对存在违法违规行为的房地产中介机构和经纪人员，要加大查处力度，责令限期改正，记入信用档案；拒不改正或情节严重的，对房地产中介机构可取消网上签约资格、处以罚款，并将有关情况通报税收、物价等部门，对经纪人员要依法处以罚款。

4. 加强社会监督。市、县房地产管理部门、工商行政管理部门要设立举报电话、开通举报信箱，对群众的举报和投诉，以及网络、报纸等媒体曝光的违法违规行为要认真调查、快速处理、及时反馈。

5. 加强长效机制建设。各级房地产管理部门、工商行政管理部门要通过开展专项治理，建立健全房地产交易资金监管、房地产交易合同网上签约等制度。积极推进房地产中介网上管理和服务平台建设，为备案的房地产中介机构提供房源信息查询核验等服务。建立健全房地产中介机构信用档案并向社会公示。

六、房地产中介服务机构及其人员的法律责任

关于房地产中介服务机构及其人员的法律责任，见本书第十一章第三节"三、房地产中介服务法律责任"。

第七章

房地产金融法律制度

第一节 房地产金融法律制度概述

一、房地产金融的概念、特征和类别

（一）房地产金融的概念和特征

房地产金融，是指房地产开发、流通和消费过程中通过货币流通和信用渠道所进行的筹集资金、融通资金、结算或清算资金并提供风险担保或保险及相关金融服务的一系列金融活动的总称。房地产金融业务的内容主要包括吸收房地产业存款，开办住房储蓄，办理房地产贷款，从事房地产投资、信托、保险、典当和货币结算以及房地产有价证券的发行和代理发行与交易等。

综上可见，房地产金融的基本任务是运用多种金融方式和金融工具筹集和融通资金，支持房地产开发、流通和消费，促进房地产再生产过程中资金良性循环，保障房地产再生产过程的顺利进行。[1] 由此可以看出房地产业与金融业联系的紧密程度，房地产业具有高度的金融属性。我国经济界以中国证监会1999 年 4 月制定的《中国上市公司分类指引》（此"指引"以国家统计局制定的《国民经济行业分类与代码》为主要依据）为标准，将房地产业作为一个单独的门类，其包括的内容分为房地产开发经营业、物业管理业、房地产中介服务业及其他房地产活动这几个子类。与我国关于房地产的产业分类相对应，在国际产业分类标准体系中，特别是国际资本市场上，最常用的产业分类标准GICS 和 GCS[2] 将房地产业归于金融行业，将其与银行、保险归于一类。此外，美国 1997 年推出的北美产业分类体系（NAICS）[3] 取代了原标准产业分类

---

[1] 徐一千、刘颖春主编：《房地产金融》，化学工业出版社 2005 年版，第 3 页。

[2] 摩根斯坦利公司（MSCI）和标准-普尔公司（S&P）于 1999 年 8 月共同推出的全球行业分类标准（Global Industry Classification Standard，简称 GICS）和全球合并系统（Global Consolidation System，简称 GCS）。

[3] 即北美产业分类体系（North American Industry Classification System，简称 NAICS）。

（SIC）[1]，也将房地产业归为金融业。[2] 上述产业分类比较显示，国际上特别是国际资本市场对房地产业金融属性的认知。充分认识房地产业的金融属性，对于管理层和房地产从业机构都具有重要的现实意义。

房地产金融具有以下特征：[3]

1. 资金投入额度大。房地产是大宗不动产商品，无论是在房地产商品的开发环节，还是在流通环节，都必须有巨额的资金投入。因此，在房地产金融活动中，房地产开发贷款、房地产流通贷款或者房地产消费贷款，都必须有金融机构的参与和稳定充裕的信贷资金来源。在国外，房地产资金的融通往往是由专门金融机构来从事。如美国联邦住宅储蓄银行、日本住宅金融公库、巴西住宅银行等都是专门从事房地产金融的金融机构。

2. 资金周转期长。相对于其他商品的生产周期来说，房地产开发所需时间更长，短则一年、二年，长则好几年。在流通领域，建成后的房屋因其价值大，购买者往往无力一次性付清房款，常采用分期付款方式购房；若采用房屋租赁方式收回投入资金，则资金回收周期更长。因此，房地产的资金运用从投入到产出，快则几年，慢则十几年，甚至几十年才能全部收回。

3. 资金运动固定性。如前文所述，房地产的流转只是权属关系的变更。房地产商品的生产、流通、消费都是在同一地域位置上依次完成的。这就决定了房地产资金的投入、形态的转换以及补偿，都是在同一固定的位置上按顺序进行的。

4. 资金增值性。房地产资金的增值性，体现在两个方面：①房地产资金能带来收益即利息，这是房地产资金增值的一种表现。房地产资金的增值是社会再生产的结果，是物质生产者的劳动创造。在社会再生产过程中，资金通过形态改变使最终点的货币量大于起始点的货币量，就是资金运动所带来的增值。房地产再生产过程中资金不断地运动，就能实现一次又一次增值。②土地是不可再生的资源，也是人类生产与生活的基本要素，随着社会经济的不断发展，对房地产的需求将日益增加，使得房地产会日益稀缺，房地产价格也会不断上涨。因此金融机构为了使自身的货币资产得到保值和增值，也乐于进行房地产投资或从事房地产信贷活动。

5. 资金的风险性。在房地产金融活动中，由于存在事先无法预料或虽能预料但难以避免的诸多因素，有可能使预期的房地产收益与实际的房地产金融收

---

[1]　即标准产业分类（Standard Industrial Classification，简称SIC）。

[2]　饶海琴主编：《房地产金融》，格致出版社、上海人民出版社2008年版，第6页。

[3]　参见艾建国主编：《房地产估价相关知识》，中国建筑工业出版社2009年版，第247~249页。

益相背离，因而存在产生资金损失的风险。房地产资金的融通大多数是中长期融资，从资金投入到收回期限一般较长，在这个投入产出过程中，如果融出的资金难以收回，就会产生房地产金融风险。这种风险主要来自以下四个方面：①政策风险。国家政策的改变可能导致房地产市场和金融市场产生不同于投资决策时所预料的情况。②决策风险。由于投资决策原本就存在错误，因而无法实现预期的投资收益，从而导致房地产融通的资金部分、甚至全部无法收回。③自然风险。各种突发性的自然灾害，如地震、洪水、火灾等的发生，导致房地产项目遭到严重破坏甚至不复存在，从而难以收回融出的房地产资金。④财务风险。在房地产金融活动中，由于种种原因，致使债务人不能偿还贷款本息，或者证券发行者到期不能偿付本息等，这些属于房地产金融的财务风险。

如果仅从房地产抵押贷款的角度来看，房地产金融的特征则表现为：

1. 以不动产为抵押物来担保贷款的偿还，即借款人将土地以及土地上的建筑物抵押给贷款者，以确保履行贷款合同的各项条款。如果借款人违反了还款约定，贷款者有权行使其抵押权而将抵押物出售（拍卖）以偿还贷款。

2. 不转移抵押物，即借款人仍然是抵押物的合法拥有者，保留对该抵押物的所有权和支配权。贷款人仅享有抵押权，一旦贷款被还清，这种权利就随之消灭。

3. "杠杆效应"，即以相对较少的资金来获取购房所需的大笔贷款。在房地产交易中，借款人投资一小部分的资金作为首付款，然后再借入首付款与购房总额价格的差额，发挥首付款的杠杆作用。利用杠杆作用来购置投资型财产普遍提高了现金回报率。[1]

（二）房地产金融的类别

房地产金融包括政策性的房地产金融和商业性的房地产金融。政策性的房地产金融主要是房改金融，它是与住房制度改革有关的一系列金融活动，也正因如此，政策性房地产金融又称为房改金融。本章下一节要论述的我国住房公积金制度，就属于较为典型的政策性房地产金融。政策性房地产金融与商业性房地产金融的差异主要表现在以下几个方面：[2]

1. 目的不同。政策性房地产金融不以营利为主要目的，其资金循环周转增值的部分主要用于继续投入房改业务；商业性房地产金融则主要是以营利为目的。

2. 资金来源不同。政策性房地产金融资金的归集具有强制性，具有特定的

〔1〕 饶海琴主编：《房地产金融》，格致出版社、上海人民出版社2008年版，第3页。

〔2〕 参见徐一千、刘颖春主编：《房地产金融》，化学工业出版社2005年版，第3~4页。

资金来源，且一般筹资成本较低，期限较长。同时，政策性房地产金融资金归集具有地方性，资金来源的具体形式和种类各地不同，且来源于当地城镇住房基金、当地企事业单位住房基金和当地个人住房基金。而商业性房地产金融资金来源的渠道和方式多样，不具有强制性和地方性。

3. 资金运用不同。政策性房地产金融资金的运用具有特定性，即其运用要符合房改政策的规定，具有专款专用的特征；政策性房地产金融资金运用也具有优惠性，资金运用的利率较低，期限较长；并且，政策性房地产金融资金运用具有地方性，即资金运用的具体投向和种类各地不尽相同，资金用于解决当地住房建设资金的不足以及当地企事业单位和个人购房资金的不足等。

商业性房地产金融属于一般金融业务，受政策性影响相对较弱，商业性房地产机构运作此类资金具有较大的自主性，且可以跨地区调剂资金余缺，收益统一归各金融机构总部（总行或总公司），其地方性较弱。

4. 稳定性不同。政策性房地产金融具有明显的阶段性，即不同的阶段有不同的政策目标，不同的目标有不同的政策，因而缺少稳定性。而商业性房地产金融是房地产与金融相互融合发展的产物，其营利目标是恒定的，因而其具有相对固定的行为模式和操作程序。

5. 业务范围不同。政策性房地产金融业务一般只涉及住房；而商业性房地产金融属于商业性金融机构的自营业务，可涉及各类房地产金融，比如后面将要介绍的房地产开发融资、房地产保险以及房地产资产证券化等，均属于商业性房地产金融；而住房公积金、住房信贷则属于较为典型的政策性房地产金融业务。

二、房地产金融的作用

具体地讲，房地产金融的作用主要有以下两个方面。[1]

（一）房地产金融对房地产业的作用

房地产业的运行与发展，离不开金融业的融资支持，而房地产市场则是金融业借贷资本的最大出路。一方面，与其他行业一样，房地产业也具有生产、交换、消费等过程，贯穿这个过程的资本运动，客观上需要银行等金融机构为其提供资本融通服务。房地产业又具有与其他行业不同的特点，这些特点包括生产周期长、资本占用量大、地域性强等特点。因此，房地产业对金融业的依赖性要强于其他行业；另一方面，房地产业的发展也推动了金融业的发展，很多国家的金融机构都把投资房地产作为提高经济效益、减少投资风险和增强信贷能力的重要手段。房地产金融对房地产业的巨大作用具体表现如下：

---

[1]　参见徐一千、刘颖春主编：《房地产金融》，化学工业出版社 2005 年版，第 6~7 页。

1. 房地产金融增加房地产开发资金投入，支持房地产商品供应。"得金融者得天下"，资金被誉为经营活动的血液，尤其对于需要大量资金的房地产行业，资金的重要性更是不言而喻。房地产的开发建设离不开金融业的有力支持。金融业发挥自身融资的功能，通过吸收社会闲散资金，并在房地产开发建设需要资金支持时，向其发放开发贷款，补充其建设资金的不足，使房地产开发建设项目能按计划完工，有效促进房地产业的发展。

2. 房地产金融增加房地产消费资金信贷，带动房地产有效需求。市场营销学里有个公式，即：市场＝消费者人数×购买欲×购买力。这三个因素有一项为零或很小，则没有市场或制约市场做大。目前在我国，拥有属于自己的住房是每户居民的愿望。住房商品和其他日用品不同，住房价格高，仅靠居民自身积蓄很难实现购房愿望，但如果有金融业的支持，情况就完全不同了。银行通过向居民发放住房消费贷款，使居民能够及时住上自己满意的住房，有了金融业的参与，居民的住房消费行为可提前 10～20 年，甚至 30 年，提前实现家居梦想。

3. 房地产金融执行国家房地产业政策，有效调节房地产业发展。房地产金融被称为房地产市场的"调节器"。根据国家房地产业政策，金融业可利用信贷、利率等金融杠杆以及各种金融政策，对房地产业的发展进行调节，即对国家支持发展的房地产领域，金融业以优惠的信贷和利率政策予以经济支持，而对于国家限制发展的房地产领域，金融则提高融资成本限制发放贷款。而政策性房地产金融则是专门为实现国家政策目标而设立的，这方面的作用就更直接。

（二）房地产金融对金融业的作用

这主要表现在调整银行信贷资产结构，改善资产质量方面。个人住房消费贷款是银行质量高、效益好的信贷品种之一。从国外商业银行发展来看，商业银行信贷业务的重点通常是放在流动性较强的中短期企业贷款上。但随着金融市场竞争的日益加剧，商业银行的业务逐步向包括个人住房贷款在内的非传统业务领域延伸，并逐步成为住房金融市场上的主要资金提供者，个人住房贷款使商业银行从长期以中短期贷款为主的资产结构，向短、中、长期贷款共同发展的方向转移，使资产结构逐步趋于合理。同时，个人住房贷款因资产质量优良、效益良好成为各家银行竞争的焦点，个人住房贷款占商业银行总资产的比重通常在 20% 左右，有的甚至更高。

本章第二节至第五节将按照政策性房地产金融和商业性房地产金融的逻辑顺序依次介绍住房公积金、住房信贷、房地产开发融资、房地产保险以及房地产资产证券化等法律制度的内容。其中，前二者属于政策性房地产金融，后三者主要属于商业性房地产金融。

第二节　住房公积金制度

一、住房公积金的概念和特征

住房公积金，是指国家机关、国有企业、城镇集体企业、外商投资企业、城镇私营企业以及其他城镇企业、事业单位、民办非企业单位、社会团体（以下统称单位）及其在职职工缴存的长期住房储金。[1] 住房公积金属于政策性房地产金融、福利金融制度的重要组成部分。职工个人缴存的住房公积金和职工所在单位为职工缴存的住房公积金，属于职工个人所有。公积金是筹集、融通住房资金的手段，是专项用于解决职工住房问题的保障性资金。实行公积金制度，有利于深化住房制度改革，促进城镇住房建设，并帮助增强职工的购房能力，提高城镇居民的居住水平。目前，关于住房公积金的具体法律依据是国务院 1999 年 4 月 3 日发布的《住房公积金管理条例》（2019 年 3 月 24 日修正），原建设部、财政部、中国人民银行等部门颁布的《住房公积金行政监督办法》《关于住房公积金管理若干具体问题的指导意见》《关于住房公积金管理中心职责和内部授权管理的指导意见》《关于完善住房公积金决策制度的意见》等规范性文件。

公积金制度是住房社会保障制度的重要内容，具有互助性、政策性与福利性、专用性和强制性等特征。[2]

1. 互助性。住房公积金储蓄到一定阶段，就会形成数额巨大的社会公积金基金。住房公积金参加者有一部分在离退休前不需要提取住房公积金，有的虽然因解决住房问题的需要必然要支取，但在客观上存在着支取时间、支取量上的差异，这必然导致住房公积金出现沉淀，这种沉淀资金可以被其他参加缴存住房公积金的职工以借贷的方式使用，从而实现将部分社会成员闲置或暂时闲置资金按照一定的规则配置给有资金需求的社会成员，实现城镇职工的互助。

2. 政策性与福利性。对于公积金，享受企业住房公积金支出免交企业所得税、职工住房公积金以及个人账户存款利息免交个人所得税的政策性福利。另外，低利率的职工公积金贷款和公积金贴息的商业贷款都属于政策性住房金融的福利。

3. 专用性。住房公积金在存储期间，只能用于缴存住房公积金的职工的住

---

〔1〕　参见《住房公积金管理条例》第 2 条第 2 款。

〔2〕　参见吴春岐等：《房地产法新论》，中国政法大学出版社 2008 年版，第 380~381 页。

房消费，包括在购买、建造、翻新、大修自住住房时提取住房公积金账户内的存储余额，以及向住房公积金管理机构申请住房公积金贷款。住房公积金制度是我国住房制度改革的一项基本内容，是实现职工住房社会化、商品化的一种重要方式，对促进城镇住房建设、提高城镇居民的居住水平有重要影响。

4. 强制性。住房公积金制度是一种强制储蓄制度，具有强制性。住房公积金的归集基础主要是政府权力，表现为政府为实现其住房政策，制定专门的住房公积金法律以及通过法律赋予住房公积金的缴存主体法定的缴存义务。

二、住房公积金管理机构及其职责[1]

（一）住房公积金管理委员会及其职责

1. 住房公积金管理委员会的设置。直辖市和省、自治区人民政府所在地的市以及其他设区的市（地、州、盟），应当设立住房公积金管理委员会，作为住房公积金管理的决策机构。住房公积金管理委员会的成员中，人民政府负责人和建设、财政、人民银行等有关部门负责人以及有关专家占1/3，工会代表和职工代表占1/3，单位代表占1/3。住房公积金管理委员会主任应当由具有社会公信力的人士担任。

2. 住房公积金管理委员会的职责。住房公积金管理委员会在住房公积金管理方面履行下列职责：①依据有关法律、法规和政策，制定和调整住房公积金的具体管理措施，并监督实施；②根据《住房公积金管理条例》的规定，拟订住房公积金的具体缴存比例；③确定住房公积金的最高贷款额度；④审批住房公积金归集、使用计划；⑤审议住房公积金增值收益分配方案；⑥审批住房公积金归集、使用计划执行情况的报告。

（二）住房公积金管理中心的设置及职责

1. 住房公积金管理中心的设置。直辖市和省、自治区人民政府所在地的市以及其他设区的市（地、州、盟）应当按照精简、效能的原则，设立一个住房公积金管理中心，负责住房公积金的管理运作。县（市）不设立住房公积金管理中心。但是，上述住房公积金管理中心可以在有条件的县（市）设立分支机构。住房公积金管理中心与其分支机构应当实行统一的规章制度，进行统一核算。住房公积金管理中心是直属城市人民政府的不以营利为目的的独立的事业单位。

2. 住房公积金管理中心的职责。住房公积金管理中心履行下列职责：①编制、执行住房公积金的归集、使用计划；②负责记载职工住房公积金的缴存、提取、使用等情况；③负责住房公积金的核算；④审批住房公积金的提取、使

---

〔1〕 参见《住房公积金管理条例》第二章的相关规定。

用；⑤负责住房公积金的保值和归还；⑥编制住房公积金归集、使用计划执行情况的报告；⑦承办住房公积金管理委员会决定的其他事项。

此外住房公积金管理委员会应当按照中国人民银行的有关规定，指定受委托办理住房公积金金融业务的商业银行（以下简称受委托银行）；住房公积金管理中心应当委托受委托银行办理住房公积金贷款、结算等金融业务和住房公积金账户的设立、缴存、归还等手续。住房公积金管理中心应当与受委托银行签订委托合同。

三、住房公积金的缴存[1]

（一）住房公积金专户和账户的设立与缴存登记

1. 住房公积金管理中心应当在受委托银行设立住房公积金专户。单位应当到住房公积金管理中心办理住房公积金缴存登记，经住房公积金管理中心审核后，到受委托银行为本单位职工办理住房公积金账户设立手续。每个职工只能有一个住房公积金账户。住房公积金管理中心应当建立职工住房公积金明细账，记载职工个人住房公积金的缴存、提取等情况。

2. 新设立的单位应当自设立之日起 30 日内到住房公积金管理中心办理住房公积金缴存登记，并自登记之日起 20 日内持住房公积金管理中心的审核文件，到受委托银行为本单位职工办理住房公积金账户设立手续。单位合并、分立、撤销、解散或者破产的，应当自发生上述情况之日起 30 日内由原单位或者清算组织到住房公积金管理中心办理变更登记或者注销登记，并自办妥变更登记或者注销登记之日起 20 日内，持住房公积金管理中心的审核文件，到受委托银行为本单位职工办理住房公积金账户转移或者封存手续。

3. 单位录用职工的，应当自录用之日起 30 日到住房公积金管理中心办理缴存登记，并持住房公积金管理中心的审核文件到受委托银行办理职工住房公积金账户的设立或者转移手续。单位与职工终止劳动关系的，单位应当自劳动关系终止之日起 30 日内到住房公积金管理中心办理变更登记，并持住房公积金管理中心的审核文件，到受委托银行办理职工住房公积金账户转移或者封存手续。

（二）住房公积金缴存额度、缴存比例和缴存方式

1. 职工住房公积金的月缴存额，为职工本人上一年度月平均工资乘以职工住房公积金缴存比例。单位为职工缴存的住房公积金的月缴存额，为职工本人上一年度月平均工资乘以单位住房公积金缴存比例。

2. 新参加工作的职工从参加工作的第二个月开始缴存住房公积金，月缴存额为职工本人当月工资乘以职工住房公积金缴存比例。单位新调入的职工从调

---

〔1〕　参见《住房公积金管理条例》第三章的相关规定。

入单位发放工资之日起缴存住房公积金，月缴存额为职工本人当月工资乘以职工住房公积金缴存比例。

3. 职工和单位住房公积金的缴存比例不得低于职工上一年度月平均工资的5%，有条件的城市，可以适当提高缴存比例。具体缴存比例由住房公积金管理委员会拟订，经本级人民政府审核后，报省、自治区、直辖市人民政府批准。

4. 职工个人缴存的住房公积金，由所在单位每月从其工资中代缴。单位应当于每月发放职工工资之日起5日内将单位缴存的和为职工代缴的住房公积金汇缴到住房公积金专户内，由受委托银行计入职工住房公积金账户。

5. 单位应当按时、足额缴存住房公积金，不得逾期缴存或者少缴。对缴存住房公积金确有困难的单位，经本单位职工代表大会或者工会讨论通过，并经住房公积金管理中心审核，报住房公积金管理委员会批准后，可以降低缴存比例或者缓缴，待单位经济效益好转后，再提高缴存比例或者补缴缓缴。

6. 住房公积金自存入职工住房公积金账户之日起按照国家规定的利率计息。

7. 住房公积金管理中心应当为缴存住房公积金的职工发放缴存住房公积金的有效凭证。

8. 单位为职工缴存的住房公积金，按照下列规定列支：①机关在预算中列支；②事业单位由财政部门核定收支后，在预算或者费用中列支；③企业在成本中列支。

四、住房公积金的提取、贷款和使用[1]

（一）住房公积金的提取

住房公积金制度的建立是为了解决职工的住房问题。职工有下列情形之一，可以提取职工住房公积金账户内的存储余额：①购买、建造、翻建、大修自住住房的；②离休、退休的；③完全丧失劳动能力，并与单位终止劳动关系的；④出境定居的；⑤偿还购房贷款本息的；⑥房租超出家庭工资收入的规定比例的。职工死亡或者被宣告死亡的，职工的继承人、受遗赠人可以提取职工住房公积金账户内的存储余额；无继承人也无受遗赠人，职工住房公积金账户内的余额纳入住房公积金的增值收益。

职工提取住房公积金账户内的存储余额的，所在单位应当予以核实，并出具提取证明。职工应当持提取证明向住房公积金管理中心申请提取住房公积金。住房公积金管理中心应当自受理申请之日起3日内作出准予提取或者不准提取的决定，并通知申请人。准予提取的，由受委托银行办理支付手续。

---

〔1〕　参见《住房公积金管理条例》第四章的相关规定。

（二）住房公积金的贷款

缴存住房公积金的职工，在购买、建造、翻建、大修自住住房时，可以向住房公积金管理中心申请住房公积金贷款。住房公积金管理中心应当自受理申请之日起15日内作出准予贷款或者不准贷款的决定，并通知申请人。准予贷款的，由受委托银行办理贷款手续。住房公积金贷款的风险，由住房公积金管理中心承担。申请人申请住房公积金贷款的，应当提供担保。

（三）住房公积金的使用

1. 住房公积金管理中心在保证住房公积金提取和贷款的前提下，经住房公积金管理委员会批准，可以将住房公积金用于购买国债。住房公积金管理中心不得向他人提供担保。

2. 住房公积金的增值收益应当存入住房公积金管理中心在受委托银行开立的住房公积金增值收益专户，用于建立住房公积金贷款风险准备金、住房公积金管理中心的管理费用和建设城市廉租住房的补充资金。

3. 住房公积金管理中心的管理费用，由住房公积金管理中心按照规定的标准编制全年预算支出总额，报本级人民政府财政部门批准后，从住房公积金增值收益中上交本级财政，由本级财政拨付。住房公积金管理中心的管理费用标准，由省、自治区、直辖市人民政府建设行政部门会同同级财政部门按照略高于国家规定的事业单位费用标准制定。

五、住房公积金的监管[1]

（一）住房公积金的监督主体及其职责或权利

1. 财政和审计部门的监督及其职责。

（1）地方有关人民政府财政部门应当加强对本行政区域内住房公积金归集、提取和使用情况的监督，并向本级人民政府的住房公积金管理委员会通报。

住房公积金管理中心在编制住房公积金归集、使用计划时，应当征求财政部门的意见。

住房公积金管理委员会在审批住房公积金归集、使用计划和计划执行情况的报告时，必须有财政部门参加。

（2）住房公积金管理中心编制的住房公积金年度预算、决算，应当经财政部门审核后，提交住房公积金管理委员会审议。

住房公积金管理中心应当每年定期向财政部门和住房公积金管理委员会报送财务报告，并将财务报告向社会公布。

（3）住房公积金管理中心应当依法接受审计部门的审计监督。

---

〔1〕 参见《住房公积金管理条例》第五章的相关规定。

2. 住房公积金管理中心的监督。住房公积金管理中心应当督促受委托银行及时办理委托合同约定的业务。受委托银行应当按照委托合同的约定，定期向住房公积金管理中心提供有关的业务资料。

3. 职工、单位的监督及其权利。

（1）住房公积金管理中心和职工有权督促单位按时履行下列义务：①住房公积金的缴存登记或者变更、注销登记；②住房公积金账户的设立、转移或者封存；③足额缴存住房公积金。

（2）职工、单位有权查询本人、本单位住房公积金的缴存、提取情况，住房公积金管理中心、受委托银行不得拒绝。

（3）职工、单位对住房公积金账户内的存储余额有异议的，可以申请受委托银行复核，对复核结果有异议的，可以申请住房公积金管理中心重新复核。受委托银行、住房公积金管理中心应当自收到申请之日起 5 日内给予书面答复。

（4）职工有权揭发、检举、控告挪用住房公积金的行为。

（二）地方住房公积金的监管现状与当前任务

管好用好住房公积金，事关推动实现"住有所居"目标、维护职工合法权益、促进社会和谐稳定的大局。加强住房公积金监管，保证资金安全和有效使用，是各省（区）住房城乡建设厅的重要职责。近年来，尽管各省（区）住房城乡建设厅在加强住房公积金制度建设、规范管理和队伍建设等方面做了大量工作，取得积极成效，但是，也存在监管工作落实不到位，工作力量薄弱，监管手段单一，监管能力不足等问题。随着住房公积金规模快速增长，业务范围不断拓宽，缴存、提取、个人贷款、资金存储、财务核算等方面的风险隐患不断积累，监管工作面临不少新情况和新问题，监管任务十分繁重。2012 年 2 月 6 日住房和城乡建设部为进一步强化省（区）住房城乡建设厅对住房公积金的监管职能，根据《住房公积金管理条例》《住房公积金行政监督办法》等规定，发出《关于进一步加强住房公积金监管工作的通知》。该通知向各省（区）住房城乡建设厅部署了当前住房公积金监管的任务：

1. 加强对管委会决策的监督。会同有关部门，对各设区城市（含省直、行业，下同）制定的住房公积金缴存、提取、贷款、增值收益分配等政策进行合规性审查。对不符合规定的政策，应责令限期纠正。各设区城市住房公积金管理委员会（以下简称管委会）审议重大决策事项时，住房城乡建设厅可派专员列席会议，加强对管委会会议纪要和决策事项的备案管理。

2. 加强文件报备审核。各省（区）住房城乡建设厅或其会同有关部门制定的住房公积金有关规定，应报住房城乡建设部备案；对突破《住房公积金管理条例》规定的，应报住房城乡建设部审核。

3. 定期开展监督检查。每年组织对各设区城市住房公积金业务管理、政策执行、风险控制和规范服务等工作开展检查，重点检查涉险资金回收、分中心机构调整、骗提骗贷和大额资金转存等情况。协调组织开展年度审计工作。对检查和审计中发现的问题，责令整改并通报管委会。对拒不整改的，约谈管委会和住房公积金管理中心（以下简称公积金中心）负责人。

4. 实施管理绩效考核。每年 3 月底前，会同同级财政、人民银行等部门对公积金中心上一年度管理情况进行全面考核，将考核结果通报管委会，并抄送设区城市人民政府。对考核优秀的，予以表彰；对考核不合格的，通报批评，责令限期整改。对连续 2 年考核不合格的，向当地人民政府提出撤换公积金中心负责人的建议。

5. 加快监管系统建设。按照住房城乡建设部的统一部署，加快推进住房公积金监管信息系统建设，确保资金、人员、设备及时到位。逐步统一住房公积金业务管理信息系统技术标准，规范本地区业务系统建设，加强数据安全管理。

6. 加强业务指导。深入基层开展调查研究，全面了解本地区住房公积金管理运行情况，定期召开会议，研究处理影响本地区住房公积金健康发展的问题，总结推广先进经验。按照有关规定，结合本地实际开展业务创新，努力提高科学化、标准化、规范化和精细化管理水平。

7. 组织开展全员培训。制定住房公积金管理人员培训规划和年度培训计划，每年参训人员不低于从业人员的 20%。组织开展政治素质、廉洁从政和业务知识培训，不断提高管理人员的政治素质和业务能力。指导公积金中心开展岗位技能培训，提高从业人员的业务能力和服务水平。

8. 加强信息报送工作。及时准确报送统计报表等相关信息。对本地区住房公积金管理中发生的资金风险、信息安全、人员违规违纪、重要社会舆情等问题，及时向上级监管部门报告。每年组织公积金中心对住房公积金管理运行情况进行总结汇报。每半年总结本省（区）住房公积金监管工作情况并报送住房城乡建设部。

9. 做好信息公开工作。充分利用报纸、电视、电台、网络等新闻媒体，做好信息公开工作。每年定期向社会公开住房公积金管理运行情况和相关政策规定。督促公积金中心落实信息公开制度，接受社会监督。向社会公布投诉举报电话和网站，受理住房公积金相关投诉举报，及时调查处理。依法做好住房公积金行政复议工作。

10. 加强部门协调。积极与财政、人民银行、纪检监察、审计、银监等部门沟通协调，充分发挥相关部门的职能作用，形成监管合力。主动与专家学者沟通，广泛听取社会各界对加强和改进住房公积金管理工作的意见和建议。

11. 加强队伍建设。加强住房公积金监管机构建设，充实经济、金融、财会、法律、房地产、计算机等相关专业人员，保持人员相对稳定。保障专项检查和监管工作经费，确保住房公积金监管工作有序开展。

第三节　住房信贷制度

随着我国住房体制改革的展开与深化，居民住房从以往作为一种福利待遇逐渐演变为一种重要的商品，住宅商品化成为我国市场经济发展的一个重要体现，房地产业也上升成为我国当前经济发展的重要支柱产业之一。但是，由于我国尚处于市场经济发展的初级阶段，居民住房作为一项大宗的不动产商品，其价格昂贵，多数老百姓家庭都不可能一次性承受房屋价款。因此，需要政策性房地产金融的支持。并且有西方国家在房地产消费领域的先进经验可供借鉴。构建我国个人住房信贷制度的法律依据按时间先后顺序主要包括：1998 年中国人民银行制定的《个人住房贷款管理办法》（现已失效）；中国人民银行于 1999年 4 月 6 日公布实施《经济适用住房开发贷款管理暂行规定》，2008 年 1 月 18日中国人民银行、中国银行业监督管理委员会对《经济适用住房开发贷款管理暂行规定》进行了修订，对经济适用住房开发贷款重新作了规定，并更名为《经济适用住房开发贷款管理办法》。

下面就以上述两个"办法"为依据，讨论我国的住房信贷制度。需要说明的是，上述两个"办法"中的《个人住房贷款管理办法》已于 2011 年 1 月 5 日被《关于发布银行业规章和规范性文件清理结果的公告》宣布废止。以下涉及该办法的内容仅仅是将其作为一项制度来研究，对于部分内容有新规定的，进行了说明。

一、个人住房贷款制度

（一）个人住房贷款的概念

个人住房贷款，是指贷款人向借款人发放的用于购买自用普通住房的贷款。个人住房贷款限于购买自用普通住房和城市居民修、建自用住房，不得用于购买豪华住房。城镇居民修房、自建住房贷款，可依照有关个人住房贷款的规定执行。贷款人发放个人住房贷款时，借款人必须提供担保。借款人到期不能偿还贷款本息的，贷款人有权依法处理其抵押物或质物，或由保证人承担偿还本息的连带责任。[1]

---

[1]　参见《个人住房贷款管理办法》第 2 条的规定。

（二）贷款的对象和条件[1]

个人住房贷款对象，应是具有完全民事行为能力的自然人。借款人还必须同时具备以下条件：①具有城镇常住户口或者有效居留身份；②有稳定的职业和收入，信用良好，有偿还贷款本息的能力；③具有购买住房的合同或协议；④不享受购房补贴的以不低于所购住房全部价款的 30% 作为购房的首期付款，享受购房补贴的以个人承担部分的 30% 作为购房的首期付款；⑤有贷款人认可的资产作为抵押或质押，或有足够代偿能力的单位或个人作为保证人；⑥贷款人规定的其他条件。

为此，借款人应向贷款人提供下列资料：①身份证件（指居民身份证、户口本和其他有效居留证件）；②有关借款人家庭稳定的经济收入的证明；③符合规定的购买住房合同意向书、协议或其他批准文件；④抵押物或质物清单、权属证明以及有处分权人同意抵押或质押的证明，有关部门出具的抵押物估价证明，保证人同意提供担保的书面文件和保证人资信证明；⑤申请住房公积金贷款的，需持有住房公积金管理部门出具的证明；⑥贷款人要求提供的其他文件或资料。

（三）贷款程序[2]

1. 申请。个人住房贷款的借款人直接向贷款人提出借款申请。

2. 审查与发放贷款。贷款人自收到贷款申请及符合要求的资料之日起，应在 3 周内向借款人正式答复。贷款人审查同意后，依照《贷款通则》的有关规定，向借款人发放住房贷款。

贷款人发放贷款的数额，不得大于房地产评估机构评估的拟购买住房的价值。

申请使用住房公积金贷款购买住房的，在借款申请批准后，按借款合同约定的时间，由贷款人以转账方式将资金划转到售房单位在银行开立的账户，住房公积金贷款额度最高不得超过借款家庭成员退休年龄内所交纳住房公积金数额的 2 倍。

（四）贷款期限与利率

根据《个人住房贷款管理办法》第四章的规定，个人住房贷款期限与利率的具体内容如下：

1. 贷款人应根据实际情况合理确定贷款期限，但最长不得超过 20 年。

2. 借款人应与贷款银行制定还本付息计划，贷款期限在 1 年以内（含 1 年）

---

[1] 参见《个人住房贷款管理办法》第二章的规定。

[2] 参见《个人住房贷款管理办法》第三章的规定。

的，实行到期一次还本付息，利随本清；贷款期限在 1 年以上的，按月归还贷款本息。

3. 用信贷资金发放的个人住房贷款利率按法定贷款利率（不含浮动）减档执行，即：贷款期限为 1 年以下（含 1 年）的，执行半年期以下（含半年）法定贷款利率；期限为 1~3 年（含 3 年）的，执行 6 个月~1 年期（含 1 年）法定贷款利率；期限为 3~5 年（含 5 年）的，执行 1~3 年期（含 3 年）法定贷款利率；期限为 5~10 年（含 10 年）的，执行 3~5 年期（含 5 年）法定贷款利率；期限为 10 年以上的，在 3~5 年（含 5 年）法定贷款利率基础上适当上浮，上浮幅度最高不得超过 5%。

4. 用住房公积金发放的个人住房贷款利率在 3 个月整存整取存款利率基础上加点执行。贷款期限为 1~3 年（含 3 年）的，加 1.8 个百分点；期限为 3~5 年（含 5 年）的，加 2.16 个百分点；期限为 5~10 年（含 10 年）的，加 2.34 个百分点；期限为 10~15 年（含 15 年）的，加 2.88 个百分点；期限为 15~20 年（含 20 年）的，加 3.42 个百分点。

5. 个人住房贷款期限在 1 年以内（含 1 年）的，实行合同利率，遇法定利率调整，不分段计息；货款期限在 1 年以上的，遇法定利率调整，于下年初开始，按相应利率档次执行新的利率规定。

为进一步推进住房制度改革，促进住房消费，带动经济增长，1999 年 9 月 21 日中国人民银行发布《关于调整个人住房贷款期限和利率的通知》，决定调整个人住房贷款期限和利率。具体如下：

1. 延长个人住房贷款期限。商业银行用信贷资金发放的个人住房贷款，最长期限由现行 20 年延长到 30 年。

2. 降低个人住房贷款利率水平。商业银行用信贷资金发放的个人住房贷款利率，由现行按法定贷款利率减档执行改为：5 年以下（含 5 年）按年利率 5.31% 执行，5 年以上按年利率 5.58% 执行。个人住房贷款利率仍实行一年一定，于每年 1 月 1 日，按相应档次利率确定下一年度利率水平。

（五）个人住房贷款的担保[1]

1. 抵押担保。贷款抵押物应当符合《担保法》第 34 条的规定，即抵押物必须是法律允许抵押的财产。《担保法》第 37 条规定不得抵押的财产，不得用于贷款抵押。借款人以所购自用住房作为贷款抵押物的，必须将住房价值全额用于贷款抵押。

以房地产作抵押的，抵押人和抵押权人应当签订书面抵押合同，并于放款

---

[1] 参见《个人住房贷款管理办法》第五章和第六章的规定。

前向县级以上地方人民政府规定的部门办理抵押登记手续。抵押合同的有关内容按照《担保法》第39条的规定确定。抵押合同自抵押物登记之日起生效，至借款人还清全部贷款本息时终止。抵押合同终止后，当事人应按合同的约定，解除设定的抵押权。以房地产作为抵押物的，解除抵押权时，应到原登记部门办理抵押注销登记手续。

借款人对设定抵押的财产在抵押期内必须妥善保管，负有维修、保养、保证完好无损的责任，并随时接受贷款人的监督检查。对设定的抵押物，在抵押期届满之前，贷款人不得擅自处分。抵押期间，未经贷款人同意，抵押人不得将抵押物再次抵押或出租、转让、变卖、馈赠。

2. 质押担保。采取质押方式担保个人住房贷款的，出质人和质权人必须签订书面质押合同，《担保法》规定需要办理登记的，应当办理登记手续。质押合同的有关内容，按照《担保法》第65条的规定执行。生效日期按《担保法》第76~79条的规定执行。质押合同至借款人还清全部贷款本息时终止。

对设定的质物，在质押期届满之前，贷款人不得擅自处分。质押期间，质物如有损坏、遗失，贷款人应承担责任并负责赔偿。

3. 保证担保。借款人不能足额提供抵押或质押时，应有贷款人认可的第三方提供承担连带责任的保证。保证人是法人的，必须具有代为偿还全部贷款和利息的能力，且在银行开立有存款账户。保证人为自然人的，必须有固定经济来源，具有足够代偿能力，并且在贷款银行存有一定数额的保证金。

保证人与债权人应当以书面形式订立保证合同。保证人发生变更的，必须按照规定办理变更担保手续，未经贷款人认可，原保证合同不得撤销。

（六）房屋保险[1]

1. 为了确保贷款人能够按时足额收回贷款，借款人以房产作为抵押的，需在合同签订前办理房屋保险或委托贷款人代办有关保险手续。抵押期内，保险单由贷款人保管。

2. 抵押期内借款人不得以任何理由中断或撤销保险；在保险期内，如发生保险责任范围以外的因借款人过错的毁损，由借款人负全部责任。

（七）借款合同的变更和终止[2]

1. 借款合同需要变更的，必须经借贷双方协商同意，并依法签订变更协议。

2. 借款人死亡、宣告失踪或丧失民事行为能力，由其合法财产继承人继续履行借款人所签订的借款合同。

---

[1]　参见《个人住房贷款管理办法》第七章的规定。
[2]　参见《个人住房贷款管理办法》第八章的规定。

3. 保证人失去担保资格和能力，或发生合并、分立或破产时，借款人应变更保证人并重新办理担保手续。

4. 抵押人或出质人按合同规定偿还全部贷款本息后，抵押物或质物返还抵押人或出质人，借款合同终止。

（八）抵押物或质物的处分以及借款人的违约责任[1]

1. 抵押物或质物的处分。抵押物或质物的处分是贷款人为了收回贷款、实现其债权，而在法律规定的特定情形下行使的一种处分权。主要内容如下：

（1）借款人在还款期限内死亡、失踪或丧失民事行为能力后无继承人或受遗赠人、监护人，或其法定继承人、受遗赠人、监护人拒绝履行借款合同的，贷款人有权依照《担保法》的规定处分抵押物或质物。

（2）处分抵押物或质物，其价款不足以偿还贷款本息的，贷款人有权向债务人追偿；其价款超过应偿还部分，贷款人应退还抵押人或出质人。

（3）拍卖划拨的国有土地使用权所得的价款，在依法缴纳相当于应缴纳的土地使用权出让金的款项后，抵押权人有优先受偿权。

2. 借款人的违约责任。借款人有下列情形之一的，贷款人有权按中国人民银行《贷款通则》的有关规定，对借款人追究违约责任：①借款人不按期归还贷款本息的；②借款人提供虚假文件或资料，已经或可能造成贷款损失的；③未经贷款人同意，借款人将设定抵押权或质权的财产或权益拆迁、出售、转让、赠与或重复抵押的；④借款人擅自改变贷款用途，挪用贷款的；⑤借款人拒绝或阻挠贷款人对贷款使用情况进行监督检查的；⑥借款人与其他法人或经济组织签订有损贷款人权益的合同或协议的；⑦保证人违反保证合同或丧失承担连带责任能力，抵押物意外损毁不足以清偿贷款本息，质物明显减少影响贷款人实现质权，而借款人未按要求落实新保证或新抵押（质押）的。

二、经济适用住房开发贷款制度

为支持经济适用住房建设，维护借贷双方的合法权益，中国人民银行于1999年4月6日公布实施了《经济适用住房开发贷款管理暂行规定》。为贯彻落实《国务院关于解决城市低收入家庭住房困难的若干意见》的精神，支持国家住房保障制度建设，中国人民银行、中国银行业监督管理委员会于2008年1月18日对《经济适用住房开发贷款管理暂行规定》进行了修订，对经济适用住房开发贷款重新作了规定，并更名为《经济适用住房开发贷款管理办法》。

（一）经济适用住房开发贷款的概念

与上述个人住房贷款不同，经济适用住房开发贷款中的借款人不是购房个

[1] 参见《个人住房贷款管理办法》第九章的规定。

人，而是从事房地产开发的企业，其设立的目的在于平抑房地产价格，解决城镇中低收入家庭的住房问题。所谓经济适用住房开发贷款，是指贷款人向借款人发放的专项用于经济适用住房项目开发建设的贷款。这里所称的贷款人，是指中华人民共和国境内依法设立的商业银行和其他银行业金融机构。但各政策性银行未经批准，不得从事经济适用住房开发贷款业务。所称的借款人，是指具有法人资格并取得房地产开发资质的房地产开发企业。[1]

（二）经济适用住房开发贷款的条件[2]

经济适用住房开发贷款应当具备如下条件：①借款人已取得贷款证（卡）并在贷款银行开立基本存款账户或一般存款账户；②借款人产权清晰，法人治理结构健全，经营管理规范，财务状况良好，核心管理人员素质较高；③借款人实收资本不低于人民币 1000 万元，信用良好，具有按期偿还贷款本息的能力；④建设项目已列入当地经济适用住房年度建设投资计划和土地供应计划，能够进行实质性开发建设；⑤借款人已取得建设项目所需的《国有土地使用证》《建设用地规划许可证》《建设工程规划许可证》和《建设工程开工许可证》；⑥建设项目资本金（所有者权益）不低于项目总投资的 30%，并在贷款使用前已投入项目建设；⑦建设项目规划设计符合国家相关规定；⑧贷款人规定的其他条件。

（三）经济适用住房开发贷款的具体规则[3]

1. 经济适用住房开发贷款必须专项用于经济适用住房项目建设，不得挪作他用；严禁以流动资金贷款形式发放经济适用住房开发贷款。

2. 经济适用住房开发贷款期限一般为 3 年，最长不超过 5 年。

3. 经济适用住房开发贷款利率按中国人民银行利率政策执行，可适当下浮，但下浮比例不得超过 10%。

4. 经济适用住房开发贷款应以项目销售收入及借款人其他经营收入作为还款来源。

5. 贷款人应当依法开展经济适用住房开发贷款业务，对贷款人和建设项目进行调查、评估，加强贷款审查。借款人应当按要求向贷款人提供有关资料。任何单位和个人不得强令贷款人发放经济适用住房开发贷款。

6. 借款人申请经济适用住房贷款应当提供贷款人认可的有效担保。贷款人应与借款人签订书面合同，办妥担保手续。采用抵（质）押担保方式的，贷款

---

〔1〕 参见《经济适用住房开发贷款管理办法》第 2~3 条的规定。

〔2〕 参见《经济适用住房开发贷款管理办法》第 4 条的规定。

〔3〕 参见《经济适用住房开发贷款管理办法》第 5~15 条的规定。

人应及时办理抵（质）押登记。

7. 经济适用住房开发贷款实行封闭管理。借贷双方应签订资金监管协议，设定资金监管账户。贷款人应当通过资金监管账户对资金的流出和流入等情况进行有效监控管理。

8. 贷款人应当对经济适用住房开发贷款使用情况进行有效监督和检查，借款人应当定期向贷款人提供项目建设进度、贷款使用、项目销售等方面的信息以及财务会计报表等有关资料。

9. 中国银行业监督管理委员会及其派出机构依法对相关借贷经营活动实施监管。中国人民银行及其分支机构可以建议中国银行业监督管理委员会及其派出机构对相关借贷经营活动进行监督检查。

10. 经济适用住房开发贷款列入房地产贷款科目核算。

第四节　房地产开发融资

房地产开发融资，是指房地产开发企业获得房地产开发项目的建设资金的各种资金融通行为的总称。它主要由以下房地产开发企业内外两方面的融资构成。

一、房地产开发企业的内部融资

房地产开发企业内部融资，是指开发企业利用自身现有的自有资金来支持房地产项目开发，或通过多种途径来扩大自有资金的基础。其形式主要包括：股东出资、自我积累等自有资金和房屋预售收入以及进入证券市场发行股票融资。下面主要就房屋预售、发行股票融资和合作开发进行介绍。

（一）房屋预售融资

房屋预售融资，是指地产开发企业将正在建设中的房屋预先出售给承购人，由承购人支付定金或房价款，以客户资金融资建房的方式。房地产预售是我国目前房地产企业甚为通行的一种经营方式，它既是一种重要的筹资手段，也是一种有效的售房方式，实现了既筹资又售房的双重目标，并且资金来源既无息又安全。房地产预售的价格一般比现房要低，期房、现房的价格差距构成了房地产预售融资的主要成本，在房地产市场发展比较稳定的情况下，房地产企业一般能对物业的价格作出较为准确的估计，所以这种损失一般较小，楼盘预售的融资成本很低。目前我国各主要城市商品房预售比例普遍在 80% 以上，部分城市甚至达到 90%以上。[1]

（二）发行股票融资

房地产开发企业发行股票融资，是指房地产开发企业通过证券市场发行股票而获得资金的一种融资方式。房地产开发企业股票融资有两种方式：一是直接上市融资，也就是在证券市场上直接发行股票，即首次发行上市（IPO）；二是间接上市融资，即借壳上市，也就是房地产开发企业购买上市公司的股权而成为该上市公司的大股东，然后通过优良资产和有良好收益预期的资产的注入和置换，彻底改变上市公司的经营业绩，从而达到证监会规定的增发和配股的要求，实现从证券市场融资的目的。当然，从现实状况来看，我国许多公司借壳上市后并没有寻找到再融资的机会，有的甚至股价大跌。房地产开发企业上市能够快速聚集大量不需支付利息的资金，能够扩大企业知名度，增强自身品牌等无形资产和融资能力，银行对上市企业也十分看好。

（三）房地产合作开发

房地产合作开发，是指由两个或者两个以上的相关当事人协商，共同投资、共享利润、共担风险的房地产开发方式。这种方式，一般由一方提供建设用地使用权，另外一方提供资金，或一方出地、双方或多方出资，合作开发土地、建筑房产等项目。房地产合作开发主要有以下三种方式：

1. 组建新的法人。即由两个或者两个以上的相关当事人协商，成立项目公司，以项目公司的名义进行开发，双方按照出资比例承担风险，获取收益。其优点是作为独立的法人机构，对内可以通过公司的治理结构，实行有效管理，责任明确；对外则可以迅速决策，提高效率，有利于实现预期的商业目的。

2. 组建合作管理机构。即合作各方各自派遣若干人员组成联合管理机构，其职责是协调双方的关系，对合作中的重大事项作出决策，具体运作开发项目。合作管理机构与项目公司的最大区别在于它不具有独立的法律人格，合作管理机构仅仅是内部机构，而非独立民事主体，不具有缔结合同等民事权利能力，也不能独立承担民事责任。合作开发双方必须对联合管理机构的法律地位有清晰的认识，并且注意避免对外使用合作管理机构的名义。

3. 契约型合作。即合作各方按照合同的约定各自独立履行义务。这种方式主要适用于相对简单的项目，比如房屋参建。房屋参建是指参建人以参建名义对已经成立的房地产项目参与投资或预购房屋的行为。实践中常常表现为被参建人非法融资，即被参建人由于项目建设资金短缺，又无法通过其他合法途径获得周转资金，在未取得商品房预售证的情况下，打着"优惠价""内部价"的

---

[1]　吴春岐等：《房地产法新论》，中国政法大学出版社 2008 年版，第 377 页。

旗号，以商品房预售方式吸引参建人投入资金，以获得资金。该类参建行为往往因为没有获得政府主管部门行政批准而被认定为无效法律行为。[1]

合作开发是以付出一部分项目开发利益为条件的，这一部分利益损失构成了合作开发融资成本的主要部分，其成本大小取决于双方的谈判和合资合作条件，因此，合作开发融资特别是项目开发后经营的成本较高。

综上所述，房地产开发企业的内部融资，一般而言，不需要实际对外支付利息，不需归还，无财务支付风险，且能最大限度保证企业控制权。因此，内部融资的成本远低于外部融资，是首选的融资方式。但是，也应当看到内部融资的不足，比如，房屋预售有一定的条件要求，一般无法作为房地产开发的主要启动资金。再如，发行股票融资也有其不足之处，一是直接上市对公司要求较高，还须支付一笔发行费用，并受到公开信息规定的限制；二是借壳上市需要巨额资金投入，操作复杂，并且受壳资源品质的影响。在目前我国股票市场发育不健全的情况下，这种方式尚不能成为房地产融资成熟的、主要的渠道。另外，从资金安全的角度考虑，有实力的开发商也一般不大愿意过多动用自有资金。因此房地产企业单纯依靠内部融资是不能满足资金需求的，更多的资金还需要通过外部融资获得。其实，房地产开发企业的外部融资，是更为典型的房地产金融行为。

二、房地产开发企业的外部融资

（一）商业银行开发贷款

1. 商业银行开发贷款的概念和种类。房地产开发贷款，是指商业银行向借款人发放的用于开发、建造向市场销售、出租等的房地产项目的贷款。这是房地产开发企业向银行支付利息取得资金使用权的融资渠道。其基本方式有三种：①信用贷款，就是银行凭借企业或个人的信誉即可以向其发放贷款。②担保贷款，银行凭借第三方的担保向借款人发放贷款。③抵押贷款，是指银行向企业或个人发放贷款时，需要其将房地产或其他抵押物向银行抵押作为偿还的保证。由于抵押贷款的方式能大大降低银行的风险，所以在银行贷款业务中占主导地位。

2. 房地产开发贷款的风险管理。[2] 根据《商业银行房地产贷款风险管理指引》第四章的规定，房地产开发贷款的风险管理主要有以下内容：

（1）商业银行对未取得国有土地使用证、建设用地规划许可证、建设工程规划许可证、建筑工程施工许可证的项目不得发放任何形式的贷款。

---

〔1〕 王国银："房地产业融资渠道探析"，载《财会通讯（理财版）》2006 年第 2 期。
〔2〕 参见《商业银行房地产贷款风险管理指引》第 15~25 条的规定。

（2）商业银行对申请贷款的房地产开发企业，应要求其开发项目资本金比例不低于 35%。

（3）商业银行在办理房地产开发贷款时，应建立严格的贷款项目审批机制，对该贷款项目进行尽职调查，以确保该项目符合国家房地产发展总体方向，有效满足当地城市规划和房地产市场的需求，确认该项目的合法性、合规性、可行性。

（4）商业银行应对申请贷款的房地产开发企业进行深入调查审核：包括企业的性质、股东构成、资质信用等级等基本背景，近三年的经营管理和财务状况，以往的开发经验和开发项目情况，与关联企业的业务往来等。对资质较差或以往开发经验较差的房地产开发企业，贷款应审慎发放；对经营管理存在问题、不具备相应资金实力或有不良经营记录的企业，贷款发放应严格限制。对于依据项目而成立的房地产开发项目公司，应根据其自身特点对其业务范围、经营管理和财务状况，以及股东及关联公司的上述情况以及彼此间的法律关系等进行深入调查审核。

（5）商业银行应严格落实房地产开发企业贷款的担保，确保担保真实、合法、有效。

（6）商业银行应建立完备的贷款发放、使用监控机制和风险防范机制。在房地产开发企业的自有资金得到落实后，可根据项目的进度和进展状况，分期发放贷款，并对其资金使用情况进行监控，防止贷款挪作他用。同时，积极采取措施应对项目开发过程中出现的项目自身的变化、房地产开发企业的变化、建筑施工企业的变化等，及时发现并制止违规使用贷款的情况。

（7）商业银行应严密监控建筑施工企业流动资金贷款使用情况，防止用流动资金贷款为房地产开发项目垫资。

（8）商业银行应对有逾期未还款或有欠息现象的房地产开发企业的销售款进行监控，在收回贷款本息之前，防止将销售款挪作他用。

（9）商业银行应密切关注房地产开发企业的开发情况，确保对购买主体结构已封顶住房的个人发放个人住房贷款后，该房屋能够在合理期限内正式交付使用。

（10）商业银行应密切关注建筑工程款优于抵押权受偿等潜在的法律风险。

（11）商业银行应密切关注国家政策及市场的变化对房地产开发项目的影响，利用市场风险预警预报机制、区域市场分类的指标体系，建立针对市场风险程度和风险类型的阶段监测方案，并积极采取措施化解因此产生的各种风险。

（二）发行债券

房地产债券融资，是指房地产开发企业在证券市场发行债券获得资金的方式。在资本市场上发行债券，可在短期内筹集大量资金，并且对所募资金使用自由，债权人无权过问企业的经营决策。此外，债券融资财务成本较低，债券利息在税前支付，具有"税盾"的优势，企业可利用财务杠杆效应，因此发行债券是许多企业愿意选择的方式。但发行债券同样对开发商的资质提出了较高的要求，在安排债券偿付计划时，要避免还债压力过于集中，企业发债时只能被动接受市场现有的利率水平，对筹资成本的控制缺乏灵活性。除了以上原因，还由于我国债券市场并未发展起来，导致我国企业债券融资的比例较小。[1]

第五节　房地产保险

一、房地产保险的概念及其作用

（一）房地产保险的概念

房地产保险，是指在房屋设计、建造、销售、使用等环节中，投保人根据合同约定，向保险人支付保险费，保险人对于合同约定的可能发生的事故造成的财产损失承担赔偿保险金责任，或者当被保险人死亡、伤残、疾病时承担给付保险金责任的保险。[2] 房地产保险是房地产金融的重要组成部分，对房地产业的发展起着"保驾护航"作用。房地产作为一种长时间存在的不动产，必然会面临各种不确定因素的风险，因此房地产保险就成为房地产经营者和消费者选择的避险手段。

（二）房地产保险的作用

房地产保险是整个社会保险体系中不可缺少的一个重要组成部分。房地产保险通过对房地产领域因自然灾害和意外事故造成的保险责任范围的损失提供经济补偿或资金给付，对房地产业的发展起到积极的保障作用。其作用的具体表现如下：[3]

1. 抵御因自然灾害和意外事故发生而遭受的损失。房地产保险可以使人们在房屋及其相关利益遭受自然灾害和意外事故发生损失之后，获得一定的经济补偿，帮助受灾企业迅速恢复生产经营，帮助受灾家庭迅速重建家园，减少直接损失和间接损失，为企业的经营活动和人们的日常生活提供安全保障，有利于社会安定和人民安居乐业。

---

〔1〕 王恩国："房地产企业融资渠道分析"，载《合作经济与科技》2006 年第 2 期。
〔2〕 李延荣主编：《房地产法研究》，中国人民大学出版社 2007 年版，第 66 页。
〔3〕 参见饶海琴主编：《房地产金融》，格致出版社、上海人民出版社 2008 年版，第 225 页。

2. 促进房地产业和保险业的发展。房地产作为人们最基本的消费资料和生产资料，其使用期间长、价值大，是一种高价值的资产。房地产保险机制的建立，使购房者通过银行房地产抵押贷款获得资金融通，缩短购房资金积累时间，增加房地产需求，同时，降低了与房地产抵押贷款相关的诸多风险，使房地产抵押贷款业务不断发展，促进房地产业的发展。房地产业的发展，对房地产保险产生了更多的需求，促进房地产保险业务量的有效增加，推动保险业的发展。

3. 增强投保人的信用，促进资金融通。银行为了保障贷款的安全，要求借款购房者投保房屋财产险，以保障贷款抵押物的安全或者要求购房者投保房屋抵押贷款还款保证保险，来增强借款人的信用，保证资金安全放贷。房地产保险可以增强有关当事人的信用，促进房地产资金的融通。

4. 为抵押市场的发展提供了坚实的基础。完善的抵押保险机制，不仅降低了抵押贷款的信用风险，也加快了抵押贷款合约标准化、规范化及抵押贷款组合保险的发展，从而提高了抵押贷款证券的信用评级，为抵押二级市场的发展奠定基础。

5. 有利于社会增强防灾救灾意识，防患灾害于未然。保险公司从企业经营管理和自身经济利益出发，在房地产保险条款订立、费率确定、赔款处理、安全防范以及提供防灾咨询服务、建立防灾基金等方面，积极引导和督促被保险人提高风险意识，加强风险管理和对保险房产的维护，有利于社会增强防灾救灾意识，防患灾害于未然。

二、房地产保险法律关系的主体和内容

房地产保险法律关系主体包括：房地产投保人、保险人、被保险人和受益人等。被保险人是指其财产或者人身受保险合同保障，享有保险金请求权的人，投保人可以为被保险人。受益人是指房地产人身保险合同中由被保险人或投保人指定的享有保险金请求权的人，投保人、被保险人可以为受益人。[1] 房地产保险法律关系的内容除上述各类主体的权利义务之外，本书还介绍房地产保险合同和房地产保险可保风险的相关内容。

（一）房地产投保人

1. 房地产投保人的概念。房地产投保人，是指对保险房地产具有保险利益，与保险人订立保险契约，并缴纳保险费的人。投保人既可以是法人，也可以是自然人。房地产投保人必须是被保险房地产的所有人或经营管理人，或者是对保险房地产有利害关系的人。

2. 房地产投保人的权利和义务。房地产投保人的权利主要是，当发生保险

---

〔1〕　参见《保险法》第18条第3款的规定。

事故时，有权按照保险契约向保险人索赔，获得约定的保险赔偿。其义务主要是：①按期如数缴纳保险费。②保险标的一旦出险，应当如实向保险人报告发生危险的情况。③在房地产保险中，投保人应当及时维护保险标的的安全，并接受保险人对房地产安全的监督和合理建议，切实做好安全防灾工作。④房地产保险范围内事故发生后，投保人应及时通知保险人。⑤当事故发生时，投保人应积极采取措施，以防止损失的扩大。⑥如果投保人将房地产转让给第三人，应当及时通知保险人。

（二）房地产保险人

1. 房地产保险人。房地产保险人，是指与房地产投保人订立保险契约，收取保险费并在房地产出险后负责赔偿的人，如保险公司、房地产保险公司以及承办保险业务的银行等金融机构。

2. 房地产保险人的权利和义务。房地产保险人最基本的权利，是按照合同收取保险费，保险人有适当灵活使用保险金的权利。其义务是：当保险事故发生后，保险人应该立即履行对投保人承担的义务，查勘现场，并根据损失的实际情况，核算确定经济补偿金额并予以赔偿。保险赔偿又称理赔，是指保险公司在约定的保险事故发生后，进行事故调查确定损失范围和金额并承担赔偿责任。同时，还要积极开展被保险房地产的防损工作，及时检查房地产可能发生的危险隐患，予以及时消除。

（三）房地产保险合同

房地产保险合同又称房地产保险单。保险合同是保险双方当事人之间订立的明确双方权利和义务的协议。其主要内容如下：[1]

1. 保险标的及金额条款。保险标的，是指保险合同所载明的特定的投保对象，它是确定保险关系和保险责任的依据。保险标的金额即保险金额，是指当事人约定在保险事故发生后，保险人负责赔偿的最高限额，它既是保险人赔付的依据，又是计算保险费的基础，一般是根据对保险房地产的估价确定的。房地产投保时的实际价值就是保险价值，保险人和投保人在保险价值内，根据投保人对该标的物存在的利益程度和保障愿望，确定保险金额，作为保险保障的最高限额。例如：一套价值1000万元的房产，投保1000万元，是足额投保；投保500万元，是部分投保。假设在一次火灾中该房产损失60%，则足额投保可获赔600万元（1000万元×60%），部分投保可获赔300万元（500万元×60%）。在保险合同中，对于保险标的的有关事项，如位置、结构、构造、面积等，必须按合同要求详细填写。

---

〔1〕　参见饶海琴主编：《房地产金融》，格致出版社、上海人民出版社2008年版，第224页。

2. 保险费条款。保险费，是指房地产投保人为请求保险人对其保险的房地产及利益承担保险风险而支付的与保险责任大小相适应的价金。房地产保险费一般以千元为单位，即每千元房屋保险金额缴纳若干元保险费，它根据具体的保险范围、保险责任以及险种来确定。例如：一套价值 500 万元的商品房全额投保，保险费为 1 元/千元/年，则 1 年应交保险费为 5000 元（计算方法：5 000 000 元×1 元/千元＝5000 元）。另外，也可采取保险储蓄金形式来缴纳保险费，即在投保时，存一笔储金，保险期满，保险公司只退还储蓄金的本金，相当于以储蓄金的利息作保险费。

3. 保险责任条款。保险人所承担的风险项目在房地产保险合同中称为保险责任，或称为责任条款。责任条款列明保险人承担的风险种类，称为保险风险。保险标的因保险风险而遭损害，称为保险事故或保险事件。保险责任就是当保险事故发生时，根据保险房地产的损害程度，保险人在保险金额限度内应负的经济赔偿责任。

4. 保险期限条款。保险期限指房地产保险合同从成立到终止的期限，即保险合同从生效日到终止日的期间。在这一期间内发生的保险事故，保险人应当承担赔付责任。为了确保保险合同的效力，投保人和保险人双方在订立房地产保险合同时，必须对期限达成协议，并在房地产保险合同中载明。房地产保险期限一般以一年为期，但也有超过一年的长期保单和少于一年的短期保单。

5. 违约责任条款。房地产保险应当在合同中明确规定双方当事人的违约责任。因为房地产保险合同遵循最大诚信原则，双方当事人任何一方不履行义务的行为，都会造成种种不利后果，所以房地产保险合同应当明确违约责任条款。

房地产保险合同的订立一般先由投保人到保险公司提出申请，填写投保单，缴纳保险费，然后由保险公司出具保险单或保险凭证，这时保险合同即告成立。

（四）房地产保险的可保风险

在房地产经营的各个环节，不可避免地存在诸多风险，保险是减少风险的一种有效手段。但并不是所有风险都可以通过购买保险方式转嫁给保险公司。保险公司承保的风险是在一定条件下和一定范围内的风险。其基本特征如下：[1]

1. 偶然性风险。风险导致的损失具有不确定性，既有发生的可能性，又不是必然发生的。就某一具体的保险标的物而言，什么时候发生损失，以及发生损失后损失的程度，人们均无法预料。

2. 意外损失风险。意料之中的损失是不能保险的，如房屋折旧。此外，被

---

〔1〕 参见饶海琴主编：《房地产金融》，格致出版社、上海人民出版社 2008 年版，第 223~225 页。

保险人故意行为造成的损失亦不在承保范围之列，如被保险人故意或唆使他人纵火毁坏房屋。

3. 纯粹风险。纯粹风险是指那些只有损失的机会而无获利可能的风险，即风险造成单向性损失，如房屋遭受火灾、水灾等。保险承保的风险必须是纯粹风险而不是投机风险，投机风险是指那些风险发生的后果既有损失的可能，又有获利可能的风险。如房地产经营本身既有赚钱的可能，也有亏损的可能，房地产市场价格波动，也会使有的人亏本或获利。

4. 大量同类标的物均遭受的同类风险损失。可能性、大数法是保险赖以建立的数理基础，大量同类风险的发生，才可能使保险费率的制定建立在可靠的数理统计基础上，即承保风险具有宏观上的确定性与微观上的不确定性。

5. 能以货币衡量的具有较大损失的可能性风险。保险本身实际上是经济上的风险转移行为，不能明显地表现为经济损失的风险，不能以货币衡量的风险，以及造成轻微损失的风险，均无法投保和承保。

房地产风险种类众多，但只有符合以上条件的、特定的、可保风险才能以保险责任的形式反映在各种保险的条款之中，保险人只对保险责任范围内的风险事故或约定事件所遭受的损失负责。

三、房地产保险的种类[1]

（一）房地产财产损失保险

房地产财产损失保险是指以房屋及其附属设施为保险标的的保险，保险人通常对自然灾害或意外事故造成的房屋及其附属设施的损失承担赔偿保险金的责任。投保房地产财产损失保险的可以是企业，例如企业财产保险中对企业所有的厂房等房地产进行的投保；也可以是个人，例如城乡居民房屋保险（包括房屋普通险和两全险）。目前投保最多的房地产财产损失险是个人贷款抵押房屋险。在购买房屋时，银行为了保障抵押权的顺利实现，都会要求借款购房者投保房屋财产险，以保障贷款抵押物的安全。该险针对的是因火灾、爆炸、暴风、暴雨等原因造成抵押房屋的损失以及为抢救房屋财产支付的合理施救费用，由保险公司负责赔偿。投保该险可以使购房者通过银行房地产抵押贷款获得资金融通，缩短购房资金的积累时间，同时也使银行降低了与房地产抵押贷款相关的诸多风险，从而使房地产抵押贷款业务不断发展，增加了房地产需求，促进了房地产业的发展。

（二）房地产责任保险

责任保险是以被保险人可能面临的法律赔偿责任为标的的保险。房地产责

---

[1] 参见吴春岐等：《房地产法新论》，中国政法大学出版社2008年版，第382～385页。

任保险主要包括：

1. 房地产职业责任险。建筑、工程技术人员责任保险是职业责任保险的一种，其保险标的为因建筑师、工程技术人员或监理人员的过失而造成合同对方或他人财产损失与人身伤害并由此导致的经济赔偿责任。这些风险所造成的损失赔偿数额往往比较巨大，单凭监理人、设计人等专业人员及其单位有时难以全部赔偿。为了保证受害人的利益，我国对于这些风险开发了建筑工程设计责任险、监理责任险等险种进行风险转移。

2. 房地产质量责任险。房地产质量责任保险，是指以开发商或施工单位依照合同或法律，对因工程质量事故给业主或第三人造成损害而承担的赔偿责任为保险标的的保险。房屋作为特殊商品，在消费使用过程中可能因产品缺陷而造成用户或公众的人身伤亡或财产损失，依法应由开发商及其施工单位承担民事损害赔偿责任。因此，开发商和建筑商就需要将这些风险分散或转移出去，即相应地由保险人为其承担这些赔偿责任，而自己通过向保险人购买相应的保险产品就可以在财产上规避这一风险。

3. 房地产雇主责任险。雇主责任保险是以被保险人即雇主所雇佣的雇员，在保险有效期内从事与其职业有关的工作时，由于遭受意外或患职业病所致伤残或死亡，被保险人（雇主）根据法律或雇佣合同应承担的医药费及经济赔偿责任为承保风险的一种责任保险。目前，我国尚没有纯粹的房地产雇主责任险，房地产企业的职工危险作业，往往通过房地产强制意外伤害险的方式进行保障。

（三）房地产信用保险与保证保险

1. 房地产信用保险合同。这是指贷款银行以购房者的信用为保险标的，以自己为受益人与保险人订立因购房者不能如期付款而造成损失时由保险人赔付该损失的保险合同。在这一合同关系中，由于受益人是银行，因此保险费由银行缴纳。银行可以在出售抵押房产仍不能收回全部贷款时（比如房市处于低迷期，房价大跌），从保险人那里获得不足部分的赔偿。

2. 房地产保证保险合同。这是指购房者以自己的信用为保险标的，以自己为受益人与保险人订立因自己收入流中断而不能如期还款时由保险人代为付款的保险合同。在这一合同关系中，由于受益者是购房者，因此保险费由购房者缴纳。购房者可以在自己收入流中断的情况下保有所购房屋，不至于流离失所，但当购房者在收入流恢复后有向保险公司偿还所垫付资金的义务。

3. 我国目前存在着房地产还贷保证保险，即个人住房抵押贷款还贷保证保险，近似上述信用保险与保证保险制度，但实质上却存在较大差异，这种保险业务并非真正意义上的保证保险，亦非真正意义上的信用保险。其基本操作方法是：银行同意办理购房贷款手续的前提是要求借款人把自己所购房产抵押给银行，同时，为了防止购房者不能还款时银行拍卖抵押房产所得不能弥补贷款本息的风险，还要求购买商品房的借款人与保险公司订立一份由购房者缴费、由银行受益的"保证保险"合同。一旦发生借款人因死亡、失踪、伤残、患重大疾病或经济收入的减少而在一定期限内无法履行还款义务时，则由保险公司负责赔偿银行的损失。银行或者将抵押房产的追偿权和处置权转让给保险人，或者自己处置抵押房产，处置所得不足以弥补贷款本息时，再由保险公司补足差额或在事先约定的保险金额内给予赔付。在这种保险法律关系中，银行不交纳保险费也不作为投保人，但却得到了信用保险才有的保险赔付；而购房者虽然缴纳了保证保险的保险费，自己却不能得到应有的保障，缴费义务和受益权利不相称、不对等。随着我国房地产保险行业的发展和健全，这种权利义务严重扭曲的制度设计应当予以修正。

（四）房地产人身保险

人身保险，是指以人的身体和寿命作为保险标的的保险。目前，我国房地产人身保险包括：

1. 建筑施工领域的工伤保险和意外伤害保险。我国《建筑法》第48条规定："建筑施工企业应当依法为职工参加工伤保险缴纳工伤保险费。鼓励企业为从事危险作业的职工办理意外伤害保险，支付保险费。"据此，可见建筑施工领域的人身保险有两种：①工伤保险，即施工企业应当为职工参加工伤保险缴纳工伤保险费，这是一种强制保险。②意外伤害保险，即鼓励企业为从事危险作业的职工办理意外伤害保险，支付保险费。意外伤害保险虽非强制保险，但是鼓励施工企业为从事危险作业的职工办理意外伤害保险，并支付保险费。

2. 房地产住房抵押贷款寿险。房地产住房抵押贷款寿险，是指由购房借款人或公积金委托银行做投保人，以还款人作为被保险人，与保险人约定，当被保险人因病或意外事故伤残或死亡而影响还款时，保险人代替被保险人向银行支付相当于借款余额的保险金。这一险种的产生是因为房地产价值一般都比较大，在住房抵押中，购房人的还款期限较长，如果购房人人身状况或寿命不足以支持还款的进行，势必影响到银行回收款项。住房抵押贷款寿险在我国起步不久，可供选择的保险产品较少，有待于根据实际情况进一步完善其制度设计。

第六节 房地产资产证券化

一、房地产资产证券化概述

（一）资产证券化的产生及其含义[1]

资产证券化（Asset Securitization）是一种新的融资方式，其起源可追溯到20世纪70年代美国政府不动产贷款协会（Government Nantional Mortgage Association，简称 GNMA）所发行的不动产抵押贷款证券（Mortgage-Backed Securities，简称 MBS）。20世纪80年代中期开始从美国传播到欧洲、日本等其他金融市场。

证券化可分为"传统证券化"与"资产证券化"。传统证券化是指借款人发行有价证券，通过证券机构承销再转卖给投资者的融资方式，又称融资证券化。筹资者采取发行证券的方式从金融市场上向资金提供者直接融通资金，而不是采取向银行等金融机构借款的方式间接融资。资产证券化则是指将缺乏流动性但是预期未来能够产生稳定资金流的资产，通过适当的安排，转化为能够在金融市场上出售和流通的证券的行为。

所谓不动产资产证券化（以下简称不动产证券化），乃是"将对不动产之投资转变为证券形态，亦即投资者与标的物之间，由传统直接的物权关系，转变为债权关系有价证券之持有，使得不动产的价值由固定的资本形态，转化为流动性之资本性证券"。换言之，不动产证券化就是由不动产开发商业机构将变现性低、流动性差的不动产所有权分割，以不动产的出售利益或租赁收益作为担保，以债券或其他受益凭证的方式在证券市场上发行证券以筹集资金的一种融资方式。

（二）房地产资产证券化的含义和作用

房地产可谓是不动产中最重要的一类，因此房地产资产证券化（以下简称房地产证券化）属于不动产证券化中涉及房地产的那一部分。所谓房地产证券化，是指将房地产投资直接转变成有价证券形式，投资人和房地产投资标的物之间的关系由拥有房地产的所有权变为拥有证券的债权。[2] 房地产证券化是房地产金融不可忽视的一个方面，作为一种金融创新，房地产证券化对许多国家或地区的金融业有着深刻的影响，该项制度在欧美、日本等国家以及我国台湾地区已经发展比较成熟，有了一套相对完善的理论体系和实践经验。目前我国

---

[1] 参见（台）王文宇：《新金融法》，元照出版有限公司2003年版，第145~153页。

[2] 饶海琴主编：《房地产金融》，格致出版社、上海人民出版社2008年版，第249页。

的房地产证券化还处于起步阶段，我国房地产融资的主要渠道仍然是预购人的按揭贷款和开发商抵押贷款，银行是唯一的贷款主体。

房地产资产证券化的作用主要体现在以下三个方面：

1. 分摊风险。如上所述，银行作为房地产贷款的唯一主体，不仅使开发商因融资渠道单一而筹资困难，同时也加大了银行的风险。银行的这类风险主要包括：借款人信用风险、抵押物价值维持及变价风险、利率与提前还贷风险、房地产市场及法律政策风险等，这驱使银行产生将风险向外分摊的迫切愿望，而房地产证券化，正是分摊此类风险的有力工具之一。

2. 融资社会化。以往房地产业因投资巨大，往往容易将规模较小的投资机构和广大公众拒之门外，其融资渠道得不到扩展。房地产经由资产证券化的形式设计之后，一方面可以使开发商在短期内筹借到巨额开发资金；另一方面又可以让投资者以证券形式持有以便能分享房地产投资收益，不必全额购买房地产，实现开发商与投资者双赢。从而做到房地产证券化实现融资社会化的功能。

3. 增强资产流动性。房地产作为不动产，其资产具有流动性差的弱点。房地产证券化可以通过证券化的形式增强资产的易变现性，有利于资产的流动和重组。

二、住房抵押贷款证券化

（一）住房抵押贷款证券化的概念

住房抵押贷款证券化在房地产证券化中具有典型性，所以在此对住房抵押贷款证券化进行重点介绍。

住房抵押贷款证券化（Mortgage–Backed Securitization，简称MBS），是指金融机构（主要是商业银行）将自己所持有的流动性较差但具有稳定的未来现金收入的住房抵押贷款，汇集重组成抵押贷款库（mortgage pool），出售给特殊目的交易机构（special purpose vehicle，简称SPV），SPV将其所购买的抵押贷款进行包装组合，经过信用评级、担保等形式实现信用增级之后，以抵押贷款库的未来现金流为偿还基础，在资本市场上以债券形式发行出售给投资者的一种融资行为。2005年12月15日，中国建设银行举行发行仪式，由中国建设银行作为发起机构的国内第一单个人住房抵押贷款证券化产品——"建元2005–1个人住房抵押贷款支持证券"正式进入全国银行间债券市场。该产品的发行倍受国内外金融同业的瞩目，其发行标志着住房抵押贷款证券化在我国的正式起步。

（二）住宅抵押贷款证券化的法律关系与运行流程[1]

1. 住宅抵押贷款证券化法律关系的主体及其相互之间的关系。

（1）住宅抵押贷款证券化法律关系主要包括以下主体：①借款人，即因购房而向银行申请贷款者，这是对基础资产有偿付义务的主体，是要定期向发起人履行还款义务的主体。②发起人（originator），又称为原始抵押贷款债权人，也就是发放住房抵押贷款的商业银行、住房专业银行等金融机构，同时也是转让该资产给特殊目的交易机构（SPV）以便启动证券化的主体。③发行人，即SPV，是收购住房抵押贷款资产，对其进行整合包装，并负责发行的特殊目的机构，起到信用强化的作用。④投资者（investor），包括机构投资者和个人投资者，是认购SPV所发行的住房抵押贷款证券的投资主体，以及通过二级市场交易持有住房抵押证券的主体。⑤信用增级机构（credit enhancement agency），这是指为住房抵押贷款证券提供担保或保险的政府机构、金融担保公司、保险公司等机构，信用增级机构是住房贷款证券化中减少发行整体风险、增强投资者信心的有效机构。

（2）住宅抵押贷款证券化各主体相互之间的关系。上述各方主体在住宅抵押贷款证券化的活动中形成了包括借贷、债权让与、抵押、委托、保证等一系列民事法律关系。具体内容如下：

第一，发起人与借款人之间的债权债务关系。发起人是债权人，借款人是发起人的债务人，借款人对发起人负有到期偿还借款的义务，发起人对众多借款人所享有的债权构成了住房抵押贷款证券化的资产库（也可称资产池）。

第二，发起人与SPV之间的债权让与关系。发起人以符合真实销售要件的方式将其对借款人所享有的债权转让给SPV，SPV取得让与的债权后，成为借款人的债权人，而发起人则丧失债权人资格。

第三，SPV与投资人之间的债权债务关系。当SPV发行的证券以债券形式出现时，投资人是债权人，SPV是投资人的债务人，SPV对投资人负有按期给付债券本金和利息以及信息披露的义务，投资人作为债权人，享有按期收回债券本金利息、转让投资以及向SPV了解发行人的财务、经营状况等相关信息的权利。

第四，发起人、SPV与投资人之间的信托关系。信托关系的基础是发起人与SPV间的债权转让关系。在信托关系中发起人为委托人，SPV为受托人，信托财产为证券化资产组合，受益人则为SPV发行的信托收益证书的持有人（即

---

[1] 参见吴春岐等：《房地产法新论》，中国政法大学出版社2008年版，第289~387页；王重润等编著：《房地产金融》，北京大学出版社2010年版，第161~165页。

投资人)。根据信托的法律关系，发起人将基础资产（债权）信托于 SPV 之后，这一资产的所有权转移给 SPV。如此，发起人的债权人便不能就这部分资产向发起人主张权利，从而实现了证券化资产与发起人的破产风险相隔离的要求。

第五，与信用增级机构之间的担保法律关系。住房抵押贷款证券化往往需要信用增级机构的介入，由 SPV 与信用增级机构签订担保合同、信用证等，信用增级机构为 SPV 的住房抵押贷款证券提供信用担保及保险服务，作为信用提高的对价，SPV 与其签订付费合同。住房抵押贷款证券的风险如果得到保险公司等信用增级机构的担保，该证券就会因为信用的增级而得到投资人的信赖。

2. 住宅抵押贷款证券化的流程。住宅抵押贷款证券化的基本流程是，作为住房抵押贷款发放机构的商业银行将其持有的住房抵押贷款，按照同质性汇集成抵押贷款库，出售给特殊目的交易机构 SPV，SPV 将其所购买的抵押贷款进行包装组合，经过信用评级、担保等形式实现信用增级之后，以抵押贷款库的未来现金流为偿还基础，在资本市场上以债券的形式发行出售给投资者。[1] 具体而言该流程大致包括以下环节：

（1）资产组合。发起人首先对其住房抵押贷款的融资需求作出科学的分析，对自己所拥有的能够产生未来现金流收入的住房抵押贷款进行清理、评估，然后将其汇集成一个资产库（asset pool，又称资产池）。资产库的质量如何，关系到证券化后该证券的收益如何，这也是房地产证券化制度设计的关键点。

（2）资产转移。首先，应当组建一个特殊目的的机构（SPV），来实现抵押贷款的出售，这是房地产证券化中最具特色、最富魅力的法律机制。只有组建 SPV，才能使"破产隔离"成为可能。SPV 可以由发起人设立，也可以单独设立，无论哪种形式，其始终应当是一个以对抵押贷款组合进行证券化为主要目的、具有独立地位的实体。设立 SPV 之后，发起人将上述资产以信托形式转移给 SPV，从而使基础资产的所有权从银行手中转移到 SPV 手中。如果资产仍在发起人手中，则发起人的其他债权人行使求偿权时，证券的持有人对该资产就没有优先性了。因此，独立的 SPV 和基础资产彻底的真实出售就是房地产证券化的关键。

（3）信用增强与评级。当银行为了规避过大的风险，而将一部分基础资产转移给了 SPV 之后，SPV 为了让投资人相信这些基础资产一定会在未来产生较好的收益从而投资购买该证券，这就需要提高资产的信用，例如由信用等级高的保险公司向 SPV 或其发行的证券提供担保，投资者容易信赖这种经过信用增强与评级之后的高信用等级证券。

---

〔1〕 参见李延荣主编：《房地产法研究》，中国人民大学出版社 2007 年版，第 267 页。

（4）证券发行。SPV 发行证券，并向投资人进行证券偿付。

上述住宅抵押贷款证券化的流程，可作下列图示：

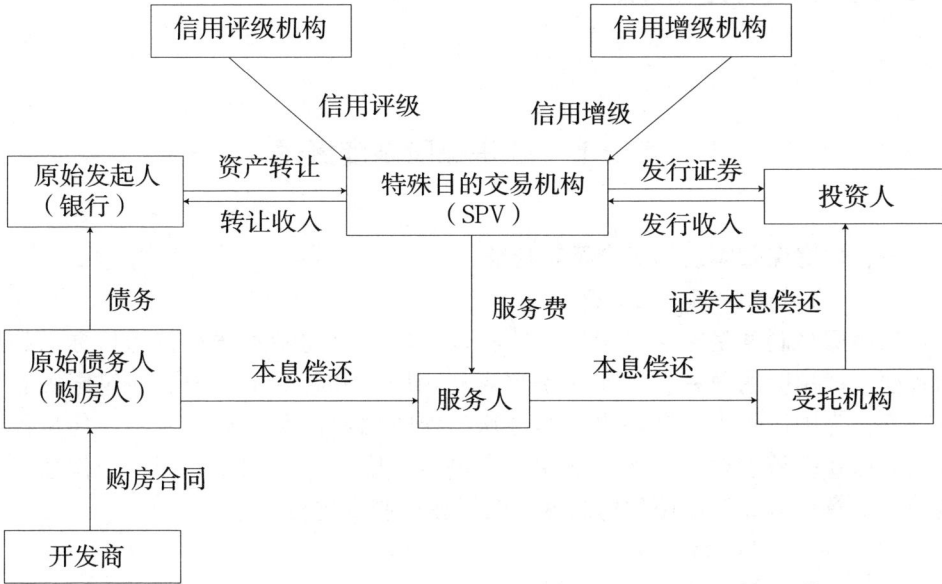

第八章

住房保障法律制度

第一节　住房保障制度概述

一、住房保障制度的概念及其特征

（一）住房保障制度的概念

住房保障制度是国家以实现中低收入阶层居民的基本居住权为目标而建立的各项法律制度的总称。其实质是政府利用国家和社会的力量，通过国民收入再分配，为中低收入家庭提供适当住房，保障居民的基本居住水平。住房保障制度的形式多种多样，如经济适用住房制度、廉租住房制度、个人合作建房制度等。本章仅就经济适用住房制度、廉租住房制度进行讨论。

（二）住房保障的特征

住房保障的基本特征如下：[1]

1. 社会保障性。住房保障与失业保障、养老保障、医疗保障一样，都属于社会保障体系的重要组成部分，属于政府提供的"公共产品"之一。住房保障制度具有明显的社会公共福利和社会保障性质。在住房保障中，政府所提供的公共住房主要面对中低收入家庭，是低于市场价格租售的住房，其差价主要源于政府在土地供应、房租和税收等方面的政策性补贴。

2. 政府干预性。住房保障制度是一项重要的社会政策，政府担负着促进社会全面发展和保障全体居民基本权利实现的职责，政府理应成为构建住房保障制度的主体，政府干预也就成为必然。住房具有投资品和消费品的双重属性，政府从社会保障的角度，以政府投资为主，由政府或其委托的机构兴建公共住房，向中低收入家庭出租或出售，或者对中低收入家庭租房、购房给予补贴、贷款担保等优惠，是政府以实物或货币形式进行社会再分配的一种方式。在我国现阶段，政府干预的重点在于抑制高收入者通过垄断稀缺的土地资源获取超额投资收益，防止高收入者超额无偿占有公共投资的外部收益，同时保障低收入者的基本住房需求。

---

[1]　参见符启林：《房地产法》，法律出版社 2009 年版，第 365 页。

3. 保障对象的有限性与动态性。住房保障的目的是解决低收入家庭的居住问题，从住房需求者的角度看，主要是政府给中低收入阶层供应住房。与其他社会保障制度相类似，按照"效率优先、兼顾公平"的基本原则，对中低收入阶层的住房保障只能是低标准的，往往是确定中低收入者的衡量标准后，向符合标准的中低收入者出租已有的低标准住房，或向中低收入者提供低标准住房补贴。

保障对象的动态性是指随着经济社会的发展，居民收入水平也会发生相应的变动。当居民收入超过一定水平，不再属于住房保障对象时，必须退出住房保障领域，而进入商品住房市场。

4. 保障水平的层次性和多样性。由于保障对象的住房支付能力千差万别，因此住房保障的水平要区分层次，既有完全产权的商品住宅的保障，更应该重视不完全产权，实行保障水平的层次性和多样性。例如，我国的经济适用住房制度、廉租住房制度、个人合作建房制度等都是住房保障的重要的措施。

二、外国住房保障制度的立法

住宅权是人类的一项基本人权，1981 年 4 月在伦敦召开的"城市住宅问题国际研讨会"上通过的《住宅人权宣言》指出，一个环境良好、适宜于人的住所是所有居民的基本人权。而 1996 年 6 月召开的联合国第二次人类住区大会通过的《伊斯坦布尔宣言》更是承诺："人人享有适当的住宅"。由于工业和人口的高度集中，产生了对城市土地和住房供给的巨大需求，这种需求推动了土地价格和房屋价格的不断上涨，最终超越了中低收入和最低收入家庭的住房支付能力，以低收入者为主体的特殊阶层难以仅仅只依赖市场机制来解决自身的住房问题。住房问题，对世界任何一个国家而言都是一个重大的社会经济问题。

世界大多数国家特别是英美等发达国家，制订了针对中低收入阶层的专门的住房发展计划，在不同程度上为中低收入阶层解决住房问题提供帮助，由此承担起重要的社会与经济责任。政府通过对住房供应和住房需求的补贴及住房生产的直接干预，来满足中低收入阶层不断增长的住房需要。

在"二战"以后，住房保障法律制度得到了空前的发展和完善。许多国家通过立法的手段，解决中低收入家庭的住房问题，实现"居者有其屋"的社会目标，这既是缓和社会矛盾、维护社会安定的重要手段，也是社会收入再分配的重要方式。许多国家都颁行了有关住房保障的专门性法律，如英国 1919 年出台的《住宅法》、美国 1934 年的《住房法》以及加拿大的《联邦住宅法》等。这些法律虽然各有不同，但大都从立法上确立了住房保障的目标、适用对象以及住房保障的融资手段，使住房保障法律制度逐步成为各国社会法律体系和社会保障制度的重要组成部分。其中，美国的住房保障制度的法律体系更为完备、

更具典型性，其住房制度规范体系见下表所示：[1]

类　别	制定时间	法律名称	主要内容
一、住房总体政策	1934 年	《住房法》	政府开始实施公共住房建设；授权政府对中低收入者的住房提供津贴；成立联邦住宅管理局等。
	1949 年	《住房法修正案》	提出使每个美国家庭有舒适的住房和适宜的居住环境的要求和目标等。
	1974 年	《住宅与城市发展法》	把住房建设与社区规划及社会发展结合起来。
二、住房金融方面的法律法规	1932 年	《联邦住房贷款银行法》	建立联邦住房贷款银行系统，对从事住房抵押贷款业务的储蓄贷款协会和储蓄银行提供融资和实行监督管理。
	1938 年	《联邦国民抵押协会法》	设立联邦国民抵押协会，为办理住房抵押贷款业务的储蓄贷款协会和储蓄银行提供再融资。
	1954 年	《住宅法修正案》	重新明确联邦国民抵押协会的三大功能和业务范围。
	1970 年	《紧急住宅金融法》	成立联邦住宅抵押公司，并进入抵押二级市场。
三、其他相关法律	1944 年	《军人修正法案》	建立退伍军人管理局，确保退伍军人住房贷款计划的实施。

三、我国住房保障制度的现状与制度完善

1998 年 6 月 15 日全国房改工作会议宣布从 1998 年下半年起，停止住房实物分配，实行住房分配货币化。自此住房分配体制发生了根本性的转变，由过去社会福利性分房转变为由市场决定的货币购房，这就使得获取住房的使用价

---

〔1〕 倪红日："发达市场经济国家的住房制度与政府政策——以美国和英国为例"，载《上海财税》2007 年第 8 期。

值必须付出相应的住房市场价格。同时由于我国城市化进程加速，土地价格和住房价格迅速上涨，使得部分居民的住房支付能力不足，这就要求构建住房保障制度来保障这一部分人的住房，以体现社会的公平性。长期以来，中国房地产领域将本应该由政府承担的保障角色推给了市场，从而造成市场供求更加失衡，保障性需求与完全市场化的矛盾造成今天房地产领域矛盾重重的现象。目前我国各地已逐步建立起以经济适用住房制度、廉租房制度和住房公积金制度为主要内容的住房保障制度框架。当然，我国住房保障体系远没有达到理想的效果，任重而道远。

与住房市场化改革速度相比，我国的住房保障制度的建设进展相对滞后，面临着一系列的问题，这与我国住房保障法律制度的缺位密切相关。目前，我国尚未将建立住房保障提高到国家立法的高度，更无住宅保障基本法，与住房保障相关的规范性法律文件只有国务院及各部委颁布的有关经济适用房、廉租房等方面的行政法规、部门规章，如《经济适用住房管理办法》《廉租住房保障办法》《住房公积金管理条例》等。而这些法规和规章的规定过于原则，甚至模糊、缺乏操作性。所以，目前应当尽快建设符合我国国情的、统一完整的住房保障法律法规体系；要尽快制定住宅保障基本法，即《住宅法》，该基本法应当对住宅的建设、消费、分配等环节进行规范，确定政府在住房市场的责任和义务，明确政府在住房市场的角色。在制定住宅保障基本法的条件成熟之前，可以先行制定《住房保障条例》，该条例可规定住房保障的对象、保障标准、保障水平、保障资金的来源以及建立专门管理机构等。制定住房保障对象的准入、退出的严格管理办法，规定当地居民收入发生变化以后，保障措施也要相应地发生变化，如原廉租住房的居民收入达到中等收入水平后，实行退出机制等。[1]

第二节　经济适用住房制度

一、我国经济适用住房制度的沿革

经济适用住房制度是住房保障制度的有机组成部分，我国经济适用住房制度的沿革经历了以下几个阶段：

1. 1994 年 7 月 18 日，国务院颁发《关于深化城镇住房制度改革的决定》（国发〔1994〕43 号，现已失效），强调加快住房建设和推进城镇住房制度改革

---

〔1〕　符启林：《房地产法》，法律出版社 2009 年版，第 388 页。

是各级人民政府的重要职责，第一次提出建立以中低收入家庭为对象、具有社会保障性质的经济适用住房供应体系和以高收入家庭为对象的商品房供应体系，明确提出应加强经济适用住房的开发建设，加快解决中低收入家庭的住房问题，同时要求在建房、售房方面对离退休职工、教师和住房困难户应予以优先安排。

2. 1998 年 7 月 3 日国务院颁发《国务院关于进一步深化城镇住房制度改革加快住房建设的通知》（国发〔1998〕23 号文件），要求进一步深化城镇住房制度改革，加快住房建设，并要求从 1998 年下半年开始停止住房实物分配，逐步实行住房分配货币化，提出要建立和完善以经济适用住房为主的多层次城镇住房供应体系，明确了经济适用房的保障对象是中低收入家庭，经济适用房的来源有安居工程、集资建房和合作建房，房地产开发商不再承担必须开发经济适用房的责任。

3. 2004 年 5 月 13 日，建设部、发展改革委、国土资源部、中国人民银行发布的《经济适用住房管理办法》（建住房〔2004〕77 号）中明确了经济适用住房的定义，指出：经济适用住房是指政府提供政策优惠，限定建设标准、供应对象和销售价格，具有保障性质的政策性商品住房。其适用对象为：①有当地城镇户口（含符合当地安置条件的军队人员）或市、县人民政府确定的供应对象；②无房或现住房面积低于市、县人民政府规定标准的住房困难家庭；③家庭收入符合市、县人民政府划定的收入线标准；④市、县人民政府规定的其他条件。

4. 2007 年 11 月 19 日，建设部会同国家发展和改革委员会、监察部、财政部、国土资源部、中国人民银行、国家税务总局等七部门修订并发布了《经济适用住房管理办法》（建住房〔2007〕258 号）。该办法对经济适用住房的适用对象、优惠和支持政策、建设管理、价格管理、准入和退出管理、单位集资合作建房等问题作了具体规定。下面以该办法为基本依据，介绍我国现行的经济适用住房保障制度。

二、经济适用住房的概念及其管理[1]

（一）经济适用住房的概念

经济适用住房是指政府提供政策优惠，限定套型面积和销售价格，按照合理标准建设，面向城市低收入住房困难家庭供应，具有保障性质的政策性住房。所谓城市低收入住房困难家庭，是指城市和县人民政府所在地的镇范围内，家庭收入、住房状况等符合市、县人民政府规定条件的家庭。

经济适用住房制度是解决城市低收入家庭住房困难政策体系的组成部分。

---

〔1〕　参见《经济适用住房管理办法》第一章的规定。

经济适用住房供应对象要与廉租住房保障对象相衔接。经济适用住房的建设、供应、使用及监督管理，应当依法进行。

（二）经济适用住房的管理

1. 发展经济适用住房应当在国家统一政策指导下，各地区因地制宜，政府主导、社会参与。市、县人民政府要根据当地经济社会发展水平、居民住房状况和收入水平等因素，合理确定经济适用住房的政策目标、建设标准、供应范围和供应对象等，并组织实施。省、自治区、直辖市人民政府对本行政区域经济适用住房工作负总责，对所辖市、县人民政府实行目标责任制管理。

2. 国务院建设行政主管部门负责对全国经济适用住房工作进行指导和实施监督，县级以上地方人民政府建设或房地产行政主管部门（以下简称"经济适用住房主管部门"）负责本行政区域内经济适用住房管理工作。县级以上人民政府发展改革（价格）、监察、财政、国土资源、税务及金融管理等部门根据职责分工，负责经济适用住房有关工作。

3. 市、县人民政府应当在解决城市低收入家庭住房困难发展规划和年度计划中，明确经济适用住房建设规模、项目布局和用地安排等内容，并纳入本级国民经济与社会发展规划和住房建设规划，及时向社会公布。

三、经济适用住房的优惠和支持政策〔1〕

经济适用住房的优惠和支持政策主要包括以下内容：

1. 经济适用住房建设用地以划拨方式供应。经济适用住房建设用地应纳入当地年度土地供应计划，在申报年度用地指标时单独列出，确保优先供应。

2. 经济适用住房建设项目免收城市基础设施配套费等各种行政事业性收费和政府性基金。经济适用住房项目外基础设施建设费用，由政府负担。经济适用住房建设单位可以以在建项目作抵押向商业银行申请住房开发贷款。

3. 购买经济适用住房的个人向商业银行申请贷款，除符合《经济适用住房管理办法》规定外，还应当出具市、县人民政府经济适用住房主管部门准予购房的核准通知。购买经济适用住房可以提取个人住房公积金和优先办理住房公积金贷款。

4. 经济适用住房的贷款利率按有关规定执行，经济适用住房的建设和供应要严格执行国家规定的各项税费优惠政策。

5. 严禁以经济适用住房名义取得划拨土地后，以补交土地出让金等方式，变相进行商品房开发。

---

〔1〕　参见《经济适用住房管理办法》第二章的规定。

四、经济适用住房的建设管理[1]

在经济适用住房的建设管理上，应当遵循以下规定：

1. 经济适用住房要统筹规划、合理布局、配套建设，充分考虑城市低收入住房困难家庭对交通等基础设施条件的要求，合理安排区位布局。

2. 在商品住房小区中配套建设经济适用住房的，应当在项目出让条件中，明确配套建设的经济适用住房的建设总面积、单套建筑面积、套数、套型比例、建设标准以及建成后移交或者回购等事项，并以合同方式约定。

3. 经济适用住房单套的建筑面积控制在 60 平方米左右。市、县人民政府应当根据当地经济发展水平、群众生活水平、住房状况、家庭结构和人口等因素，合理确定经济适用住房建设规模和各种套型的比例，并进行严格管理。

4. 经济适用住房建设按照政府组织协调、市场运作的原则，可以采取项目法人招标的方式，选择具有相应资质和良好社会责任的房地产开发企业实施；也可以由市、县人民政府确定的经济适用住房管理实施机构直接组织建设。在经济适用住房建设中，应注重发挥国有大型骨干建筑企业的积极作用。

5. 经济适用住房的规划设计和建设必须按照发展节能省地环保型住宅的要求，严格执行《住宅建筑规范》等国家有关住房建设的强制性标准，采取竞标方式优选规划设计方案，做到在较小的套型内实现基本的使用功能。积极推广应用先进、成熟、适用、安全的新技术、新工艺、新材料、新设备。

6. 经济适用住房建设单位对其建设的经济适用住房工程质量负最终责任，向买受人出具《住宅质量保证书》和《住宅使用说明书》，并承担保修责任，确保工程质量和使用安全。有关住房质量和性能等方面的要求，应在建设合同中予以明确。经济适用住房的施工和监理，应当采取招标方式，选择具有资质和良好社会责任的建筑企业和监理公司实施。

7. 经济适用住房项目可以采取招标方式选择物业服务企业实施前期物业服务，也可以在社区居委会等机构的指导下，由居民自我管理，提供符合居住区居民基本生活需要的物业服务。

五、经济适用住房的价格管理[2]

经济适用住房的价格管理应当符合以下规定：

1. 确定经济适用住房的价格应当以保本微利为原则。其销售基准价格及浮动幅度由有定价权的价格主管部门会同经济适用住房主管部门，依据经济适用住房价格管理的有关规定，在综合考虑建设、管理成本和利润的基础上确定并

---

〔1〕　参见《经济适用住房管理办法》第三章的规定。
〔2〕　参见《经济适用住房管理办法》第四章的规定。

向社会公布。房地产开发企业实施的经济适用住房项目利润率按不高于 3%核定；市、县人民政府直接组织建设的经济适用住房只能按成本价销售，不得有利润。

2. 经济适用住房销售应当实行明码标价，销售价格不得高于基准价格及上浮幅度，不得在标价之外收取任何未予标明的费用。经济适用住房价格确定后应当向社会公布。价格主管部门应依法进行监督管理。

3. 经济适用住房实行收费卡制度，各有关部门收取费用时，必须填写价格主管部门核发的交费登记卡。任何单位不得以押金、保证金等名义，变相向经济适用住房建设单位收取费用。

4. 价格主管部门要加强成本监审，全面掌握经济适用住房成本及利润变动情况，确保经济适用住房做到质价相符。

六、经济适用住房的准入和退出管理[1]

经济适用住房的准入与退出管理应当遵守以下规定：

1. 经济适用住房管理应建立严格的准入和退出机制。经济适用住房由市、县人民政府按限定的价格，统一组织向符合购房条件的低收入家庭出售。经济适用住房供应实行申请、审核、公示和轮候制度。市、县人民政府应当制定经济适用住房申请、审核、公示和轮候的具体办法，并向社会公布。

2. 城市低收入家庭申请购买经济适用住房应同时符合下列条件：①具有当地城镇户口；②家庭收入符合市、县人民政府划定的低收入家庭收入标准；③无房或现住房面积低于市、县人民政府规定的住房困难标准。经济适用住房供应对象的家庭收入标准和住房困难标准，由市、县人民政府根据当地商品住房价格、居民家庭可支配收入、居住水平和家庭人口结构等因素确定，实行动态管理，每年向社会公布一次。

3. 经济适用住房资格申请采取街道办事处（镇人民政府）、市（区）、县人民政府逐级审核并公示的方式认定。审核单位应当通过入户调查、邻里访问以及信函索证等方式对申请人的家庭收入和住房状况等情况进行核实。申请人及有关单位、组织或者个人应当予以配合，如实提供有关情况。

4. 经审核公示通过的家庭，由市、县人民政府经济适用住房主管部门发放准予购买经济适用住房的核准通知，注明可以购买的面积标准，然后按照收入水平、住房困难程度和申请顺序等因素进行轮候。

5. 符合条件的家庭，可以持核准通知购买一套与核准面积相对应的经济适用住房，购买面积原则上不得超过核准面积。购买面积在核准面积以内的，按

---

〔1〕　参见《经济适用住房管理办法》第五章的规定。

核准的价格购买；超过核准面积的部分，不得享受政府优惠，由购房人按照同地段同类普通商品住房的价格补交差价。

6. 居民个人购买经济适用住房后，应当按照规定办理权属登记。房屋、土地登记部门在办理权属登记时，应当分别注明经济适用住房、划拨土地。

7. 经济适用住房购房人拥有有限产权。购买经济适用住房不满 5 年，不得直接上市交易，购房人因特殊原因确需转让经济适用住房的，由政府按照原价格并考虑折旧和物价水平等因素进行回购。购买经济适用住房满 5 年，购房人上市转让经济适用住房的，应按照届时同地段普通商品住房与经济适用住房差价的一定比例向政府交纳土地收益等相关价款，具体交纳比例由市、县人民政府确定，政府可优先回购；购房人也可以按照政府所定的标准向政府交纳土地收益等相关价款后，取得完全产权。上述规定应在经济适用住房购买合同中予以载明，并明确相关违约责任。

8. 已经购买经济适用住房的家庭又购买其他住房的，原经济适用住房由政府按规定及合同约定回购。政府回购的经济适用住房，仍应用于解决低收入家庭的住房困难。

9. 已参加福利分房的家庭在退回所分房屋前不得购买经济适用住房，已购买经济适用住房的家庭不得再购买经济适用住房。

10. 个人购买的经济适用住房在取得完全产权以前不得用于出租经营。

七、单位集资合作建房[1]

单位集资合作建房应当遵守以下规定：

1. 距离城区较远的独立工矿企业和住房困难户较多的企业，在符合土地利用总体规划、城市规划、住房建设规划的前提下，经市、县人民政府批准，可以利用单位自用土地进行集资合作建房。参加单位集资合作建房的对象，必须限定在本单位符合市、县人民政府规定的低收入住房困难家庭内。

2. 单位集资合作建房是经济适用住房的组成部分，其建设标准、优惠政策、供应对象、产权关系等均按照经济适用住房的有关规定严格执行。单位集资合作建房应当纳入当地经济适用住房建设计划和用地计划管理之中。

3. 任何单位不得利用新征收或新购买土地组织集资合作建房，各级国家机关一律不得搞单位集资合作建房。单位集资合作建房不得向不符合经济适用住房供应条件的家庭出售。

4. 单位集资合作建房在满足本单位低收入住房困难家庭购买后，房源仍有少量剩余的，由市、县人民政府统一组织向符合经济适用住房购房条件的家庭

---

〔1〕 参见《经济适用住房管理办法》第六章的规定。

出售，或由市、县人民政府以成本价收购后用作廉租住房。

5. 向职工收取的单位集资合作建房款项实行专款管理、专项使用，并接受当地财政和经济适用住房主管部门的监督。

6. 已参加福利分房、购买经济适用住房或参加单位集资合作建房的人员，不得再次参加单位集资合作建房。严禁任何单位借集资合作建房名义，变相实施住房实物分配或商品房开发。

7. 单位集资合作建房原则上不收取管理费用，不得有利润。

第三节　廉租住房制度

一、我国廉租住房制度的行政规章体系

廉租住房保障制度与经济适用住房制度都是我国住房保障制度的有机组成部分，都是解决我国城市低收入住房困难家庭住房需要的保障措施。为促进廉租住房制度建设，我国有关部门相继制定了相关的行政规章，对廉租住房制度作了详细的规定，其主要内容如下：

1. 2003 年 12 月 31 日建设部、财政部、民政部、国土资源部、国家税务总局发布《城镇最低收入家庭廉租住房管理办法》，此后该办法被 2007 年 12 月 1 日起实施的《廉租住房保障办法》替代并废止。新的《廉租住房保障办法》对廉租住房的适用对象、保障方式、保障资金及房屋来源、申请与核准、监督管理等问题作了具体规定。

2. 2005 年 5 月 1 日起实施的《城镇廉租住房租金管理办法》对廉租住房的租金定价、租金标准、计租单位等问题作了规定。

3. 2005 年 10 月 1 日起实施的《城镇最低收入家庭廉租住房申请、审核及退出管理办法》对廉租住房的申请、审核及退出程序作了具体规定。

4. 根据《国务院办公厅关于保障性安居工程建设和管理的指导意见》（国办发〔2011〕45 号）和住房城乡建设部、财政部、国家发展和改革委员会《关于公共租赁住房和廉租住房并轨运行的通知》（建保〔2013〕178 号）等规定，决定从 2014 年开始，将中央补助廉租住房保障专项资金、中央补助公共租赁住房专项资金和中央补助城市棚户区改造专项资金，归并为中央财政城镇保障性安居工程专项资金。

5. 《中央财政城镇保障性安居工程专项资金管理办法》对专项资金的分配与计算、拨付与使用、监督管理等作了具体规定。

二、廉租住房的概念及其管理[1]

（一）廉租住房的概念

廉租住房，是指政府提供政策优惠，面向城市低收入住房困难家庭提供的租金相对低廉、以保障居民基本居住权利的普通住房。城市低收入住房困难家庭，是指城市和县人民政府所在地的镇范围内，家庭收入、住房状况等符合市、县人民政府规定条件的家庭。

（二）廉租住房的管理

1. 市、县人民政府应当在解决城市低收入家庭住房困难的发展规划及年度计划中，明确廉租住房保障工作目标、措施，并纳入本级国民经济与社会发展规划和住房建设规划。

2. 国务院建设主管部门指导和监督全国廉租住房保障工作，县级以上地方人民政府建设（住房保障）主管部门负责本行政区域内廉租住房保障管理工作。廉租住房保障的具体工作可以由市、县人民政府确定的实施机构承担，县级以上人民政府发展改革（价格）、监察、民政、财政、国土资源、金融管理、税务、统计等部门按照职责分工，负责廉租住房保障的相关工作。

三、廉租住房的保障方式

廉租住房的保障方式应当遵守以下规定：

1. 廉租住房保障方式实行货币补贴和实物配租等相结合。货币补贴是指县级以上地方人民政府向申请廉租住房保障的城市低收入住房困难家庭发放租赁住房补贴，由其自行承租住房。实物配租是指县级以上地方人民政府向申请廉租住房保障的城市低收入住房困难家庭提供住房，并按照规定标准收取租金。

实施廉租住房保障，主要通过发放租赁补贴，增强城市低收入住房困难家庭承租住房的能力。廉租住房紧缺的城市，应当通过新建和收购等方式，增加廉租住房实物配租的房源。

2. 市、县人民政府应当根据当地家庭平均住房水平、财政承受能力以及城市低收入住房困难家庭的人口数量、结构等因素，以户为单位确定廉租住房保障面积标准。

3. 采取货币补贴方式的，补贴额度按照城市低收入住房困难家庭现住房面积与保障面积标准的差额、每平方米租赁住房补贴标准确定。

每平方米租赁住房补贴标准由市、县人民政府根据当地经济发展水平、市场平均租金、城市低收入住房困难家庭的经济承受能力等因素确定。其中对城市居民最低生活保障家庭，可以按照当地市场平均租金确定租赁住房补贴标准；

---

[1]　参见《廉租住房保障办法》第一章的规定。

对其他城市低收入住房困难家庭，可以根据收入情况等分类确定租赁住房补贴标准。

4. 采取实物配租方式的，配租面积为城市低收入住房困难家庭现住房面积与保障面积标准的差额。

实物配租的住房租金标准实行政府定价。实物配租住房的租金，按照配租面积和市、县人民政府规定的租金标准确定。有条件的地区，对城市居民最低生活保障家庭，可以免收实物配租住房中住房保障面积标准内的租金。

四、廉租住房保障资金与房屋的来源

（一）廉租住房保障资金的来源

1. 廉租住房保障资金采取多种渠道筹措。廉租住房保障资金来源包括：①年度财政预算安排的廉租住房保障资金；②提取贷款风险准备金和管理费用后的住房公积金增值收益余额；③土地出让净收益中安排的廉租住房保障资金；④政府的廉租住房租金收入；⑤社会捐赠及其他方式筹集的资金。

2. 提取贷款风险准备金和管理费用后的住房公积金增值收益余额，应当全部用于廉租住房建设。土地出让净收益用于廉租住房保障资金的比例，不得低于10%。政府的廉租住房租金收入应当按照国家财政预算支出和财务制度的有关规定，实行收支两条线管理，专项用于廉租住房的维护和管理。

3. 对中西部财政困难地区，按照中央预算内投资补助和中央财政廉租住房保障专项补助资金的有关规定给予支持。

（二）廉租住房的房屋来源

1. 实物配租的廉租住房来源主要包括：①政府新建、收购的住房；②腾退的公有住房；③社会捐赠的住房；④其他渠道筹集的住房。

2. 廉租住房建设用地应当在土地供应计划中优先安排，并在申报年度用地指标时单独列出，采取划拨方式，保证供应。

廉租住房建设用地的规划布局，应当考虑城市低收入住房困难家庭居住和就业的便利。

廉租住房建设应当坚持经济、适用原则，提高规划设计水平，满足基本使用功能，应当按照发展节能、省地、环保型住宅的要求，推广新材料、新技术、新工艺。廉租住房应当符合国家质量安全标准。

3. 新建廉租住房，应当采取配套建设与相对集中建设相结合的方式，主要在经济适用住房、普通商品住房项目中配套建设。

新建廉租住房，应当将单套的建筑面积控制在50平方米以内，并根据城市低收入住房困难家庭的居住需要，合理确定套型结构。

配套建设廉租住房的经济适用住房或者普通商品住房项目，应当在用地规划、国有土地划拨决定书或者国有土地使用权出让合同中，明确配套建设的廉租住房总建筑面积、套数、布局、套型以及建成后的移交或回购等事项。

4. 廉租住房建设免征行政事业性收费和政府性基金。鼓励社会捐赠住房作为廉租住房房源或捐赠用于廉租住房的资金。政府或经政府认定的单位新建、购买、改建住房作为廉租住房，社会捐赠廉租住房房源、资金，按照国家规定的有关税收政策执行。

五、廉租住房的申请与核准

1. 申请廉租住房保障应当提供下列材料：①家庭收入情况的证明材料；②家庭住房状况的证明材料；③家庭成员身份证和户口簿；④市、县人民政府规定的其他证明材料。

2. 申请廉租住房保障按照下列程序办理：①申请廉租住房保障的家庭，应当由户主向户口所在地街道办事处或者镇人民政府提出书面申请。②街道办事处或者镇人民政府应当自受理申请之日起 30 日内，就申请人的家庭收入、家庭住房状况是否符合规定条件进行审核，提出初审意见并张榜公布，将初审意见和申请材料一并报送市（区）、县人民政府建设（住房保障）主管部门。③建设（住房保障）主管部门应当自收到申请材料之日起 15 日内，就申请人的家庭住房状况是否符合规定条件提出审核意见，并将符合条件的申请人的申请材料转同级民政部门。④民政部门应当自收到申请材料之日起 15 日内，就申请人的家庭收入是否符合规定条件提出审核意见，并反馈同级建设（住房保障）主管部门。⑤经审核，家庭收入、家庭住房状况符合规定条件的，由建设（住房保障）主管部门予以公示，公示期限为 15 日；对经公示无异议或者异议不成立的，作为廉租住房保障对象予以登记，书面通知申请人，并向社会公开登记结果。经审核，不符合规定条件的，建设（住房保障）主管部门应当书面通知申请人并说明理由。申请人对审核结果有异议的，可以向建设（住房保障）主管部门申诉。

3. 建设（住房保障）主管部门、民政等有关部门以及街道办事处、镇人民政府，可以通过入户调查、邻里访问以及信函索证等方式对申请人的家庭收入和住房状况等进行核实。申请人及有关单位和个人应当予以配合，如实提供有关情况。

4. 建设（住房保障）主管部门应当综合考虑登记的城市低收入住房困难家庭的收入水平、住房困难程度和申请顺序以及个人申请的保障方式等，确定相应的保障方式及轮候顺序，并向社会公开。对已经登记为廉租住房保障对象的城市居民最低生活保障家庭，凡申请租赁住房货币补贴的，要优先安排发放补贴，基本做到应保尽保。实物配租应当优先面向已经登记为廉租住房保障对象的孤、老、病、残等特殊困难家庭，城市居民最低生活保障家庭以及其他急需救助的家庭。

5. 对轮候到位的城市低收入住房困难家庭，建设（住房保障）主管部门或者具体实施机构应当按照已确定的保障方式，与其签订租赁住房补贴协议或者廉租住房租赁合同，予以发放租赁住房补贴或者配租廉租住房。发放租赁住房补贴和配租廉租住房的结果，应当予以公布。

6. 租赁住房补贴协议应当明确租赁住房补贴额度、停止发放租赁住房补贴的情形等内容。廉租住房租赁合同应当明确下列内容：①房屋的位置、朝向、面积、结构、附属设施和设备状况；②租金及其支付方式；③房屋用途和使用要求；④租赁期限；⑤房屋维修责任；⑥停止实物配租的情形，包括承租人已不符合规定条件的，将所承租的廉租住房转借、转租或者改变用途，无正当理由连续6个月以上未在所承租的廉租住房居住或者未交纳廉租住房租金等；⑦违约责任及争议解决办法，包括退回廉租住房、调整租金、依照有关法律法规规定处理等；⑧其他约定。

六、廉租住房的租金

廉租住房租金，是指享受廉租住房待遇的城镇最低收入家庭承租廉租住房应当交纳的住房租金。廉租住房租金实行政府定价，具体定价权限按照地方定价目录的规定执行。廉租住房租金标准原则上由房屋的维修费和管理费两项因素构成，并与城镇最低收入家庭的经济承受能力相适应。所谓维修费，是指维持廉租住房在预定使用期限内正常使用所必需的修理、养护等费用；所谓管理费，是指实施廉租住房管理所需的人员、办公等正常开支费用。廉租住房的计租单位应当与当地公有住房租金计租单位一致。制定和调整廉租住房租金标准，应当遵循公正、公开的原则，充分听取社会各有关方面的意见。廉租住房租金标准制定或调整，应当在媒体上公布，并通过政府公报、政府网站或政府信息公告栏等方式进行公示。因收入等情况变化而不再符合租住廉租住房条件而继续租住的，应当按商品住房的市场租金补交租金差额。

七、廉租住房的监督管理

根据《廉租住房保障办法》第五章的规定，对廉租住房实施监管的主要内容如下：

1. 国务院建设主管部门、省级建设（住房保障）主管部门应当会同有关部门，加强对廉租住房保障工作的监督检查，并公布监督检查结果。市、县人民政府应当定期向社会公布城市低收入住房困难家庭廉租住房保障情况。

2. 市（区）、县人民政府建设（住房保障）主管部门应当按户建立廉租住房档案，并采取定期走访、抽查等方式，及时掌握城市低收入住房困难家庭的人口、收入及住房变动等有关情况。

3. 已领取租赁住房补贴或者配租廉租住房的城市低收入住房困难家庭，应当按年度向所在地街道办事处或者镇人民政府如实申报家庭人口、收入及住房等变动情况。

街道办事处或者镇人民政府可以对申报情况进行核实、张榜公布，并将申报情况及核实结果报建设（住房保障）主管部门。

建设（住房保障）主管部门应当根据城市低收入住房困难家庭人口、收入、住房等变化情况，调整租赁住房补贴额度或实物配租面积、租金等；对不再符合规定条件的，应当停止发放租赁住房补贴，或者由承租人按照合同约定退回廉租住房。

4. 城市低收入住房困难家庭不得将所承租的廉租住房转借、转租或者改变用途。城市低收入住房困难家庭违反前述规定或者有下列行为之一的，应当按照合同约定退回廉租住房：①无正当理由连续 6 个月以上未在所承租的廉租住房居住的；②无正当理由累计 6 个月以上未交纳廉租住房租金的。

5. 城市低收入住房困难家庭未按照合同约定退回廉租住房的，建设（住房保障）主管部门应当责令其限期退回；逾期未退回的，可以按照合同约定，采取调整租金等方式处理。城市低收入住房困难家庭拒绝接受前述规定的处理方式的，由建设（住房保障）主管部门或者具体实施机构依照有关法律法规规定处理。

6. 对城市低收入住房困难家庭的收入标准、住房困难标准以及住房保障面积标准等，实行动态管理，由市、县人民政府每年向社会公布一次。

第 九 章

物业管理法律制度

第一节　物业管理概述

一、物业概述

（一）物业的概念

"物业"一词原是粤港地区对房地产的俗称，自 20 世纪 80 年代引入我国内地，由于该用语在我国被广泛使用，且具有确定的内容和标准，已为我国立法所确认，如国务院颁布的《物业管理条例》。《物业管理条例》并未直接对物业作出界定，但是一些地方性的法规对其进行了解释，例如：2008 年修订前的《广东省物业管理条例》规定，物业指"已建成并交付使用的住宅、工业厂房、商业用房等建筑物及其附属的设施、设备和相关场地"；已失效的《深圳经济特区住宅区物业管理条例》规定，物业指"住宅区内各类房屋及相配套的公用设施、设备及公共场地"；已失效的《上海市居住物业管理条例》规定，居住物业指"住宅以及相关的公共设施"。将上述内容进行综合可以得出物业的定义，物业是指已经建成并竣工验收投入使用的各类房屋、建筑及其配套设施与场地。

（二）物业的构成

物业的构成可以从物理和法律两个角度来认识。

1. 物业的物理性构成。从物理的角度来看，通常一个完整的物业应当包括如下几个部分：

（1）建筑物本体。供居住或非居住的建筑物本体，包括建筑物自用部位和共用部位。以居住物业为例，自用部位指一套住宅内部，由住宅的业主、使用人自用的卧室、客厅、厨房、卫生间、阳台、天井、庭园以及室内墙面等部位；共用部位指一幢住宅内部，由整幢住宅的业主、使用人共同使用的门厅、楼梯间、水泵间、电表间、电梯间、电话分线间、电梯机房、走廊通道、传达室、内天井、房屋承重结构、室外墙面、屋面等部位。

（2）附属设施。附属设施就是房屋建筑物内部的各项附属设备。附属设备同样包括自用设备和共用设备。自用设备是指由建筑物内部业主、使用人自用的门窗、卫生洁具以及通向总管的供水、排水、燃气管道、电线等设备；共用设备则是指建筑物内部全体业主共同使用的供水、排水、落水管道、照明灯具、垃圾通道、电视天线、水箱、水泵、电梯、邮政信箱、避雷装置、消防器具等设备。

（3）配套公共设施。物业公共设施，又称公共服务设施，主要是指物业区域内业主、使用人共有共用的设施。例如，由业主和物业使用人共同使用的道路、绿地、停车场地、照明路灯、化粪池、垃圾房、居委会、学校用房等设施。根据我国《城市居住区规划设计标准》（GB50180-2018），居住区规划设计应尊重气候及地形地貌等自然条件，并应塑造舒适宜人的居住环境。居住区规划设计应统筹庭院、街道、公园及小广场等公共空间形成连续、完整的公共空间系统，并应符合下列规定：①宜通过建筑布局形成适度围合、尺度适宜的庭院空间；②应结合配套设施的布局塑造连续、宜人、有活力的街道空间；③应构建动静分区合理、边界清晰连续的小游园、小广场；④宜设置景观小品美化生活环境。

（4）建筑地块。这是物业所占用的场地。

2. 物业的法律构成。物业的法律构成是依据业主对物业享有的不同权限而进行的一种划分，通常包括以下几个部分：

（1）专有部分。专有部分是物业在构造和使用上具有相对独立性的部分。除法律有特别规定外，业主对专有部分享有自由占有、使用、收益、处分的权利，并排除他人干涉。

（2）共有部分。除去上述业主的专有部分，余下的部分都归业主共同所有，即物业的共有部分。共有部分又可以分为法定共有和约定共有。法定共有是指性质上、构造上的共有部分，是基于建筑物的结构设计、功能或效用属于整个建筑物存在不可或缺的组成部分，或者是服务整个建筑物使用的部分，比如楼梯、电梯、中央空调、水暖管道、房屋外墙、变电室等。约定共有是指基于全体业主的约定，将构造上、利用上具有独立性的建筑物、设施确定为共有部分。能够被业主约定而成为共有部分共有部分的大多是建筑物附属物或附属设施，例如底层停车场、庭院、小区会所等。明确物业产权的归属，确定物业的专有部分和共有部分，是进行合法有效物业管理的前提条件。《物权法》第六章专门规定了业主的建筑物区分所有权，将共有分成了法定共有和约定共有两种，并列举了道路、绿地等法定共有的情况，对于明确物业产权的归属具有重要意义。但是由于现实生活中的情况千差万别，有些住宅区内的物业归属仍有争议，我国出现的诸多物业管理纠纷均与物业权属不明有着密切的关联。[1]

---

〔1〕 吴春岐等：《房地产法新论》，中国政法大学出版社 2008 年版，第 399 页。

（三）物业与房地产概念的比较

从上述关于物业的定义和物业的构成，可见"物业"与"房地产"是两个紧密联系的概念。但这二者又有以下重大区别：

1. 客体范围大小不同。房地产的客体是指房产和地产两个方面。而物业的客体范围较房地产更宽，除包含房地产外，还包括与房地产相配套的公共设施、设备和公共场地。其中，公共设施与设备包括公共供水、排水、燃气管道、垃圾通道、消防设施、各类电线、水箱、水泵、照明路灯、窨井、化粪池、垃圾箱等；公共场地则包括各类房地产周围的公共绿地、花园、道路、广场等。

2. 概念的适用环节不同。房地产一词的适用环节更为广泛，包括房地产开发、房地产交易、房地产中介、房地产税收管理等各个环节，不论其是否建设完成或是否通过验收，也不论其是否投入使用，均可称之为房地产。物业一词仅仅适用于房地产的交易和售后服务阶段，一般已经建成并竣工验收。未经开发的地产，不能称之为物业。

3. 使用的语境不同。在使用房地产一词时，通常是在以其作为民事权利客体的语境下出现的，即是以其作为一项不动产物权客体的角度而言。房地产作为不动产物权的主要客体，应当满足大陆法系物权法一物一权原则的要求。这就意味着房地产是作为特定一物出现的，某项房地产的权利主体自然也应当是唯一的。而使用物业一词时，人们更多是从房地产的管理和服务的语境下来使用的。尤其是在物业管理领域，所谓的物业往往是指多数房地产与其附属的公共设施、公共设备和公共场地的集合，它具有一定规模，并因而有进行专业化管理和服务的必要和市场基础。因此，物业的客体和主体（业主）通常都是多数的，业主通过组成业主大会以及与物业服务企业签订合同的方式对物业进行管理。[1]

二、物业管理的起源、概念和特征

（一）物业管理的起源与兴起的原因[2]

现代意义的物业管理作为一种不动产管理模式起源于 19 世纪 60 年代的英国。当时英国工业革命刚刚结束，大量农村人口涌入工业城市，城市原有房屋设施满足不了人口激增的需求，一些开发商相继修建一批简易住宅以低廉租金租给工人家庭居住，但因住宅设施简陋，居住环境恶劣，如此不仅租金拖欠严重，而且人为破坏时有发生，严重影响业主的经济收益。英国 1880 年至 1886 年间有位叫奥克维亚·希尔（Octavia Hill）的女士为其名下出租的物业制定了规

---

〔1〕 房绍坤主编：《房地产法》，北京大学出版社 2011 年版，第 216 页。
〔2〕 参见符启林：《房地产法》，法律出版社 2009 年版，第 316～317 页。

范租户行为的管理办法，要求租户严格遵守，从而改善居住环境，并使业主和使用人的关系得到改善。这一行之有效的办法成为物业管理的起源。

物业管理在世界各国兴起并成为现代化城市的朝阳产业，主要有以下原因：

1. 房地产商品化与城市化的共同发展。随着社会经济全面发展，人们趋于在城市居住，业主们对于房屋等物业的集中管护服务的现实需要不断增加。多层建筑与居住小区的出现使物业管理成为必要。城市人口骤增，土地资源短缺，适逢现代房屋建造技术水平不断提高，于是建筑物不断向高空方向发展，多层建筑成为各国解决住房紧张的对策。多层建筑产权归属众多区分所有权人，各区分所有权人习惯有异、要求不一，纠纷势必层出不穷，所以由业主组成管理团体进行自治管理与委托的专业管理机构从事专业管理，对高层建筑的维修养护以及区分所有权人共同生活秩序的维持极为重要。

2. 住宅小区的出现。现代城市划分为若干功能区并由各个功能区合理有机地结合而成，这是现代城市的一个重要特征。住宅小区是城市居民生活居住区域，被称为"城市社会的缩影"，是集居住、社会、服务、经济功能于一体的"小社会"。住宅小区业主使用人众多，产权归属错综复杂，结构功能繁杂，技术含量不断增加，其管理更为困难。非专业性人员、技术和设备无法对物业进行有效、规范的管理服务，这也是促进现代物业管理不断发展的一个重要因素。

3. 社会分工的细化。在整个社会分工不断细化的背景下，业主们管护、修缮其房屋设备的能力相对降低，管护能力亦参差不齐，而由专门的物业服务机构和人员实施专业性维护管理成为房地产业发展的趋势。

物业管理脱胎于人们对房屋的管护维修活动，然而现代意义上的物业管理的兴起，则依托于房地产商品化以及社会服务分工专业化、规范化的发展。[1]

4. 物业管理企业有巨大的营利空间。物业管理是物业管理企业提供的有偿服务，使物业管理行为成为有利可图的事业。

5. 法律制度的及时供给。现代物业管理的产生必须依赖于法律制度的更新和发展。这主要体现在建筑物区分所有权制度逐渐被各国物权立法所采纳。建筑物区分所有权理论的不断发展和完善，尤其是其中成员权和团体关系的创新，恰似为现代物业管理制度量身定做，为物业管理法律制度的建立以及基本理论的完善提供了帮助，我国《物权法》第六章以专章规定了"业主的建筑物区分所有权"，这成为我国物业管理法律制度建立和完善的前提和基础。[2]

---

〔1〕　黄河编著：《房地产法》，中国政法大学出版社 2008 年版，第 195 页。

〔2〕　黄河编著：《房地产法》，中国政法大学出版社 2008 年版，第 195 页。

（二）物业管理的概念、性质及其内容

1. 概念。物业管理是指业主通过选聘物业服务企业，由业主和物业服务企业按照物业服务合同约定，对房屋及配套的设施设备和相关场地进行维修、养护、管理，维护物业管理区域内的环境卫生和相关秩序的行为。[1] 理解上述概念应当把握以下要点：①物业管理关系的主体一方是包括业主及由其组成的业主大会、业主委员会；另一方是具备法定资质的物业服务公司，物业服务公司是物业管理行为的具体实施者。②物业管理的对象是物业的共有部分和共同事务，服务的对象是业主以及物业使用人等其他物业利益享有者。③物业管理是集服务性管理、经营为一体的有偿服务。

2. 性质。物业管理行为的性质可以从不同的角度来探讨：①从行为性质上讲，物业管理行为是市场经济环境下的一种专门化服务行为，具有技术性、专业性强等特点。②从权利来源上讲，物业管理权利是业主行使其物业所有权的延伸，业主通过业主团体委托授权物业服务企业行使物业管理权。③从物业管理关系主体来讲，业主与物业服务企业属于平等主体间的民事法律关系，各方权利义务通过订立物业服务合同加以确定。[2]

3. 内容。物业管理的内容可以从以下两个方面来认识：[3]

（1）对物的管理和对人的管理。

第一，对物的管理是指对建筑物、基地及其附属设施的保存、改良、利用以及处分等所为的物理上的管理。原则上仅限于建筑物的共有部分，专有部分不包括在内。实践中，物业管理中对物的管理主要有维护、保养、修缮等内容。

第二，对人的管理是指对区分所有权人聚居生活秩序的管理。对人的管理对象不以居住在区分所有建筑物中的所有权人为限，凡出入于区分所有的建筑物的人的行为，都应包括在内。比如，阻止物业使用人对自用部分进行危害整体利益的使用行为，阻止业主对共有部分进行妨害他人利用的行为，实行车辆停放秩序管理行为等。

（2）从物业管理行业的角度来看，其内容包括：

第一，基本业务。基本业务是物业管理本身的性质决定的，因此这些业务是所有物业管理公司都必须为业主提供的，物业公司在提供的格式合同中不得对这些内容作出删减，即使合同没有体现，也应当视为物业管理企业承担的责任。基本业务主要包括：房屋建筑物的维护、修缮与改造；物业附属设备、设

〔1〕　参见《物业管理条例》第 2 条的规定。

〔2〕　李延荣、周珂：《房地产法》，中国人民大学出版社 2000 年版，第 183 页。

〔3〕　参见吴春岐等：《房地产法新论》，中国政法大学出版社 2008 年版，第 400~401 页。

施的维护、保养和更新；相关场地的维护与管理；消防设施的维护、保养和更新等。

第二，专项服务。专项业务是某一特定的物业管理公司为物业的全体业主平等提供的，并通过物业委托合同体现出来。比如：治安保卫、清扫保洁、庭院护花、车辆管理等。

第三，委托性的特约服务。特约服务是为满足物业产权人、使用人的个别需求，受其委托而提供的服务。比如有的小区物业提供的代办车票、代聘家政服务、室内代为清洁等。这些服务不专属于物业管理和服务的范围，它是通过单独委托的方式，在个别业主与物业管理公司之间形成的特约服务关系。

（三）物业管理的法律特征[1]

1. 物业管理是一种民事行为，物业管理关系是一种民事法律关系。"物业管理"虽然有"管理"二字，但这不同于房地产的行政管理。在物业管理中，物业服务企业是为业主提供一种服务，这种服务体现在对物业的具体管理上。可见，物业管理并非行政意义上的管理与被管理的关系，而是物业服务企业与业主之间的一种平等的服务关系，物业服务企业所实施的管理是一种具体的民事行为。[2]

2. 物业服务合同是物业管理关系得以建立的基础。物业管理行为是物业服务企业履行合同义务的行为。无论是前期物业管理还是日常物业管理关系的建立，均须由业主或者业主团体与物业服务企业订立物业服务合同。并且，物业服务合同是双务、有偿合同。在我国，物业管理行业领域已经实施市场化运作模式，物业服务企业提供专业化物业管理服务并以此谋取自身利益的最大化。物业管理关系双方应在平等、自愿、公平、互利的原则下，自由协商订立物业服务合同，明确双方的权利、义务和责任。根据物业服务合同的约定，业主应按期支付物业服务费用，物业服务企业应提供合格的物业管理服务。

3. 物业管理行为具有一定的公益性。物业管理关系虽以市场为纽带，以物业服务合同为物业服务企业与业主们之间权利义务为基础。但因物业管理与业主们的生活质量以及公共秩序息息相关，物业管理关系受法律的制约和影响很大，在许多物业管理行为上，体现出鲜明的公益性特征。例如，在我国北方地区采暖季节，地方政府往往要求物业服务企业不得以任何理由迟延、拒绝供暖；某地发生灾情疫情时，当地政府更会要求物业服务企业对所辖生活小区加强监控。

---

〔1〕　参见黄河编著：《房地产法》，中国政法大学出版社 2008 年版，第 196 页。
〔2〕　房绍坤主编：《房地产法》，北京大学出版社 2011 年版，第 217 页。

三、物业管理立法

（一）各国物业管理立法概况

考察各国物业管理立法，大致有以下三种立法模式：[1]

1. 纳入民法典模式。这是基于物业管理是业主所有权延伸的理论基础，在民法典中设专章或专节特别规定业主建筑物区分所有权作为物业管理立法的基点。例如，《瑞士民法典》第四编的物权法中关于"分层建筑所有权"的规定；《意大利民法典》第七章共同所有中第二节关于"建筑物（大厦）之共有"的规定等。

2. 单独立法模式。针对建筑物区分所有权以及物业管理关系的复杂性特点，多数大陆法系国家采用了专门立法、颁布单行法律的方式来调整建筑物区分所有关系以及相应的物业管理关系。例如，法国1967年《住宅分层所有权法》；德国1973年《关于居住所有权及继续居住权的法律》；奥地利1948年《有关住宅和营业场所所有权之联邦特别法》以及荷兰、葡萄牙、西班牙等国也分别制定了区分所有权特别法。美国则是由各州制定单行的建筑物（公寓）区分所有权法。

3. 纳入住宅法模式。自20世纪起，英美法系各国相继制定和颁布了一系列的专门住宅法规，逐步形成了较为完备的住宅法规体系。在住宅法中设专章或专节将物业管理予以规定，也成为英美法系各国物业管理立法的一种常见选择。例如，英国、加拿大、澳大利亚、新西兰、印度等均采取此种物业管理立法模式。

各国物业管理立法，大都以建筑物区分所有权为立法轴心，形成各自的物业管理法律制度，这反映出建筑物区分所有权在物业管理立法中所起的基础性作用。

（二）我国物业管理立法沿革

我国物业管理从立法模式的角度来看，采取的是上述第二种立法模式，即制定单行行政法规性质的《物业管理条例》来调整物业管理关系。

当然，这有一个历史的发展过程：从1950年开始，在计划经济体制下，我国城市土地收归国有，房产绝大部分转为公有；住宅基本由政府投资建设，并作为福利分配；房地产管理由政府机构负责，行使业主和管理者双重权力。这个传统体制的特征是分配福利性，管理行政性，产权属国家，使用权归住房人，以租养房，租金低廉。从而造成了"国家建房、分房、修房、管房，百姓等房、要房"的局面；在这种情况下，房屋建成分配后，因租金不足，房产管理依赖

---

〔1〕　参见黄河编著：《房地产法》，中国政法大学出版社2008年版，第198~199页。

国家补贴，结果形成投资建房越多，费用包袱越重的局面。改革开放后，伴随市场经济体制的逐步建立，房屋管理体制开始变化。1981 年 3 月，深圳市第一家专业物业管理公司——深圳市物业管理公司成立，开市场化物业管理先河。1993 年建设部房地产司在广州和深圳召开的第一届全国物业管理研讨会和深圳市物业管理协会的成立，标志着我国物业管理进入全面推广期。1994 年 3 月颁布的中华人民共和国成立以来物业管理的第一个部门规章，即《城市新建住宅小区管理办法》（现已失效），确立了物业管理在房地产业中的独立地位。1995 年物业管理上升到城市管理体制改革的高度。为了规范物业管理活动，维护业主和物业管理企业的合法权益，改善人民群众的生活和工作环境，2003 年 5 月 28 日，国务院第九次常务会议通过了《物业管理条例》（国务院第 379 号令），并于 2003 年 9 月 1 日起施行。这是我国颁行的第一部关于物业管理的行政法规，从此结束了中国物业管理行业无法可依的局面，该条例分别于 2007 年、2016 年进行了两次修订，2018 年又进行了修正。2007 年 10 月 1 日起实施的《物权法》中"业主的建筑物区分所有权"的规定进一步为物业管理提供了法律依据。

四、物业管理的类型

按照不同的标准可以将物业管理分为以下不同类型：

1. 根据物业管理模式的不同，可以分为委托代管型和业主自管型两种。①委托代管型是由业主通过业主自治机构委托物业服务企业对其物业进行专门化的服务管理，例如住宅小区、写字楼等常采用这种物业管理方式，这是当前最常见的物业管理模式。②业主自管型是由业主自己对其所有或者取得合法使用权的物业自主实施物业管理，包括自建自管、自买自管或者自租自管等形式，例如宾馆酒店、校内宿舍、医院、商场等常常采用此种管理方式。

上述两种不同物业管理模式的差异在于，委托代管型是不同主体之间的法律关系，双方通过物业服务合同建立物业管理关系。而业主自管型则属于同一业主的内部行为，通过业主内部自己制定规章制度来实行管理。

2. 根据物业服务企业选聘时间的不同，可以分为前期物业管理和普通物业管理。①前期物业管理是指业主、业主大会选聘物业服务企业之前，由开发商或者建设单位选聘物业服务企业进行物业管理工作。在小区业主入住之前，小区同样需要物业管理服务，因此，法律规定应当由建设单位通过招标投标的方式选聘物业服务企业，进行必要的物业管理活动。在物业"开盘"时，有的前期物业参与楼盘营销，好的物业管理也是吸引业主购买的重要因素，并且前期物业应当提供业主入住的进户管理。一些较有实力的房地产开发企业往往会组建自己的物业服务公司，对所出售的房屋进行前期物业管理。②普通物业管理是指业主入住后，通过业主大会，以公开、公平、公正的市场竞争机制选聘物业服务企业，订立物业服务合同，按照该合同实施的物业管理活动。

前期物业管理与普通物业管理就物业服务的范围而言，并无太大差异，但在物业服务企业的选聘、物业管理费用的收取、监督机制的设立运作等方面存在较大差异。

3. 根据物业的不同用途，可以分为住宅小区物业管理、商业办公物业管理以及公共设施物业管理等。这些用途不同的物业在物业管理关系的订立、物业服务的内容等方面都有一定的差异。目前我国常见的物业管理多为住宅小区物业管理，商业办公、校园后勤、公共场所物业管理也有较大发展，并且日益成为物业服务企业的重要服务对象。

第二节　业主自治

一、业主自治概述

业主自治是指在物业管理区域内的全体业主，基于建筑物区分所有权，依据法律、法规的规定，根据民主的原则建立自治组织、确立自治规范、自主确定其共同利益，并为该利益的实现而采取的自我服务、自我管理、自我约束行为的总称。业主自治是一种社会基层的自治治理模式。

业主自治必要性的原因在于建筑物区分所有制度。建筑物区分所有在分给各业主专有部分所有权的同时，又确认了各业主对于共有部分的持分权。但各区分所有权人的要求各异，从而导致各种纠纷发生。为了统一多数区分所有权人的意见，落实社区民主管理，应以某种方式决议公共事务，并授权一定的个人或团体执行，否则将造成公共事务无人愿管或无人可管的情形。各国物业管理法律制度中业主自治都是其基本组成部分。我国《物权法》第六章规定，业主对共有部分有共同管理的权利，业主可以自行管理建筑物及其附属设施，也可以委托物业服务企业或者其他管理人管理。进行管理的方式主要为业主大会及其选举的业主委员会。《物业管理条例》也确立了以业主大会为核心的业主自治机制。

我国香港特别行政区实行以业主立案法团为主轴的业主自治体系；在我国台湾地区，业主自治机构则主要包括区分所有权人会议、管理委员会或者管理负责人等。[1]

基于对业主自治的上述认识，以下将讨论的问题包括：业主、业主大会、

---

〔1〕　黄河编著：《房地产法》，中国政法大学出版社 2008 年版，第 204 页。

业主委员会、业主团体的法律地位和管理规约等。

二、业主

（一）业主的含义

《物业管理条例》第 6 条第 1 款规定："房屋的所有权人为业主。"业主可以是自然人，也可以是法人；可以是拥有独立产权的房屋所有人，也可以是房屋的共有权人。

在实际生活中，大量存在着房屋借用、租赁等现象，这就必然出现房屋的所有权人与使用人不一致的情形。这种使用人通常称为"物业使用人"或"非业主使用人"。物业使用人不具有成员权资格，一般不参加业主大会与业主委员会，但物业使用人根据与业主在合同中的授权，可以行使部分业主权利。根据《物业管理条例》第 47 条的规定，物业使用人在物业管理活动中的权利义务由业主和物业使用人约定，但不得违反法律、法规和管理规约的有关规定。物业使用人违反本条例和管理规约的规定，有关业主应当承担连带责任。

另外，在我国，由于公有住房制度改革，导致许多公有住房虽然以房改房的形式出售，但单位仍然保留部分权利，购房者只享有部分产权，在物业管理关系中应当承认这些享有房屋部分产权的主体也是业主。

（二）业主的权利和义务

1. 业主的权利。根据《物业管理条例》第 6 条第 2 款的规定，业主在物业管理活动中，享有下列权利：

（1）按照物业服务合同的约定，接受物业服务企业提供的服务。

（2）提议召开业主大会会议，并就物业管理的有关事项提出建议。

（3）提出制定和修改管理规约、业主大会议事规则的建议。

（4）参加业主大会会议，行使投票权。

（5）选举业主委员会成员，并享有被选举权。

（6）监督业主委员会的工作。

（7）监督物业服务企业履行物业服务合同。

（8）对物业共用部位、共用设施设备和相关场地使用情况享有知情权和监督权。

（9）监督物业共用部位、共用设施设备专项维修资金的管理和使用。

（10）法律、法规规定的其他权利。

上述第（10）项属于兜底条款，即除上述列举的权利外，业主还享有法律、法规规定的其他权利。例如，有权请求人民法院撤销业主大会或业主委员会作出的侵害业主权益的决定；有权选聘、续聘和解聘物业服务企业。《物权法》第 78 条第 2 款规定："业主大会或者业主委员会作出的决定侵害业主合法权益的，受侵害的业主可以请求人民法院予以撤销。"第 81 条第 2 款规定："对建设单位聘请的物业服务企业或者其他管理人，业主有权依法更换。"

2. 业主的义务。业主在享受物业管理公司提供的物业服务的同时，也应当履行相应义务，根据《物业管理条例》第 7 条的规定，业主在物业管理活动中履行下列义务：

（1）遵守管理规约、业主大会议事规则。

（2）遵守物业管理区域内物业共用部位和共用设施设备的使用、公共秩序和环境卫生的维护等方面的规章制度。对此，《物权法》第 83 条也规定："业主应当遵守法律、法规以及管理规约。业主大会和业主委员会，对任意弃置垃圾、排放污染物或者噪声、违反规定饲养动物、违章搭建、侵占通道、拒付物业费等损害他人合法权益的行为，有权依照法律、法规以及管理规约，要求行为人停止侵害、消除危险、排除妨害、赔偿损失。业主对侵害自己合法权益的行为，可以依法向人民法院提起诉讼。"

（3）执行业主大会的决定和业主大会授权业主委员会作出的决定。为了维护全体业主的合法权益，对业主大会和业主大会授权业主委员会作出的决定，全体业主应当遵守，对此，《物权法》第 78 条第 1 款规定："业主大会或者业主委员会的决定，对业主具有约束力。"

（4）按照国家有关规定交纳专项维修资金。对此，《物权法》第 79 条规定："建筑物及其附属设施的维修资金，属于业主共有。经业主共同决定，可以用于电梯、水箱等共有部分的维修。维修资金的筹集、使用情况应当公布。"第 80 条规定："建筑物及其附属设施的费用分摊、收益分配等事项，有约定的，按照约定；没有约定或者约定不明确的，按照业主专有部分占建筑物总面积的比例确定。"

（5）按时交纳物业服务费用。

（6）法律、法规规定的其他义务。

关于业主的义务，还有一点需要提及：根据《物权法》第 72 条第 1 款的规定，业主对建筑物专有部分以外的共有部分，享有权利，承担义务；不得以放弃权利为由不履行义务。也就是说，业主即使对共有部分放弃权利，也应当履行相应义务，不得以未享受过或放弃了共有部分权利为由，拒绝履行义务。

三、业主大会

（一）业主大会的概念和成立原则

1. 概念。业主大会是由一定物业管理区域内的全体业主组成的，决定物业管理中重大事项的自治组织。业主大会自首次业主大会会议召开之日起成立。

2. 原则。业主大会的成立原则如下：

（1）一区一会原则。《物业管理条例》第9条规定，一个物业管理区域成立一个业主大会。物业管理区域的划分应当考虑物业的共用设施设备、建筑物规模、社区建设等因素。具体办法由省、自治区、直辖市制定。可见，我国业主大会以物业管理区域为基础成立，一个物业管理区设立一个业主大会。

（2）政府指导原则。《物权法》第75条第2款规定，地方人民政府有关部门应当对设立业主大会和选举业主委员会给予指导和协助。《物业管理条例》第10条将其具体化为：同一个物业管理区域内的业主，应当在物业所在地的区、县人民政府房地产行政主管部门或者街道办事处、乡镇人民政府的指导下成立业主大会，并选举产生业主委员会。但是，只有一个业主的，或者业主人数较少且经全体业主一致同意，决定不成立业主大会的，由业主共同履行业主大会、业主委员会职责。

（二）业主大会的职责

根据《物业管理条例》第11条的规定，业主共同决定下列事项：①制定和修改业主大会议事规则；②制定和修改管理规约；③选举业主委员会或者更换业主委员会成员；④选聘和解聘物业服务企业；⑤筹集和使用专项维修资金；⑥改建、重建建筑物及其附属设施；⑦有关共有和共同管理权利的其他重大事项。

《物权法》第76条第2款还规定，决定上述第⑤项和第⑥项规定的事项，应当经专有部分占建筑物总面积2/3以上的业主且占总人数2/3以上的业主同意。决定上述其他事项，应当经专有部分占建筑物总面积过半数的业主且占总人数过半数的业主同意。

（三）业主大会的议事规则

业主大会议事规则是指全体业主就业主大会的议事方式、表决程序、业主投票权确定办法、业主委员会的组成和委员任期等事项作出的对全体业主具有约束力的规则。

《物业管理条例》第12条规定，业主大会会议可以采用集体讨论的形式，也可以采用书面征求意见的形式；但是，应当有物业管理区域内专有部分占建筑物总面积过半数的业主且占总人数过半数的业主参加。业主可以委托代理人参加业主大会会议……业主大会或者业主委员会的决定，对业主具有约束力。业主大会或者业主委员会作出的决定侵害业主合法权益的，受侵害的业主可以请求人民法院予以撤销。

根据《物业管理条例》第13条和第14条的规定，业主大会会议分为定期会议和临时会议。业主大会定期会议应当按照业主大会议事规则的规定召开。经20%以上的业主提议，业主委员会应当组织召开业主大会临时会议。召开业主大会会议，应当于会议召开 15 日以前通知全体业主。住宅小区的业主大会会议，应当同时告知相关的居民委员会。业主委员会应当做好业主大会会议记录。

四、业主委员会

业主委员会是由业主大会选举产生，并经房地产行政主管部门登记，在物业管理中代表和维护全体业主合法权益的组织。它是业主大会的执行机构。根据《物业管理条例》第 16 条第 1 款的规定，业主委员会应当自选举产生之日起30 日内，向物业所在地的区、县人民政府房地产行政主管部门和街道办事处、乡镇人民政府备案。

（一）业主委员会委员

1. 业主委员会委员的产生。业主委员会委员是由业主大会选举产生的业主。根据《物业管理条例》第 16 条第 2 款的规定，业主委员会委员应当由热心公益事业、责任心强、具有一定组织能力的业主担任。根据 2009 年住房和城乡建设部《业主大会和业主委员会指导规则》的规定，业主委员会委员应当是本物业管理区域内的业主，并符合下列条件：①具有完全民事行为能力；②遵守国家有关法律、法规；③遵守业主大会议事规则、管理规约，模范履行业主义务；④热心公益事业，责任心强，公正廉洁；⑤具有一定组织能力；⑥具备必要的工作时间。

2. 业主委员会委员的任期。业主委员会委员实行任期制，每届任期不超过5 年，可连选连任，业主委员会委员具有同等表决权。

3. 业主委员会委员资格的终止。[1] 业主委员会委员资格的终止分为自行终止和业主大会决定终止两种情形：

（1）自行终止。有下列情况之一的，业主委员会委员资格自行终止：①因物业转让、灭失等原因不再是业主的；②丧失民事行为能力的；③依法被限制人身自由的；④法律、法规以及管理规约规定的其他情形。

（2）业主大会决定终止。业主委员会委员有下列情况之一的，由业主委员会 1/3 以上委员或者持有 20% 以上投票权数的业主提议，业主大会或者业主委员会根据业主大会的授权，可以决定是否终止其委员资格：①以书面方式提出辞职请求的；②不履行委员职责的；③利用委员资格谋取私利的；④拒不履行业主义务的；⑤侵害他人合法权益的；⑥因其他原因不宜担任业主委员会委员的。

---

[1] 参见《业主大会和业主委员会指导规则》第 43~45 条的规定。

（二）业主委员会主任、副主任

根据《物业管理条例》第16条第3款的规定，业主委员会主任、副主任在业主委员会成员中推选产生。业主委员会应当自选举产生之日起7日内召开首次业主委员会会议，从业主委员会委员中推选产生业主委员会主任1人，副主任1~2人。

（三）业主委员会的职责

根据《物业管理条例》第15条的规定，业主委员会履行以下职责：①召集业主大会会议，报告物业管理的实施情况；②代表业主与业主大会选聘的物业服务企业签订物业服务合同；③及时了解业主、物业使用人的意见和建议，监督和协助物业服务企业履行物业服务合同；④监督管理规约的实施；⑤业主大会赋予的其他职责。而《业主大会和业主委员会指导规则》第35条对业主委员会的职责作了更为具体的规定：①执行业主大会的决定和决议；②召集业主大会会议，报告物业管理实施情况；③与业主大会选聘的物业服务企业签订物业服务合同；④及时了解业主、物业使用人的意见和建议，监督和协助物业服务企业履行物业服务合同；⑤监督管理规约的实施；⑥督促业主交纳物业服务费及其他相关费用；⑦组织和监督专项维修资金的筹集和使用；⑧调解业主之间因物业使用、维护和管理产生的纠纷；⑨业主大会赋予的其他职责。

业主大会、业主委员会应当依法履行职责，不得作出与物业管理无关的决定，不得从事与物业管理无关的活动。业主大会、业主委员会作出的决定违反法律、法规的，物业所在地的区、县人民政府房地产行政主管部门和街道办事处、乡镇人民政府，应当责令限期改正或者撤销其决定，并通告全体业主。

（四）业主委员会会议及其议事规则

经1/3以上业主委员会委员提议或者业主委员会主任认为有必要的，应当及时召开业主委员会会议。业主委员会会议应当作书面记录，由出席会议的委员签字后存档。业主委员会会议应当有过半数委员出席，作出决定必须经全体委员人数半数以上同意。业主委员会的决定应当以书面形式在物业管理区域内及时公告。委员会任期届满2个月前，应当召开业主大会会议进行业主委员会的换届选举；逾期未换届的，房地产行政主管部门可以指派工作人员指导其换届工作。原业主委员会应当在其任期届满之日起10日内，将其保管的档案资料、印章及其他属于业主大会所有的财物移交新一届业主委员会，并办理好交接手续。

（五）业主委员会的经费和场地

业主委员会代表全体业主办理物业小区的日常事务，必然涉及费用的支出和办公场地的使用问题。业主大会和业主委员会开展工作的经费由全体业主承担；经费的筹集、管理、使用具体由业主大会议事规则规定。业主大会和业主委员会工作经费的使用情况应当定期以书面形式在物业管理区域内公告，接受业主的质询。

对于办公场地，现行法律、法规没有规定。对此，可以比照物业管理用房的做法，在房地产开发阶段就由法律、法规强制规定，一定规模的小区必须规划建设一定面积的业主委员会用房，既可以由开发商无偿提供，也可以计入房价，由业主共同承担，从而真正彻底解决办公场地问题。[1]

对于业主委员会委员是否应当支付相应的报酬或津贴，我国目前的法律、法规也没有作出规定。应当说，业主委员会委员作为业主之一，其有义务参与小区的物业管理，但是与普通业主只需通过行使表决权的方式参与管理不同，业主委员会的委员们实施其管理行为需要付出较多的时间和精力。所以，无论从公平的角度，还是从调动其工作积极性的角度来考虑，都有必要对业主委员会委员所付出的劳动给予其一定的报酬作为补偿。报酬的具体数额，可由业主大会决定。

五、业主团体的法律地位[2]

业主团体是指业主自治的组织形式，在我国表现为业主大会和业主委员会。我国《物权法》及《物业管理条例》没有直接规定业主团体这一概念，而是对业主大会和业主委员会作出了具体的规定。

关于业主团体的法律地位如何，学术界有四种不同的观点：①业主团体不具有独立的财产，不能独立承担民事责任，因此不具备法人资格，这种观点为德国有关立法所采用。我国台湾地区则规定，业主团体虽不具实体法上的权利能力，无法享受权利负担义务，但在程序上相当于非法人团体。台湾地区1995年"公寓大厦管理条例"第38条第1款规定，"管理委员会有当事人能力"，从而使管理委员会取得了进行诉讼的法律资格。②业主团体具备法人资格。法国、新加坡以及中国香港特别行政区法律都采用这种观点。例如，香港特别行政区《建筑物管理条例》就规定，由业主委出的管理委员会向土地注册处处长申请注册为法人团体。③业主团体是否具有法人资格，应以其是否具备法定条件为标准，具备条件的，就应承认其法人资格。④原则上不承认建筑物区分所有人管理团体的法人资格，但在个别判例中承认其法人资格。[3]

解决业主团体的法律地位问题，对于业主团体依法行使业主权利，维护其

---

〔1〕　吴春岐等：《房地产法新论》，中国政法大学出版社2008年版，第412页。

〔2〕　参见高富平、黄武双：《房地产法学》，高等教育出版社2010年版，第355~356页。

〔3〕　黄河编著：《房地产法》，中国政法大学出版社2008年版，第210页。

共同物业利益具有重要意义。如何认识我国业主团体的法律地位？首先考察我国的业主团体是否具有法人资格：我国的业主团体本身没有独立的财产，其财产主要是业主交纳的管理费和维修资金，业主对其享有共有权，不能将其视为业主团体的独立财产。无独立财产即不具备法人资格的必备要件，因而我国的业主团体只能是非法人组织，即"非法人团体"。

"非法人团体"属于自然人和法人之外的第三类民事主体，之所以承认该民事主体的存在，主要在于解决全体业主行为的主体资格问题。因为在区分所有权体制下处理共同事务时，单个业主不再具有主体资格，全体业主对外必须有标识其存在的组织，而且法律承认其具有服务于全体业主利益的权利能力和行为能力。这样不仅便于全体业主对共有物的处分、对共同事务的处理（如诉讼），也便于第三人识别，保护交易安全。因此，业主团体的主体地位是必须在法律中予以确立的一项重要制度。

如上所述，我国现行法律没有采用业主团体这一概念，却直接规定了业主团体的权力机构和执行机构，即业主大会和业主委员会。客观而言，没有业主团体就不可能有业主大会，因为业主大会就是一个团体或组织的权力机构，是其中的构成部分。

在现实生活中，不承认业主团体的主体地位必然会影响到全体业主行为的主体资格。比如，在侵害全体业主利益时，应由哪一主体代表全体业主提起诉讼，现实中颇为棘手。有的选择团体诉讼，也有的通过业主大会提起诉讼，更多的是选择由业主委员会代表全体业主提起诉讼。因此，承认业主大会即意味着现行的法律默认业主团体存在的现实性和客观性。

当然，作为业主团体的业主大会，其民事权利能力应当仅限于小区物业管理事项，不能扩及至其他事项。业主团体乃基于物业活动之便利这一特定目的而成立的团体，只能服务于该特定目的。由全体业主选举产生的业主委员会（或管理委员会）代表业主团体对外实施与物业管理有关的活动或行为。

六、管理规约

（一）管理规约的概念和性质

管理规约，又称业主公约、业主规约等，是物业管理区域内全体业主就物业的使用、维护、管理以及业主的权利、义务和责任等有关业主共同利益的事项所达成的书面自治规则。管理规约是由多数人为同一目的而订立的，因此属于民事法律行为理论中的共同行为。管理规约是依据私法自治原则衍生出来的规约自治原则制定的，只要不违反法律之强制性规定，不违反公序良俗原则，不变更或排除区分所有权的本质，均可产生法律上的效力。[1]

关于管理规约的性质，学界有以下几种不同的观点：[2] ①管理规约是业主（区分所有权人）之间的非单纯债权性质的契约。②管理规约是众多业主（区分所有权人）之间的社会化的契约。③管理规约具有合伙性质、集团性质。④管理规约类似于劳动法上的劳动协议。⑤管理规约是有关区分所有权人相互之间权利义务关系的基本规定，属于自治法规或自治规则。

管理规约的约束力不仅及于全体业主，还应当及于物业区域内的物业使用人、业主继承人和管理人，这是一般契约所不具有的特征。应当说，管理规约是业主团体的最高自治规范和根本性自治规则，其地位和作用相当于业主团体的"宪法"。因此，业主大会和业主委员会的决议以及相关行为都不得与这一最高自治规范相抵触，诸如业主委员会章程、各种具体的管理制度以及物业服务合同均应当以管理规约为准则。管理规约应当经业主大会审议通过，通过之日起生效。

（二）管理规约的内容

管理规约属业主自治性规范，其内容应当由业主自由协商确定。具体因建筑物的规模、用途以及区域内业主的生活习惯、收入水平等具体情况而有所不同。有的国家在相关立法中对管理规约的内容作了指引性的列举，或者由政府主管部门提供管理规约的示范文本，供业主团体制定时参考。

管理规约应当以业主的权利义务为核心，并且不得与国家法律、法规相抵触，不得违反社会公德和损害社会共利益，通常包括以下内容：

1. 物业区域概况，包括物业的名称、坐落、面积四至、使用期限、共有部分共有部分与单独所有部分的划分以及公共设施设备等的状况。

2. 业主的权利和义务。业主的权利义务应当以《物权法》和《物业管理条例》中规定的为基础，并可以针对本物业管理区域的实际情况另行约定其他权利和特别义务。例如，约定个别业主的专有使用权，禁止擅自堆放物品、存放易燃、易爆、剧毒、放射性物品等。

3. 业主大会、业主委员会产生办法及其议事规则，包括业主大会的召集程序、议事方式、表决程序、业主投票权计算方法；业主委员会的选举、任期、职责以及管理规约的修改程序等。

4. 专项维修资金的筹集、管理和使用。

5. 物业共有部分的经营与收益分配。

---

〔1〕 梁慧星主编：《中国物权法研究（上）》，法律出版社 1998 年版，第 405 页。

〔2〕 高富平、黄武双：《房地产法学》，高等教育出版社 2010 年版，第 361 页。

6. 违反管理规约的责任。管理规约本质上属于自治规范，可以约定民事赔偿责任，如恢复原状、赔偿损失等。实践中，有的管理规约约定业主委员会有权对违反管理规约的业主实施罚款、扣押、没收、强制拆除等处罚措施，这属于公法上的处罚权条款，有悖于管理规约的本质，超越了业主委员会的职能范围，于法无据。

（三）临时管理规约

临时管理规约是指在物业销售前，由房地产建设单位制定的有关物业管理的规范性文件，它对将来的物业买受人均具有约束力。依据《物业管理条例》第 22 条、第 23 条的规定，建设单位应当在销售物业之前，制定临时管理规约，对有关物业的使用、维护、管理，业主的共同利益，业主应当履行的义务，违反临时管理规约应当承担的责任等事项依法作出约定。建设单位制定的临时管理规约，不得侵害物业买受人的合法权益。

建设单位应当在物业销售前将临时管理规约向物业买受人明示，并予以说明。物业买受人在与建设单位签订物业买卖合同时，应当对遵守临时管理规约予以书面承诺。

临时管理规约的制定，有利于前期物业管理的顺利进行。临时管理规约具有临时性，当物业销售已经达到一定比例，由全体业主召开业主大会并通过正式的管理规约后，临时规约的效力自然终止。

第三节 物业服务企业

一、物业服务企业的概念

物业服务企业是指依法设立、具有独立法人资格，从事物业管理服务活动的企业。物业服务企业应当具有法人资格，物业服务企业在组成形式上有有限责任公司和股份有限公司两种形式。实践中，物业服务企业分为专营和兼营两种。专营企业是指以物业管理为主营项目，实行自主经营、独立核算、自负盈亏，能独立承担民事责任，具有企业法人资格的企业；而兼营企业是指以其他经营项目为主，兼营物业管理服务的法人企业。

二、物业服务企业的权利和义务

物业服务企业的权利和义务来自两个方面，一是法律法规的明确规定，二是物业服务合同的特别约定。这二者均有法律约束力，由于当事人之间的约定千变万化，所以，下面所介绍的物业服务企业的权利和义务主要是指法定的权利义务。

（一）物业服务企业的权利

根据《物业管理条例》的规定，物业服务企业的权利归纳起来主要包括以下内容：

1. 物业服务企业享有在公开、公平、公正的条件下参与市场竞争的权利。

2. 物业服务企业既享有与业主大会签订物业服务合同的权利，也享有与建设单位签订前期物业服务合同的权利。

3. 依据物业服务合同和有关规定收取管理费。

4. 物业服务企业享有要求业主、物业使用人、业主委员会协助履行物业服务合同的权利。

5. 物业服务企业享有在承接物业时，对物业共用部位、共用设施设备进行查验，并办理物业验收手续的权利。

6. 物业服务企业享有在办理物业承接验收手续时，向建设单位索取资料的权利。主要包括：①竣工总平面图，单体建筑、结构、设备竣工图，配套设施、地下管网工程竣工图等竣工验收资料；②设施设备的安装、使用和维护保养等技术资料；③物业质量保修文件和物业使用说明文件，以及物业管理所必需的其他资料。

7. 物业服务企业享有将物业管理区域内的专项服务业务委托给专业性服务企业的权利。

8. 物业服务企业有权制止物业管理区域内有关治安、环保、物业装饰装修和使用等方面违法违规的行为，并及时向有关行政管理部门报告的权利。

9. 当业主违反物业服务合同约定，逾期不交纳物业服务费用时，物业服务企业享有向人民法院起诉的权利。

（二）物业服务企业的义务

物业服务企业的义务归纳起来主要包括以下内容：

1. 物业服务企业负有按照物业服务合同的约定，提供相应服务的义务。

2. 物业服务企业负有及时了解业主、物业使用人的意见、建议并接受监督的义务。

3. 物业服务企业负有在物业服务合同（包括前期物业服务合同）终止时，将有关资料移交给业主委员会的义务。

4. 未经业主大会同意，物业服务企业负有不得改变物业管理用房用途的义务。

5. 物业服务企业负有不得擅自占用、挖掘物业管理区域内的道路、场地，损害业主共同利益的义务。

6. 物业服务企业负有不得挪用专项维修资金的义务。

7. 物业服务企业负有将房屋装饰装修中的禁止行为和注意事项告知业主的义务。

8. 物业服务企业负有协助做好物业管理区域内的安全防范工作的义务。

9. 物业服务企业未能履行物业服务合同的约定，导致业主人身、财产安全受到损害的，应依法承担相应法律责任。

第四节　物业管理服务

如本章第一节所述，物业管理服务分为前期物业管理服务和普通物业管理服务。

一、前期物业管理服务[1]

前期物业管理服务是指在业主、业主大会选聘物业服务企业之前，由建设单位选聘物业服务企业所实施的物业管理服务。

（一）前期物业服务合同

根据《物业管理条例》第21条的规定，在业主、业主大会选聘物业服务企业之前，建设单位选聘物业服务企业的，应当签订书面的前期物业服务合同。

前期物业管理应当签订书面的前期物业服务合同。前期物业服务合同是物业服务企业进行物业管理的开始，也是物业建设和管理顺利衔接的重要文件。由于前期物业服务的最终权利义务承担者是业主，因此建设单位与物业买受人签订的买卖合同应当包含前期物业服务合同约定的内容，以便使业主了解前期物业服务合同的内容，并因业主在物业买卖合同中的承认而对其发生效力。

前期物业服务合同可以约定期限，但是，期限未满、业主委员会与物业服务企业签订的物业服务合同生效的，前期物业服务合同终止。

与普通物业服务合同不同，普通物业服务合同的物业服务费用是由业主负担的，但在前期物业管理合同中，物业服务费用应先由房地产开发商承担，待业主购买入住后再转归业主承担。

（二）临时管理规约

本章第二节已经介绍，在此不再赘述。

（三）前期物业服务企业的选聘

1. 前期物业服务企业选聘的原则。《物业管理条例》第24条第1款规定了前期物业服务企业选聘的基本原则，即"国家提倡建设单位按照房地产开发与

---

〔1〕　参见《物业管理条例》第三章的规定。

物业管理相分离的原则，通过招投标的方式选聘物业服务企业"。这也是市场竞争原则在前期物业管理上的具体体现。由于前期物业服务合同是由建设单位（房地产开发商）代表业主与物业服务企业订立的，因此，如果允许房地产开发商兼营物业管理项目，房地产开发商为了追求自身利益的最大化，完全可能将自建物业的管理权交给自己，并制定有利于自己而不利于业主的物业服务合同。因此，在前期物业服务企业的选聘上采取房地产开发与物业管理相分离的原则，有利于避免利益冲突，更显公平，更有利于维护业主的利益。

2. 前期物业服务企业选聘的方式。《物业管理条例》第 24 条第 2 款规定："住宅物业的建设单位，应当通过招投标的方式选聘物业服务企业；投标人少于 3 个或者住宅规模较小的，经物业所在地的区、县人民政府房地产行政主管部门批准，可以采用协议方式选聘物业服务企业。"据此，前期物业服务企业的选聘有招投标和协议两种方式。其中，以招投标的方式为原则，而以协议方式为例外。《前期物业管理招标投标管理暂行办法》详细规定了前期物业管理招投标的具体操作规程。

（四）建设单位和物业服务企业在前期物业管理中的义务和法律责任

1. 建设单位的义务和法律责任。建设单位在前期物业管理中的义务和法律责任如下：①建设单位不得擅自处分业主依法享有的物业共用部位、共用设施设备的所有权或者使用权。建设单位擅自处分属于业主的物业共用部位、共用设施设备的所有权或者使用权的，由县级以上地方人民政府房地产管理部门处 5 万元以上 20 万元以下的罚款；给业主造成损失的，依法承担赔偿责任。②建设单位应当按照规定在物业管理区域内配置必要的物业管理用房，以方便物业管理活动的顺利进行。建设单位在物业管理区域内不按照规定配置必要的物业管理用房的，由县级以上地方人民政府房地产管理部门责令限期改正，给予警告，没收违法所得，并处 10 万元以上 50 万元以下的罚款。③建设单位应当按照国家规定的保修期限和保修范围，承担物业的保修责任。④在办理物业承接验收手续时，建设单位应当向物业服务企业移交下列资料：竣工总平面图，单体建筑、结构、设备竣工图，配套设施、地下管网工程竣工图等竣工验收资料；设施设备的安装、使用和维护保养等技术资料；物业质量保修文件和物业使用说明文件；物业管理所必需的其他资料。

2. 物业服务企业的义务和法律责任。物业服务企业在前期物业管理中的义务和法律责任如下：①物业服务企业应当在前期物业服务合同终止时将前述建筑单位移交的资料移交给业主委员会。拒不移交有关资料的法律责任，见本书第十章第五节的相关内容。②物业服务企业承接物业时，应当对物业共用部位、共用设施设备进行查验。如存在质量问题或其他瑕疵，应当要求建设单位负责维修。

二、普通物业管理服务[1]

（一）物业服务合同

在物业管理服务关系中存在多种社会关系，在业主与物业服务企业之间则存在物业服务的合同关系。

1. 物业服务合同的概念与特点。物业服务合同，是指作为业主团体的业主委员会与物业服务企业之间就物业管理服务而订立的，约定合同双方权利义务关系的协议。物业服务合同是物业服务企业与业主及业主团体之间物业管理服务关系产生的基础。

在我国，物业服务合同长期被称为物业管理合同或物业管理委托合同，《物业管理条例》将其名称正式确认为物业服务合同，这有利于加强业主地位，改变我国长期形成的业主在物业管理活动中的被动受管理地位，并有利于强化物业服务企业的服务意识。

有观点认为，物业服务合同属于委托合同的一种，其实这二者有着很大的区别，这从物业服务合同所具有的特点可以看出。物业服务合同具有以下特点：

（1）物业服务合同的内容具有复杂性和社会性。物业服务企业在与业主委员会签订物业服务合同后，除应按约定履行对房屋及配套的社区公用设施设备和相关场地的维修、养护和管理，维护相关区域内的环境卫生和秩序等职责外，还要执行若干具有社会化性质的职能，如对相关物业管理区域内的环境保护、保安、消防等事务负一定责任。物业服务企业在执行上述职能时，还应受公安、消防、环卫等政府职能部门的指导与监督，并与所在地的居民委员会相互配合。[2]

（2）物业服务合同签订后，物业服务企业按照法律和合同的规定独立开展物业管理服务，而不是如委托合同中的受托人那样，得随时按照委托人的指示处理委托事务。同时，物业服务企业在进行物业管理服务过程中，必要时业主有协助的义务。并且，依照法律规定和合同约定，物业服务企业还享有委托第三方处理专项物业服务工作的权利。

2. 物业服务合同的订立。

（1）物业服务合同的双方当事人。如上所述，物业服务合同的服务方为取得相应资质的从事物业管理服务的物业服务企业。而物业服务合同的委托方为经业主大会合法选举产生的业主委员会，由业主委员会代表全体业主与物业服

---

〔1〕 参见《物业管理条例》第四章的规定。

〔2〕 房绍坤主编：《房地产法》，北京大学出版社 2011 年版，第 230 页。

务企业订立物业服务合同。这里需要说明的是，业主委员会仅有签订合同的代表权并无选择物业服务企业的权利。依照《物业管理条例》第11条第4项的规定，选聘和解聘物业服务企业属于业主共同决定的事项，业主委员会只享有对业主大会的选聘与解聘决定的执行权。如果在一个物业管理区域内只有一个业主或业主人数较少的，经全体业主同意，可以不成立业主委员会，由全体业主共同与物业服务企业订立物业服务合同。

当然，前期物业服务合同是由建设单位根据实际需要选聘物业服务企业，并与之签订前期物业服务合同。当第一次业主大会召开时，如果需要更换，则由业主大会重新作出选聘决定，并由业主委员会与物业服务企业签订物业服务合同，与此同时，原前期物业服务合同的效力自然终止。

（2）物业服务合同订立的原则与形式。根据《物业管理条例》第9条第1款的规定，一个物业管理区域成立一个业主大会。一个物业管理区域应由一个物业服务企业实施物业管理。这样便于物业管理的实施，有利于物业管理服务的规模化，降低管理成本，提高服务质量；同时也方便业主的联合，增强业主的谈判地位。物业服务合同应当采取书面的形式。

3. 物业服务合同的内容。《物业管理条例》第34条第2款规定，物业服务合同应当对物业管理事项、服务质量、服务费用、双方的权利义务、专项维修资金的管理与使用、物业管理用房、合同期限、违约责任等内容进行约定。

物业服务合同往往涉及一些较为专业的技术性条款，所以，一般的业主大会难以自己独立起草物业管理服务合同。为此，我国政府有关管理部门曾出台了物业服务合同的示范文本。例如，原住房和城乡建设部推出的《前期物业管理服务协议（示范文本）》、原住房和城乡建设部、国家工商总局推出的《物业管理委托合同（示范文本）》。此外，某些地方政府管理部门也推出了物业服务合同示范文本，例如，深圳市《物业服务合同（示范文本）》、上海市《物业管理服务合同（示范文本）》和《前期物业管理服务合同（示范文本）》。这些示范文本可以为业主大会或业主委员会拟定物业管理条款提供参考。

根据上述示范文本，物业服务合同一般应当包括以下主要内容：

（1）双方当事人的姓名或名称、住所。合同的委托方通常为由业主大会选举产生的业主委员会，受托方为业主大会选聘的物业服务企业。

（2）服务区域，即接受管理的房地产名称、坐落位置、面积、四至界限。

（3）具体服务的事项。如房屋的使用、维修、养护；消防、电梯、机电设备、路灯、连廊、自行车房（棚）、园林绿化地、沟、渠、池、井、道路、停车场等公用设施的使用、维护、养护和管理；卫生清洁；车辆行驶及停泊；公共秩序维护等事项。

（4）物业服务质量。为明确物业服务企业应达到的目标，方便业主对于物业服务企业的服务进行考核，物业服务合同可以对物业服务质量作出具体规定。

（5）服务费用，即物业服务企业向业主或物业使用人收取的服务费。

（6）专项维修资金的管理与使用，包括专项维修资金的筹集、保管、使用范围、使用程序等事项。《物权法》第79条规定，建筑物及其附属设施的维修资金，属于业主共有。经业主共同决定，可以用于电梯、水箱等共有部分的维修。维修资金的筹集、使用情况应当公布。这就要求在物业服务合同中对共有专项维修资金的决定形成规程、使用的范围、公布的情况等作出具体约定。

（7）物业管理用房。双方应规定物业管理用房的权属、范围、用途等。

（8）合同期限及到期后合同的续订或相关文件、设备和其他权利的移转、交接事项。

（9）违约责任。目前，我国实践中业主及物业公司承担违约责任的方式出现了许多问题。比如，物业服务公司为了对抗没有交费的业主，常常采取断水断电的做法。由于我国目前供水供电合同是每个业主与供水、供电企业直接签订的，因此，物业公司无权损害供水供电合同当事人的利益。有的物业公司对于未交费业主限制其进出物业区域，这种做法侵害了业主的所有权人地位，也是不合法的。

（10）合同双方约定的其他事项。如风险责任、争议解决方式、合同的变更等。

4. 物业服务合同的终止。物业服务合同一旦订立，业主大会和物业服务企业都不可以随意解除物业服务合同。这是因为：首先，物业服务合同属于持续性、长期性服务合同，非经合法理由并经过必要的解除或终止程序不得随意终止。其次，物业服务合同不属于一般的委托合同，不能适用《合同法》第410条的规定，即"委托人或者受托人可以随时解除委托合同。因解除合同给对方造成损失的，除不可归责于该当事人的事由以外，应当赔偿损失"。这一规定不适用于物业服务合同。

只有在法定的情形下，基于充分的理由，当事人才可以解除物业服务合同，终止物业服务关系。物业服务合同提前终止的原因主要有以下几种：①约定解除合同的条件成就。②事后协商解除。③因物业服务企业被解散、撤销、破产等原因注销而终止。④合同期限届至。当事人双方在物业服务合同中约定的期限届满，且又未约定续延合同期限时，合同关系终止。

《物业管理条例》第38条规定，物业服务合同终止后，物业服务企业应当将物业档案资料交还于业主委员会，并与业主新选聘的物业服务企业办理交接工作。这一规定的目的在于，物业服务离不开建筑结构等技术资料，物业档案资料是物业服务合同实施的必要依据，只有办理好了上述资料的交接工作，新选聘的物业服务企业才能够正常实施其服务行为。

（二）物业服务收费

1. 物业服务收费的概念和原则。根据《物业服务收费管理办法》第 2 条的规定，物业服务收费，是指物业服务企业按照物业服务合同的约定，对房屋及配套的设施设备和相关场地进行维修、养护、管理，维护相关区域内的环境卫生和秩序，向业主所收取的费用。

物业服务收费应当遵循合理、公开以及费用与服务水平相适应的原则，区别不同物业的性质和特点，由业主和物业服务企业按照国务院价格主管部门会同国务院建设行政主管部门制定的物业服务收费办法，在物业服务合同中约定。国务院价格主管部门会同国务院建设行政主管部门负责全国物业服务收费的监督管理工作，县级以上地方人民政府价格主管部门会同同级房地产行政主管部门负责本行政区域内物业服务收费的监督管理工作。[1]

2. 物业服务收费的定价形式。[2] 物业服务收费应当区分不同物业的性质和特点，分别实行政府指导价和市场调节价。具体定价形式由省、自治区、直辖市人民政府价格主管部门会同房地产行政主管部门确定。物业服务收费实行政府指导价的，有定价权限的人民政府价格主管部门应当会同房地产行政主管部门根据物业管理服务等级标准等因素，制定相应的基准价及其浮动幅度，并定期公布。具体收费标准由业主与物业服务企业根据规定的基准价和浮动幅度在物业服务合同中约定；实行市场调节价的物业服务收费，由业主与物业服务企业在物业服务合同中约定。物业服务企业应当按照政府价格主管部门的规定实行明码标价，在物业管理区域内的显著位置，将服务内容、服务标准以及收费项目、收费标准等有关情况进行公示。

3. 物业服务收费的形式。[3] 业主与物业服务企业可以采取包干制或者酬金制等形式约定物业服务费用。包干制是指由业主向物业服务企业支付固定物业服务费用，盈余或者亏损均由物业服务企业享有或者承担的物业服务计费方式；酬金制则是指在预收的物业服务资金中按约定比例或者约定数额提取酬金支付给物业服务企业，其余全部用于物业服务合同约定的支出，结余或者不足均由业主享有或者承担的物业服务计费方式。

实行物业服务费用包干制的，物业服务费用的构成包括物业服务成本、法

---

〔1〕 参见《物业服务收费管理办法》第 4~5 条的规定。

〔2〕 参见《物业服务收费管理办法》第 6~7 条的规定。

〔3〕 参见《物业服务收费管理办法》第 9 条、第 11~13 条的规定。

定税费和物业服务企业的利润。实行物业服务费用酬金制的，预收的物业服务资金包括物业服务支出和物业服务企业的酬金。物业服务成本或者物业服务支出构成一般包括以下部分：①管理服务人员的工资、社会保险和按规定提取的福利费等；②物业共用部位、共用设施设备的日常运行、维护费用；③物业管理区域清洁卫生费用；④物业管理区域绿化养护费用；⑤物业管理区域秩序维护费用；⑥办公费用；⑦物业服务企业固定资产折旧；⑧物业共用部位、共用设施设备及公众责任保险费用；⑨经业主同意的其他费用。物业共用部位、共用设施设备的大修、中修和更新、改造费用，应当通过专项维修资金予以列支，不得计入物业服务支出或者物业服务成本。

实行物业服务费用酬金制的，预收的物业服务支出属于代管性质，为所交纳的业主所有，物业服务企业不得将其用于物业服务合同约定以外的支出。

物业服务收费采取酬金制方式，物业服务企业或者业主大会可以按照物业服务合同的约定聘请专业机构对物业服务资金年度预决算和物业服务资金的收支情况进行审计。

4. 物业服务收费的交纳和管理。[1] 业主应当按照物业服务合同的约定按时足额交纳物业服务费用或者物业服务资金。业主违反物业服务合同约定逾期不交纳的，业主委员会应当督促其限期交纳；逾期仍不交纳的，物业服务企业可以依法追缴。业主与物业使用人约定由物业使用人交纳物业服务费用或者物业服务资金的，从其约定，业主负连带交纳责任。

物业发生产权转移时，业主或者物业使用人应当结清物业服务费用或者物业服务资金。纳入物业管理范围的已竣工但尚未出售，或者因开发建设单位原因未按时交给物业买受人的物业，物业服务费用或者物业服务资金由开发建设单位全额交纳。

物业服务企业应当向业主大会或者全体业主公布物业服务资金年度预决算并每年不少于一次公布物业服务资金的收支情况。业主或者业主大会对公布的物业服务资金年度预决算和物业服务资金的收支情况提出质询时，物业服务企业应当及时答复。

5. 物业服务收费的种类。物业服务费用收取的主要种类如下：

（1）公共性服务费用。公共性服务费用是指为全体物业产权人和使用人提供的公共卫生、清洁、公用设施、公用场地与部位的维修保养和保安、绿化等费用。此部分物业服务费用应当在物业服务合同中明确规定其收费标准和办法，并由物业服务企业向全体业主或物业使用人统一收取。

---

[1]　参见《物业服务收费管理办法》第15~16条和第12条第3、4款的规定。

（2）特约服务费用。[1] 特约服务费用是指为满足物业产权人和使用人的特别需要而提供的个别服务而收取的费用。例如，房屋自用部分的维修、家电维修、室内卫生清洁、甚至看护儿童等。物业服务企业可以根据业主的委托提供物业服务合同约定以外的服务项目，服务报酬由双方约定。

（3）公共代办性服务费用。[2] 物业管理区域内，供水、供电、供气、供热、通信、有线电视等单位应当向最终用户收取有关费用。物业服务企业可以接受委托代收前项费用，但不得向业主收取手续费等额外费用。

（三）物业服务企业的社会化职责

物业服务企业的社会化职责，是指基于法律的直接规定而非当事人在物业服务合同中约定而产生的附加义务。这一附加义务对物业服务企业而言，具有明显的社会职责性质，故这一职责也可以称之为社会附加义务。这些社会附加义务的履行，既是城市综合治理的一个有机组成部分，也有利于物业产权人和使用人的整体利益，提升物业管理服务水平。《物业管理条例》第45条和第46条明确规定，物业服务企业有权并应当对物业管理区域内违反有关治安、环保、物业装饰装修和使用等方面法律、法规规定的行为予以制止，并及时向有关行政管理部门报告。有关行政管理部门在接到物业服务企业的报告后，应当依法对违法行为予以制止或者依法处理。物业服务企业还应当协助做好物业管理区域内的安全防范工作。

发生安全事故时，物业服务企业在采取应急措施的同时，应当及时向有关行政管理部门报告，协助做好救助工作。物业服务企业可以雇请保安人员以维护物业管理区域内的治安，但应当遵守国家有关规定。保安人员在维护物业管理区域内的公共秩序时，应当履行职责，不得侵害公民的合法权益。

综上所述，物业服务企业的社会化职责主要涉及以下三个方面的问题：①社区安全管理义务；②社区环境管理义务；③政府与业主、物业服务企业之间的关系协调问题。

1. 物业服务企业的社区安全管理义务。社区安全管理义务，是指物业服务企业采取各种措施，以保障业主和物业使用人的人身财产安全，维持正常的生活和工作秩序的义务。这一义务主要包括治安管理、消防管理两个方面。治安及消防管理本属政府有关部门公共行政的职责范畴，现在《物业管理条例》已将这一义务部分地附加于物业服务企业的职责范围之内。

（1）治安管理义务。物业服企业除了按约履行物业服务合同之外，在治安

---

[1]　参见《物业管理条例》第43条的规定。
[2]　参见《物业管理条例》第44条的规定。

管理的范围内，应当依据有关法律法规，配合公安机关维护物业区域内的人身、财产安全，并制止其他妨害公共安全和社会秩序的行为。

（2）消防管理义务。物业服务企业应依据我国《消防法》和《高层建筑消防管理规则》，防范火灾隐患，以确保物业区域内居民的人身财产安全。物业服务企业按照相关规定应配备并培训消防员；管理并养护消防器材设备，定期检查、及时更新，确保消防水源畅通；经常向物业区域内的居民开展防火教育；监督、检查物业区域内的业主或物业使用人的房屋装修作业，采取积极防火措施；发现消防隐患，应及时责令当事人整改，严重时应当及时向消防管理部门报告，消防管理部门应当及时处理。

2. 物业服务企业的社区环境管理义务。根据《物业管理条例》的相关规定，社区环境管理义务主要包括以下内容：

（1）物业环境保洁服务管理。保洁服务管理，是指物业服务企业实施各种措施保护物业环境，防止环境污染。保洁服务管理主要针对物业区域内的道路、空地、绿地等公共地方。但是非城镇公共道路、绿地以及业主共有的楼梯、电梯间、大厅、天台等仍然是物业服务企业按照物业服务合同之约定应负的基本义务，物业服务企业应负责物业区域内的日常生活垃圾的收集、分类和清运工作。

（2）物业环境绿化管理。物业环境绿化管理，是指在物业区域内空地和道路两旁种植花草树木或采取其他手段美化环境。物业服务企业可以协同业主委员会制定物业区域内的绿化管理规定，以提醒进入物业区域内的人们保护绿化环境。

（3）物业区域内的环境污染防治。物业区域内的污染防治，包括防止产生有毒有害气体和恶臭气体，防止排放有毒粉尘，防止随意排放污水，防止产生过大的噪音，以免影响物业区域内居民的正常生活。

3. 政府与业主、物业服务企业之间的关系。区分物业服务企业的服务合同义务与社会化职责的意义，在于明确政府相关部门与自治主体的职责范围，促使政府认真履行其公共服务的职能，引导公民自治制度的健康发展。

虽然物业小区是独立的居住区域，但是，无论是小区成员还是业主团体，仍然是政府公共服务的对象，仍然是公共设施、设备的受益者。所以，物业小区仍然在政府公共服务的范围之内。政府与业主或者业主团体，既存在管理与被管理的关系，也存在服务与被服务的关系，物业服务企业是业主（业主团体）的委托服务单位，应当接受政府相关部门的指导，以便更好地为全体业主提供优质的物业服务，物业服务企业也有义务配合相关行政部门维护社会秩序与公共利益。但是，物业服务企业对于政府公共事项以及公共利益仅有配合的义务，而不应当由物业服务企业取代政府公共服务的主体地位并履行政府义务。这是因为，物业服务企业是营利性经营组织，其提供服务的对价是全体业主交纳的物业管理费用；而政府公共服务的资金来源则是全体公民所缴纳的税赋。如果政府将本属于公共服务的职责转嫁于物业服务企业，无异于业主只是享受一重权益（即只有物业服务企业的职能履行，政府职能缺位），却支付了双重费用（税赋和物业费），这对于业主，即纳税人而言，明显不公，而且会因为公权力的缺位而使其受保障的力度大大减弱。

第五节　物业的使用与维护[1]

一、物业公共部分的使用与维护

根据《物业管理条例》第五章的规定，物业公共部分的使用与维护应当遵循以下规则：

1. 改变公共建筑及公用设施用途的规则。在物业管理区域内，按照规划建设的公共建筑和共用设施，如公共停车场、公共绿地、花园、道路、广场等，全体业主均可使用，不得改变用途。业主依法确需改变公共建筑和共用设施用途的，应当在依法办理有关手续后告知物业服务企业；物业服务企业确需改变公共建筑和共用设施用途的，应当提请业主大会讨论决定同意后，由业主依法办理有关手续（第49条）。

2. 公共道路、场地的占用、挖掘规范。业主、物业服务企业不得擅自占用、挖掘物业管理区域内的道路、场地，损害业主的共同利益。因维修物业或者公共利益，业主确需临时占用、挖掘道路、场地的，应当征得业主委员会和物业服务企业的同意。物业服务企业确需临时占用、挖掘道路、场地的，应当征得业主委员会的同意。业主、物业服务企业应当将临时占用、挖掘的道路、场地，在约定期限内恢复原状（第50条）。

3. 公用事业设施维护责任。物业管理区域内相关的供水、供电、供气、供热、通信、有线电视等管线和设施设备，应当由提供服务的单位承担维修、养护的责任。有关单位因维修、养护上述管线和设施设备的需要，临时占用、挖掘道路、场地的，应当及时恢复原状（第51条）。

4. 利用共用部位、共用设备设施进行经营的规则。利用物业共用部位、共用设施设备进行经营的，应当在征得相关业主、业主大会、物业服务企业的同

意并办理完有关手续后进行，业主所得收益应当主要用于补充专项维修资金，也可以按照业主大会的决定使用（第54条）。

5. 法律责任。见本书第十一章第五节的相关内容。

二、物业专有部分的使用与维护

业主作为专有部分的所有人，原则上有权处分自己专有部分的物业。但是，由于业主专有物业部分与其他业主的专有部分及共有部分共有部分紧密结合或者相邻，其处分行为（作为或者不作为）可能会产生诸多影响邻里的负面外部效应。因此，当物业存在安全隐患，危及公共利益及他人合法权益时，责任人应当及时维修养护，有关业主应当给予配合。责任人不履行维修养护义务的，经业主大会同意，可以由物业服务企业维修养护，费用由责任人承担。业主需要装饰装修房屋的，应当事先告知物业服务企业。物业服务企业应当将房屋装饰装修中的禁止行为和注意事项告知业主。[1]

三、住宅专项维修资金

为了加强对住宅专项维修资金的管理，保障住宅共用部位、共用设施设备的维修和正常使用，维护住宅专项维修资金所有者的合法权益，具体落实《物权法》第79条和《物业管理条例》第53条的规定，[2] 原建设部与财政部于2007年12月4日联合发布了《住宅专项维修资金管理办法》，对商品住宅、售后公有住房住宅专项维修资金的交存、使用、管理和监督作了具体规定。

（一）有关住宅专项维修资金的相关概念及其管理原则[3]

1. 相关概念。住宅专项维修资金，是指专项用于住宅共用部位、共用设施设备保修期满后的维修和更新、改造的资金。

所谓住宅共用部位，是指根据法律、法规和房屋买卖合同，由单幢住宅内业主或者单幢住宅内业主及与之结构相连的非住宅业主共有的部位，一般包括：住宅的基础、承重墙体、柱、梁、楼板、屋顶以及户外的墙面、门厅、楼梯间、走廊通道等。

所谓共用设施设备，是指根据法律、法规和房屋买卖合同，由住宅业主或

---

〔1〕 参见《物业管理条例》第52条的规定。

〔2〕《物权法》第79条规定："建筑物及其附属设施的维修资金，属于业主共有。经业主共同决定，可以用于电梯、水箱等共有部分的维修。维修资金的筹集、使用情况应当公布。"《物业管理条例》第53条规定："住宅物业、住宅小区内的非住宅物业或者与单幢住宅楼结构相连的非住宅物业的业主，应当按照国家有关规定交纳专项维修资金。专项维修资金属于业主所有，专项用于物业保修期满后物业共用部位、共用设施设备的维修和更新、改造，不得挪作他用。专项维修资金收取、使用、管理的办法由国务院建设行政主管部门会同国务院财政部门制定。"

〔3〕 参见《住宅专项维修资金管理办法》第2~5条的规定。

者住宅业主及有关非住宅业主共有的附属设施设备，一般包括电梯、天线、照明、消防设施、绿地、道路、路灯、沟渠、池、井、非经营性车场车库、公益性文体设施和共用设施设备使用的房屋等。

2. 管理原则与监督机构。住宅专项维修资金的管理实行专户存储、专款专用、所有权人决策、政府监督的原则。

国务院建设主管部门会同国务院财政部门负责全国住宅专项维修资金的指导和监督工作。县级以上地方人民政府建设（房地产）主管部门会同同级财政部门负责本行政区域内住宅专项维修资金的指导和监督工作。

（二）住宅专项维修资金的交存[1]

1. 交存主体。下列物业的业主应当按照下列规定交存住宅专项维修资金：①住宅，但一个业主所有且与其他物业不具有共用部位、共用设施设备的除外；②住宅小区内的非住宅或者住宅小区外与单幢住宅结构相连的非住宅。如果物业属于出售公有住房的，售房单位应当按照规定交存住宅专项维修资金。业主交存的住宅专项维修资金属于业主所有，从公有住房售房款中提取的住宅专项维修资金属于公有住房售房单位所有。

2. 交存比率。商品住宅的业主、非住宅的业主按照所拥有物业的建筑面积交存住宅专项维修资金，每平方米建筑面积交存首期住宅专项维修资金的数额为当地住宅建筑安装工程每平方米造价的5%至8%。商品住宅的业主应当在办理房屋入住手续前，将首期住宅专项维修资金存入住宅专项维修资金专户。出售公有住房的，按照下列规定交存住宅专项维修资金：①业主按照所拥有物业的建筑面积交存住宅专项维修资金，每平方米建筑面积交存首期住宅专项维修资金的数额为当地房改成本价的2%；②售房单位按照多层住宅不低于售房款的20%、高层住宅不低于售房款的30%，从售房款中一次性提取住宅专项维修资金。已售公有住房的业主应当在办理房屋入住手续前，将首期住宅专项维修资金存入公有住房住宅专项维修资金专户或者交由售房单位存入公有住房住宅专项维修资金专户。公有住房售房单位应当在收到售房款之日起30日内，将提取的住宅专项维修资金存入公有住房住宅专项维修资金专户。

3. 业主大会成立前的资金存管。在业主大会成立前，住宅专项维修资金按照下列规定交存：①商品住宅业主、非住宅业主交存的住宅专项维修资金，由物业所在地直辖市、市、县人民政府建设（房地产）主管部门代管。直辖市、市、县人民政府建设（房地产）主管部门应当委托所在地一家商业银行，作为本行政区域内住宅专项维修资金的专户管理银行，并在专户管理银行开立住宅

---

[1]　参见《住宅专项维修资金管理办法》第二章的规定。

专项维修资金专户。商业银行开立住宅专项维修资金专户，应当以物业管理区域为单位设账，按房屋户门号设分户账；未划定物业管理区域的，以幢为单位设账，按房屋户门号设分户账。②已售公有住房住宅专项维修资金，由物业所在地直辖市、市、县人民政府财政部门或者建设（房地产）主管部门负责管理。负责管理公有住房住宅专项维修资金的部门应当委托所在地一家商业银行，作为本行政区域内公有住房住宅专项维修资金的专户管理银行，并在专户管理银行开立公有住房住宅专项维修资金专户。商业银行开立公有住房住宅专项维修资金专户，应当按照售房单位设账，按幢设分账；其中，业主交存的住宅专项维修资金，按房屋户门号设分户账。

4. 业主大会成立后的资金存管划转及其监督。在业主大会成立后，应当按照下列规定划转业主交存的住宅专项维修资金：①业主大会应当委托所在地一家商业银行作为本物业管理区域内住宅专项维修资金的专户管理银行，并在专户管理银行开立住宅专项维修资金专户。商业银行开立住宅专项维修资金专户，应当以物业管理区域为单位设账，按房屋户门号设分户账。②业主委员会应当通知所在地直辖市、市、县人民政府建设（房地产）主管部门。其中，涉及已售公有住房的，应当通知负责管理公有住房住宅专项维修资金的部门。③直辖市、市、县人民政府建设（房地产）主管部门或者负责管理公有住房住宅专项维修资金的部门应当在收到通知之日起 30 日内，通知专户管理银行将该物业管理区域内业主交存的住宅专项维修资金账面余额划转至业主大会开立的住宅专项维修资金账户，并将有关账目等移交业主委员会。住宅专项维修资金划转后的账目管理单位，由业主大会决定。业主大会应当建立住宅专项维修资金管理制度。

业主分户账面住宅专项维修资金余额不足首期交存额 30% 的，应当及时续交。成立业主大会的，续交方案由业主大会决定；未成立业主大会的，续交的具体管理办法由直辖市、市、县人民政府建设（房地产）主管部门会同同级财政部门制定。

业主大会开立的住宅专项维修资金账户，应当接受所在地直辖市、市、县人民政府建设（房地产）主管部门的监督。

（三）住宅专项维修资金的使用[1]

1. 住宅专项维修资金使用的原则。住宅专项维修资金的使用，应当遵循方便快捷、公开透明、受益人和负担人相一致的原则。住宅专项维修资金应当专项用于住宅共用部位、共用设施设备保修期满后的维修和更新、改造，不得挪

---

〔1〕 参见《住宅专项维修资金管理办法》第三章的规定。

作他用。

2. 维修和更新、改造费用的分摊。住宅共用部位、共用设施设备的维修和更新、改造费用，按照下列规定分摊：①商品住宅之间或者商品住宅与非住宅之间共用部位、共用设施设备的维修和更新、改造费用，由相关业主按照各自拥有物业建筑面积的比例分摊。②售后公有住房之间共用部位、共用设施设备的维修和更新、改造费用，由相关业主和公有住房售房单位按照所交存住宅专项维修资金的比例分摊。其中，应由业主承担的，再由相关业主按照各自拥有物业建筑面积的比例分摊。③售后公有住房与商品住宅或者非住宅之间共用部位、共用设施设备的维修和更新、改造费用，先按照建筑面积比例分摊到各相关物业。其中，售后公有住房应分摊的费用，再由相关业主和公有住房售房单位按照所交存住宅专项维修资金的比例分摊。

住宅共用部位、共用设施设备维修和更新、改造，涉及尚未售出的商品住宅、非住宅或者公有住房的，开发建设单位或者公有住房单位应当按照尚未售出商品住宅或者公有住房的建筑面积，分摊维修和更新、改造费用。

3. 资金划转业主大会管理之前的使用程序。住宅专项维修资金划转业主大会管理前，需要使用住宅专项维修资金的，按照以下程序办理：①物业服务企业根据维修和更新、改造项目提出使用建议；没有物业服务企业的，由相关业主提出使用建议；②住宅专项维修资金列支范围内专有部分占建筑物总面积2/3以上的业主且占总人数2/3以上的业主讨论通过使用建议；③物业服务企业或者相关业主组织实施使用方案；④物业服务企业或者相关业主持有关材料，向所在地直辖市、市、县人民政府建设（房地产）主管部门申请列支，其中，动用公有住房住宅专项维修资金的，向负责管理公有住房住宅专项维修资金的部门申请列支；⑤直辖市、市、县人民政府建设（房地产）主管部门或者负责管理公有住房住宅专项维修资金的部门审核同意后，向专户管理银行发出划转住宅专项维修资金的通知；⑥专户管理银行将所需住宅专项维修资金划转至维修单位。

4. 资金划转业主大会管理之后的使用程序。住宅专项维修资金划转业主大会管理后，需要使用住宅专项维修资金的，按照以下程序办理：①物业服务企业提出使用方案，使用方案应当包括拟维修和更新、改造的项目、费用预算、列支范围、发生危及房屋安全等紧急情况以及其他需临时使用住宅专项维修资金的情况的处置办法等；②业主大会依法通过使用方案；③物业服务企业组织实施使用方案；④物业服务企业持有关材料向业主委员会提出列支住宅专项维修资金，其中，动用公有住房住宅专项维修资金的，向负责管理公有住房住宅专项维修资金的部门申请列支；⑤业主委员会依据使用方案审核同意，并报直辖市、市、县人民政府建设（房地产）主管部门备案；动用公有住房住宅专项维修资金的，经负责管理公有住房住宅专项维修资金的部门审核同意；⑥业主委员会、负责管理公有住房住宅专项维修资金的部门向专户管理银行发出划转住宅专项维修资金的通知；⑦专户管理银行将所需住宅专项维修资金划转至维修单位。

5. 紧急情况下资金的使用程序。发生危及房屋安全等紧急情况，需要立即对住宅共用部位、共用设施设备进行维修和更新、改造的，按照以下规定列支住宅专项维修资金：

（1）住宅专项维修资金划转业主大会管理前，按照以下程序办理：①物业服务企业或者相关业主持有关材料，向所在地直辖市、市、县人民政府建设（房地产）主管部门申请列支。其中，动用公有住房住宅专项维修资金的，向负责管理公有住房住宅专项维修资金的部门申请列支。②直辖市、市、县人民政府建设（房地产）主管部门或者负责管理公有住房住宅专项维修资金的部门审核同意后，向专户管理银行发出划转住宅专项维修资金的通知。③专户管理银行将所需住宅专项维修资金划转至维修单位。

（2）住宅专项维修资金划转业主大会管理后，按照以下程序办理：①物业服务企业持有关材料向业主委员会提出列支住宅专项维修资金。其中，动用公有住房住宅专项维修资金的，向负责管理公有住房住宅专项维修资金的部门申请列支。②业主委员会依据使用方案审核同意，并报直辖市、市、县人民政府建设（房地产）主管部门备案。动用公有住房住宅专项维修资金的，经负责管理公有住房住宅专项维修资金的部门审核同意。③业主委员会、负责管理公有住房住宅专项维修资金的部门向专户管理银行发出划转住宅专项维修资金的通知。④专户管理银行将所需住宅专项维修资金划转至维修单位。在发生危及房屋安全等紧急情况时，未按规定实施维修和更新、改造的，直辖市、市、县人民政府建设（房地产）主管部门可以组织代修，维修费用从相关业主住宅专项维修资金分户账中列支。其中，涉及已售公有住房的，还应当从公有住房住宅专项维修资金中列支。

6. 禁止列支的费用。下列费用不得从住宅专项维修资金中列支：①依法应当由建设单位或者施工单位承担的住宅共用部位、共用设施设备维修、更新和改造费用；②依法应当由相关单位承担的供水、供电、供气、供热、通讯、有线电视等管线和设施设备的维修、养护费用；③应当由当事人承担的因人为损坏住宅共用部位、共用设施设备所需的修复费用；④根据物业服务合同约定，应当由物业服务企业承担的住宅共用部位、共用设施设备的维修和养护费用。

7. 使用住宅专项维修资金进行投资的规定。在保证住宅专项维修资金正常使用的前提下，可以按照国家有关规定将住宅专项维修资金用于购买国债。利用住宅专项维修资金购买国债的，应当在银行间债券市场或者商业银行柜台市场购买一级市场新发行的国债，并持有到期。利用业主交存的住宅专项维修资金购买国债的，应当经业主大会同意；未成立业主大会的，应当经专有部分占建筑物总面积2/3以上的业主且占总人数2/3以上业主同意。利用从公有住房售房款中提取的住宅专项维修资金购买国债的，应当根据售房单位的财政隶属关系，报经同级财政部门同意。禁止利用住宅专项维修资金从事国债回购、委托理财业务或者将购买的国债用于质押、抵押等担保行为。

8. 住宅专项维修资金的滚存使用。下列资金应当转入住宅专项维修资金滚存使用：①住宅专项维修资金的存储利息；②利用住宅专项维修资金购买国债的增值收益；③利用住宅共用部位、共用设施设备进行经营的，业主所得收益，但业主大会另有决定的除外；④住宅共用设施设备报废后回收的残值。

（四）住宅专项维修资金的监督管理[1]

1. 专项维修资金在房屋所有权转让时的处理。房屋所有权转让时，业主应当向受让人说明住宅专项维修资金交存和结余情况并出具有效证明，该房屋分户账中结余的住宅专项维修资金随房屋所有权同时过户。受让人应当持住宅专项维修资金过户的协议、房屋权属证书、身份证等到专户管理银行办理分户账更名手续。

2. 房屋灭失时专项维修资金的返还。房屋灭失的，按照以下规定返还住宅专项维修资金：①房屋分户账中结余的住宅专项维修资金返还业主；②售房单位交存的住宅专项维修资金账面余额返还售房单位。如果售房单位不存在的，按照售房单位财务隶属关系，收缴同级国库。

3. 专项维修资金的信息披露。直辖市、市、县人民政府建设（房地产）主管部门，负责管理公有住房住宅专项维修资金的部门及业主委员会，应当每年至少一次与专户管理银行核对住宅专项维修资金账目，并向业主、公有住房售房单位公布下列情况：①住宅专项维修资金交存、使用、增值收益和结存的总额；②发生列支的项目、费用和分摊情况；③业主、公有住房售房单位分户账中住宅专项维修资金交存、使用、增值收益和结存的金额；④其他有关住宅专项维修资金使用和管理的情况。业主、公有住房售房单位对公布的情况有异议的，可以要求复核。

4. 专户管理银行发送专项维修资金对账单的义务。专户管理银行应当每年至少一次向直辖市、市、县人民政府建设（房地产）主管部门，负责管理公有

---

[1]　参见《住宅专项维修资金管理办法》第四章的规定。

住房住宅专项维修资金的部门及业主委员会发送住宅专项维修资金对账单。直辖市、市、县建设（房地产）主管部门，负责管理公有住房住宅专项维修资金的部门及业主委员会对资金账户变化情况有异议的，可以要求专户管理银行进行复核。专户管理银行应当建立住宅专项维修资金查询制度，接受业主、公有住房售房单位对其分户账中住宅专项维修资金使用、增值收益和账面余额的查询。

5. 专项维修资金的财务与审计监督。住宅专项维修资金的财务管理和会计核算应当执行财政部有关规定。财政部门应当加强对住宅专项维修资金收支财务管理和会计核算制度执行情况的监督。住宅专项维修资金专用票据的购领、使用、保存、核销管理，应当按照有关规定执行，并接受财政部门的监督检查。

住宅专项维修资金的管理和使用，应当依法接受审计部门的审计监督。

在本章即将结束时，需要说明一点，本来关于物业管理法律制度还有"物业管理法律责任"需要讨论，但是为了使本书的结构具有合理性，特将这一问题统一放入本书的第十一章"房地产法律责任"中论述，相关内容见该章第五节"物业管理法律责任"。

第十章

房地产税费法律制度

第一节　房地产税概述

一、房地产税的概念及其特征

（一）房地产税的概念

房地产税是以房地产为纳税依据或者以房地产开发经营活动中的特定行为为纳税依据的税种。由于我国对房屋和土地基本上是分别征税，而且是以土地税为主。所以，这里所讲的房地产税，实际上就是房产税和土地税的合称。目前，我国有关土地税主要包括土地使用税、土地增值税、耕地占用税、不动产销售营业税等；房产方面的税主要包括房产税、契税和印花税等。

（二）房地产税的特征

房产税和土地税有不同的征税对象、不同的征税目的，并适用不同的税率。但是，它们征税的基础都是不动产，其纳税环节都发生在房地产的占有、使用和经营活动之中。因此，两者总体上有着共同的特征。

1. 税源稳定。与一般财产相比，房地产具有价值大、位置固定、难以隐匿、增值保值等特殊的不动产资产属性。因此，以房地产为对象征税，税源充足，收入稳定。自古以来，土地税都是国家税收的重要税种之一，是国家财政收入的重要来源。在一些发达国家和地区，来自房地产的税收收入通常占年度财政收入的 1/3 或 1/4，甚至更高。例如，日本札幌市 1988 年的税收中，房地产税收收入占 40%；美国地方政府财政收入的 75% 以上来源于房地产业，且有递增趋势。[1]

2. 房地产税收具有较强的政策引导功能。这一功能主要体现在以下几个方面：①合理的土地税收政策能够引导土地利用方向，促进土地合理利用；通过对城市空地征收空地税的方式，促进人们提高土地利用率；以土地占有量为依据收税，则可以限制土地的过多占用，减少土地资源的浪费。②通过开征房地产保有税，加大房地产持有者的持有成本，促使人们对房地产更加有效地利用。

---

〔1〕　邓宏乾："国外房地产税制概述"，载《经济学动态》1995 年第 9 期。

③在市场经济条件下，土地的所有者或使用者不但可以凭借其对土地的占有获得土地的自然增值，而且还可以通过囤积土地、待价而沽，做土地投机生意获取暴利。通过征收适当的土地增值税，就可以调节土地增值收益的分配，在一定程度上抑制土地投机行为。

3. 平衡负担、缩小财富差距。房地产税以房屋、土地的价值或数量为计税依据。这种税赋的征收结果是占有的房产越多负担越重，占有的房产越少负担越轻，从而起到调节纳税人的财产占有量、缩小财富差距的作用。

二、房地产税的计税依据和计税方法

（一）计税依据

房地产通行的计税依据主要有以下几种：

1. 以土地的面积为计税依据。这是指以土地的单位面积为征税标准确定征税数额。这种以土地面积为计税依据的计税简便、易行，已被普遍采用。但是，土地本身的特性决定了同样面积的土地，其周围环境和地貌特征不同，甚至差异甚大，因而土地使用者从土地上获得的收益就会大不相同。尤其是随着经济的发展和城市化进程的加快，土地利用的环境和条件不断改善，土地级差收益在不同的土地使用者之间形成了巨大的差距。可见，单纯以土地面积为计税依据的方式，只能是在土地的单位产值和投入的劳动相等的前提下，才是比较合理的。但这种前提在更多的情形下只是一个假设。因此，公平起见，现实中人们就采取了土地等级与土地面积相结合的计税依据，以求纳税人的负担相对公平。

2. 以房地产的价值为计税依据。这是指以土地或房屋的价值为计税标准，确定征税数额。以土地的价值为计税依据征税充分考虑了土地的级差收益，使纳税人的税负更加公平。在一定程度上还可以抑制房地产价格上涨，防止土地投机。但是以房地产的价值为计税依据，要以完善的价值评估机制和较为完备的房地产市场机制为基础，故其适用性受到一定的限制。

3. 以房地产收益为计税依据。这是指以房地产的经营收益为计税标准确定征税数额，它主要适用于所得性质的房地产税。[1] 作为计税依据的房地产收益包括房地产转让收益、租金收益等。在我国以房地产收益为征税依据的税主要有土地增值税、营业税、房产税（房屋出租）等。以房地产收益为计税依据征税，可以调节房屋和土地收益，在一定程度上抑制投机行为。

---

〔1〕 房地产税可分为两大类：一是所得税性质的房地产税，其以房屋、土地收益额作为计税依据征收；二是财产税性质的房地产税，其以房屋、土地的价值或数量为计税依据征收。

（二）征税方法

根据房地产税的征税时间和征税依据的不同，房地产税的主要征税方法如下：

1. 房地产转移时征税。这是指在房地产因买卖、继承和赠与等而发生权利转移时，要根据转移房地产的价值征税，如国家征收的交易税、遗产税和赠与税等。我国的土地增值税也是在土地使用权转移时征收的。

2. 逐年定期征税。这是指对房地产实行逐年定期征税。其税种主要有地价税和不动产税。在我国逐年定期征收的房地产税主要包括土地使用税和房产税。

3. 其他计税方法。即在上述两种征税方法之外的征税方法。如有的国家实行的定期不动产增值税，这是指政府对占有土地超过一定年限的土地所有权人，通过土地的重新评估，对其土地的自然增值部分征收的一种税。

三、我国房地产税收法律制度的沿革及其完善

（一）我国房地产税收法律制度的沿革

1. 改革开放前的房地产税收法律制度。中华人民共和国成立后，经过土地改革和社会主义改造，社会主义土地公有制取代了封建土地私有制，土地税制也发生了根本性的变化。1949 年 11 月，首届全国税务会议对各地税收进行了统一整理，决定征收房产税和地产税两种税，并于 1951 年颁布了《城市房地产税暂行条例》，明确规定了房产税和地产税的税率和征收办法。1953 年因税制调整，国家又将房产税和地产税合二为一在城市中合并征收，统称为城市房地产税。此外，与房地产直接有关的税，主要有房地产增值税和印花税。1956 年我国完成了对生产资料的社会主义改造，按照"基本上在原有税负的基础上简化税制"的方针，对工商税收制度进行了改革，增设了房地产契税。1973 年我国进一步变革工商税制度，把对国内企业征收的房地产税合并到工商税中统一征收，而城市房地产税只对房产管理部门和个人以及外侨征收。这一时期，我国的房地产税制十分不健全、不完善。

2. 改革开放后的房地产税收法律制度。党的十一届三中全会以后，国家对税收制度进行了全面改革，一方面改革工商税收制度和农业税收制度；另一方面着重抓国有企业利改税，以法治税，逐步建立一套具有中国特色的税收体系和税法制度，房地产税收也逐步地予以完善。

1986 年 9 月 15 日，国务院发布了《中华人民共和国房产税暂行条例》，规定房产税征收范围为城市、县城、建制镇和工矿区，并规定了具体征收办法，使房产税正式成为独立的税种。

1987 年和 1988 年国务院适应加强土地管理和土地使用制度改革的需要先后发布了《中华人民共和国耕地占用税暂行条例》（2018 年颁布《中华人民共和

国耕地占用税法》后失效）和《中华人民共和国城镇土地使用税暂行条例》。1990 年以后的税制改革中，房地产税收中又增设了土地增值税和土地使用权转让及建筑物出售营业税。这些税种的增加，使我国的房地产税收法律制度得到了较快的发展。

（二）我国房地产税收法律制度的完善

尽管通过上述税制改革，我国的房地产税收法律制度取得了很大成就。但是制度的缺陷依然明显，主要表现如下：[1]

1. 税费种类繁多，税、租、费概念混淆不清。

（1）税费种类繁多。目前我国现行的 18 个税种中（增值税、消费税、企业所得税、个人所得税、资源税、城镇土地使用税、房产税、城市维护建设税、耕地占用税、土地增值税、车辆购置税、车船税、印花税、契税、烟叶税、环境保护税、关税、船舶吨税），有 10 个与房地产业有关（包含自 2016 年 5 月 1 日起全面试点"营改增"的增值税），这 10 个税种构成我国房地产税制体系。根据征收的环节不同，房地产业相关税种可以分为流转环节征收的税种和保有环节征收的税种。在现行体系中，有 2 个税种是在房地产保有环节征收，其他均在房地产流转环节征收。[2] 而涉及房地产业的各种收费项目更是名目繁多，费项总数远多于税项总数。仅从房地产开发企业的收费项目上看，有的地方各种收费多达 50 多项。许多政府部门和单位巧立名目，事实上已经把收费作为改善本部门和本单位福利的工具。收费过多，导致房地产的高成本和高价格，严重扭曲了房地产商品的真实价值，最终将负担转嫁给了购买商品房的消费者。

（2）房地产税费体系中租、税、费混杂不清，具体表现如下：

第一，以税代租，或税中含租。如城镇土地使用税是为"调节土地级差收益"而设立的，其纳税人是土地的使用者，他们缴纳土地使用税体现了土地所有者与土地使用者之间的经济关系，具有明显的地租性质。

第二，以费代租。我国对外资企业及外国企业收取的场地使用费，体现了土地使用者与土地所有者之间的一种经济关系，而其本质就是地租。

第三，以税代费。如城市维护建设税，在税收征收时遵循"谁受益，谁负担，受益不同，负担不同"的原则，实行差别税率，这具有明显的对等性质和补偿性质，属于"费"的范畴。

第四，以费代税。如国家对闲置土地行为征收的土地闲置费，实际上是一种带有明显惩罚性质的税收，是一种罚税。

---

[1] 参见吴春岐等：《房地产法新论》，中国政法大学出版社 2008 年版，第 335~337 页。
[2] 贾康：《中国住房制度与房地产税改革》，企业管理出版社 2017 年版，第 258~259 页。

租、税、费的严重错位，滋长了乱收费的不良风气，削弱了税收的严肃性和规范性，也使得税收的宏观调控功能不能正常发挥。

2. 房地产税收种类"重交易，轻保有"。这是指对房地产税收注重交易环节的征收，而不注重保有环节的征收。其政策导向表明政府不支持房地产的交易与流动。目前我国的房地产税制政策基本上是不卖不税、不租不税，一旦租售则数税并课，造成房地产保有环节税负畸轻而流转环节税负畸重。例如，对房产而言，保有环节的房产税对所有非营业用房一律免税，起不到作为财产税对收入分配的调节作用。在房地产的流转环节，对企业而言，土地增值税的税率高达 30%～60%，如果再加上 5% 的营业税和 25% 的企业所得税，企业的实际平均税负水平高于世界多数国家和地区；对二手市场的交易者而言，买卖房产时要缴纳契税、印花税、营业税、个人所得税。

当刺激内需、促进住宅产业化已经成为现阶段的社会发展目标时，"重交易，轻保有"的税收政策日益显示出以下弊端：

（1）保有阶段税负轻，使得很多人投机房地产，商品房空置率居高不下，从而虚增了有效需求，哄抬了房价，将中低收入者排除出了购买商品房的门外。这种税制还会导致土地闲置，浪费严重。

（2）进入流通时的税负高，使房地产交易双方不堪重负，房地产交易市场普遍存在的"黑白合同"就是这种税收政策的负面产物，形成房地产的隐形交易，导致逃税现象严重，减少了国家财政收入。

（3）在保有阶段发生的增值部分，由于没有税收的调节机制，政府无法参与增值价值的再分配，使利益流向了保有者，因而刺激了房地产投机行为，导致炒作泛滥，拉大了贫富差距。

3. 房地产税负存在不公平的现象。房地产税负因经济行为不同而税负不同。现行房产税规定自用的房产按照房产原值扣除 10%～30% 后的房产余值每年按1.2% 的税率计征，而房产出租则按照租金收入的 12% 计征。[1] 这样一来，同一房产仅仅由于自用或出租的经济行为不同而承担不同的税收负担。

4. 房地产业税收立法及监管制度存在的问题。

（1）房地产税收立法层次较低。我国现行房地产各税种的法律依据均为国家行政机关制定的暂行条例，而不是由全国人大或人大常委会颁布的税法，立法层次较低。

（2）税权过度集中于中央，难以满足房地产的区域性特点。在分税制财政体制下，税权过多地集中于中央，地方只有征管权而无立法权，难以适应房地

---

〔1〕　参见《房产税暂行条例》第 3、4 条的规定。

产的区域性特点，无法促进房地产的资源优化配置和有效利用。

（3）税收征管的配套措施不完善。这突出体现在以下两个方面：

第一，与房地产税收密切相关的房地产价格评估制度和房地产税收评税政策不健全。以市场价值为计税依据是房地产税制改革的必然趋势，需要定期对房地产进行评估，这就对评估机构和评估人员提出了较高的要求，但税务部门内部现有的房地产评估机构、评估人员的素质难以适应税收征管的需要。

第二，财产登记制度不健全，尤其是缺乏私有财产登记制度，致使不少税源流失，更出现化公有财产为私有财产的非法行为，严重影响了税收征管的力度。

我国房地产税收制度的完善主要应当从以下三个方面着手：[1]

1. 建立和完善房地产税收体系。如上所述，我国房地产税收政策是在20世纪80年代初随着房地产业的发展而逐渐形成的。1993年底，我国又全面进行了结构性的税制改革，经过这次改革，形成了现行的一套房地产税收体系。但是，我国现行的房地产税税种的设置绝大部分是参照其他行业的税种，没有考虑房地产业自身的特点，因此，这种税种结构已不能适应房地产发展的客观需要。建立和完善我国房地产税收体系，是社会主义市场经济发展的客观要求。根据我国国情和房地产业发展的需要，构建一个合理的房地产税收体系的主要内容包括：

（1）完善土地增值税税目。从《土地增值税暂行条例》的规定来看，我国所实行的土地增值税实质上是土地转移增值税。这种设置相当不合理，在实践中可能会造成严重的不良后果。应调整现行的征收范围使土地增值税能覆盖引起土地增值的所有对象，采取全面征收的办法。在税目设置上，应设置"土地转移增值税""土地租赁增值税"和"定期土地增值税"。

（2）提高土地使用税税额标准。现行土地使用税标准偏低，起不到节约和合理用地、优化用地结构的目的。土地使用税税额标准应在合理测定城市各行业的地租量的基础上，按城市规划的用地性质制定各类用地的土地使用税税额。

（3）完善城市房地产作为财产和资产的税种。这主要包括房产税、遗产税、赠与税等。

（4）在全面开征土地增值税，提高土地使用税后，应取消城市建设维护税。

2. 合理划分中央政府和地方政府各自的事权和财权。实行中央与地方分税制，扩大城市政府的财权，逐步建立以房地产税为主体的地方税收体系。房地产收益部分来之于土地，也必须用之于土地，合理划分中央与地方政府，特别

〔1〕 参见邓宏乾："国外房地产税制概述"，载《经济学动态》1995年第9期。

是大、中城市政府之间房地产税收分配，房地产税收收入中绝大部分应划归地方政府，构成地方财政收入的重要来源，使城市土地开发和城市基础设施建设有稳定的资金来源。

3. 建立健全一套规范化的房地产市场监管制度，从而保障房地产税收制度的有效实施。这主要包括：

（1）建立和完善房地产估价制度。房地产税的有效征收必须建立在对房地产价值的正确评估的基础之上。为了保证房地产税的有效征收，必须尽快建立适应市场经济发展的房地产评估机构，加强房地产价格评估理论、方法的研究，建立一套符合我国国情的房地产估价理论、方法体系；加强房地产估价人员的培训，实行房地产估价师制度。

（2）建立和完善房地产市场的定价制度，防止房地产交易中的瞒价隐价行为。这主要是指建立健全以基准地价、标定地价、土地出让底价和房屋重置价格为主，以房地产交易最低底价为辅的房地产价格管理体系；建立和完善房地产交易价格申报制度。

（3）强化房地产产权登记制度，实行"房地合一"的产权制度，避免房地产私下交易，增强房地产税课征的有效性和严肃性。

第二节　土地税法律制度

如前所述，我国有关土地税主要包括城镇土地使用税、土地增值税、耕地占用税、不动产销售营业税等。

一、城镇土地使用税

为了合理利用城镇土地，调节土地级差收入，提高土地使用效益，加强土地管理，国务院于 1988 年 9 月发布了《城镇土地使用税暂行条例》，规定自 1988 年 11 月起征收城镇土地使用税。该条例自 2006 年起作出多次修改，提高了税额标准。

城镇土地使用税（以下简称土地使用税）是指对在城市、县城、建制镇、工矿区范围内使用土地的单位和个人按其实际占有的土地面积征收的一种房地产税。这一税制的主要内容如下：[1]

（一）土地使用税的纳税人

在城市、县城、建制镇、工矿区范围内使用土地的单位和个人，为土地使

---

〔1〕 参见《城镇土地使用税暂行条例》的相关规定。

用税的纳税义务人。这里所称的单位，包括国有企业、集体企业、私营企业、股份制企业、外商投资企业、外国企业以及其他企业和事业单位、社会团体、国家机关、军队以及其他单位；所称的个人，包括个体工商户以及其他个人。

（二）土地使用税的计税依据

土地使用税以纳税人实际占用的土地面积为计税依据，依照规定税额计算征收。土地占用面积的组织测量工作由省、自治区、直辖市人民政府根据实际情况确定。

（三）土地使用税的税额及其管理

1. 税额。土地使用税每平方米年税额如下：①大城市 1.5～30 元；②中等城市 1.2～24 元；③小城市 0.9～18 元；④县城、建制镇、工矿区 0.6～12 元。

新征收的耕地，自批准征收之日起满 1 年时开始缴纳土地使用税；新征收的非耕地，自批准征收次月起缴纳土地使用税。

2. 管理。省、自治区、直辖市人民政府应当在上述所列税额幅度内，根据市政建设状况、经济繁荣程度等条件，确定所辖地区的适用税额幅度。市、县人民政府应当根据实际情况，将本地区土地划分为若干等级，在省、自治区、直辖市人民政府确定的税额幅度内，制定相应的适用税额标准，报省、自治区、直辖市人民政府批准执行。

经省、自治区、直辖市人民政府批准，经济落后地区土地使用税的适用税额标准可以适当降低，但降低额不得超过最低税额的 30%。经济发达地区土地使用税的适用税额标准可以适当提高，但须报经财政部批准。

土地使用税按年计算，分期缴纳。缴纳期限由省、自治区、直辖市人民政府确定。

（四）土地使用税的免缴

下列土地免缴土地使用税：①国家机关、人民团体、军队自用的土地；②由国家财政部门拨付事业经费的单位自用的土地；③宗教寺庙、公园、名胜古迹自用的土地；④市政街道、广场、绿化地带等公共用地；⑤直接用于农、林、牧、渔业的生产用地；⑥经批准开山填海整治的土地和改造的废弃土地，从使用的月份起免缴土地使用税 5～10 年；⑦由财政部另行规定免税的能源、交通、水利设施用地和其他用地。

纳税人缴纳土地使用税确有困难需要定期减免的，由县级以上税务机关批准。

（五）土地使用税制度存在的问题及其完善

1. 问题。目前城镇土地使用税存在如下一些问题:[1] ①该税税率较低，经2006 年修改后的《城镇土地使用税暂行条例》税额有所提高，但是，尽管每平方米年税额最高达到 30 元，依然起不到抑制滥占土地的作用。②该条例规定了免交土地使用税的 6 种对象，其中，恰恰是国家机关、人民团体和军队等免税对象大量持有土地。这些单位的土地不少都被变相买卖用于商品房开发，投入到社会中。这类土地的收益大量流失，不利于提高土地利用率。③我国土地使用税的征收不是按价值而是按面积，这种方式征收的税额不能随着课税对象价值的上升而上升，具有税源不足而缺乏弹性的缺陷。

2. 完善。我国应当适应形势发展，不分城乡、不分经济性质一律征收土地使用税。与此相对应，该税种的名称也应改为"土地使用税"。

二、土地增值税

为了规范房地产市场交易秩序，合理调节土地增值收益，维护国家权益，国务院于 1993 年 12 月 13 日颁布了《土地增值税暂行条例》，自 1994 年 1 月 1 日起征收土地增值税。1995 年 1 月 27 日，财政部又发布了《土地增值税暂行条例实施细则》，对土地增值税作了具体规定。

土地增值税是指以不动产转让时取得的增值额为征税对象的一种税。这一税制的主要内容如下:[2]

（一）土地增值税的纳税人

转让国有土地的建设用地使用权、地上的建筑物及其附着物（以下简称转让房地产）并取得收入的单位和个人，为土地增值税的纳税义务人，应当依照法律规定缴纳土地增值税。

（二）土地增值税的征税范围和计税依据

1. 征税范围。土地增值税的征税范围为国有土地使用权、地上建筑物及其他附着物。集体土地需先由国家征用，转化为国有土地后才能转让；对以继承、赠与等方式无偿转让的房地产不征土地增值税。

2. 计税依据。土地增值税的计税依据为土地增值额。增值额是指纳税人转让房地产所取得的收入减除法律规定扣除项目金额后的余额。土地增值税按照纳税人转让房地产所取得的增值额和相应税率计算征收。

土地增值税应纳税额按以下公式计算：土地增值额＝转让房地产的总收入－扣除项目金额；应纳税额＝土地增值额×适用税率。

---

[1] 参见吴春岐等：《房地产法新论》，中国政法大学出版社 2008 年版，第 344 页。
[2] 参见《土地增值税暂行条例》的相关规定。

计算增值额的扣除项目包括：①取得建设用地使用权所支付的金额；②开发土地的成本、费用；③新建房及配套设施的成本、费用，或者旧房及建筑物的评估价格；④与转让房地产有关的税金；⑤财政部规定的其他扣除项目。纳税人转让房地产所取得的收入，包括货币收入、实物收入和其他收入。

纳税人有下列情形之一的，按照房地产评估价格计算征收：①隐瞒、虚报房地产成交价格的；②提供扣除项目金额不实的；③转让房地产的成交价格低于房地产评估价格，又无正当理由的。

（三）土地增值税的税率

土地增值税实行四级超额累进税率：①增值额未超过扣除项目金额50%的部分，税率为30%；②增值额超过扣除项目金额50%，未超过扣除项目金额100%的部分，税率为40%；③增值额超过扣除项目金额100%，未超过扣除项目金额200%的部分，税率为50%；④增值额超过扣除项目金额200%的部分，税率为60%。

（四）土地增值税的免征

有下列情形之一的，免征土地增值税：①纳税人建造普通标准住宅出售，增值额未超过扣除项目20%的。这里的普通标准住宅指一般居住住宅。这种情形的免征是考虑到我国居民的居住条件比较差的状况，在税收上鼓励、支持建设普通标准住房的一种措施。②因国家建设需要依法征收、收回的房地产。这种情形是指因为城市规划、国家重点建设项目需要拆迁等被政府征收、收回的房地产。③个人因工作调动或改善居住条件而转让原自用住房，经申报核准，凡居住满5年或5年以上的免征（居住满3年以上、5年以下的减半征收）。

（五）土地增值税的缴纳和征收

纳税人应当自转让房地产合同签订之日起7日内，向房地产所在地主管税务机关办理纳税申报，并在税务机关核定的期限内缴纳土地增值税。

国土资源管理部门、房产管理部门应当向税务机关提供有关资料，并协助税务机关依法征收土地增值税。纳税人未按照规定缴纳土地增值税的，国土资源管理部门、房产管理部门不得办理有关的权属变更手续。

（六）我国土地增值税制度的完善[1]

自1994年1月1日《土地增值税暂行条例》开始征收土地增值税以来，中国对房地产土地增值税一直实行事前预征、事后清算、多退少补的征收方式。但是在真正的实施过程中存在相当大的问题，导致多年以来对土地增值税的征收一直名不副实，无法真正发挥作用。根据《土地增值税暂行条例实施细则》

---

[1] 参见吴春岐等：《房地产法新论》，中国政法大学出版社2008年版，第345页。

的相关规定，预征适用于纳税人在项目全部竣工结算前转让房地产取得收入，但由于涉及成本确定等原因无法据以计算土地增值税的情形，清算应于项目全部竣工时办理结算。因此，在一些地方的实际操作中，长期只按房地产企业的销售收入预征1%~5%不等的土地增值税，基本不再清算。

为了改变土地增值税实际征管中的问题，2006年国家税务总局出台了《关于房地产开发企业土地增值税清算管理有关问题的通知》，明确了土地增值税的征收范围，并在征收办法上以实征式的清算制取代税率过低的预征制，在房地产企业完成销售、核定其实际成本后足额缴纳。新的征收办法为了使土地增值税实征更具操作性，作了更多的细致规定。例如规定三种情形应清算土地增值税：①房地产开发项目全部竣工、完成销售的；②整体转让未竣工决算房地产开发项目的；③直接转让土地使用权的。该"通知"还明确划定了清算时限，对取得销售（预售）许可证满3年却仍未销售完毕的项目，均需征缴。分期开发的项目，以分期项目为单位清算。开发项目中同时包含普通住宅和非普通住宅的，应分别计算增值额。

三、耕地占用税

为了合理利用土地资源，加强土地管理，保护耕地，国务院于1987年4月发布了《耕地占用税暂行条例》，规定自1987年起征收耕地占用税。2007年12月国务院制定了新的《耕地占用税暂行条例》，自2008年1月1日起实施。财政部、国家税务总局于2008年2月又颁布了《耕地占用税暂行条例实施细则》。2008年，我国的耕地占用税制度进行了新的改革，与原来的标准和制度相比，大大提高了税额，并加大了对基本农田的保护力度；同时，更加明确了减免税的范围，将内外资企业在耕地占用上的税负同等处理。作为土地占有环节的唯一税种，改革后的税制更能反映土地的价值，有利于防止耕地的流失。但是，改革后耕地占用税依然存在一定的不足，有待进一步完善。

第十三届全国人民代表大会常务委员会第七次会议于2018年12月29日通过《耕地占用税法》，自2019年9月1日起施行。为贯彻落实《耕地占用税法》，财政部、税务总局、自然资源部、农业农村部、生态环境部制定了《耕地占用税法实施办法》，并于2019年8月29日发布，自2019年9月1日起施行。相应地，原《耕地占用税暂行条例》《耕地占用税暂行条例实施细则》被废止。

耕地占用税，是指对占用耕地建设建筑物、构筑物或者从事非农业建设的单位和个人，按其占用耕地的面积实行从量定额征收的一种税。这一税制的主要内容如下：

（一）耕地占用税的纳税人

占用耕地建设建筑物、构筑物或者从事非农业建设的单位和个人，为耕地占用税的纳税人。

（二）耕地占用税的征税范围

耕地占用税的征税范围包括进行建筑物、构筑物建设和其他非农业建设占用的耕地。所谓耕地，是指用于种植农作物的土地。

纳税人因建设项目施工或者地质勘查临时占用耕地，应当依照规定缴纳耕地占用税。纳税人在批准临时占用耕地期满之日起一年内依法复垦，恢复种植条件的，全额退还已经缴纳的耕地占用税。

占用园地、林地、草地、农田水利用地、养殖水面、渔业水域滩涂以及其他农用地建设建筑物、构筑物或者从事非农业建设的，征收耕地占用税。但建设直接为农业生产服务的生产设施占用上述农用地的，不征收耕地占用税。

占用耕地建设农田水利设施的，不缴纳耕地占用税。

（三）耕地占用税的计税依据和税额

耕地占用税以纳税人实际占用的耕地面积为计税依据，按照规定的适用税额一次性征收。

耕地占用税的税额规定如下：①人均耕地不超过 1 亩的地区（以县、自治县、不设区的市、市辖区为单位，下同），每平方米为 10~50 元；②人均耕地超过 1 亩但不超过 2 亩的地区，每平方米为 8~40 元；③人均耕地超过 2 亩但不超过 3 亩的地区，每平方米为 6~30 元；④人均耕地超过 3 亩的地区，每平方米为 5~25 元。

国务院财政、税务主管部门根据人均耕地面积和经济发展情况，确定各省、自治区、直辖市的平均税额。

各地适用税额由省、自治区、直辖市人民政府在上述税额幅度内，根据本地区情况核定。各省、自治区、直辖市人民政府核定的适用税额的平均水平，不得低于《各省、自治区、直辖市耕地占用税平均税额表》规定的各省、自治区、直辖市的平均税额。

（四）耕地占用税的加收

在人均耕地低于 0.5 亩的地区，省、自治区、直辖市可以根据当地经济发展情况，适当提高耕地占用税的适用税额，但提高的部分不得超过法律确定适用税额的 50%。

（五）耕地占用税的免征和减征

1. 免征。属于下列情形的，免征耕地占用税：①军事设施占用耕地；②学校、幼儿园、社会福利机构、医院占用耕地。

2. 减征。铁路线路、公路线路、飞机场跑道、停机坪、港口、航道、水利工程占用耕地，减按每平方米 2 元的税额征收耕地占用税。

农村居民在规定用地标准以内占用耕地新建自用住宅，按照当地适用税额减半征收耕地占用税；其中农村居民经批准搬迁，新建自用住宅占用耕地不超过原宅基地面积的部分，免征耕地占用税。

农村烈士遗属、因公牺牲军人遗属、残疾军人以及符合农村最低生活保障条件的农村居民，在规定用地标准以内新建自用住宅，免征耕地占用税。

根据国民经济和社会发展的需要，国务院可以规定免征或者减征耕地占用税的其他情形，报全国人民代表大会常务委员会备案。

依照规定军事设施、学校、幼儿园、社会福利机构、医疗机构占用耕地，免征耕地占用税，或者铁路线路、公路线路、飞机场跑道、停机坪、港口、航道、水利工程占用耕地，减征耕地占用税后，纳税人改变原占地用途，不再属于免征或者减征耕地占用税情形的，应当按照当地适用税额补缴耕地占用税。

四、不动产增值税

在实行不动产增值税之前，我国实行的是不动产销售营业税。不动产销售营业税是指在中国境内销售不动产的单位或个人，国家就其营业额按比例计征的一种税。1993 年 12 月 13 日国务院公布的《营业税暂行条例》正式将不动产销售营业税纳入营业税的征税范围。1993 年 12 月 25 日，财政部发布了《营业税暂行条例实施细则》。2008 年 11 月 10 日国务院修订了《营业税暂行条例》，并自 2009 年 1 月 1 日起施行。2008 年 12 月 15 日，财政部、国家税务总局修订了《营业税暂行条例实施细则》，并于 2009 年 1 月 1 日起开始实施。2011 年 10 月 28 日，财政部、国家税务总局又一次修订了《营业税暂行条例实施细则》。

我国于 1979 年引进增值税，1984 年 9 月 18 日发布《增值税条例（草案）》确立这一税种，随后经过多次试点，于 2016 年 5 月 1 日起，全面实行营改增，营业税从此退出历史舞台，改征增值税。《国务院关于废止〈中华人民共和国营业税暂行条例〉和修改〈中华人民共和国增值税暂行条例〉的决定》已经于 2017 年 10 月 30 日国务院第 191 次常务会议通过。不动产销售营业税已经变为不动产增值税。

增值税是以商品（包括动产、不动产、无形资产）、劳务和服务为征税对象，以增值额为计税依据，多环节征收的一种流转税。

（一）增值税的纳税人

增值税的纳税人是指在我国境内销售货物、服务、无形资产、不动产或者提供加工、修理修配劳务以及进口货物的单位或个人。其中，单位是指企业、行政单位、事业单位、军事单位、社会团体及其单位。个人是指个体工商户或其他个人。**纳税主体分为一般纳税人和小规模纳税人两种。**

（二）增值税的征税范围

增值税的征税范围覆盖第一产业、第二产业和第三产业。具体范围包括：销售货物；提供加工和修理修配劳务；销售服务；销售无形资产；销售不动产；进口货物。

（三）增值税的税率

我国现行增值税法对一般纳税人和小规模纳税人适用不同的计税方法和税率（征收率）。对一般纳税人设置了三档税率。增值税税率最高为17%，销售不动产转让土地使用权和不动产租赁服务等税率为11%。

（四）增值税纳税义务发生时间、纳税期限与纳税地点

1. 纳税义务发生时间。纳税人销售服务、无形资产、不动产的，纳税义务发生时间为纳税人发生应税行为并收讫销售款项或者取得索取销售款项凭据的当天；先开具发票的，为开具发票的当天。

2. 纳税地点。固定业户应当向其机构所在地的主管税务机关申报纳税。总机构和分支机构不在同一县（市）的，应当分别向各自所在地的主管税务机关申报纳税；经国务院财政、税务主管部门或者其授权的财政、税务机关批准，可以由总机构汇总向总机构所在地的主管税务机关申报纳税。

固定业户到外县（市）销售货物或者提供应税劳务，应当向其机构所在地的主管税务机关申请开具外出经营活动税收管理证明，并向其机构所在地的主管税务机关申报纳税；未开具证明的，应当向销售地或者劳务发生地的主管税务机关申报纳税；未向销售地或者劳务发生地的主管税务机关申报纳税的，由其机构所在地的主管税务机关补征税款。

非固定业户销售货物或者提供应税行为，应当向销售地或应税行为发生地的主管税务机关申报纳税；未申报纳税的，由其机构所在地或者居住地主管税务机关补征税款。

其他个人提供建筑服务，销售或者租赁不动产，转让自然资源使用权，应向建筑服务发生地、不动产所在地、自然资源所在地主管税务机关申报纳税。

3. 纳税期限。增值税的纳税期限分别为1日、3日、5日、10日、15日、1个月或者1个季度。纳税人的具体纳税期限，由主管税务机关根据纳税人应纳税额的大小分别核定。以1个季度为纳税期限的规定适用于小规模纳税人、银行、财务公司、信托投资公司、信用社，以及财政部和国家税务总局规定的其他纳税人。不能按照固定期限纳税的，可以按次纳税。纳税人以1个月或者1个季度为1个纳税期的，自期满之日起15日内申报纳税；以1日、3日、5日、10日或者15日为1个纳税期的，自期满之日起5日内预缴税款，于次月1日起15日内申报纳税并结清上月应纳税款。

第三节　房产税法律制度

如前所述，我国有关房产方面的税种主要包括房产税、契税和印花税等。

一、房产税

房产税是我国的一个恢复性税种。1950 年曾在全国范围内开征城市房产税。1951 年政务院颁布《城市房地产税暂行条例》，将房产税和地产税合并为一种税。为简化税制，1973 年国家将对国有企业和集体企业征收的房地产税并入工商税。

1984 年我国实行第二步利改税时，将原房地产税分为房产税和土地使用税两个税种。1986 年 9 月 15 日国务院发布《房产税暂行条例》，从 1986 年 10 月 1 日起对内资企业和个人开征房产税。2008 年 12 月 31 日，国务院宣布 1951 年 8 月 8 日由原政务院公布的《城市房地产税暂行条例》自 2009 年 1 月 1 日起废止，外商投资企业、外国企业和组织以及外籍个人，也要依照《房产税暂行条例》缴纳房产税。后于 2011 年，国务院对该条例进行了修改，以适应税收法律制度的发展。对房产征税的目的在于运用税收杠杆，加强对房产的管理，提高房产使用效率，合理调节房产所有人和经营者的收入。

所谓房产税是指以房产为征税对象，依据房产的计程余值或租金向房产所有权人征收的一种税。这一税制的主要内容如下：[1]

（一）房产税的纳税人

房产税由房屋所有人缴纳，具体是指在中国境内拥有房屋所有权的单位和个人，包括设在中国的外商投资企业、外国企业和组织以及外籍个人。房屋属于全民所有的，由其经营管理的单位缴纳；产权出典的，由承典人缴纳；产权所有人、承典人不在房产所在地的，或者产权未确定及租典纠纷未解决的，由房产代管人或者使用人缴纳。可见，以上列举的房屋所有人、经营管理单位、承典人、房产代管人或者使用人，均为纳税义务人。

（二）房产税的征税范围

房产税在城市、县城、建制镇和工矿区征收。房产税依照房产原值一次减除 10% ~ 30% 后的余值计算缴纳。具体减除幅度由省、自治区、直辖市人民政府规定。没有房产原值作为依据的，由房产所在地税务机关参考同类房产核定。房产出租的，以房产租金收入为房产税的计税依据。

---

〔1〕 参见《房产税暂行条例》的相关规定。

（三）房产税的税率与税额计算

1. 税率。房产税的税率，依照房产余值计算缴纳的，税率为 1.2%；依照房产租金收入计算缴纳的，税率为 12%。

2. 税额计算。房产税应纳税额按下列公式计算：

（1）依照房产余值计算：应纳房产税税额 =［房产原值 - 房产原值×（10%~30%）］×适用税率 1.2%。

（2）依照房屋租金收入计算：应纳房产税税额 = 房屋租金收入×适用税率 12%。

（四）房产税的减免

下列房产免纳房产税：①国家机关、人民团体、军队自用的房产；②由国家财政部门拨付事业经费的单位自用的房产；③宗教寺庙、公园、名胜古迹自用的房产；④个人所有非营业用的房产；⑤经财政部批准免税的其他房产。

除上述第⑤项之外，纳税人纳税确有困难的，可由省、自治区、直辖市人民政府确定定期减征或者免征房产税。

为了调节收入分配，引导个人合理住房消费，2011 年 1 月 26 日召开的国务院第 136 次常务会议同意部分城市试点征收个人住房房产税。根据这次会议精神，上海市、重庆市决定对部分个人住房征收房产税进行改革试点，分别出台了《上海市开展对部分个人住房征收房产税试点的暂行办法》《重庆市关于开展对部分个人住房征收房产税改革试点的暂行办法》以及《重庆市个人住房房产税征收管理实施细则》，对个人住房房产税的征收对象、纳税人、计税依据、税率等事项作了明确的规定。在这些试点地区，"个人所有非营业用的房产"不再享受房产税的减免优惠。随着我国房地产市场的发展，还会有其他城市进行征收个人住房房产税的试点工作。待时机成熟时，国家将会出台统一的个人住房房产税的征收政策。

（五）房产税的缴纳和征收

房产税按年征收，分期缴纳。纳税期限由省、自治区、直辖市人民政府规定。房产税由房产所在地的税务机关负责征收。

（六）我国房产税的不足与完善

随着我国社会主义市场经济的建立，该税种的一些规定已不能适应经济发展的客观需要，主要表现在：[1]

1. 纳税主体不够严密。例如，现行房产税条例对房产转租的"二房东"取得的收入是否征收房产税以及如何征税未有涉及，这反映了税法本身的规定尚

---

[1] 程信和、刘国臻：《房地产法》，北京大学出版社 2010 年版，第 241 页。

不严密。

2. 计税依据不够科学。房产税是地方税，计税依据和税率都是固定不变的，而房产现行价值和房产原值存在较大差距，这样就形成了事实上的税基萎缩，不利于调动地方政府组织财政收入的积极性，不能适应地方经济发展所需资金增长的需要。

因此，为适应市场经济发展的需要，更好地发挥房产税对房地产市场的调节作用，有必要对现行房产税条例作适当修改。

二、契税

契税是一个历史悠久的税种。中华人民共和国成立后，为了适应群众要求税契保障产权的习惯，1950 年 4 月 3 日政务院公布了《契税暂行条例》。经过数十年的实施，证明该税种的基本内容是可行的。改革开放后，我国又制定了一些相关政策，使该税种进一步完善。1997 年 7 月 7 日国务院发布了新的《契税暂行条例》，并于同年 10 月 1 日起实施，使该税种在保障单位和公民不动产的合法权益、减少产权纠纷和增加财政收入等方面起了积极作用。此后我国对《契税暂行条例》进行了再次修正，2019 年 3 月 2 日由国务院发布并实施。

所谓契税，是指在土地使用权、房地产所有权发生转移时，就当事人订立的契约，按成交价格的一定比例向不动产取得人一次性征收的税。这一税制的主要内容如下：[1]

（一）契税的纳税人

在中国境内转移土地、房屋权属，承受[2]的单位和个人为契税的纳税人。单位包括企业单位、事业单位、国家机关、军事单位和社会团体以及其他组织；个人包括个体经营者及其他个人。

（二）契税的征税对象

契税的征税对象是房地产的转移行为，即转移土地、房屋权属的行为，具体包括以下几类：①国有土地使用权出让；②土地使用权转让，包括出售、赠与和交换；③房屋买卖；④房屋赠与；⑤房屋交换。上述第②项土地使用权的转让，不包括农村集体土地承包经营权的转移。

土地、房屋权属以下列方式转移的，视同土地使用权转让、房屋买卖或者房屋赠与征税：①以土地、房屋权属作价投资、入股；②以土地、房屋权属抵债；③以获奖方式承受土地、房屋权属；④以预购方式或者预付集资建房款方式承受土地、房屋权属。

---

〔1〕　参见《契税暂行条例》和《契税暂行条例细则》的相关内容。
〔2〕　这里所谓承受，是指以受让、购买、受赠、交换等方式取得土地、房屋权属的行为。

（三）契税的税率

契税实行比例税，税率为 3%~5%。契税的适用税率由省、自治区、直辖市人民政府在上述规定的幅度内按照本地区的实际情况确定，并报财政部和国家税务总局备案。

（四）契税的计税依据

契税的计税依据有以下几种情形：①国有土地使用权出让、土地使用权出售、房屋买卖，为成交价格；②土地使用权赠与、房屋赠与，由征收机关参照建设用地使用权出售、房屋买卖的市场价格核定；③建设用地使用权交换、房屋交换，为所交换的建设用地使用权、房屋的价格的差额。

上述房地产成交价格明显低于市场价格并且无正当理由的，或者所交换建设用地使用权、房屋的价格的差额明显不合理并且无正当理由的，由征收机关参照市场价格核定。

（五）契税的税额计算

契税应纳税额，依照上述税率和计税依据计算征收。应纳税额计算公式为：应纳税额＝计税依据×税率。

应纳税额以人民币计算。转移土地、房屋权属以外汇结算的，按照纳税义务发生之日中国人民银行公布的人民币市场汇率中间价折合成人民币计算。

（六）契税的减征或免征

有下列情形之一的，减征或者免征契税：①国家机关、事业单位、社会团体、军事单位承受土地、房屋用于办公、教学、医疗、科研和军事设施的，免征；②城镇职工按规定第一次购买公有住房的，免征；③因不可抗力灭失住房而重新购买住房的，酌情准予减征或者免征；④财政部规定的其他减征、免征契税的项目；⑤土地、房屋被县级以上人民政府征用、占用后，重新承受土地、房屋权属的，是否减征或者免征契税，由省、自治区、直辖市人民政府确定；⑥纳税人承受荒山、荒沟、荒丘、荒滩土地使用权，用于农、林、牧、渔业生产的，免征；⑦依照我国有关法律规定以及我国缔结或参加的双边和多边条约或协定的规定应当予以免税的外国驻华使馆、领事馆、联合国驻华机构及其外交代表、领事官员和其他外交人员承受土地、房屋权属的，经外交部确认，可以免征。经批准减征、免征契税的纳税人改变有关土地、房屋的用途，不再属于上述规定的减征、免征契税范围的，应当补缴已经减征、免征的税款。

（七）契税的缴纳和征收

契税的纳税义务发生时间为纳税人签订土地、房屋权属转移合同的当天，或者纳税人取得其他具有土地、房屋权属转移合同性质凭证的当天。纳税人应当自纳税义务发生之日起 10 日内，向土地、房屋所在地的契税征收机关办理纳税申报，并在契税征收机关核定的期限内缴纳税款。纳税人办理纳税事宜后，契税征收机关应当向纳税人开具契税完税凭证。纳税人应当持契税完税凭证和其他规定的文件材料，依法向国土资源管理部门、房产管理部门办理有关土地、房屋的权属变更登记手续。纳税人未出具契税完税凭证的，国土资源管理部门、房产管理部门不予办理有关土地、房屋的权属变更登记手续。契税征收机关为土地、房屋所在地的税务机关。具体征收机关由省、自治区、直辖市人民政府确定。国土资源管理部门、房产管理部门应当向契税征收机关提供有关资料，并协助契税征收机关依法征收契税。

（八）我国契税制度的完善

我国 1997 年起实施的新《契税暂行条例》比旧的《契税暂行条例》有了较大改进，主要体现在以下几个方面：

1. 体现在征税范围方面。之前，土地产权转移暂不办理征收契税手续，这不能适应土地制度改革的需要。随着城镇国有土地使用权出让制度的实施，土地使用权已成为一种新的、独立的物权，具有财产的价值，可以进入房地产市场流通。新的《契税暂行条例》扩大了征税范围，规定对土地使用权交易征收契税。

2. 体现在纳税主体方面。旧的《契税暂行条例》将国有企业、集体企业列为免税主体，既不符合市场经济主体地位平等的要求，也不利于企业间的公平竞争和国家对国有企业、集体企业从事房地产流转行为实施税收调控。新的《契税暂行条例》规定，国有企业、集体企业也是纳税主体，不属于减免税范围，这样安排更为合理。

但是，我国的契税制度仍然存在如下一些问题：

1. 重复征税问题。例如，在房地产销售中，既要向房地产开发企业征收营业税，也要向购房者征收契税，同一行为征了两次税，这就抬高了住宅价格，加大了购房者的经济负担。如果认定商品房销售是商品流通行为，则不应向购房者征收契税；如果认定商品房销售是财物转让行为，则不应向房地产开发企业征收营业税。

2. 税率过高问题。如上所述契税的税率为 3%～5%，这一税率显得较高，税负较重，对我国房地产的价格抬升有一定的影响，并且每一次产权转让都征收契税也会阻碍房地产的正常交易。因此，在日后的房地产税收改革中，应当统筹安排，合并税种（取消契税）或者降低其税率。

三、房地产印花税

房地产印花税是指对书立、领受房地产应税凭证而向单位和个人征收的一种税。其法律依据是国务院于 1988 年 8 月 6 日颁布的《印花税暂行条例》。根据该条例，这一税制的基本内容如下：

（一）房地产印花税的纳税人

凡在中华人民共和国境内书立、领受房地产应税凭证的单位和个人，都是房地产印花税的纳税义务人，应当按照法律规定缴纳印花税。

（二）房地产印花税的征税对象

房地产印花税的征税对象包括下列应纳税凭证：①房地产买卖、建设工程承包、房地产租赁、房地产保险及其他具有合同性质的房地产凭证；②房地产产权转移书据；③房地产营业账簿；④房地产权利、许可证照；⑤经财政部确定征税的其他凭证。

（三）房地产印花税的免征

下列凭证免征印花税：①已缴纳印花税的凭证的副本或者抄本；②财产所有人将财产赠给政府、社会福利单位、学校所立的书据；③经财政部批准免税的其他凭证。

（四）房地产印花税的税率

我国的印花税实行比例税率和定额税率两种税率：①比例税率用于房地产产权转移书据，税率为 0.05%，房屋租赁合同税率为 0.1%，房屋买卖合同税率为合同所载金额的 0.03%；②定额税率用于房地产权利证书，包括房屋所有权证和土地使用权证，其税额均为每件 5 元人民币。

（五）房地产印花税的缴纳

印花税实行由纳税人根据规定自行计算应纳税额，购买并一次贴足印花税票的缴纳办法。即纳税人按照应税凭证的类别和使用的税率自行计算应纳税额，自行购花，自行贴花。应纳税额较大或者贴花次数频繁的，纳税人可以向税务机关提出申请，采用以交款书代替贴花或者按期汇总缴纳的办法。印花税票应贴在应纳税凭证上，并由纳税人在每枚税票的骑缝处盖戳注销或者划销。应纳税凭证应于书立或领受时贴花。

第四节　房地产费法律制度

一、房地产费概述

（一）房地产费的概念

房地产费是指依据法律和法规，由国家行政机关、事业单位向房地产开发企业、房地产交易各方、房地产产权人等提供服务和进行管理或者国家授权开发利用国家资源而收取的各种服务费、管理费、补偿费等。

（二）房地产费与房地产税的区别

房地产费与房地产税不同，它不是基于国家权力而强制无偿征收的，它是基于政府机构实行管理和提供服务而向被管理或被服务人收取的成本费用。房地产费本身没有调节房地产市场的作用，这也是它和房地产税收的一个重要区别。具体而言，房地产费与房地产税存在着以下本质区别：

1. 征收主体不同。房地产费由有关行政机关、事业单位等收取；而房地产税只能由国家征收，包括中央政府和地方政府，具体由国家税务机关征收或国家税务机关委托的行政管理机关代收。

2. 征收目的不同。收取房地产费主要是为了填补行政事业单位的经费支出；而征收房地产税的直接目的是增加财政收入，同时房地产税作为经济杠杆，可以调节社会经济关系。

3. 征收依据不同。收取房地产费的依据有些是国家法律，有些是政策、地方性规章，甚至有些是收缴主体的自行规定；而房地产税的征收依据是国家税收法律。可见，收取房地产费的依据效力一般较低，而征收房地产税的依据效力高。

4. 征纳双方的地位不同。在房地产费中，国家有时需作为交纳方向相对人交费，如安置补偿费等；而在房地产税中，国家始终是接受方，征纳方向是固定不变的。

（三）房地产费的分类

我国房地产市场结构分为三级：一级市场，即土地使用权的出让；二级市场，即土地使用权出让后的房地产开发经营；三级市场，即投入使用后的房地产交易。针对一级市场主要由土地所有者（即国家）向土地使用者收取土地使用费；同时对于整个房地产市场，由有关行政机关、事业单位向房地产市场的当事人收取各种管理费用和服务费用。因此，目前我国的房地产费主要有三种：土地使用费、房地产行政性收费和房地产事业性收费。

1. 土地使用费是指取得国有土地使用权的单位和个人，按照规定向国家交付的除了土地出让金之外的使用土地的费用，主要包括国家对土地的开发成本、征用土地补偿费、安置补助费。土地使用费不含地租[1]，有关地租及其与相关概念的区别见页下注释。

2. 房地产行政性收费是指房地产行政管理机关或其授权机关履行行政管理职能管理房地产业所收取的费用，主要包括登记费、勘丈费、权证费、手续费（房地产买卖手续费，办理房地产继承、赠与等手续费）和房屋租赁登记费。

3. 房地产事业性收费是指房地产行政管理机关及其所属事业单位为社会或个人提供特定服务所收取的费用，主要包括拆迁管理费、房屋估价收费等。

二、房地产行政性收费

房地产行政性收费是指房地产行政管理机关及其授权机关，履行行政管理职能管理房地产行业而收取的相关费用。

（一）市政公用设施建设费

市政公用设施建设费主要有以下三种：

1. 综合开发市政费，按商品房销售收入的15%计收。

2. 分散建设市政费，其中住宅建设项目按住宅建筑面积每平方米价格的15%计收，并于开工前一次缴清。

3. 分散建设生活服务设施配套建设费。此费按建筑面积每平方米价格的15%的标准收取。

（二）四源费

四源费是指用于兴建自来水、污水处理、煤气、供热厂等四项服务设施的费用。由于能源价格低于其成本，政府部门每年要补贴大量资金来维持其简单再生产，为了缓解城市发展对能源的需求，筹集建设资金，市政府有必要向开发企业收取四源费。

（三）房地产登记费

财政部、国家发展改革委于2016年7月12日发布了《关于不动产登记收费有关政策问题的通知》，明确了关于不动产登记收费的相关问题。

不动产登记费，是不动产登记部门在办理不动产权属登记时，向申请人所

---

[1] 地租是指土地所有者将其所拥有的土地及与土地相关的房屋或其他附着物租给他人使用所取得的报酬，在我国地租主要表现为国家收取土地出让金。地租、税收和收费的区别如下：①地租是土地所有者凭借土地所有权向土地使用者索取的土地使用报酬，是超额利润的转化，是土地所有权在经济上的实现形式，只要存在土地所有权和使用权的分离，就必然存在地租。②税收是国家为了实现其社会管理职能，凭借政治权力，以法律为依据，强制、无偿、固定地参与国民收入的分配和再分配所形成的特殊经济利益关系，是国家政治权力的体现，不是依靠财产权利进行的收入分配。③收费则是对提供服务收取的补偿费用。参见吴春岐等：《房地产法新论》，中国政法大学出版社2008年版，第334页。

收取的费用。不动产登记费按件定额收取。

根据国家发展改革委、财政部《关于不动产登记收费标准等有关问题的通知》规定，住宅类不动产登记收费标准为每件 80 元，非住宅类不动产登记收费标准为每件 550 元。廉租住房、公共租赁住房、经济适用住房和棚户区改造安置住房所有权及其建设用地使用权办理不动产登记，登记收费标准为零。不动产登记机构依法办理不动产查封登记、注销登记、预告登记和因不动产登记机构错误导致的更正登记，不收取不动产登记费。在房屋登记收费标准中，一般包含了房屋权属证书费。因此，不动产登记部门按规定核发一本不动产权属证书免收证书费。如果向一个以上不动产权利人核发不动产权属证书时，每增加一本证书加收证书工本费 10 元。不动产权利人因丢失、损坏等原因申请补领证书，只收取不动产权属证书费。农民利用宅基地建设的住房登记，不收取不动产登记费，只收取不动产权属证书工本费。

三、房地产事业性收费

房地产事业性收费是指房地产行政管理机关及其所属的事业单位为社会或个人提供特定服务所收取的费用，主要包括：

（一）拆迁管理收费

拆迁管理收费是指房地产管理机关向拆迁人收取的费用。由于没有统一的规范，各地的收费标准、收费方法各有差别，一般按照拆迁补偿安置费总额的一定比例收取。

（二）房地产中介服务收费

为深入贯彻落实十八届三中全会精神，充分发挥市场在资源配置中的决定性作用，完善房地产中介服务价格形成机制，促进行业健康发展，2014 年 6 月 13 日国家发展改革委、住房城乡建设部发布《关于放开房地产咨询收费和下放房地产经纪收费管理的通知》，决定放开目前实行政府指导价管理的房地产咨询服务收费标准，下放房地产经纪服务收费管理权限。其主要内容如下：

1. 放开房地产咨询服务收费。房地产中介服务机构接受委托，提供有关房地产政策法规、技术及相关信息等咨询的服务收费，实行市场调节价。

2. 下放房地产经纪服务收费定价权限，由省级人民政府价格、住房城乡建设行政主管部门管理，各地可根据当地市场发育实际情况，决定实行政府指导价管理或市场调节价。实行政府指导价管理的，要制定合理的收费标准并明确收费所对应的服务内容等；实行市场调节价的，房地产经纪服务收费标准由委托和受托双方，依据服务内容、服务成本、服务质量和市场供求状况协商确定。

3. 各房地产中介服务机构应按照《价格法》《房地产经纪管理办法》等法律法规要求，公平竞争、合法经营，诚实守信，为委托人提供价格合理、优质高效服务；严格执行明码标价制度，在其经营场所的醒目位置公示价目表，价目表应包括服务项目、服务内容及完成标准、收费标准、收费对象及支付方式等基本标价要素；一项服务包含多个项目和标准的，应当明确标示每一个项目名称和收费标准，不得混合标价、捆绑标价；代收代付的税、费也应予以标明。房地产中介服务机构不得收取任何未标明的费用。

4. 各级价格主管部门要依法加强对房地产中介服务收费行为的监督管理，重点查处收费后不按约定义务履行服务职责，以及串通涨价、利用虚假或者使人误解的标价内容和标价方式进行价格欺诈等乱收费行为，规范房地产中介服务市场价格秩序。

四、我国房地产费制度的完善

如前所述，房地产费本身没有调节房地产市场的作用，也不应当有这样的作用，它更不能成为各类行政机关、事业单位巧立名目、获取利益的手段。由于我国目前行政机关的不规范行为，许多费目的收取缺乏科学性、规范性，也缺乏相应监督，导致房地产交易中的收费项目过多，房地产权人负担过重，人们往往规避正常的房地产手续，妨碍健康有序的房地产市场的形成。[1]

尽管我国在房地产费的规范方面作了种种改进，但是，由于行政部门利益存在差异，导致房地产费的收取标准在有些地方存在不合理和不统一的情形。房地产费的规范还须进一步完善。

---

[1] 高富平、黄武双：《房地产法学》，高等教育出版社 2010 年版，第 324 页。

第十一章

房地产法律责任

第一节　房地产法律责任概述

一、房地产法律责任的概念及其构成要件

房地产法律责任是指行为人因违反房地产法律、法规的行为而应当承担的法定强制性的不利后果。责任形式包括民事、行政和刑事责任。

房地产法律责任的构成要件包括：违法主体、主观过错、违法行为、损害事实和因果关系等五个要件。

1. 违法主体。有可能违反房地产法律、法规的主体主要包括两类：一类是市场平等主体，即参与到房地产社会关系中的公民、法人和其他组织。例如，公民或者法人未经规划审批而违章修建非法建筑；房地产开发企业擅自转让房地产开发项目。此时，行为人即构成违法主体；另一类是市场监管主体，即房地产行政管理部门及其工作人员。例如，非法批准占用土地、乱收费，以及工作人员玩忽职守、滥用职权等。此时，房地产管理部门及其工作人员即构成违法主体。

2. 主观过错。主观过错即承担房地产法律责任行为人的主观故意或者过失。在刑事责任中，主观过错是必备要件，故意或者过失是量刑的重要考虑因素。而在民事责任中区分故意与过失的意义没有在刑事责任中那么重要，有时民事责任甚至不以过错为前提条件，例如，无过错责任和公平责任的承担。

3. 违法行为。违法行为即相关主体违反房地产法律、法规的行为。房地产违法行为的表现形式复杂，主要包括：违反土地管理法的行为；违反城市房地产管理法的行为；违反国有土地上房屋征收与补偿法律规定的行为；违反物业管理法律规定的行为等。

4. 损害事实。房地产法律责任中的损害事实，包括公法上的损害事实和私法上的损害事实。前者主要是指违法行为造成对某种社会关系或社会秩序的损害后果；后者主要是指违法行为造成对人身或财产的损害后果。

5. 因果关系。因果关系即房地产违法行为与损害事实之间存在的因果关系。法律归责原则上要求证明损害后果与违法行为之间存在直接因果关系。

二、房地产法律责任的形式

如上所述，房地产法律的责任形式包括民事、行政和刑事责任。

（一）房地产民事法律责任

1. 房地产民事法律责任的概念。房地产民事法律责任是指行为人因违反房地产法律法规或者违反当事人之间的民事约定，依法应当承担的民事法律后果，具体包括：①侵权责任。比如，侵犯土地的所有权或者使用权，侵犯房产权，侵犯土地承包经营权，必须承担相应的责任。②违约责任。不履行房地产合同，或者履行合同不符合约定的要求，必须承担相应的责任。③不履行其他法定义务的责任。比如，行为人不履行房地产税收征纳的法定义务，尚不构成行政责任，而应当承担的民事责任。

2. 承担房地产民事法律责任的形式。根据《民法通则》第 134 条的规定，房地产关系中承担民事责任的方式主要有：①停止侵害。如立即停止侵害他人相邻权的行为；②排除妨碍。如长期占道经营影响居民通行，就应当将占道货摊搬离；③消除危险。如及时修缮危房；④返还财产。如将非法占用的土地交回集体或者国家；⑤恢复原状。如承租人在承租屋内乱拆乱建，出租人有权要求承租人采取措施，使房屋恢复到原来的状态；⑥修理、重作、更换。如商品房保修期内要保修，商品房主体结构质量不合格可退房；⑦赔偿损失。如由于承租人使用不当将所租赁的房屋损坏，就应当进行相应的赔偿；⑧支付违约金。即违约方向守约方支付违约金；⑨消除影响，恢复名誉；⑩赔礼道歉。以上 10 种民事责任方式中，前 8 种为财产责任，或者称物质赔偿；后两种为精神抚慰性质的赔偿。2017 年 3 月 15 日通过的《民法总则》在其第 179 条，对上述民事责任的承担方式增加了一项："继续履行"。房地产民事法律责任主要通过财产责任的形式体现出来。上述民事责任方式既可以单独适用，也可以合并适用。

（二）房地产行政法律责任

1. 房地产行政法律责任的概念。房地产行政法律责任是指行为人因违反房地产行政管理法律法规，依法应当承担的行政法律后果。房地产行政法律责任，可以分为：①房地产行政管理相对人的责任。主要包括违反土地行政管理秩序的责任和违反城市房地产行政管理秩序的责任。②房地产行政管理部门的责任。包括违法作为的责任，这主要是指违法审批、违法罚款、违法收费等行为而应当承担的行政责任；不作为的责任，这主要是指应当予以答复或者审批的而不予答复或者审批、应当给予行政处罚的而不给予行政处罚等行为而应当承担的行政责任。③其他行政机关及工作人员、其他公民或者组织的责任。虽然这些主体既不属于房地产行政管理部门，也不属于房地产行政管理相对人，但也有可能因违反房地产行政管理秩序而要承担相应的责任。

2. 房地产行政管理相对人承担行政责任的形式。对房地产行政管理相对人行政责任的追究主要是通过行政处罚形式来实现的。行政处罚是指行政机关对公民、法人和其他组织违反行政法律法规的行为而依法追究其行政责任的一种法律制裁形式。适用于房地产关系的行政处罚的种类有：①警告。这是针对比较轻微的违法行为而进行的行政处罚。警告处罚，一方面起处罚作用，同时又能起到教育作用，是对违法行为人名誉和声誉的处罚；②罚款。这是行政处罚中运用较为广泛的一种方式。《土地管理法》《城市房地产管理法》中均有一系列关于罚款的规定；③没收违法所得、没收非法财物。在房地产管理过程中，没收违法所得、没收非法转让土地上新建的建筑物和其他设施等措施也会经常采用；④责令停产停业。如处理无照经营的房地产开发企业或者中介服务机构；⑤暂扣或者吊销许可证、执照。如对实施重大欺诈违法行为的中介服务机构，就可以通过吊销许可证和营业执照，取消其经营资格。

上述行政处罚措施既可单独适用，也可合并适用。但对当事人的同一个违法行为，不能施行两次以上罚款。作为行政处罚措施重要辅助手段之一的是行政机关实施行政处罚时，应当责令当事人改正或者限期改正违法行为，以免违法行为继续危害房地产市场管理秩序。

3. 房地产行政管理部门及其工作人员承担行政责任的形式。对房地产行政管理部门及其工作人员行政责任的追究主要是通过行政处分的形式来实现的。下面分别以《土地管理法》和《城市房地产管理法》中规定的行政处分来说明这一责任形式。

（1）在土地管理法律关系中，根据《土地管理法》等相关法律的规定，县级以上人民政府自然资源主管部门在监督检查工作中发现国家工作人员的违法行为，依法应当给予处分的，应当依法予以处理；自己无权处理的，应当依法移送监察机关或者有关机关处理。

根据《土地管理法》的规定应当给予行政处罚，而有关自然资源主管部门不给予行政处罚的，上级人民政府自然资源主管部门有权责令有关自然资源主管部门作出行政处罚决定或者直接给予行政处罚，并给予有关自然资源主管部门的负责人行政处分。这种行政处分由责令作出行政处罚决定或者直接给予行政处罚决定的上级人民政府自然资源主管部门作出。对于警告、记过、记大过的行政处分决定，上级行政管理部门可以直接作出；对于降级、撤职、开除的行政处分决定，上级自然资源主管部门应当按照国家有关人事管理权限和处理程序的规定，向有关机关提出行政处分建议，由有关机关依法处理。

自然资源主管部门的工作人员玩忽职守、滥用职权、徇私舞弊，尚不构成犯罪的，应当依法给予行政处分。

（2）在城市房地产管理法律关系中，根据《城市房地产管理法》等相关法律法规的规定，房地产行政管理部门工作人员玩忽职守、滥用职权，尚不构成犯罪的，给予行政处分；利用职务上的便利，索取他人财物，尚不构成犯罪的，依法给予行政处分。其中，房地产开发管理部门工作人员在房地产开发经营监督管理工作中玩忽职守、滥用职权、徇私舞弊，尚不构成犯罪的，依法给予行政处分；房屋拆迁管理部门工作人员玩忽职守、滥用职权、徇私舞弊，由其所在单位或者上级机关给予行政处分。

（三）房地产刑事法律责任

1. 刑事责任的概念。刑事责任是指危害社会的行为触犯了刑事法律而构成犯罪，依照刑法规定应当承担的刑事法律后果。房地产刑事法律责任与一般刑事责任的构成要件是一致的，即由犯罪主体、犯罪主观方面、犯罪客体、犯罪客观方面四个要件来确定。房地产刑事法律责任中犯罪的主体既可能是个人，也可能是单位。企业、公司、事业单位、机关、团体实施的危害社会的行为，法律规定为单位犯罪的，应当承担刑事责任。对个人犯罪，判处的主刑有管制、拘役、有期徒刑、无期徒刑、死刑；附加刑有罚金、剥夺政治权利、没收财产。单位犯罪的，对单位判处罚金，并对其直接负责的管理人员和其他直接责任人员判处刑罚。

2. 房地产刑事法律责任中的主要罪名。

（1）非法转让、倒卖土地使用权罪。这是指以牟利为目的，违反土地管理法规，非法转让、倒卖土地使用权，情节严重的行为而应当承担的罪责。其责任主体既可以是个人，也可以是单位。

（2）非法占用农用地罪。这是指违反土地管理法规，非法占用耕地、林地等农用地，改变被占用土地用途，数量较大，造成耕地、林地大量毁坏的行为而应当承担的罪责。追其刑责的目的在于惩治乱占、滥用耕地、林地的行为，切实保护耕地和森林资源。单位犯非法占用耕地、林地罪的，对单位判处罚金，并对其直接负责的管理人员和其他直接责任人员进行相应处罚。

（3）非法批准征收、征用、占有土地罪和非法低价出让国有土地使用权罪。这是指国家机关工作人员徇私舞弊，违反土地管理法规，滥用职权，非法批准征收、征用、占用耕地、林地等农用地以及其他土地，或者非法低价出让国有土地使用权，情节严重的行为而应当承担的罪责。其责任主体主要是个人。

（4）擅自出卖、转让军队房地产罪。这是指违反规定，擅自出卖、转让军队房地产，情节严重的行为而应当承担的罪责。这是军人违反职责罪之一。

（5）其他。根据房地产法的规定，房地产行政管理部门工作人员玩忽职守、滥用职权、徇私舞弊，构成犯罪的，可分别依照刑法规定，追究玩忽职守罪、滥用职权罪、受贿罪的刑事责任。

上述罪名的刑事责任将在本章下面几节的内容涉及。

三、追究房地产法律责任的法律依据

追究房地产法律责任的法律依据包括两个层面：一是基本法层面的房地产法律依据，主要有《物权法》《土地管理法》《城市房地产管理法》《农村土地承包法》以及其他相关的基本法，如《民法通则》《民法总则》《刑法》等；二是国务院的有关行政法规、地方性法规和规章，比如《国有土地上房屋征收与补偿条例》《物业管理条例》等。

第二节　土地管理法律责任

根据《土地管理法》与《土地管理法实施条例》以及《刑法》的规定，土地管理法律责任的主要内容如下。

一、直接侵害我国土地所有权、使用权制度的违法行为及其法律责任

（一）买卖或者以其他形式非法转让土地行为的法律责任

法律禁止非法转让土地，包括国家所有的土地和集体所有的土地。

1. 对以各种形式非法转让土地的处罚。买卖或者以其他形式非法转让土地的，由县级以上人民政府自然资源主管部门没收非法所得。对违反土地利用总体规划擅自将农用地改为建设用地的，限期拆除在非法转让的土地上新建的建筑物和其他设施，恢复土地原状；对符合土地利用总体规划的，没收在非法转让的土地上新建的建筑物和其他设施。非法转让土地是非法所得的前提条件。对非法转让土地的，除做上述处理外，还可并处罚款，罚款额为非法所得的50%以下。对非法转让土地的直接负责的管理人员和其他直接责任人员，依法给予行政处分；构成犯罪的，依法追究刑事责任。[1]

2. 对以各种形式非法处分集体土地的处罚。擅自将农民集体所有的土地的使用权出让、转让或者出租用于非农业建设的，由县级以上人民政府自然资源主管部门责令限期改正，没收违法所得，并处罚款，罚款额为非法所得的5%以上20%以下。[2]

3. 非法转让、倒卖土地使用权罪的刑责。以牟利为目的，违反土地管理法规，非法转让、倒卖土地使用权，情节严重的，处3年以下有期徒刑或者拘役，

---

[1] 参见《土地管理法》第74条和《土地管理法实施条例》第38条的规定。

[2] 参见《土地管理法》第82条和《土地管理法实施条例》第39条的规定。

并处或者单处非法转让、倒卖土地使用权价额 5% 以上 20% 以下罚金；情节特别严重的，处 3 年以上 7 年以下有期徒刑，并处非法转让、倒卖土地使用权价额 5% 以上 20% 以下罚金。[1]

（二）破坏耕地与非法使用土地行为的法律责任[2]

1. 违法使用或者开发不当而造成种植条件破坏的法律责任。违反土地管理法规定，占用耕地建窑、建坟或者擅自在耕地上建房、挖砂、采石、采矿、取土等，破坏种植条件的，或者因开发土地造成土地荒漠化、盐渍化的，由县级以上人民政府自然资源主管部门责令限期改正或者治理，可以并处罚款，罚款额为耕地复垦费的 2 倍以下；构成犯罪的，依法追究刑事责任。

2. 拒不履行土地复垦义务的法律责任。违反土地管理法规定，拒不履行土地复垦义务的，由县级以上人民政府自然资源主管部门责令限期改正；逾期不改正，责令缴纳复垦费，专项用于土地复垦，还可处以罚款，罚款额为土地复垦费的 2 倍以下。

3. 逾期不恢复种植条件的法律责任。建设项目施工和地质勘察需要临时占用耕地的，土地使用者应当自临时用地期满之日起 1 年内恢复种植条件。违反这一规定，逾期不恢复种植条件的，由县级以上人民政府自然资源主管部门责令限期改正，还可处耕地复垦费 2 倍以下的罚款。[3]

4. 拒不交还或者违反用途规定使用国有土地的法律责任。依法收回国有土地使用权当事人拒不交出土地的，临时使用土地期满拒不归还的，或者不按照批准的用途使用国有土地的，由县级以上人民政府自然资源主管部门责令交还土地，处以罚款，罚款额为非法占用土地每平方米 10 元以上 30 元以下。

（三）非法占用土地行为的法律责任

1. 未经批准或者骗取批准而占用土地的违法行为的法律责任。这一类型的违法行为分为以下两种情况来处理：[4]

（1）未经批准或者采取欺骗手段骗取批准，非法占用土地的，由县级以上人民政府自然资源主管部门责令退还非法占用的土地。在处理时又分为以下两种情况：①对违反土地利用总体规划擅自将农用地改为建设用地的，限期拆除在非法占用的土地上新建的建筑物和其他设施，恢复土地原状；②对符合土地利用总体规划的，没收在非法占用的土地上新建的建筑物和其他设施。实施上

---

[1] 参见《刑法》第 228 条的规定。

[2] 参见《土地管理法》第 75、76、81 条和《土地管理法实施条例》第 40、41、43 条的规定。

[3] 参见《土地管理法实施条例》第 28、44 条的规定。

[4] 参见《土地管理法》第 77 条和《土地管理法实施条例》第 42 条的规定。

述处理后，还可并处罚款，罚款额为非法占用土地每平方米 30 元以下。对非法占用土地的单位直接负责的管理人员和其他直接责任人员，依法给予行政处分；构成犯罪的，依法追究刑事责任。

（2）超过批准的数量占用土地，多占的土地以非法占用土地论处。

2. 在禁止开垦区内进行开垦的违法行为的法律责任。[1] 国家禁止单位和个人在土地利用总体规划确定的禁止开垦区内从事土地开发活动。违反这一规定，在禁止开垦区内进行开垦的，由县级以上人民政府自然资源主管部门责令限期改正；逾期不改正的，依照关于对上述非法占用土地的规定予以处罚。

3. 农村土地未经批准或者骗取批准而占用的违法行为的法律责任。这一类型的违法行为分为以下两种情况来处理：[2]

（1）农村村民未经批准或者采取欺骗手段骗取批准，非法占用土地建造住宅的，由县级以上人民政府自然资源主管部门责令退还非法占用的土地，限期拆除在非法占用的土地上新建的房屋。有的地方用罚款代替拆除，这是违法的；依照法律规定必须限期拆除的，不得拖延，更不得以实施罚款的办法将非法的变成合法的。

（2）超过省、自治区、直辖市规定的标准，多占的土地以非法占有土地论处。

4. 对在临时使用的土地上修建永久性建筑物、构筑物的处理。[3]

（1）在临时使用的土地上修建永久性建筑物、构筑物的，由县级以上人民政府自然资源主管部门责令限期拆除；逾期不拆除的，由作出处罚决定的机关依法申请人民法院强制执行。

（2）对在土地利用总体规划制定前已建的、不符合土地利用总体规划确定的用途的建筑物、构筑物重建、扩建的，由县级以上人民政府自然资源主管部门责令限期拆除；逾期不拆除的，由作出处罚决定的机关依法申请人民法院强制执行。

（四）关于永久基本农田保护方面的法律责任[4]

1. 非法占用、非法批准占用、非法转让永久基本农田的法律责任。违反《基本农田保护条例》规定，有下列行为之一的，依照《土地管理法》和《土

---

[1] 参见《土地管理法实施条例》第 17、34 条。

[2] 参见《土地管理法》第 78 条的规定。

[3] 参见《土地管理法实施条例》第 35、36 条的规定。

[4] 参见《基本农田保护条例》第 30~34 条的规定。

地管理法实施条例》的有关规定，从重给予处罚：[1] ①未经批准或者采取欺骗手段骗取批准，非法占用基本农田的；②超过批准数量，非法占用基本农田的；③非法批准占用基本农田的；④买卖或者以其他形式非法转让基本农田的。

2. 应当划入基本农田保护区而不划入的法律责任。对应当划入基本农田保护区的耕地，立法上作出了明确的规定。违反《基本农田保护条例》规定，应当将耕地划入基本农田保护区而不划入的，由上一级人民政府责令限期改正；拒不改正的，对直接负责的管理人员和其他直接责任人员依法给予行政处分或者纪律处分。但行政处分代替不了改正错误，应当划入基本农田保护区的耕地仍须限期划入。

3. 破坏或者擅自改变基本农田保护区标志的法律责任。违反《基本农田保护条例》规定，破坏或者擅自改变基本农田保护区标志的，由县级以上地方人民政府自然资源主管部门或者农业行政管理部门责令恢复原状，可以处 1000 元以下罚款。

4. 非法占用基本农田的法律责任。违反《基本农田保护条例》规定，占用基本农田建窑、建房、建坟、挖砂、采石、采矿、取土、堆放固体废弃物或者从事其他活动破坏基本农田，毁坏种植条件的，由县级以上人民政府自然资源主管部门责令改正或者治理，恢复原种植条件，处占用基本农田的耕地开垦费 1 倍以上 2 倍以下的罚款；构成犯罪的，依法追究刑事责任。

5. 侵占、挪用耕地开垦费的法律责任。侵占、挪用基本农田的耕地开垦费，构成犯罪的，依法追究刑事责任；尚不构成犯罪的，依法给予行政处分或者纪律处分。

6. 非法占用农用地罪的刑责。[2] 违反土地管理法规，非法占用耕地、林地等农用地，改变被占用土地用途，数量较大，造成耕地、林地等农用地大量毁坏的，处 5 年以下有期徒刑或者拘役，并处或者单处罚金。

二、其他违反土地管理秩序的违法行为及其法律责任

（一）非法批准征收、使用土地的法律责任[3]

1. 无权批准征收、使用土地的单位或者个人非法批准占用土地的，超越批准权限非法批准占用土地的，不按照土地利用总体规划确定的用途批准用地的，或者违反法律规定的程序批准占用、征收土地的，其批准文件无效。

---

[1] 这里的"从重处罚"，是指在《土地管理法》及《土地管理法实施条例》规定的处罚幅度以内作出，而不能另立新的标准。

[2] 参见《刑法》第 342 条的规定。

[3] 参见《土地管理法》第 79 条和《刑法》第 410 条的规定。

对非法批准征收、使用土地的直接负责的管理人员和其他直接责任人员，依法给予行政处分；构成犯罪的，依法追究刑事责任。非法批准、使用的土地应当收回，有关当事人拒不归还的，以非法占用土地论处。

非法批准、使用土地，给国家、当事人造成损失的，应当依法承担赔偿责任。赔偿主体有二：一是非法使用土地者应当承担损失赔偿；二是非法批准者除了承担行政的甚至是刑事的责任外，对所造成的损失也要承担部分赔偿责任。

2. 非法批准征用、占用土地罪和非法低价出让国有土地使用权罪的罪责。国家机关工作人员徇私舞弊，违反土地管理法规，滥用职权，非法批准征收、征用、占用土地，或者非法低价出让国有土地使用权，情节严重的，处 3 年以下有期徒刑或者拘役；致使国家或者集体利益遭受特别重大损失的，处 3 年以上 7 年以下有期徒刑。

（二）侵占、挪用征地补偿费的法律责任[1]

侵占、挪用被征收土地单位的征地补偿费用和其他有关费用，构成犯罪的，依法追究刑事责任；尚不构成犯罪的，依法给予行政处分。

侵占、挪用征地补偿费可能构成贪污罪、挪用公款罪、职务侵占罪以及挪用资金罪。

（三）拒不拆除非法建筑的法律责任[2]

依照《土地管理法》规定，责令限期拆除在非法占用土地上新建的建筑物和其他设施的，建设单位或者个人必须立即停止施工，自行拆除；对继续施工的，作出处罚决定的机关有权制止。建设单位或者个人对责令限期拆除的行政处罚决定不服的，可以在自接到责令限期拆除决定之日起的 15 日内，向人民法院起诉；期满不起诉又不自行拆除的，由作出处罚决定的机关依法申请人民法院强制执行，执行费用由违法者承担。

（四）对于阻挠国家建设征收土地违法行为的处理[3]

违反土地管理法律、法规规定，阻挠国家建设征收土地的，由县级以上人民政府自然资源主管部门责令交出土地；拒不交出土地的，申请人民法院强制执行。

（五）阻碍执行土地管理职务的违法行为的法律责任[4]

阻碍自然资源主管部门的工作人员依法执行职务的，依法给予治安管理处

---

〔1〕　参见《土地管理法》第 80 条和《刑法》第 271、272、382、384 条的规定。
〔2〕　参见《土地管理法》第 83 条的规定。
〔3〕　参见《土地管理法实施条例》第 45 条的规定。
〔4〕　参见《土地管理法实施条例》第 37 条的规定。

罚或者追究刑事责任。

三、军队房地产与侵害军队房地产的法律责任[1]

(一) 军队房地产概述

为了加强军队房地产管理,合理有效地使用军队房地产,保障军队建设需要,根据国家有关法律,我国专门制定了《中国人民解放军房地产管理条例》。

军队房地产是指依法由军队使用管理的土地及其地上地下用于营房保障的建筑物、构筑物、附属设施设备,以及其他附着物。

军队房地产的权属归中央军委,其土地使用权和建筑物、构筑物以及其他附着物的所有权,由总后勤部代表行使。军队房地产管理的业务工作由各级后勤(联勤)机关营房管理部门归口管理。军队房地产按其用途分别由有关单位和业务部门具体负责使用和管护。

由于军队房地产的地位特殊,其法律规范自成一体,不属于与市场经济紧密结合的普通房地产法。但是,军队房地产通过非法出卖或者转让有可能进入民用市场领域,故本书在法律责任一章仅将这一部分(即擅自出卖、转让军队房地产罪)纳入介绍的范围。

(二) 擅自出卖、转让军队房地产罪的罪责

违反法律规定,擅自出卖、转让军队房地产,情节严重的,对直接责任人员,处3年以下有期徒刑或者拘役;情节特别严重的,处3年以上10年以下有期徒刑。这也属于军人违反职责罪之一。

第三节　城市房地产管理法律责任

《城市房地产管理法》是追究城市房地产违法行为法律责任的基本法依据,此外,《城市房地产开发经营管理条例》《商品房销售管理办法》《城市商品房预售管理办法》和《房地产经纪管理办法》等行政法规和部门规章中的法律责任规定,也是城市房地产管理法律责任规范的有机组成部分。

一、房地产开发法律责任

(一) 违法出让土地使用权的法律责任[2]

《城市房地产管理法》要求出让土地使用权用于房地产开发的,必须根据省级以上人民政府下达的控制指标,并要按照规定报批;土地使用权出让,必须

---

[1]　参见《刑法》第442条和《中国人民解放军房地产管理条例》的相关规定。
[2]　参见《城市房地产管理法》第11、12、64条的规定。

遵循法定的权限和程序。违反上述规定，擅自批准出让或者擅自出让土地使用权用于房地产开发的，除责令改正外，还要由上级机关或者所在单位给予有关责任人员行政处分。

（二）擅自从事房地产开发经营的法律责任〔1〕

1. 未取得营业执照的擅自行为。违反《城市房地产管理法》规定，未取得营业执照擅自从事房地产开发业务的，由县级以上人民政府工商行政管理部门责令停止房地产开发业务活动，没收违法所得，可以并处罚款，罚款额为违法所得 5 倍以下。

2. 未取得资质等级证书的擅自行为。房地产专营企业必须执行资质等级证书制度。违反规定，未取得资质等级证书或者超越资质等级从事房地产开发经营的，由县级以上人民政府房地产开发管理部门责令限期改正，处 5 万元以上 10 万元以下罚款；逾期不改正的，由工商行政管理部门吊销营业执照。

（三）违反规定交付房屋的法律责任〔2〕

房地产开发项目竣工，依照《建设工程质量管理条例》的规定验收合格后，方可交付使用。建设单位有下列行为之一的，责令改正，处工程合同价款 2% 以上 4% 以下的罚款；造成损失的，依法承担赔偿责任：①未组织竣工验收，擅自交付使用的；②验收不合格，擅自交付使用的；③对不合格的建设工程按照合格工程验收的。

（四）违法转让房地产土地使用权和开发项目的法律责任〔3〕

1. 违法转让土地使用权的法律责任。违反《城市房地产管理法》的规定转让土地使用权的，由县级以上人民政府自然资源主管部门没收违法所得，可以并处罚款。

2. 违法转让划拨土地使用权的房地产的法律责任。违反《城市房地产管理法》关于以划拨方式取得土地使用权的房地产转让的规定，转让此种房地产的，由县级以上人民政府自然资源主管部门责令缴纳土地使用权出让金，没收违法所得，可以并处罚款。

3. 违法转让房地产开发项目的法律责任。违反《城市房地产开发经营管理条例》规定，擅自转让房地产项目的，由县级以上人民政府自然资源主管部门责令停止违法行为，没收违法所得，可以并处违法所得 5 倍以下的罚款。

---

〔1〕　参见《城市房地产管理法》第 65 条和《城市房地产开发经营管理条例》第 33、34 条的规定。
〔2〕　参见《城市房地产开发经营管理条例》第 17 条和《建设工程质量管理条例》第 58 条的规定。
〔3〕　参见《城市房地产管理法》第 66、67 条和《城市房地产开发经营管理条例》第 35 条的规定。

（五）向房地产开发企业非法收费的法律责任[1]

没有法律、法规的依据，向房地产开发企业收费的，上级机关应当责令退回所收取的钱款；情节严重的，由上级机关或者所在单位给予直接责任人员行政处分。

二、商品房销售法律责任

（一）预售商品房法律责任[2]

1. 商品房预售必须符合《城市房地产开发经营管理条例》规定的必备条件。违反规定预售商品房的，由县级以上人民政府房地产开发管理部门责令停止违法行为（即停止预售活动），没收违法所得；收取预付款的，可以并处已收取的预付款 1% 以下的罚款。例如，开发企业未取得《商品房预售许可证》预售商品房的就属于上述情形，应当责令其停止违法行为，没收违法所得，可以并处已收取的预付款 1% 以下的罚款。

2. 开发企业不按规定使用商品房预售款项的，由房地产管理部门责令限期纠正，并可处以违法所得 3 倍以下但不超过 3 万元的罚款。

3. 开发企业隐瞒有关情况、提供虚假材料，或者采用欺骗、贿赂等不正当手段取得商品房预售许可的，由房地产管理部门责令停止预售，撤销商品房预售许可，并处 3 万元罚款。

（二）现售商品房销售法律责任[3]

1. 在未解除商品房买卖合同前，将作为合同标的物的商品房再行销售给他人的，处以警告，责令限期改正，并处 2 万元以上 3 万元以下罚款；构成犯罪的，依法追究刑事责任。民事责任由购房消费者依法另行追究。

2. 房地产开发企业将未组织竣工验收、验收不合格或者对不合格按合格验收的商品房擅自交付使用的，按照《建设工程质量管理条例》的规定处罚。

3. 房地产开发企业未按规定将测绘成果或者需要由其提供的办理房屋权属登记的资料报送房地产行政主管部门的，处以警告，责令限期改正，并可处以 2 万元以上 3 万元以下罚款。

4. 房地产开发企业在销售商品房时有下列行为之一的，处以警告，责令限期改正，并可处以 1 万元以上 3 万元以下罚款：①未按照规定的现售条件现售商品房的；②未按照规定在商品房现售前将房地产开发项目手册及符合商品房现

---

[1]　参见《城市房地产管理法》第 70 条的规定。

[2]　参见《城市房地产开发经营管理条例》第 36 条的规定和《城市商品房预售管理办法》第 13～15 条以及《商品房销售管理办法》第 38 条的相关规定。

[3]　参见《商品房销售管理办法》第六章的相关规定。

售条件的有关证明文件报送房地产开发主管部门备案的；③返本销售或者变相返本销售商品房的；④采取售后包租或者变相售后包租方式销售未竣工商品房的；⑤分割拆零销售商品住宅的；⑥不符合商品房销售条件，向买受人收取预订款性质费用的；⑦未按照规定向买受人明示《商品房销售管理办法》《商品房买卖合同示范文本》《城市商品房预售管理办法》的；⑧委托没有资格的机构代理销售商品房的。

三、房地产中介服务法律责任

（一）未取得营业执照与代理销售不符合销售条件商品房的法律责任[1]

1. 未取得营业执照擅自从事房地产中介服务的法律责任。违反《城市房地产管理法》规定，未取得营业执照擅自从事房地产中介服务的，由县级以上工商行政管理部门责令停止房地产中介服务业务活动，没收违法所得，可以并处罚款。其罚款额，可考虑参照上述擅自从事房地产开发业务的处罚标准执行。

2. 代理销售不符合销售条件商品房的法律责任。房地产中介服务机构代理销售不符合销售条件的商品房的，处以警告，责令停止销售，并可处以2万元以上3万元以下罚款。

（二）房地产经纪机构和经纪人员的法律责任[2]

1. 违反《房地产经纪管理办法》的规定，有下列行为之一的，由县级以上地方人民政府建设（房地产）主管部门责令限期改正，记入信用档案；对房地产经纪人员处以1万元罚款；对房地产经纪机构处以1万元以上3万元以下罚款：①房地产经纪人员以个人名义承接房地产经纪业务和收取费用的；②房地产经纪机构提供代办贷款、代办房地产登记等其他服务，未向委托人说明服务内容、收费标准等情况，并未经委托人同意的；③房地产经纪服务合同未由从事该业务的一名房地产经纪人或者两名房地产经纪人协理签名的；④房地产经纪机构签订房地产经纪服务合同前，不向交易当事人说明和书面告知规定事项的；⑤房地产经纪机构未按照规定如实记录业务情况或者保存房地产经纪服务合同的。

2. 违反《房地产经纪管理办法》的相关规定，构成价格违法行为的，由县级以上人民政府价格主管部门按照价格法律、法规和规章的规定，责令改正、没收违法所得、依法处以罚款；情节严重的，依法给予停业整顿等行政处罚。

3. 违反《房地产经纪管理办法》的相关规定，房地产经纪机构擅自对外发布房源信息的，由县级以上地方人民政府建设（房地产）主管部门责令限期改

---

[1]　参见《城市房地产管理法》第69条和《商品房销售管理办法》第43条的规定。

[2]　参见《房地产经纪管理办法》第五章的相关规定。

正，记入信用档案，取消网上签约资格，并处以 1 万元以上 3 万元以下罚款。

4. 违反《房地产经纪管理办法》的相关规定，房地产经纪机构擅自划转客户交易结算资金的，由县级以上地方人民政府建设（房地产）主管部门责令限期改正，取消网上签约资格，处以 3 万元罚款。

5. 县级以上人民政府建设（房地产）主管部门、价格主管部门、人力资源和社会保障主管部门的工作人员在房地产经纪监督管理工作中，玩忽职守、徇私舞弊、滥用职权的，依法给予处分；构成犯罪的，依法追究刑事责任。

第四节　国有土地上房屋征收与补偿法律责任[1]

一、职务违法行为的法律责任

（一）玩忽职守等违法行为的法律责任

市、县级人民政府及房屋征收部门的工作人员在房屋征收与补偿工作中不履行本条例规定的职责，或者滥用职权、玩忽职守、徇私舞弊的，由上级人民政府或者本级人民政府责令改正，通报批评；造成损失的，依法承担赔偿责任；对直接负责的主管人员和其他直接责任人员，依法给予处分；构成犯罪的，依法追究刑事责任。

（二）贪污、挪用、私分、截留、拖欠征收补偿费用的法律责任

贪污、挪用、私分、截留、拖欠征收补偿费用的，责令改正，追回有关款项，限期退还违法所得，对有关责任单位通报批评、给予警告；造成损失的，依法承担赔偿责任；对直接负责的主管人员和其他直接责任人员，构成犯罪的，依法追究刑事责任；尚不构成犯罪的，依法给予处分。

二、以暴力、威胁等非法手段迫使搬迁或者阻碍征收与补偿工作的法律责任

（一）以暴力、威胁等非法手段迫使搬迁的法律责任

采取暴力、威胁或者违反规定中断供水、供热、供气、供电和道路通行等非法方式迫使被征收人搬迁，造成损失的，依法承担赔偿责任；对直接负责的主管人员和其他直接责任人员，构成犯罪的，依法追究刑事责任；尚不构成犯罪的，依法给予处分；构成违反治安管理行为的，依法给予治安管理处罚。

（二）用暴力、威胁等方法阻碍依法进行的房屋征收与补偿工作的法律责任

采取暴力、威胁等方法阻碍依法进行的房屋征收与补偿工作，构成犯罪的，

---

[1]　参见《国有土地上房屋征收与补偿条例》第四章的相关规定。

依法追究刑事责任；构成违反治安管理行为的，依法给予治安管理处罚。

三、违法评估的法律责任

（一）违法评估的行政法律责任

房地产价格评估机构或者房地产估价师出具虚假或者有重大差错的评估报告的，由发证机关责令限期改正，给予警告，对房地产价格评估机构并处 5 万元以上 20 万元以下罚款，对房地产估价师并处 1 万元以上 3 万元以下罚款，并记入信用档案；情节严重的，吊销资质证书、注册证书；造成损失的，依法承担赔偿责任。

（二）违法评估的刑事法律责任[1]

违法评估的刑事法律责任可能会涉及如下两罪名：提供虚假证明文件罪和出具证明文件重大失实罪。

1. 提供虚假证明文件罪的罪责：承担资产评估、验资、验证、会计、审计、法律服务等职责的中介组织的人员故意提供虚假证明文件，情节严重的，处 5 年以下有期徒刑或者拘役，并处罚金。

上述规定中的人员，索取他人财物或者非法收受他人财物，犯上述罪行的，处 5 年以上 10 年以下有期徒刑，并处罚金。

2. 出具证明文件重大失实罪的罪责：上述规定中的人员，严重不负责任，出具的证明文件有重大失实，造成严重后果的，处 3 年以下有期徒刑或者拘役，并处或者单处罚金。

第五节　物业管理法律责任

一、物业管理法律责任的概念和特征

物业管理法律责任是指在物业管理和服务过程中行为人违反物业管理法律法规和物业服务合同的约定而应当承担的具有国家强制性的不利的法律上的后果。物业管理法律责任具有如下特征：[2]

1. 行政责任、民事责任并存。物业管理在本质上是一类特殊的民事关系，其中的一方主体是广大业主，存在着单个业主利益和全体业主共同利益的冲突。同时，物业服务企业的违法行为往往损害的是多数业主的利益，已经具有了公

---

[1] 参见《刑法》第 229 条的规定。

[2] 参见国务院法制办农业资源环保法制司、建设部政策法规司、住宅与房地产业司编：《物业管理条例释义》，知识产权出版社 2008 年版，第 140~141 页。

共利益的性质。因此，物业管理中的违法行为多数都构成民事违法和行政违法两方面。以规定民事责任的方式来实现国家行政管理的目的，这是我国现行物业管理法律责任设计的一个特点，体现了市场经济条件下国家行政机关由过去的直接干预、微观介入改变为宏观调控、宏观管理。

2. 为了处理好行政处罚与承担民事责任之间的关系，我国现行物业管理法律责任制度在设定法律责任时遵循了以下原则：凡是能够通过承担民事责任解决的，不再设定行政处罚的原则；确实涉及违反行政管理规定，损害公共利益需要给予行政处罚的，则优先保证民事责任的承担，以充分体现优先保护全体业主利益的原则。

3. 体现了业主自我管理、自我监督的原则。由于物业管理中涉及单个业主和全体业主共同利益的矛盾，当业主的某些违法行为损害全体业主共同利益时，由业主先进行自我管理、自我约束，然后再承担法律责任。

二、建设单位的法律责任

（一）违法选聘物业服务企业的法律责任[1]

《物业管理条例》规定住宅物业的建设单位，应当通过招投标的方式选聘物业服务企业；投标人少于 3 个或者住宅规模较小的，经物业所在地的区、县人民政府房地产行政主管部门批准，可以采用协议方式选聘物业服务企业。

根据上述规定，此类违法行为有两种表现形式：①住宅物业的建设单位未通过招投标的方式选聘物业服务企业；②未经批准，擅自采用协议方式选聘物业服务企业。其法律责任为，由县级以上地方人民政府房地产行政主管部门责令限期改正，给予警告，可以并处 10 万元以下的罚款。

（二）擅自处分物业管理区域内共用部位的法律责任[2]

《物业管理条例》规定业主依法享有的物业共用部位、共用设施设备的所有权或者使用权，建设单位不得擅自处分。

此类违法行为的外在表现为，建设单位擅自处分业主对物业共用部位、共用设施设备的所有权或使用权。所谓擅自处分是指建设单位在没有征得权利人同意的前提下，行使本应当由权利人行使的权利，包括转让、出租、抵押、赠与等各种情况，其共同特点是对财产权利的侵害。[3]

上述违法行为的责任主体应当承担以下两种法律责任：①行政法律责任，

---

[1] 参见《物业管理条例》第 24、56 条的规定。

[2] 参见《物业管理条例》第 27、57 条的规定。

[3] 参见国务院法制办农业资源环保法制司、建设部政策法规司、住宅与房地产业司编：《物业管理条例释义》，知识产权出版社 2008 年版，第 143 页。

即由县级以上地方人民政府房地产行政主管部门处 5 万元以上 20 万元以下的罚款；②民事法律责任，如果该违法行为给业主造成损失，依法承担赔偿责任。

（三）拒不移交有关物业资料的法律责任[1]

《物业管理条例》规定在办理物业承接验收手续时，建设单位应当向物业服务企业移交有关物业的资料。因此，建设单位不向前期物业服务企业移交有关资料便构成违法。对建设单位的该违法行为，由县级以上地方人民政府房地产行政主管部门责令限期改正；逾期仍不移交有关资料的，对建设单位给予通报，处 1 万元以上 10 万元以下的罚款。

（四）不按规定配备物业管理用房的法律责任[2]

《物业管理条例》规定建设单位应当按照规定在物业管理区域内配置必要的物业管理用房。建设单位不按照规定配置必要的物业管理用房的，由县级以上地方人民政府房地产主管部门责令限期改正，给予警告，没收违法所得，并处 10 万元以上 50 万元以下的罚款。

三、物业服务企业的法律责任

（一）拒不移交有关物业资料的法律责任[3]

物业服务企业应当在前期物业服务合同、物业服务合同终止时将有关物业的资料移交给业主委员会。因此，物业服务企业不向业主委员会移交有关资料便构成违法。

对于其违法行为，由县级以上地方人民政府房地产行政主管部门责令限期改正；逾期仍不移交有关资料的，对物业服务企业给予通报，处 1 万元以上 10 万元以下的罚款。

（二）违反委托管理限制的法律责任[4]

《物业管理条例》规定物业服务企业可以将物业管理区域内的专项服务业务委托给专业性服务企业，但物业服务企业不得将一个物业管理区域内的全部物业管理一并委托给他人。因为物业服务关系的确立是基于一定的信任关系，有较强的身份性。所以如果物业服务企业将一个物业管理区域内的全部物业管理一并委托给他人便构成违法。

上述违法行为的责任主体应当承担以下法律责任：①行政法律责任。即由县级以上地方人民政府房地产行政主管部门责令限期改正，处委托合同价款

---

[1] 参见《物业管理条例》第 29、58 条的规定。
[2] 参见《物业管理条例》第 30、61 条的规定。
[3] 参见《物业管理条例》第 36、58 条的规定。
[4] 参见《物业管理条例》第 39、59 条的规定。

30%以上50%以下的罚款。委托所得收益，用于物业管理区域内物业共用部位、共用设施设备的维修、养护，剩余部分按照业主大会的决定使用；②民事法律责任。因该违法行为给业主造成损失的，依法承担赔偿责任。

（三）挪用专项维修资金的法律责任[1]

《物业管理条例》规定专项维修资金属业主所有，用于物业保修期满后物业共用部位、共用设施设备的维修和更新、改造，不得挪作他用。物业服务企业具体负责物业管理区域内的维修和养护，实际使用专项维修资金的，也是物业服务企业，因此，物业管理企业挪用专项维修资金便构成违法。

对于该违法行为的责任主体追究以下法律责任：由县级以上地方人民政府房地产行政主管部门追回挪用的专项维修资金，给予警告，没收违法所得，可以并处挪用数额2倍以下的罚款；构成犯罪的，依法追究直接负责的主管人员和其他直接责任人员的刑事责任。

（四）擅自改变物业管理用房用途的法律责任[2]

《物业管理条例》规定物业管理用房的所有权依法属于业主。未经业主大会同意，物业服务企业不得改变物业管理用房的用途。所谓改变物业管理用房的用途是指将物业管理用房用作与物业管理无关的用途。

对于该违法行为，由县级以上地方人民政府房地产行政主管部门责令限期改正，给予警告，并处1万元以上10万元以下的罚款；有收益的，所得收益用于物业管理区域内物业共用部位、共用设施设备的维修、养护，剩余部分按照业主大会的决定使用。

（五）物业使用与维护中违法行为的法律责任[3]

物业服务企业在物业使用与维护中的违法行为主要有以下三种：①擅自改变物业管理区域内按照规划建设的公共建筑和共用设施用途的；②擅自占用、挖掘物业管理区域内道路、场地，损害业主共同利益的；③擅自利用物业共用部位、共用设施设备进行经营的。

物业服务企业有以上违法行为之一的，处5万元以上20万元以下的罚款；所得收益用于物业管理区域内物业共用部位、共用设施设备的维修、养护，剩余部分按照业主大会的决定使用。

---

[1]　参见《物业管理条例》第53、60条的规定。
[2]　参见《物业管理条例》第37、62条的规定。
[3]　参见《物业管理条例》第63条的规定。

四、业主的法律责任

（一）挪用专项维修资金的法律责任[1]

维修资金属于业主共同所有，但在实践中总是由具体的业主负责管理维修资金，因此，个别业主可能成为挪用专项维修资金的主体。

对于该违法行为，由县级以上地方人民政府房地产行政主管部门追回挪用的专项维修资金，给予警告，没收违法所得，可以并处挪用数额 2 倍以下的罚款。

（二）物业使用与维护中违法行为的法律责任[2]

业主在物业使用与维护中的违法行为与上述物业服务企业一样，也主要有以下三种可能发生的情况：①擅自改变物业管理区域内按照规划建设的公共建筑和共用设施用途的；②擅自占用、挖掘物业管理区域内道路、场地，损害业主共同利益的；③擅自利用物业共用部位、共用设施设备进行经营的。

对于业主有上述违法行为之一的，处 1000 元以上 1 万元以下的罚款；所得收益用于物业管理区域内物业共用部位、共用设施设备的维修、养护，剩余部分按照业主大会的决定使用。

（三）逾期不交物业服务费的法律责任[3]

业主逾期不交纳物业服务费的行为，从根本上讲是对物业服务企业的一种违约行为。同时，对于物业管理区域内的其他业主而言，则存在"搭便车"的行为特征，并且，其行为可能影响物业服务企业的服务质量，甚至通过怠工来逼迫违约业主履行义务，这势必影响到全体业主的利益，造成对业主共同利益的损害。

业主逾期不交纳物业服务费用的，由业主委员会代表全体业主督促其限期交纳；对于仍不交纳的，按照《民事诉讼法》的有关规定，物业服务企业可以向人民法院提起诉讼，追究其违约责任，强制其交纳。

（四）以业主大会或业主委员会的名义从事违法活动的法律责任[4]

现实生活中，有可能存在业主利用业主大会或业主委员会的名义，从事与物业管理无关的活动，甚至从事违反法律、法规的活动，如从事封建迷信、非法结社等活动。对此《物业管理条例》规定，业主以业主大会或者业主委员会的名义，从事违反法律、法规的活动，构成犯罪的，依法追究刑事责任；尚不构成犯罪的，依法给予治安管理处罚。

---

[1] 参见《物业管理条例》第 53、60 条的规定。
[2] 参见《物业管理条例》第 63 条的规定。
[3] 参见《物业管理条例》第 64 条的规定。
[4] 参见《物业管理条例》第 65 条的规定。